La phraséologie entre fixité et congruence

Inès Sfar et Pierre-André Buvet (dir.)

Sciences du langage :
Carrefours et points de vue

Collection dirigée par
Irène Fenoglio (CNRS, Paris, ITEM/Ens d'Ulm)
et Giuseppe D'Ottavi, ITEM (CNRS/ENS)

La collection « Sciences du langage : Carrefours et points de vue » accueille tout ouvrage offrant au lecteur une confrontation entre divers points de vue sur une même question ou notion, un même auteur, une même œuvre dans le domaine de la linguistique et des sciences du langage. Elle s'adresse aux spécialistes (étudiants, enseignants, chercheurs) comme à tout lecteur curieux de la façon dont différentes approches permettent, par la discussion, une avancée des connaissances sur le langage et les faits de langue.

1) Frédéric TORTERAT, *Approches grammaticales contemporaines. Constructions et opérations*, 2010.

2) Nadège LECHEVREL, *Les approches écologiques en linguistique. Enquête critique*, 2010.

3) Émilie BRUNET et Rudolf MAHRER, *Relire Benveniste. Réceptions actuelles des « Problèmes de linguistique générale »*, 2011.

4) Jean-Michel ADAM, *Genres de récits. Narrativité et généricité des textes*, 2011.

5) Catherine DELARUE-BRETON, *Expérience scolaire et expérience culturelle. De l'usage du paradoxe en éducation*, 2012.

6) Élisabeth RICHARD et Claire DOQUET, *Les représentations de l'oral chez Lagarce. Continuité, discontinuité, reprise*, 2012.

7) Catherine BORÉ et Eduardo CALIL, *L'école, l'écriture et la création. Études franco-brésiliennes*, 2013.

8) Claudine NORMAND et Estanislao SOFIA, *Espaces théoriques du langage. Des parallèles floues*, 2013.

9) Laura CALABRESE, *L'événement en discours. Presse et mémoire sociale*, 2013.

10) Cecilia GUNNARSSON-LARGY et Emmanuèle AURIAC-SLUSARCZYK (dir.), *Écriture et réécritures chez les élèves. Un seul corpus, divers genres discursifs et méthodologies d'analyse*, 2013.

11) Anne-Gaëlle TOUTAIN, *La rupture saussurienne. L'espace du langage*, 2014.

12) Christophe LEBLAY et Gilles CAPOROSSI, *Temps de l'écriture. Enregistrements et représentations*, 2014.

13) Valentina CHEPIGA et Estanislao SOFIA (dir.), *Archives et manuscrits de linguistes*, 2014.

14) Régis MISSIRE (dir.), *Approches sémantiques de l'oral*, 2014.

15) Duss ABLALI, Sémir BADIR et Dominique DUCARD (eds), *En tous genres. Normes, textes, médiations*, 2015.

16) Jérémi SAUVAGE, *L'acquisition du langage. Un système complexe*, 2015.

17) Marcio Alexandre CRUZ, Carlos PIOVEZANI et Pierre-Yves TESTENOIRE (dir.), *Le discours et le texte : Saussure en héritage*, 2016.

18) Pierre CAUSSAT, *Variations philosophiques et sémiotiques autour du langage, Humboldt, Saussure, Bakhtine, Jakobson, Ricœur et quelques autres*, 2016.

20) Valentina CHEPIGA, Estanislao SOFIA (dir.), *La correspondance entre linguiste*, 2017.

La phraséologie entre fixité et congruence

Hommage à Salah Mejri

Inès Sfar et
Pierre-André Buvet (dir.)

Sciences du langage :
Carrefours et points de vue

n° 19

D/2018/4910/8 ISBN : 978-2-8061-0334-5

© **Academia-L'Harmattan s.a.**
Grand'Place, 29
B-1348 Louvain-la-neuve

Tous droits de reproduction, d'adaptation ou de traduction, par quelque procédé que ce soit, réservés pour tous pays sans l'autorisation de l'éditeur ou de ses ayants droit.

www.editions-academia.be

Préface

Robert MARTIN

On est d'emblée frappé par la richesse et la variété des thèmes que le présent volume développe : de quoi rendre un juste hommage à la curiosité d'esprit, à l'ouverture scientifique et à la faculté d'accueil de son récipiendaire. Pour peu qu'on y regarde plus attentivement, on y reconnaîtra sans peine les lignes de force et les préoccupations qui traversent depuis toujours la réflexion de Salah Mejri. Loin de toute dispersion, Salah Mejri sait creuser inlassablement les champs où il excelle : ses collègues et amis ont souhaité faire écho à sa pensée stimulante, généreuse et toujours en éveil.

Salah Mejri appréciera assurément les nombreuses contributions, qui, rejoignant sa volonté de circonscrire mieux les notions métalinguistiques, tentent de cerner telle ou telle : par exemple celles de dénomination, de proverbe (et de « paraproverbe »), voire de mot (du moins de mot graphique), ou encore de parenthèse (dans le texte et dans la métalangue). Il sera sensible, en théoricien qu'il est, aux essais explicatifs (y compris ceux qui s'éloignent peu ou prou de ses propres options, par exemple en psychomécanique du langage). Il lira avec plaisir les études qui touchent au traitement automatique, à la lexicographie, et tout particulièrement à la lexicographie informatisée. Beaucoup de contributions font une place aussi à la traduction et à l'aspect culturel des langues, évoquant ainsi le beau volume publié jadis sous sa direction, intitulé « *Traduire la langue, traduire la culture* ».

On ne s'étonnera pas qu'une part importante revienne à la phraséologie et au figement, car c'est bien le domaine d'élection de Salah Mejri ; c'est là sans doute que son apport est le plus marquant. Sa thèse magistrale, soutenue à l'Université de La Manouba à Tunis en 1996, publiée par la Faculté des Lettres de cette Université en 1997 (« *Le figement lexical, descriptions linguistiques et structuration sémantique* »), est devenue dans le domaine un grand ouvrage de référence. Dès l'époque de sa thèse, Salah Mejri a compris que les langues sont traversées de forces contraires, une qui fonde les régularités combinatoires et une autre qui les borne en figeant les tournures, une qui s'ouvre à la compositionalité et une autre qui y résiste. C'est bien cette contradiction qui rend les langues si difficiles à apprendre ; c'est elle aussi qui leur confère le plus fortement leur spécificité culturelle. Depuis cette date déjà ancienne, Salah Mejri n'a cessé de développer les concepts opératoires qui rendent compte du figement : la « conceptualisation », la « figuration », la « polylexicalité » qui est à la séquence figée ce que la polysémie est au mot. Il a élaboré peu à peu une théorie du figement dont le pouvoir explicatif et la couverture linguistique progressent continûment.

Par la force des choses, le public étant très différent, ce volume laisse dans l'ombre un aspect important de l'activité de Salah Mejri : l'apport de l'arabisant, tout particulièrement en dialectologie. Fort de sa collaboration avec notre regrettée Collègue Marie-Rose Simoni, Salah Mejri a su donner à la dialectologie tunisienne une impulsion décisive ; l'Atlas linguistique de Tunisie lui est grandement redevable. Au reste, sa compétence en arabe lui a permis aussi, de concert avec Taïeb Baccouche et grâce à la traduction d'ouvrages linguistiques (j'en ai été personnellement un des bénéficiaires), d'enrichir notablement la terminologie linguistique de l'arabe. Parfaitement bilingue, Salah Mejri fait beaucoup par ailleurs dans l'Université qui l'accueille depuis 2004, celle de Paris XIII, pour l'enseignement de l'arabe et plus encore pour les études contrastives arabes et françaises. Il est parmi les mieux placés pour établir les ponts entre la linguistique européenne et la linguistique arabe.

Enseignant-chercheur au plein sens du terme, Salah Mejri déploie une activité infatigable. Il a mis en place diverses collaborations nationales et internationales. Organisateur de rencontres scientifiques (des journées CONSCILA, de colloques comme celui du réseau LTT…), Directeur du Laboratoire LDI du CNRS (« Lexiques, Dictionnaires, Informatique »), responsable d'un programme qui unit le LDI à des partenaires tunisiens, Salah Mejri dirige efficacement toutes sortes de projets, en particulier la revue annuelle Rencontres Méditerranéennes à laquelle coopèrent, outre le LDI, l'Université de La Manouba et l'Université d'Alicante.

Fréquemment invité à travers le monde, ne serait-ce qu'en raison des missions d'expert qui lui sont confiées et des innombrables conférences qu'il est appelé à donner, Salah Mejri est devenu une des figures marquantes de la linguistique actuelle. Il faut dire que, jointes à son exceptionnelle compétence, ses qualités humaines ne peuvent que susciter la sympathie : c'est un homme au grand cœur, plein de sollicitude pour tous ceux qui l'abordent, toujours calme, souriant et affable.

On ne peut que se réjouir du bel hommage que ses collègues et amis veulent ici lui rendre. Je voudrais accompagner ce volume des souhaits les plus chaleureux pour l'heureuse poursuite de sa carrière.

chapitre 1
Traduire un texte médical, une tension entre mots et termes

Christian BALLIU
*Pour Salah Mejri,
avec mon amitié et mon admiration*

Quiconque exerce aujourd'hui dans le domaine de la traduction, au titre de traductologue, traducteur ou professeur de traduction, reconnaîtra la toute-puissance de la traduction (dite) spécialisée au détriment de la traduction littéraire, cette dernière incluant, outre les textes de littérature *stricto sensu*, les textes religieux ou philosophiques. Si ce n'est la traduction de best-sellers dans de grandes maisons d'édition, la traduction littéraire ne nourrit guère son homme et les traducteurs littéraires seraient les derniers à me contredire. Par ailleurs, la rapidité d'exécution des traductions, un paramètre incontournable qui est le premier ennemi d'une traduction de qualité, rend encore moins service à la traduction littéraire – une traduction qui se digère – qu'à la traduction spécialisée.

La traductologie, discipline ancienne mais qui ne prend véritablement son essor que dans les années 1950 avec des pionniers comme Nida, Mounin et autres Vinay et Darbelnet, ne considérait que la seule traduction littéraire, confinant en quelque sorte la traduction spécialisée (économique, juridique, scientifique, technique…) à la piétaille des traducteurs et ne lui prêtant aucune attention jusque dans les années 1970. Nida s'occupait de traduction biblique et Mounin de traduction littéraire. Vinay et Darbelnet ont intitulé leur somme traductologique *Stylistique comparée du français et de l'anglais* (1958).

Le titre de l'ouvrage de Vinay et Darbelnet est évocateur et caractéristique d'une époque où l'on considérait que seuls les textes littéraires sont des textes « écrits », empreints d'une stylistique qui échapperait aux textes de spécialité. On y trouve la connotation qui serait – curieusement – absente des textes de réflexion, marqués par une dénotation omniprésente, une terminologie rigoureuse, un rejet de la subjectivité.

Je m'attacherai dans les pages qui suivent à montrer les limites de ces préjugés, en prenant pour exemple la littérature médicale (le mot « littérature » y trouve tout son sens) et en puisant des exemples dans un des plus grands traités de médecine interne du XXe siècle, écrit par l'immense Henri Mondor. On verra que la notion même de « langue spécialisée » (ou encore « langue de spécialité ») s'en trouve ébranlée.

1. La langue spécialisée : un leurre ?

La notion de « langue spécialisée » fait l'objet d'un consensus chez les linguistes qui analysent les textes spécialisés, notamment les terminologues. L'idée fondamentale est qu'un texte spécialisé se caractérise essentiellement par une terminologie particulière qui en est la signature. Cette terminologie fait appel à un stock lexical dont ne dispose pas et où ne puise pas la majorité des locuteurs d'une langue donnée. Il s'agit en quelque sorte d'une chasse gardée cognitive et dénominative de certains initiés et les profanes en sont donc exclus. Il m'apparaît qu'on peut voir en filigrane de ce phénomène une notion de caste linguistique, le décryptage terminologique n'étant réservé qu'aux connaisseurs du domaine ou aux terminologues, en d'autres mots à ses usagers ou à ses observateurs.

La tentation est alors grande de céder aux sirènes de la prescription, même si la terminologie se veut avant tout descriptive. On conseille une terminologie à adopter qui équivaudrait à la dénomination idéale dans un contexte donné. Le mot vient d'être lâché : le contexte. Depuis quelques années déjà, les terminologues ont élargi leur champ d'action, confiné au départ au terme ; ils ont pris en compte la dimension syntagmatique et « dilaté » leur centre d'intérêt à la phraséologie (Mejri, 2011 : 112-113). Inconsciemment ou non, ils reprennent ainsi l'idée d'unités de traduction ou d'unités de sens, si chères à Vinay et à Darbelnet, lesquelles renvoient à une cohésion terminologique large.

Une des préoccupations majeures de la terminologie est « ce qu'il convient de dire », plutôt que ce qui se dit. En traduction, il s'agira de terminologie multilingue et, souvent, de protéger la langue française contre les influences étrangères. Dans le domaine médical (et dans de nombreux autres domaines aussi bien entendu), il s'agit d'éradiquer l'influence anglo-saxonne. Il est vrai, pour résumer sans caricaturer, que la médecine occidentale est anglo-saxonne depuis la Seconde Guerre mondiale. Elle était allemande dans l'entre-deux-guerres et française dans la seconde moitié du XIXe siècle. Pour s'en convaincre, il suffit de penser à ces grands noms de la médecine que furent Claude Bernard (l'inventeur de la médecine expérimentale), René Laënnec (l'inventeur du stéthoscope), Louis Pasteur (qui signa avec l'épopée des vaccinations la grande entrée de l'immunologie en médecine) ou encore Xavier Bichat, dont les aphorismes sont restés célèbres[1].

L'immense majorité des publications qui comptent aujourd'hui en recherche médicale se font en anglais, dans les grandes revues comme *The Lancet*, *The New England Journal of Medicine* (NEJM), le *British Medical Journal*, le *Journal of American Medical Association* (*JAMA*) et bien d'autres encore. Quoi d'étonnant à ce que la terminologie anglo-saxonne transpire sur les modes d'expression française. C'est ainsi que l'on vérifiera la « compliance » au traitement chez le patient et qu'on parlera plus rarement de suivi ou encore d'observance de la prescription et de la posologie. On considérera que « compliance » est un terme, dans la mesure où il est méconnu dans le vocabulaire courant et où il est réservé à un domaine de spécialité, la pharmacothérapie. « Suivi » et « observance » sont des mots ; ils appartiennent au langage courant, ne renvoient pas *a priori* à un domaine de spécialité et doivent donc, pour faire sens et être raccrochés au domaine, être précisés par l'adjonction de lexèmes qui focaliseront leur emploi. Dans la langue anglaise, « compliance » n'est pas un terme, l'entrée signifie simplement « conformité »,

---

1. En voici deux exemples : « La vie est l'ensemble des fonctions qui résistent à la mort » (1800) et « L'homme ne meurt pas parce qu'il est malade, il est malade parce qu'il est mortel » (1803).

« accord ». En langue française, c'est l'emprunt en soi qui terminologise le terme et le restreint à un domaine du savoir.

Il n'y a pas de langue(s) de spécialité[2], il n'y a que des usages, des emplois. Il n'y a pas de langue médicale, il y a un sociolecte qui permet à un groupe social, les médecins en l'occurrence, de se distinguer, voire d'exclure par le langage celles et ceux qui n'en font pas partie. Il y a derrière cela une notion d'initiation, de caste, qui existe par la connaissance qu'elle partage mais aussi par le codage linguistique de l'information. Ainsi, entre confrères ou pour asseoir une supériorité cognitive par rapport au malade, l'hépatologue dira : *l'échographie du foie montre une stéatose*. En langage courant, le médecin dira au patient : *vous avez le foie gras*. La réalité nosologique est identique. Si le terme « stéatose » est économique linguistiquement, le syntagme « foie gras » est transparent. Cependant, l'affection dont souffre le patient, les symptômes, le traitement et le pronostic sont les mêmes. On peut dire que « foie gras » fait partie de la terminologie médicale ; le syntagme s'utilise couramment en médecine et le périmètre sémantique du syntagme correspond en tous points à celui de la stéatose. Des mots courants, ordinaires, peuvent avoir une signification et un emploi précis en médecine.

Je préfère en conséquence parler de langages de spécialité et de textes de spécialité, dans la mesure où ceux-ci font appel aux mots comme aux termes, au subjectif comme à l'objectif, à la polysémie comme à la biunivocité.

2. Le langage de la médecine

On conviendra que la médecine est un domaine de spécialité tout à fait particulier, puisqu'il traite de l'homme dans ce qu'il a de plus intime, son corps et son esprit. Il en va essentiellement de la santé et, *in fine*, de la vie. On comprendra dès lors que la notion de « texte médical » est fluctuante, vague, et ne concorde pas avec l'éclatement de la discipline. Depuis la Seconde Guerre mondiale, la médecine s'est divisée en une multitude de spécialités, qui se sont elles-mêmes fragmentées en sous-spécialités de plus en plus poin-

---

2. L'expression « langue(s) de spécialité » suscite l'embarras de certains linguistes. Voir par exemple Lerat (1995 : 18-20).

tues. Le généraliste ne dirige plus le patient qui souffre du foie vers un gastro-entérologue, mais vers un hépatologue. L'alcoolique suivra un traitement chez un alcoologue et l'accro à la cigarette chez un tabacologue. La psychiatrie elle-même tend à s'effacer derrière plusieurs hyperspécialisations.

C'est la rançon des progrès médicaux, époustouflants sur le plan technique (les transplantations en sont un bon exemple) et sur le plan de la compréhension organique des pathologies. Dès lors, si certains termes relatifs à la médecine organique se retrouvent dans plusieurs spécialités médicales, il n'en va pas de même du vocabulaire de spécialité, de la symptomatologie ou du diagnostic. Quand on creuse cette idée, on entrevoit que la médecine est aussi une science du *logos* qui fait la part belle à l'anamnèse du patient ainsi qu'à la description clinique par le praticien. La reconnaissance de la psychiatrie au XXe siècle, et en aval celle de la psychanalyse, ont remis en selle l'importance du sujet, du *cogito*, en un mot du patient. D'où le rôle primordial de ce dernier dans la description des maladies et des antécédents cliniques.

Ce qui me paraît primordial, c'est l'idée que le malade restaure l'unité de la discipline médicale par la description des symptômes, lesquels traversent horizontalement la réalité pathologique. Le malade voit un ensemble de signes cliniques en fonction desquels le praticien posera un diagnostic ou le dirigera vers un spécialiste qui n'aura plus une vision d'ensemble de l'organisme. En réalité, les spécialistes soignent des organes et non des patients ; pour le dire autrement, ils traitent des maladies et non des malades. C'est là que se situe la tension entre termes et mots, entre une réalité organique mesurable, quantifiable, dosable, et une réalité holistique plus complexe, labile, séméiologique. La tension entre termes et mots est à bien y réfléchir une opposition entre l'objectif et le subjectif, entre le lésionnel et le fonctionnel, entre le médecin et le malade. Tous deux participent cependant à l'entreprise diagnostique et thérapeutique et tout médecin sérieux reconnaîtra le lien (de cause à effet parfois) qui unit le fonctionnel au lésionnel. Si l'ulcère gastrique nécessite la présence de la bactérie *Helicobacter pylori*, il est aussi une manifestation classique du stress. Les aménorrhées d'origine psychologique sont bien connues des psychiatres et des gynécologues.

La ventilation extrême de la médecine en sous-spécialités spécialise (c'est le cas de le dire) le vocabulaire utilisé, car celui-ci se cantonne toujours plus à des îlots cognitifs dont la fragmentation entrave toute vision d'ensemble. Seul l'interniste fera la synthèse globale et étendra la description séméiologique, l'image radiologique ou le dosage sanguin à la dimension systémique. On comprend que la médecine interne est cruciale, dans les polypathologies cela va de soi, mais aussi dans les diagnostics difficiles, ceux qui ne peuvent être posés dans le cadre étroit de l'hyperspécialisation. La médecine interne est, si j'ose la formule, une spécialisation généraliste.

C'est ici que la séméiologie (« la science des symptômes », étymologiquement « la doctrine des signes » ou « le discours des signes ») prend toute son importance, dans la description clinique que font le patient et le médecin. C'est le retour en force du mot, dans toute sa puissance évocatrice, qui permet d'orienter, voire de poser le diagnostic en présence d'examens non concordants ou d'un tableau bioclinique diffus. La séméiologie est une science médicale à part entière, qui renoue le dialogue souvent perdu entre médecin et patient, et qui se sert de mots plutôt que de termes. Elle relie signes focaux (une douleur localisée) et signes généraux (fièvre), signes cliniques (ascite) et signes paracliniques (scanner) ou biologiques (formule sanguine). Surtout, elle réhabilite le fonctionnel et son rôle actif dans le lésionnel.

On le voit, parler de textes médicaux en général, c'est prendre le risque d'une généralisation abusive, tant la médecine fonctionne aujourd'hui par sous-spécialités, souvent sans lien établi entre elles. Pour reprendre l'exemple de la stéatose hépatique, si le patient demande à l'échographiste qui l'a diagnostiquée si elle peut être due à une hypervitaminose D, celui-ci fera aveu d'ignorance et le renverra vers un interniste. Les approches multidisciplinaires sont en effet très récentes et restent confinées à certains domaines comme la cancérologie par exemple.

3. La séméiologie, une science des mots

La séméiologie (ou symptomatologie) est l'interprétation scientifique des symptômes. Elle était davantage à l'honneur lorsque la médecine était encore expérimentale, lorsque les analyses biologiques étaient moins poussées. C'était l'âge d'or de la clinique, avec ses techniques éprouvées d'auscultation, de palpation et de percussion. Le patient jouait un rôle central en l'absence d'outils diagnostiques performants. On en retrouve un remarquable exemple dans *Knock* de Jules Romains (1923) :

> LE TAMBOUR : *Voilà. Quand j'ai dîné, il y a des fois que je sens une espèce de démangeaison ici.* (Il montre le haut de son épigastre.) *Ça me chatouille, ou plutôt, ça me gratouille.*
> KNOCK : *Attention. Ne confondons pas. Est-ce que ça vous chatouille ou est-ce que ça vous gratouille ?*
> LE TAMBOUR : *Ça me gratouille.* (Il médite.) *Mais ça me chatouille un peu aussi.*
> KNOCK : *Ça vous fait mal quand j'enfonce mon doigt ?*
> LE TAMBOUR : *Oui, on dirait que ça me fait mal.*
> KNOCK : *Ah ! Ah ! Est-ce que ça ne vous gratouille pas davantage quand vous avez mangé de la tête de veau à la vinaigrette ?*
> LE TAMBOUR : *Je n'en mange jamais. Mais il me semble que si j'en mangeais, effectivement, ça me gratouillerait plus*[3].

Un remarquable exemple d'anamnèse avec des mots de tous les jours. Seule la didascalie (la parenthèse) fait appel à un terme technique, l'épigastre. On pourrait penser à la lecture de ce passage que le dialogue reste simple parce que le praticien veut se faire comprendre du patient et se met en quelque sorte « à sa hauteur ». Pourtant, même entre spécialistes du domaine, la séméiologie continue de faire appel à des mots, plus précis que les termes par leur aspect descriptif, évocateur et connoté.

Pour illustrer le propos, j'ai choisi de recourir à l'extraordinaire *Diagnostics urgents : Abdomen* d'Henri Mondor, qui fut professeur de Clinique chirurgicale à la Salpêtrière de 1941 à 1945. On y retrouve sa passion et son talent des Lettres ; il succéda d'ailleurs à Paul Valéry sous la Coupole en 1946.

Le premier exemple est relatif à la symptomatologie des ulcères perforés, dont le diagnostic rapide et sûr augmente les chances de survie du patient. Voici la description proposée par Henri Mondor[4] :

> *La douleur abdominale, soudaine, atroce, angoissante, le coup de poignard péritonéal de Dieulafoy, est le premier symptôme de la perforation. Chez un homme adulte surtout, sa valeur clinique est de premier ordre, et il n'est guère de douleur abdominale dont l'intensité lui soit comparable.* [...]

---

3. Jules Romains, *Knock ou le Triomphe de la Médecine*, 1923, Acte II, scène I.
4. Henri Mondor, *Diagnostics urgents : Abdomen*, Masson, Paris, 1949, 7ᵉ éd. pp. 194-195.

> *Les termes employés par les malades pour dépeindre cette douleur varient : coup de couteau, barre, brûlure, rupture, déchirure interne ;* « mon estomac est crevé », *criait même un malade d'Eberlé.*
>
> *Comme le dit Hertzler,* « dans toutes les langues, les superlatifs ont été employés pour exprimer l'*intensité de la douleur* » ; *lui-même trouve particulièrement heureux l'adjectif :* diabolique, *qu'il dit usuel en France.*

Cet extrait mérite plusieurs observations. D'abord, on remarquera dans « le coup de poignard péritonéal de Dieulafoy » le voisinage fascinant entre l'éponyme médical et le syntagme « coup de poignard », dont l'union vient à former une unité terminologique faite de mots. Ensuite, la description clinique utilise aussi des mots, tantôt des substantifs courants (*coup de couteau, barre, brûlure, déchirure*), tantôt de simples adjectifs (*soudaine, atroce, angoissante, crevé, diabolique*), qui tous, sans exception, orienteront le diagnostic du chirurgien. À tel point que ce *modus dicendi* est repris par les spécialistes eux-mêmes dans leurs cours de médecine et dans les conseils qu'ils prodiguent à leurs assistants sous forme d'aphorismes. En voici deux particulièrement éclairants :

Le ventre de la péritonite ne crie pas toujours au secours[5].
Les signes ne doivent pas être comptés, mais pesés[6].

C'est la force des mots, leur charge affective, qui assureront le diagnostic et le suivi thérapeutique.

4. Le diagnostic : la revanche des termes

Le diagnostic, par contre, se nourrit souvent de termes. Il ne s'agit plus d'évocation mais de dénomination, avec tout ce que celle-ci doit comporter d'univocité, mais pas nécessairement de précision.

Un mot à ce sujet. Comme Soubrier (2011 : 144), je considère que la terminologie médicale regorge de dénominations imprécises. Celles-ci ne nuisent cependant pas au diagnostic dans la mesure où l'erreur dénominative, parfois entrée dans le langage courant, est corrigée par la compétence du praticien. On peut citer plusieurs exemples. L'anémie ne désigne pas, contrairement à son étymologie, une privation de sang, mais un déficit en globules rouges, ce

---

5. Mondor, *op. cit.*, p. 32.
6. Mondor, *op. cit.*, p. 144.

que l'on appelle une « érythrocytopénie ». Ce dernier terme n'est pas utilisé en présence du patient, sans doute pour ne pas l'effrayer (on a peur de ce que l'on ne comprend pas), sans doute aussi parce qu'aucun patient ne pourrait penser qu'il est exsangue à l'annonce du diagnostic d'anémie. Dans le même ordre d'idées, un gynécologue qui diagnostique un cancer cervical ne pensera pas à un cancer du cou (du latin *cervix*), mais à un cancer du col de l'utérus ; il aurait fallu dire « cancer utéro-cervical ». Encore un exemple d'économie linguistique.

Dans certains cas, le médecin terminologisera le diagnostic pour masquer une réalité clinique douloureuse. C'est le cas du cancer qui deviendra une néoplasie ou une dysplasie. Si le terme occulte la réalité, le mot peut, au contraire, atténuer la sécheresse du diagnostic ; ainsi, la tumeur se muera en kyste, en abcès ou en nodule.

Dans d'autres cas, les termes serviront à marquer la supériorité cognitive du médecin sur le patient, à renforcer son pouvoir ou à forcer l'admiration du malade ; c'est la notion de caste que j'évoquais plus haut. Le *Malade imaginaire* en est une remarquable illustration :

> MONSIEUR PURGON – *Et je veux qu'avant qu'il soit quatre jours vous deveniez dans un état incurable.*
> ARGAN – *Monsieur Purgon !*
> MONSIEUR PURGON. – *Que vous tombiez dans la bradypepsie. [...] De la bradypepsie dans la dyspepsie. [...] De la dyspepsie dans l'apepsie. [...] De l'apepsie dans la lienterie. [...] De la lienterie dans la dysenterie. [...] De la dysenterie dans l'hydropisie. [...] Et de l'hydropisie dans la privation de la vie, où vous aura conduit votre folie*[7].

Purgon utilise une terminologie volontairement cryptique pour subjuguer le malade et... l'effrayer. On notera l'assonance des finales des termes (« bradypepsie », « dyspepsie », « apepsie »..., rimant d'ailleurs avec maladie, folie et vie) pour marquer une gradation de plus en plus importante. Et lorsque le patient est tétanisé par la peur, Purgon abandonne les termes au profit des mots afin d'asséner une condamnation qui doit être aussi lumineuse que transparente : la mort.

L'utilisation des termes dans ce passage, leur gradation et leur accumulation, montrent que l'apparence objective des signifiants

---

7. Molière, *Le Malade imaginaire*, 1673, Acte III, Scène V.

peut receler des enjeux subjectifs, des rapports de pouvoir par exemple. La puissance des termes sert aussi parfois à compenser sur le plan linguistique l'inefficacité sur le terrain de certaines pathologies. Une musculation linguistique pour cacher une faiblesse thérapeutique. C'est ainsi qu'en l'absence de traitement approprié, efficace, le médecin parlera d'« abstention thérapeutique ». Je ne reviendrai pas ici sur le recours à un vocabulaire militaire, que j'ai déjà développé ailleurs[8].

5. Un épilogue douloureux

Le développement que je viens de faire, et qui mériterait une étude beaucoup plus approfondie, impossible dans le cadre de cet hommage à Salah Mejri, tend à démontrer que l'objectivité, la concision et la rigueur scientifique dont devrait faire preuve un texte médical ne sont que des miroirs aux alouettes.

Le texte médical regorge de mots et de termes qui ne sont pas scientifiques, qui ne recouvrent pas la notion à laquelle ils sont censés renvoyer. La médecine peut être cachottière, bonimenteuse, et obéir à des pulsions qui n'ont rien à voir avec la recherche de la vérité. Cette constatation est moins critique qu'il n'y paraît en première analyse : la médecine n'est pas une science exacte, elle est une science humaine qui ne traite pas de l'homme dans son ensemble, mais de chaque individu en particulier, dans tout ce qu'il a de mystérieux, de complexe, d'irréductible aux autres.

Le colloque singulier qui unit le patient à son médecin est fait de non-dits, de sous-entendus, indispensables pour ne pas casser le fil d'Ariane du projet thérapeutique. Les mots trouvent alors naturellement leur place auprès des termes, comme l'esprit vient à propos compléter la raison. Les mots ont pour ambition de « désorganiser » la médecine, c'est-à-dire de lui faire quitter le champ de la seule préoccupation organique pour la replacer dans le contexte qui est le sien : la dimension psycho-physiologique de l'être humain.

---

8. Christian Balliu, 2005, « Le nouveau langage de la médecine : une affaire de socioterminologie », *META*, Clas A. (ed.), *Pour une traductologie proactive*, Vol. 50, n° 4, Université de Montréal.

Bibliographie

BALLIU, C., (2005), « Le nouveau langage de la médecine : une affaire de socioterminologie », in *META*, Clas A. (ed.), *Pour une traductologie proactive*, Vol. 50, n° 4, Université de Montréal.

BALLIU, C., (2006), *La traduction médicale* (dir.), *Équivalences* 33/1-2, Bruxelles, Éditions du Hazard.

LERAT, P., (1995), *Les langues spécialisées*, Paris, PUF.

MEJRI, S., (2011), « Phraséologie et traduction », in *L'enseignement de la traduction*, BALLIU C. (ed.), pp. 111-133, Bruxelles, Éditions du Hazard.

MOLIÈRE, (1673), *Le Malade imaginaire*.

MONDOR, H., (1949), *Diagnostics urgents : Abdomen*, Paris, Masson, 7ᵉ éd.

ROMAINS, J., (1923), *Knock ou le Triomphe de la Médecine*.

SOUBRIER, J., (2011), « Enseignement de la traduction médicale : entre considérations théoriques et modalités pratiques », in *L'enseignement de la traduction*, Balliu C. (ed.), pp. 135-163, Bruxelles, Éditions du Hazard.

VINAY, J.-P., DARBELNET, J., (1958), *Stylistique comparée du français et de l'anglais*, Montréal, Beauchemin.

chapitre 2
De la langue à la culture par les classes d'objets et les domaines[1]

Xavier BLANCO

1. Introduction

Nul besoin de présenter les classes d'objets aux lecteurs de ce volume (Le Pesant, Mathieu-Colas 1994, Gross 1998, 2012). Les domaines, qui constituent une catégorie d'information lexicographique pourtant fondamentale, semblent avoir reçu un peu moins d'attention, bien que classes et domaines soient des notions complémentaires pour l'analyse aussi bien de la langue générale que des langues spécialisées (Mathieu-Colas 1994, Guenthner 1998, Gross et Guenthner 2002).

Nous nous servirons de ces deux notions nées au sein du LDI (Paris 13), ainsi que de celles (analogues) d'*étiquette sémantique* et de *champ sémantique*, nées au sein de l'OSLT (Université de Montréal), pour analyser du point de vue lexico-culturel[2] (Galisson 1995, Pruvost *et al.* 2003) (Malinowski 1968) un corpus de littérature

---

1. Cette recherche a été financée par le Ministerio de Economía y ompetitividad, projet R&D FFI2013-44185-P Jerarquía de etiquetas semánticas para los géneros próximos de la definición lexicográfica. Nous tenons à remercier Manuel Tost, qui a relu cet article et nous a fait une grande quantité de remarques utiles. Bien entendu, nous demeurons responsables de toute erreur qui subsisterait dans le texte.

2. « *Lexico-culture* : la culture mobilisée et actualisée dans et par les mots de tous les discours dont le but n'est pas l'étude de la culture pour elle-même » (Galisson, 1995 : 6).

française : les soixante-quinze romans et vingt-huit nouvelles du Commissaire Maigret, de Georges Simenon, (9 632 pages)[3]. Notons que nous ne faisons pas seulement référence à ce qui est culturellement marqué du point de vue géographique (dans notre cas la France par rapport à l'Espagne) mais aussi, et peut-être davantage, à ce qui devient marqué par rapport au temps : les années 1930-1950 du XXe siècle par rapport au moment présent.

2. Constitution de la macrostructure

Qu'il nous soit permis de faire, d'abord, une remarque qui relève peut-être de l'évidence même, mais qu'il importe de rappeler ici. Pour l'exploitation d'un corpus, aucun analyseur automatique, aucun extracteur de candidats-termes ne peut remplacer (ni du point de vue de la précision ni du point de vue du rappel) la lecture des textes par un expert, ni le repérage « manuel » des unités à traiter par la suite.

En effet, l'exploitation manuelle de l'intégralité de corpus relativement importants est une méthode à ne pas reléguer aux oubliettes du fait que d'autres possibilités plus rapides mais moins précises sont disponibles et s'adaptent bien à certains contextes de recherche.

Nous avons choisi comme méthode d'extraction des unités que nous présenterons ci-dessous (lexèmes et phrasèmes culturellement marqués), la lecture attentive des textes en support papier. « L'enregistrement n'est pas complet, car il faudrait avoir tout lu la plume à la main, et je n'ai pas tout lu », écrivait Émile Littré dans la Préface de son dictionnaire. En nous dotant d'un corpus infiniment plus modeste, tout lire devient possible.

Une fois que nous avons obtenu une liste de candidats à unités lexicographiques, nous les avons informatisés et analysés de façon individuelle, en les dotant d'une microstructure s'ils étaient finalement retenus. Nous rendrons compte, dans ce qui suit, d'un millier d'entrées de la base lexicale choisies de façon aléatoire.

---

3. D'après l'édition Tout Maigret, dix volumes, Paris : Omnibus, publiés entre février 2007 et février 2008.

3. Élaboration de la microstructure

La microstructure comporte, pour le moment, les champs suivants :
- Catégorie grammaticale (ou partie du discours) avec indication des composantes pour les phrasèmes. (ex. *à la chansonnette* ADV : PDETC)[4] ;
- Variantes (ex. *apéritif : apéro*) ;
- Glose (définition du lemme ; dans la mesure du possible, nous nous servons des définitions du *Trésor de la langue française informatisé*, TLFi) ;
- Équivalent de traduction vers l'espagnol ;
- Image (pour les realia) ; dans la mesure du possible il s'agit d'une image de la même époque que celle dans laquelle se situe l'action du roman[5] ;
- Contexte 1, 2 et 3 (contiennent trois citations du lemme en contexte, avec indication du roman ou de la nouvelle d'où provient l'extrait) ;
- Classe d'objets (ou, à défaut, étiquette sémantique), d'après Mathieu-Colas 1994 et Mel'čuk, Polguère 2007 ;
- Domaine (ou, à défaut, champ sémantique), d'après Buvet, Mathieu-Colas 1999 et Mel'čuk, Polguère 2007 ;

Dans ce qui suit, nous allons nous concentrer sur les champs Domaine et Classe d'objets.

4. Domaines et Classes

L'inventaire de Buvet, Mathieu-Colas 1999 comporte 91 domaines et 749 sous-domaines. Les mille entrées sélectionnées de notre base de données ont été étiquetées avec 124 domaines ou sous-domaines différents (45 entrées n'ont pas reçu d'étiquette et pour 21 entrées l'indication de domaine n'est pas pertinente à cause de la catégorie grammaticale du lemme).

---

4. Nous suivons la typologie de M. Gross (1986) pour les locutions adverbiales et les locutions verbales.

5. Nous sélectionnons, si possible, des images libres de droits d'auteur. Cependant, et comme mesure de précaution additionnelle, nous ne diffusons pas le contenu du champ Image.

Les domaines qui reviennent le plus souvent (plus de 10 entrées) sont : *Habillement* (98), *Droit et justice* (56), *Boissons* (52), *Alimentation* (39), *Travaux et équipements ménagers* (38), *Société* (36), *Transports* (31), *Architecture* (29), *Jeux* (27), *Police* (24), *Textile* (23), *Nautique* (21), *Restauration* (21), *Mobilier* (20), *Commerce* (19), *Religions et Catholicisme* (18), *Écrit* (13), *Télécommunications* (15), *Armes* (12), *Hôtellerie* (12), *Tabac* (12), *Manutention et stockage* (12), *Habitat* (11), *Toilette et parure* (11), *Travail* (11).

Notons que les domaines prennent une majuscule initiale tandis que les sous-domaines sont en minuscule. En cas de sous-domaine qui ne relève que d'un seul domaine, nous donnons les deux étiquettes (ex. *Religions : catholicisme*). Les treize premiers domaines ou sous-domaines (première répétition à fréquence 21) concernent 495 entrées, à peu près la moitié de la base dont nous nous servons pour cet article.

À l'intérieur des domaines, nous travaillons par classes. Ainsi, par exemple, *Habillement* comporte 18 <couvre-chefs> et 9 <chaussures> (nous présenterons les noms des classes entre crochets d'angle). Dans ce qui suit, nous examinerons le contenu lexico-culturel des sept premiers domaines de notre liste.

5. Habillement

Dans le domaine Habillement, nous avons des lemmes correspondant à cinq classes d'objets d'inanimés concrets. La plus nombreuse est <couvre-chefs>, avec 18 entrées : *bonnet, bonnet d'infirmière, calot, calotte, canotier, casque colonial, casquette, chapeau, chapeau de chasse, chapeau de feutre, chapeau melon, coltin, cornette, fichu, haut-de-forme, képi, panama* et *toque*.

La chapellerie est un domaine avec une forte marque culturelle. Si nous avons inclus la forme *chapeau* (hypéronyme de la classe) dans notre liste, c'est à cause du fait que souvent Simenon écrit *Il était sans chapeau* (ce qui montre bien que la situation normale était d'avoir un chapeau) :

> Je ne l'ai jamais vu sortir sans chapeau (*Maigret et le voleur paresseux*, 1961).

> Lui aussi chercha son chapeau qui était resté au Majestic, et cela lui semblait tout drôle de quitter tête-nue, le Palais de Justice, de sorte

qu'il fut obligé de prendre un taxi pour rentrer boulevard Richard-Lenoir (*Les caves du Majestic*, 1942).

Le pont Saint-Michel balayé par le vent, les hommes levant les bras pour retenir leur chapeau, les femmes les baissant pour tenir leur jupe (*Maigret se trompe*, 1953).

Souvent, il devait s'agir d'un *chapeau de feutre* (ou d'un *borsalino*[6]). Mais le *chapeau melon* n'est pas exclu. Surtout qu'il caractérise Maigret à une certaine époque :

La pipe aux dents, les mains dans les poches de son énorme pardessus au col de velours légendaire, le chapeau melon un peu en arrière (*Les caves du Majestic*, 1942).

Il a son chapeau melon, qui n'a rien à faire ici. (*Liberty Bar*, 1932).

Le *chapeau melon* de Maigret fait déjà figure d'anachronisme. Encore plus rares sont les hauts de forme, déjà désuets :

Les fonctionnaires portaient encore des redingotes et des chapeaux hauts de forme et, à partir d'un certain degré, arboraient la jaquette (*Les mémoires de Maigret*, 1950).

Pour *chapeau*, on dispose même d'un verbe d'état :

Bien coiffée et chapeautée, on aurait dit que les traits de son visage eux-mêmes s'étaient raffermis (*Maigret et le corps sans tête*, 1955).

Aussi le neutre, en apparence, *casquette* montre des contextes particuliers à un moyen culturel différent à l'actuel où *casquette* fait souvent partie de l'uniforme de professions subalternes, où l'on salue en touchant (de deux doigts) sa casquette, où l'on soulève sa casquette :

Près de wagons, un homme en guêtres de cuir, en casquette à galon de soie (*Au rendez-vous des Terre-Neuvas*, 1931).

Le pisteur du Grand Hôtel était là aussi, et le facteur en casquette d'uniforme (*Mon ami Maigret*, 1949).

Toujours est-il qu'il toucha sa casquette et s'éloigna précipitamment (*Maigret et le corps sans tête*, 1955).

L'un souleva sa casquette au passage de Maigret, l'autre pas (*Maigret a peur*, 1953).

Et quand à *bonnet* :

---

[6]. Chapeau avec un grand pouvoir d'évocation. Souvenons-nous de Borsalino, film de Jacques Deray (1970) avec Jean-Paul Belmondo et Alain Delon, qui nous transporte au monde des gangsters marseillais des 1930.

> La plage s'étalait devant eux, avec ses milliers d'enfants et de mamans, et les bonnets clairs des nageurs sur le bleu de la mer (*Les vacances de Maigret*, 1947).

S'il faut se méfier de la transparence de formes qui nous sont bien connues, à plus forte raison la charge culturelle de formes qui nous sont moins connues (ou dont nous avons surtout une expérience littéraire ou cinématographique) est à explorer. Nous ne pourrons pas ici décrire tous les couvre-chefs de notre liste, nous en choisirons donc quelques-uns : *canotier, casque colonial, coltin, cornette* et *képi*. Nous en dirons ce que les dictionnaires de langue n'en disent pas.

Le *canotier* c'est le sport, le canotage, le cyclisme, c'est aussi Maurice Chevalier et ce sont les tableaux d'Auguste Renoir. Ce sont les vacances à un certain niveau, l'élégance décontractée (en concurrence avec le *panama*) :

> Lui dégingandé, les mains dans les poches, le canotier rejeté en arrière, la démarche nonchalante (*Au rendez-vous des Terre-Neuvas*, 1931).

Le *casque colonial* (pour un Espagnol *salacot*, originaire des Philippines) nous renvoie, pour les années 1930-1950, aux films de Tarzan, ainsi qu'à *Tintin au Congo*. Pour un contact réel avec ce couvre-chef, il faut se déplacer au Vietnam où il est encore fort employé.

Le *coltin*, ce sont les forts des Halles, avec leurs marcels. Bien entendu, avant que les Halles aient été transférées en banlieue. La *cornette*, ce sont les bonnes sœurs, en particulier celles des ordres hospitaliers :

> Voyait des petites filles en blanc traverser la place sous la garde de deux bonnes sœurs en cornette (*Mon ami Maigret*, 1949).

Le *képi*, c'est la France, personnifiée par ses militaires, ses gendarmes et surtout ses légionnaires, mais aussi par d'autres fonctionnaires en uniforme (le facteur).

Si les couvre-chefs donnent accès à tout un monde de références culturelles, les gants et les chaussures en ouvrent d'autres (les *mitaines* ou les *charentaises*, pour ne prendre que deux exemples, les souliers jaunes ou *caca d'oie*). Sans oublier les *guêtres* qui recouvrent le haut de la chaussure. Les <pièces d'habillement> caractérisent bien une époque et différentes classes sociales. Les *habits, smokings, capes d'hermine, manteaux d'astrakan* d'un côté, les *blouses*, les *pèlerines*, les *tabliers*, blancs ou bleus, de l'autre côté :

> Un dîner à la sous-préfecture ? – Un dîner d'hommes, oui. En smoking (*Les vacances de Maigret*, 1947).

> M. Henderson, solennel, en habit, avec le grand cordon de la Légion d'honneur et des décorations étrangères (*La tête d'un homme*, 1931).

> Mme Crosby, en effet, sortait de l'ascenseur, frileusement serrée dans une cape d'hermine. (*La tête d'un homme*, 1931).

> Mme Maigret mit son manteau d'astrakan (*Maigret et le client du samedi*, 1962).

> Deux maçons en blouse mangeaient déjà, au fond (*Maigret et le client du samedi*, 1962).

> Les agents en pèlerine battaient la semelle (*Maigret et le voleur paresseux*, 1961).[7]

> La femme de chambre en noir et en tablier blanc (*Maigret a peur*, 1953).

Les *costumes de golf* et les *culottes de cheval* de la classe dominante côtoient encore les *gilets rayés* et les *livrées* des domestiques :

> Il portait un costume de golf de tweed clair et un imperméable comme on n'en voit que dans certains magasins très chers. (*Maigret a peur*, 1953).

> Il portait un veston couleur feuille-morte sur des culottes de cheval et il était chaussé de bottes fauves (*Les vacances de Maigret*, 1947).

Certaines <parties de pièces d'habillement> (*boutonnière, entournure*) et certains <accessoires de pièces d'habillement> (*plastron, faux col, manchette...*) sont aussi marqués culturellement que les <pièces d'habillement> elles-mêmes :

> Et je revois Félix Jubert arrêter la voiture devant une boutique de fleuriste afin de garnir nos boutonnières. (*Les mémoires de Maigret*, 1950).

> Gaston Buzier affectait de siffloter, les doigts passés dans les entournures du gilet (*Au rendez-vous des Terre-Neuvas*, 1931).

> Il était encore plus impressionnant ainsi, avec seulement le blanc du plastron, du col et des manchettes. (*Les vacances de Maigret*, 1947).

Et président à bon nombre d'observations sur l'habillement : le *veston* que l'on a osé retirer ou non, les *boutons* mal cousus, la

---

7. La pèlerine est également une pièce d'habillement des écoliers.

coupe ou le tissu qui nous rappelle que le tailleur et la couturière ont encore le dessus et que le prêt-à-porter ne gagnera du terrain qu'au cours des années 1950. Notons aussi le *complet*, forme aujourd'hui marquée par rapport à *costume* :

> Sa coupe révélait le grand tailleur (*Maigret et le corps sans tête*, 1955).

> On ne devait trouver de complets en ce tissu-là que chez un tailleur exclusif de Paris, peut-être de Bordeaux (*Maigret a peur*, 1953).

6. Droit et justice

S'agissant de littérature policière, il n'est pas étonnant que le domaine *Droit et Justice* joue un rôle fort important. Les <actions proscrites> : *meurtre, vol à la roulotte, entôlage, fric-frac*... Les <établissements pénitentiaires> : *Fresnes, la Santé*, mais aussi, à cette époque, le *bagne*, la Guyane. Tous les métiers liés à la justice et les actes juridiques : *procureur, substitut, avocat d'assises, avocat-conseil, greffier*... Et de l'autre côté : *prévenu, repris de justice, cheval de retour, caïd, monte-en-l'air, demi-sel, receleur, maître-chanteur* :

> Il n'y était allé que deux fois, dont une comme prévenu seulement, et les deux fois, c'était Maigret qui l'avait arrêté (*Maigret et le voleur paresseux*, 1961).

> Ton vendeur, à Panama, s'appelle Schwarz et c'est un repris de justice (*Un échec de Maigret*, 1956).

> Il avait fait arrêter trois chevaux de retour, dont un certain Gaston Noveau (*Maigret et le fantôme*, 1963).

> C'était l'époque de la relève. Les vieux caïds, propriétaires, avant la guerre, de maisons closes, tenanciers de tripots clandestins et inspirateurs de cambriolages spectaculaires, avaient pris leur retraite [...] (*La patience de Maigret*, 1965).

> On n'avait rien trouvé, pas un bijou, pas une fausse clé, pas un outil de monte-en-l'air (*Maigret et le voleur paresseux*, 1961).

> Les demi-sels ne sont pas à leur aise en face des caïds (*Mon ami Maigret*, 1949).

> Un receleur, si les voleurs en connaissent, ne donnera que dix ou quinze pour cent de la valeur du butin (*La patience de Maigret*, 1965).

— Cela vaut cher, grogna-t-il en essayant de se donner les allures patelines d'un maître chanteur... (*L'improbable Monsieur Owen*, 1938).

Mais, en tant qu'objet culturellement marqué, rien comme le « rasoir national », « la Veuve »... :

— À quoi pensait-il à cet instant précis ? Il devait avoir une peur atroce de la guillotine, peur aussi de la prison (*Maigret tend un piège*, 1955).

— Vous êtes assez sûr de ce que vous avez entendu hier au soir pour ne pas hésiter à envoyer quelqu'un au bagne ou à l'échafaud (*Maigret a peur*, 1953).

— Une chose peut le sauver de la guillotine, qui a déjà sauvé l'assassin Danse... Qu'il commette un nouveau meurtre et, avant d'être extradé, il sera justiciable de la Justice belge, qui ne connaît plus l'échafaud (*Peine de mort*, 1936).

7. Boissons

Les <boissons alcoolisées : liqueurs> dominent la scène par leur variété et leur spécificité culturelle. Dans la culture de l'apéritif nous avons : *anis, anisette, Mandarin-curaçao, gentiane, Manhattan, Pernod, absinthe, picon-grenadine, kirsch, pastis, Martini, vermouth, vermouth-cassis, porto*. Des centaines de contextes :

Peut-être avait-il bu des anis ? (*Liberty Bar*, 1932).

il avait surtout bu du vin, puis, Dieu sait pourquoi de l'anisette (*Mon ami Maigret*, 1949).

— Qu'est-ce que tu bois ? — Une gentiane ! — Quelle est cette nouvelle mode ? — Ce n'est pas une mode ! C'est la dernière ressource de l'ivrogne, vieux ! Tu connais la gentiane. C'est amer. Ce n'est même pas alcoolisé. Eh bien ! quand, pendant trente ans, on s'est imbibé d'alcools divers, il ne reste plus que ce vice-là, il n'y a que cette amertume à émouvoir les papilles... (*Liberty Bar*, 1932).

Il m'a demandé si j'avais du vrai kirsch, pas de kirsch de fantaisie... (*Maigret et le voleur paresseux*, 1961).

— Vous aimez le pastis aussi, le vrai, celui qui est interdit ? Une tournée de pastis, Paul ! (*Mon ami Maigret*, 1949).

Parmi les odeurs qui flottaient toujours dans l'air, à la brasserie, il en était deux qui dominaient les autres : celle du Pernod, autour du bar, et celle du coq au vin qui venait par bouffées de la cuisine (*Maigret et le corps sans tête*, 1955).

Qu'est-ce que vous prenez, commissaire ? Moi, ce sera un picon-grenadine (*Maigret et la vieille dame*, 1949).

Il aperçut Janin qui l'attendait devant un vermouth-cassis (*Maigret se trompe*, 1953).

Une fois à table, on trouve les vins : *Beaujolais, gros rouge, mousseux, Pouilly, Saint-Émilion, Tavel, vin bleu, vin de pays* :

Le Beaujolais, encore qu'un peu épais, n'en était pas moins fruité (*Maigret et le voleur paresseux*, 1961).

– Vous n'avez pas de bière ? – Seulement en bouteille – Dans ce cas, donnez-moi du gros rouge. (*Maigret a peur*, 1953).

C'était le jour de sa fête et Renée avait préparé un repas soigné… Il y avait une bouteille de mousseux sur la table (*Maigret et le client du samedi*, 1962).

Avec ça, un tavel bien sec, à moins que vous ne préfériez un Pouilly-fumé (*La patience de Maigret*, 1965).

Ils avaient pourtant bien dîné, ce soir-là, et ils avaient bu un Saint-Émilion inoubliable (*Maigret et le voleur paresseux*, 1961).

Un parfum vulgaire comme le vin bleu des bistrots (*Au rendez-vous des Terre-Neuvas*, 1931).

Un petit vin de pays (*Maigret et le corps sans tête*, 1955).

Et avec les sandwichs ou la choucroute, la bière, de préférence bien tirée (*demi, bock, chope à oreille, canette*) :

Il était, lui, de la génération des brasseries et des bocks. (*La tête d'un homme*, 1931).

Un vrai demi, enfin dans une épaisse chope à oreille et non une petite bouteille de bière étrangère (*L'improbable Monsieur Owen*, 1938).

Et de l'apéritif au… digestif : des *pousse-café, armagnac, bénédictine, calvados, chartreuse, eau-de-vie blanche, fil-en-six, fine, flip, kummel, marc, marc de Bourgogne, prunelle* :

On désignait un fauteuil de cuir à Maigret qui s'assit. Le docteur lui tendait la boîte de cigares – Chartreuse ou armagnac ? (*Les vacances de Maigret*, 1947).

– Un petit verre… Une bénédictine, par exemple, puisque nous sommes dans le pays… (*Au rendez-vous des Terre-Neuvas*, 1931).

> La plupart des tables étaient inoccupées dans la salle à manger où quelques collègues en étaient au café et au calvados (*Maigret et le corps sans tête*, 1955).
>
> Elle alla prendre dans le buffet de la salle à manger un flacon d'eau-de-vie blanche (*Maigret et le voleur paresseux*, 1961).
>
> M. le commissaire me paie à boire ?... Du fil en six, Léon ! (*Au rendez-vous des Terre-Neuvas*, 1931).
>
> Avez-vous une très bonne fine pour moi, garçon ? (*Maigret et le corps sans tête*, 1955).
>
> Faute de pouvoir boire de la bière, commanda une fine à l'eau (*Les caves du Majestic*, 1942).
>
> L'agitation du barman préparant un flip à grands coups de shaker (*La tête d'un homme*, 1931).
>
> – Qu'est-ce que tu prends ? – Pas un chocolat, bien sûr !... Un kummel ! (*Au rendez-vous des Terre-Neuvas*, 1931).
>
> – Qu'est-ce que vous en dites, de ce lapin-là ? – Il était excellent – Un petit marc pour l'aider à passer ? (*Maigret à l'école*, 1953).
>
> Il se versa un petit verre de prunelle (*Maigret et le corps sans tête*, 1955).

Il était courant de diluer du cognac dans l'eau (une *fine à l'eau*) :
> Faute de pouvoir boire de la bière, commanda une fine à l'eau (*Les caves du Majestic*, 1942).

La liste serait incomplète sans les *grogs* que Maigret consomme dès le premier symptôme de rhume de cerveau ou par mauvais temps, et sans les nombreux cafés arrosés qui aident à passer l'hiver.
> – Qu'est-ce que je vous sers ? – Pou moi, un grog – Pou moi aussi – Deux grogs, deux ! (*Maigret et le voleur paresseux*, 1961).

Il existe aussi des boissons non alcoolisées dans l'univers Maigret (elles sont plutôt rares, c'est vrai) : *Vittel*, *eau de Seltz*, *siphon*, et il arrive que le café soit noir ou que l'on commande un café-crème.

8. Alimentation

Les <plats cuisinés> sont une partie centrale de la culture d'un pays. Nous trouvons une bonne centaine de ces noms dans les romans de Maigret. Parmi ceux qui reviennent le plus souvent, nous avons : *andouillette, assiette anglaise, bouillabaisse, cassoulet, choucroute garnie, coq au vin, crêpes Suzette, demi-homard nappé de mayonnaise, épaule de mouton farcie, gigot, haricot de mouton, lapin au vin blanc, lièvre à la royale, miroton, morue à la crème, œuf dur, œufs au lait, omelette aux fines herbes, perdreaux au chou, ragoût, ramequin à la niçoise, rognons d'agneau, rôti de veau, rouelle de veau, soupe à l'oignon, tripes à la mode de Caen.* Comme <préparations alimentaires> nous trouvons *aïoli, carbonade, céleri rémoulade...*

Pour des raisons d'espace, nous donnerons seulement quelques contextes (ceux qui nous semblent les plus intéressants) sans commentaires :

> Toute la maison sentait la bouillabaisse et le safran (*Mon ami Maigret*, 1949).

> Il l'emmena aux Halles, lui fit manger des tripes à la mode de Caen et des crêpes Suzette qu'on leur servit sur des jolis réchauds en cuivre (*Mon ami Maigret*, 1949).

> Sur le fourneau, un miroton quelconque mijotait. (*Les caves du Majestic*, 1942).

> Il a mangé deux œufs durs, qu'il a pris dans le support en fil de fer placé sur le comptoir (*Maigret et le client du samedi*, 1962).

> Sur une ardoise, on pouvait lire, à la craie : Rillettes de Morvan / Rouelle de veau aux lentilles / Fromage / Tarte maison (*La patience de Maigret*, 1965).

> Mais vers le petit jour, il les retrouvait pour manger la soupe à l'oignon à la brasserie (*Les caves du Majestic*, 1942).

9. Travaux et équipements ménagers

Les <ustensiles de ménage> caractérisent bien une époque : les *cuivres* sont surtout utilisés à l'heure actuelle pour la décoration, tout comme les *fontaines de porcelaine* et les *bassins*, utilisés couramment avant la généralisation de l'eau courante. Les *garde-manger* et les *glacières* ont disparu au profit des réfrigérateurs domestiques. Le *seau à charbon* a suivi le même sort et les seaux en tôle ont cédé la place au plastique.

> [...] ? questionna Maigret en vidant sa pipe dans le seau à charbon (*Les caves du Majestic*, 1942).

> Il entrevit une cuisine où scintillaient des cuivres (*Maigret a peur*, 1953).
>
> Pour ne pas monter dans sa chambre, il se lava les mains à une fontaine de porcelaine (*Maigret a peur*, 1953).
>
> Comptoir avec une balance, une glacière d'un ancien modèle et une table à découper la viande (*Maigret à l'école*, 1953).
>
> Une table recouverte d'une serviette, avec dessus un bassin en émail blanc, un peigne, une brosse, de savon sur une soucoupe ; et, sous la table, un broc d'eau et un seau en émail bleu. (*Les vacances de Maigret*, 1947).
>
> Au-delà de la fenêtre de la cuisine était suspendu un garde-manger, assez bien garni de victuailles (*Maigret et le corps sans tête*, 1955).

Bien entendu, l'eau courante chaude n'était pas toujours disponible :

> – Thérèse va vous montrer votre chambre. Vous lui direz à quelle heure vous avez envie qu'on vous monte votre eau chaude (*Maigret à l'école*, 1953).

La même chose peut être signalée à propos des <appareils de ménage> : *le poêle à charbon, le poêle à feu continu, la pompe à main, la salamandre*...

Mais il ne faut pas oublier des classes moins nombreuses à l'intérieur du domaine qui nous occupe, c'est le cas des <actions> comme *tisonner* qui joue un rôle beaucoup moins central à l'heure actuelle que dans la première moitié du XXe siècle, ou les <bâtiments publics> comme le *lavoir* :

> Maigret se levait pour tisonner le poêle (*La tête d'un homme*, 1931).
>
> Une femme se dirigeait vers le lavoir, poussant une brouette qui supportait deux paniers de linge (*L'affaire Saint-Fiacre*, 1932).

Finalement, les travaux ménagers nous réservent tout un vocabulaire de noms de professions : *bonne, valet de chambre, femme de chambre, bonne à tout faire, dame de compagnie, larbin, nurse, économe, repasseuse*. Notons l'utilisation de l'article défini devant le prénom (*la* Rose) pour faire référence à une domestique :

> Nous avons trouvé la Rose mourante dans son lit (*Maigret et la vieille dame*, 1949).
>
> Elle n'avait qu'une domestique, plutôt dame de compagnie que femme de chambre (*La tête d'un homme*, 1931).

> Un peu plus tard, il descendait l'escalier somptueux, traversait le hall, précédé d'un larbin en livrée (*Liberty Bar*, 1932).

> Elle travaillait comme bonne à tout faire chez une crémière de la rue Lepic... (*Maigret et le client du samedi*, 1962).

10. Société

Si le policier est un bon candidat à héros de série romanesque, cela est dû en grande partie au fait qu'il se frotte à tous les milieux. Il frôle toutes les classes sociales : des *châtelains* aux *vagabonds*, des *hommes du monde* aux *filles du peuple*. Bien entendu, il y a aussi le vocabulaire de la pègre. Un sous-domaine bien représenté est celui de la prostitution : *arracher au trottoir*, *faire la retape*, *maison de passe*, *hôtel de passe*, *grue*, *fille de Brasserie*, *souteneur*... :

> Avant Gouin, vous étiez déjà l'ami de Louise Filon et, si je ne me trompe, vous ne l'empêchiez pas de faire la retape (*Maigret se trompe*, 1953).

> Il paraît que c'est surtout un hôtel de passe. Ils ont pourtant quelques chambres au mois (*Maigret et le voleur paresseux*, 1961).

> Un truand venu de Corse qui avait débuté humblement comme souteneur (*La patience de Maigret*, 1965).

> Une de ces auberges tenues par d'anciennes filles ou par d'anciens truands (*Maigret et le voleur paresseux*, 1961).

> Il n'aurait pas dû la tutoyer. À la P.J. on a l'habitude de tutoyer les filles dans son genre et cela n'échappa pas à Louis, qui fronça les sourcils. (*Maigret à l'école*, 1953).

Les rapports homme-femme, surtout dans certains milieux, pouvaient être marqués par la violence et l'acceptation de cette violence comme faisant partie de l'ordre des choses :

> – Il vous frappe ? Elle porta instinctivement la main à l'ecchymose de sa joue [...] – C'est son droit, répliqua-t-elle non sans fierté. (*Maigret a peur*, 1953).

11. Transports

Les <véhicules automobiles> connaissent leur véritable essor entre les années 1930 et 1950. Certains noms propres deviennent mythiques : *Rolls Royce, Jaguar* pour les voitures de luxe et sportives ; *2 CV*, *4 CV* souvent utilisées pour le transport de marchandises :

> De quelle marque est votre voiture, monsieur Courcel ? – Jaguar... Décapotable... (*L'ami d'enfance de Maigret*, 1968).

> Une grosse torpédo grise, aux accessoires nickelés, passe sans bruit (*Liberty Bar*, 1932).

> Ce n'était pas une petite voiture quelconque, car on n'utilise guère de couvertures de fourrure dans une 4 CV (*Maigret et le voleur paresseux*, 1961).

> Il possédait une 2 CV et, chaque dimanche, emmenait sa famille à la campagne (*Maigret et le voleur paresseux*, 1961).

> – Il y a un type très chic [...] qui vient parfois en Rolls Royce et qui a le plus beau chauffeur que j'aie jamais vu (*Maigret et le voleur paresseux*, 1961).

> Il a une voiture, lui aussi, une Floride (*Maigret et le voleur paresseux*, 1961).

Les <véhicules hippomobiles> jouent encore un rôle : *fiacre*, *voiture de maître* :

> Fiacres et omnibus à impériale, encore traînés par des chevaux (*Les mémoires de Maigret*, 1950).

> Le casino était illuminé. Quelques voitures de maître arrivaient, car il était près de neuf heures du soir (*Liberty Bar*, 1932).

Et les <véhicules ferroviaires>. Il est à remarquer, pourtant, que Maigret se déplace très peu en métro, lui préférant le bus et le taxi. Le monde sous-terrain est donc sous-représenté dans ces romans. Ce n'est le cas ni des trains ni, surtout, des gares :

> Boulevard de La Chapelle, en dessous du métro aérien, les silhouettes familières étaient à leur place (*Maigret se trompe*, 1953).

> Un fond de désinfectant qui rappelait le métro (*Maigret et le voleur paresseux*, 1961).

> C'était somptueux. [...] voyageurs de grand luxe [...]. Une foule élégante, chargée de fleurs, accompagnait au train une vedette de cinéma – C'est le Train Bleu, murmura Maigret comme pour s'excuser (*Mon ami Maigret*, 1949).

> – On vient de l'arrêter [...] Au moment précis où elle descendait de la micheline à Nice (*L'improbable Monsieur Owen*, 1938).
>
> En voyant la gare de l'Est, par exemple, je ne peux jamais m'empêcher de m'assombrir, parce qu'elle évoque pour moi des mobilisations. La gare de Lyon, au contraire, tout comme la gare Montparnasse, me fait penser aux vacances. La gare de Nord, elle, la plus froide, la plus affairée de toutes, évoque à mes yeux une lutte âpre et amère pour le pain quotidien. Est-ce parce qu'elle conduit vers les régions de mines et d'usines ? *(Les Mémoires de Maigret*, 1950).

Bien entendu, les modèles de taxis étaient des modèles fort différents aux actuels. Dans la citation suivante, il s'agit probablement d'une Renault KZ :

> Maigret fit signe à un taxi qui maraudait. – Montez ! dit-il aux deux femmes [...] Toutes les deux voulaient s'asseoir sur le strapontin, mais il les obligea à occuper la banquette et ce fut lui qui tourna le dos au chauffeur (*Les caves du Majestic*, 1942).

12. Conclusions

L'on continuerait volontiers par l'Architecture pour voir notre commissaire aussi bien dans une *cour d'honneur*, devant un *fronton armorié* ou, plus modestement, sur *perron* ou dans une *pièce mansardée*, une *remise* que, tout bonnement, sur les pierres de la chaussée, sans oublier les *presbytères*, les *préaux*, les *loges de concierge*... On souhaiterait aborder les Jeux, la Nautique (avec le monde des canaux et des péniches si cher à Simenon), la *restauration* avec les *garçons de café*, les *tenanciers de bistrot*, les *habitués*... On aimerait bien jeter un coup d'œil au mobilier avec les *tables Louis XV*, les *bureaux style Empire*, les *fauteuils Louis XIII*, les *meubles Henri II*, mais aussi les chaises à fond de paille tressé, les lits de fer... Et l'on pourrait continuer sur plus de cent domaines et sous-domaines différents qui constitueraient une radiographie de la France de Maigret (plus rarement de la Belgique, des Pays-Bas ou des États-Unis).

Mais il faut terminer. Terminons, donc, dans le vif du sujet, avec cinq contextes qui nous montrent que les techniques changent, même si certains objets restent :

> Un roman dont les pages n'étaient pas coupées (La tête d'un homme, 1931).

Quelle heure est-il ? questionna-t-il sans songer à tirer sa montre de sa poche. (*Les vacances de Maigret*, 1947).

Je me doutais bien que vous auriez besoin de téléphoner [...] – Ce sera long d'avoir Paris, mademoiselle ? – En priorité, je vous l'aurai en quelques minutes (*Mon ami Maigret*, 1949).

Les curieux collaient leur nez aux fenêtres et que les journalistes les bombardaient de magnésium (*Les vacances de Maigret*, 1947).

En même temps, il tendait un bout de papier quadrillé comme on en vend dans les épiceries ou comme on en trouve dans le sous-main des petits-cafés (*Les caves du Majestic*, 1942).

Bibliographie

BUVET, P.-A., MATHIEU-COLAS, M., (1999), « Les champs Domaine et sous-domaine dans les dictionnaires électroniques », in *Cahiers de Lexicologie* n° 75, pp. 173-191, Paris, Garnier.

GALISSON, R., (1995), « Où il est question de lexiculture, de cheval de Troie, et d'Impressionnisme », in *Études de Linguistique Appliquée* n° 97, pp. 5-14, Paris, Klincksieck.

GALISSON, R., (1991), *De la langue à la culture par les mots,* Paris, CLE International.

GROSS, G., GUENTHER, F., (2002), « Comment décrire une langue de spécialité ? », in *Cahiers de Lexicologie* n° 80, pp. 179-199, Paris, Garnier.

GROSS, G., (1994), « Classes d'objets et description des verbes », in *Langages* n° 115, pp. 15-30, Paris, Larousse.

GROSS, G., (2012), *Manuel d'analyse linguistique,* Villeneuve-d'Ascq, Presses Universitaires de Septentrion.

GROSS, M., (1986), *Grammaire transformationnelle du français 3. Syntaxe de l'adverbe,* Paris, Asstril.

GUENTHNER, F., (1998), « Constructions, classes et domaines : concepts de base pour un dictionnaire électronique de l'allemand », in *Langages* n° 131, pp. 45-55, Paris, Larousse.

IORDANSKAJA, L., MEL'ČUK, I., (1984), « Connotation en sémantique et lexicographie », in *Dictionnaire explicatif et combinatoire,* pp. 33-40, Montréal, Les Presses de l'Université de Montréal.

LE PESANT, D., MATHIEU-COLAS, M., (1998), « Introduction aux classes d'objets », in *Langages* n° 131, pp. 6-33, Paris, Larousse.

MALINOWSKI, B., (1968), *Une théorie scientifique de la culture, et autres essais,* Paris, François Maspero.

MATHIEU-COLAS, M., (1994), *Les mots à trait d'union. Problèmes de lexicographie informatique,* Paris, Didier Érudition.

MEL'ČUK, I., POLGUÈRE A., (2007), *Lexique actif du français*, Louvain-la-Neuve, De Boeck.

PRUVOST, J. *et alii*., (2003), *Mots et lexiculture : Hommages à Robert Galisson,* Paris, Honoré Champion.

chapitre 3
La part de la stéréotypie dans trois corpus francophones – hexagonal, maghrébin et subsaharien

Peter BLUMENTHAL

1. Corpus, objectifs et méthode

Notre problématique relève de la linguistique variationnelle, discipline en pleine expansion, mais dont les bases méthodologiques paraissent encore peu certaines en matière d'études sur la francophonie. Nous allons plaider pour un modèle d'analyse complexe qui privilégie dans les premières étapes une approche quantitative, seule capable, selon nous, de faire apparaître les domaines où le recours à des argumentations d'ordre qualitatif devient indispensable. Quantitatives ou qualitatives, les méthodes proposées ici nécessitent la disponibilité de grands corpus intégrés à une banque de données.

Nos corpus[1] sont de type journalistique et représentent trois aires de la francophonie : la France (« corpus hexagonal »), les pays d'Afrique du Nord (Algérie, Maroc, Tunisie, « corpus maghrébin »)

---

1. Cf. la description des corpus hexagonal et subsaharien dans Blumenthal 2013a ; le corpus maghrébin comprend les journaux suivants : pour l'Algérie *El Watan, Le Soir d'Algérie, La Tribune* ; pour le Maroc *Aujourd'hui le Maroc, Le Matin du Sahara* ; pour la Tunisie *La Presse, Le Quotidien, Le Temps*.

et quelques pays de l'Afrique noire (« corpus subsaharien »). De dimension presque identique (à peu près 100 millions de mots par corpus), ils contiennent en principe deux années de journaux publiés en 2007 et 2008 et font partie d'une banque de données constituée à l'Université de Cologne (cf. Diwersy 2012). La décision de réunir des journaux de style très différent uniquement sur la base de leur provenance géographique soulève, d'entrée de jeu, des problèmes dont le principal peut être formulé ainsi : le chercheur est-il en droit de considérer qu'à l'intérieur de la même zone, les affinités linguistiques entre les quotidiens sont plus grandes qu'entre tel quotidien de la zone A et tel autre de la zone B ou C ? La question requiert une réponse nuancée, qui dépend des traits retenus dont on compare la présence dans l'ensemble des journaux. Dans ce domaine, l'on peut distinguer trois grands types de traits (par exemple des combinaisons caractéristiques de mots) :

1) certains possèdent une valeur identitaire absolue (1a) ou relative (1b) en ce sens

    a) qu'ils appartiennent exclusivement à la presse d'un groupe, où ils se retrouvent dans la grande majorité des journaux (exemple : *en ce moment-là* « à ce moment », typique de l'Afrique subsaharienne) ;

    b) que, tout en existant dans les deux groupes, ils sont significativement plus fréquents dans l'un d'eux (cas de figure courant, voir les nombreux exemples cités plus bas) ;

2) d'autres ne se présentent que dans une partie de l'un des corpus, signe d'une valeur identitaire partielle ; c'est par exemple le cas de *faire la propreté* « nettoyer », utilisé presque exclusivement au Cameroun.

Les phénomènes que nous allons étudier dans les corpus hexagonal et subsaharien appartiennent surtout au groupe 1b). Les conclusions générales que nous en tirerons feront ressortir des différences stylistiques profondes entre eux. Nous verrons que le corpus maghrébin ne s'oppose pas aussi nettement aux autres, et surtout pas au corpus hexagonal. Bien que ces résultats ne manquent ni de clarté ni de plausibilité, ils ne permettront pas d'établir définitivement le bien-fondé des délimitations linguistiques qui nous servent ici de point de départ. Qu'il soit légitime de constituer un corpus unique représentant l'Afrique subsaharienne et un autre censé représenter le français au Maghreb reste donc, pour le moment, une hypothèse de travail et ne saurait constituer qu'une étape sur la voie d'une étude bien plus étendue. Car quel que soit l'intérêt général des problèmes traités ici, notre angle de vue, qui focalise la combinatoire des mots dans les trois zones considérées, ne nous paraît pas suffisamment grand pour autoriser des conclusions sans appel sur l'existence de trois variétés du français correspondant aux zones d'origine de nos corpus.

Les phénomènes décrits ci-dessous et à propos desquels nous comparerons le comportement des trois corpus concernent un aspect fondamental de toute langue naturelle : le fait bien connu que, sur l'axe syntagmatique, la combinaison des mots est souvent plus ou moins stéréotypée ou « figée »[2]. Nous considérons comme stéréotypée une suite de mots présentant certaines qualités distributionnelles et/ou sémantiques. Sur le plan distributionnel, il s'agit de cooccurrences très fréquentes ou « spécifiques » (au sens statistique), souvent allant de pair avec divers « blocages » syntaxiques (cf. Neveu sous *figement*). L'aspect sémantique de la stéréotypie, pour beaucoup de linguistes, constitutif de la notion de « phraséologie » tient à la « plus-value »[3] que peut comporter une telle combinaison de mots. Cette plus-value peut avoir plusieurs sources : idiomaticité, expressivité liée à une image, prestige moral du proverbe, caractère prégnant d'une combinaison qui renvoie à une notion établie, etc. Face à la grande variété des phénomènes qualifiés de stéréotypes, il importe de préciser les types de stéréotypie qui prévalent dans tel ou tel corpus.

Les textes français contiennent-ils en moyenne plus de stéréotypes que les textes d'autres idiomes ? C'est la thèse du linguiste suisse Charles Bally (1965 : 344), qui prête aux locuteurs de sa langue maternelle un « besoin d'associations fixes ». Il considère que « le français est une langue où il est extrêmement facile de parler et d'écrire en enfilant des clichés ». Nous voudrions savoir si l'on peut constater, sous cet angle, des différences à l'intérieur du monde francophone ; il s'agira plus particulièrement d'examiner la thèse[4]

---

2. Cf. Charaudeau, Maingueneau (2002 : 544-548) sur le rapport entre les notions de « stéréotype » (terme aux « sens variables ») et de « figement ». Sur la notion de « figement », cf. Mejri (1997 : 48).
3. Notion développée dans Blumenthal 2010.
4. Cf. Pöll (2005 : 145).

selon laquelle le français d'Afrique noire est plus « stéréotypé » que le français de France — la position du Maghreb dans ce domaine restant encore à déterminer. Manessy (1992 : 66) découvre une double source à ce phénomène stylistique subsaharien, à savoir l'insécurité linguistique et la tradition du proverbe :

> « Le recours si fréquent, à l'oral comme à l'écrit, aux formules, aux locutions figées est certes imputable pour une part à un sentiment d'insécurité linguistique, mais il est légitimé par l'usage extensif qui est fait des proverbes dans la rhétorique traditionnelle […]. »

L'on pourrait néanmoins émettre deux objections à cette idée : d'une part, le locuteur encourt le danger de passer à côté de la formule figée, par définition complexe, laquelle risque de devenir, à son tour, source d'insécurité[5] ; d'autre part, ces formules n'ont souvent aucune affinité linguistique ou cognitive avec les proverbes. Et pourtant, ces facteurs explicatifs conviendront probablement à certains des faits empiriques que nous essayerons d'établir par la suite.

Plusieurs stratégies entrent en ligne de compte pour déterminer la part des stéréotypes se manifestant au niveau de la parole. L'on peut fondamentalement choisir entre une approche textuelle (cf. Mejri 1997 : 23) – laquelle consiste à comparer des textes pour enregistrer les syntagmes stéréotypés – et une approche lexicologique, qui s'intéresse à la distribution et surtout au voisinage de certains mots dans les textes des différents corpus. La première méthode a certes l'avantage de permettre une saisie complète des éléments en question. Mais elle présente un inconvénient majeur quant à sa mise en pratique : à moins de disposer de nombreux lecteurs travaillant sans relâche, la quantité des textes analysés de cette manière reste forcément modeste, voire insignifiante face à l'étendu des corpus. Le cas échéant, il faudrait alors essayer de parer à ce problème en sélectionnant des échantillons représentatifs de toutes les parties importantes de chaque corpus – thématique dépassant largement le cadre d'un modeste article.

La seconde méthode, fondée sur la statistique linguistique, requiert une banque de données permettant de calculer l'environnement caractéristique de n'importe quel mot des corpus. La comparaison des listes des accompagnateurs du même mot-pivot tels qu'ils se dégagent de différents corpus renseigne sur les degrés

---

5. Dans ce domaine, les ratés sont en effet nombreux en presse africaine.

d'emploi stéréotypé auxquels ce mot est soumis dans les journaux de France, du Maghreb et d'Afrique noire. L'avantage de cette procédure est la précision mathématique des informations obtenues sur l'usage des mots-pivots et l'excellente comparabilité des différents usages relevés. D'un point de vue méthodologique, tout se passerait donc à la perfection s'il n'y avait pas la difficulté de déterminer les mots-pivots représentatifs, susceptibles de donner une idée de l'importance de la stéréotypie dans le corpus. À quels critères recourir devant cet embarras du choix ? À défaut d'une solution vraiment convaincante, nous nous contenterons de quelques sondages, en retenant des mots-pivots au hasard des entrées d'un dictionnaire spécialisé.

Dans l'idéal, ces deux méthodes, sans aucun doute complémentaires, devraient être combinées pour caractériser de façon optimale la part de la stéréotypie dans les trois corpus. Si nous préférons en l'occurrence la voie lexicologique, c'est qu'un tel choix paraît plus réaliste compte tenu de la dimension réduite de la présente contribution.

Afin de faciliter la lisibilité des passages ci-dessous portant sur des problèmes de statistique, une brève présentation des notions principales de notre analyse s'impose. Pour les mots dont le voisinage dans les corpus nous intéresse (« mots-pivots »), nous calculerons les « profils combinatoires », listes des « accompagnateurs » (cooccurrents) les plus « spécifiques » dans une fenêtre de trois ou cinq mots à gauche et/ou à droite. Pour faire bref, la spécificité peut se définir comme la fréquence de cooccurrence pondérée, déterminée ici sur la base du calcul *log likelihood*. Un accompagnateur spécifique est sémantiquement et/ou syntaxiquement caractéristique du mot-pivot. Deux qualités statistiques des accompagnateurs nous intéresseront par la suite :

> – leur « rang » (mesuré en termes de spécificité) en tant que cooccurrents, les premiers étant évidemment particulièrement caractéristiques du mot-pivot ; précisons que, dans certains cas, il peut s'avérer utile de déterminer les rangs des accompagnateurs sur la base de leur fréquence absolue, et non pas de leur spécificité ;

— le « degré de spécificité »[6] des cooccurrences de tel mot-pivot avec tel accompagnateur. Cette valeur est utile pour plusieurs raisons. Elle renseigne, entre autres, sur le caractère significatif ou non des cooccurrences, dues éventuellement au hasard lorsqu'elle se situe au-dessous du seuil de 10,8 ; elle facilite aussi la comparabilité des comportements du même mot-pivot dans divers corpus.

2. Le cas de *famille*

Pour préparer le terrain argumentatif, nous commencerons notre étude par un nom en apparence banal, mais qui se révèle extrêmement intéressant sous l'angle de la linguistique variationnelle. L'emploi du mot *famille* en France et en Afrique nous avait frappé dans des travaux antérieurs pour des raisons socioculturelles. Nettement moins fréquent en Afrique, son comportement s'avère si différent dans les deux aires géographiques que l'observateur se demande si le sens de « famille » ne correspond pas à deux conceptualisations différentes dans les deux variétés du français. Cependant, le problème à traiter ici n'est pas en premier lieu conceptuel, mais lié aux emplois stéréotypés du mot. Pour tester systématiquement la présence d'éléments figés dans le voisinage usuel de *famille*, il suffit d'examiner les mots qui font partie de son profil combinatoire. Dans le cas de *famille*, les dix premiers accompagnateurs[7] les plus spécifiques dans une fenêtre de trois mots à gauche sont similaires dans nos trois corpus :

> Corpus hexagonal : *mère, père, membre, dans, issu, en, avec, grand, livret, à*.

> Corpus subsaharien : *membre, grand, dans, père, chef, code, condoléances, sein, mère, issu*.

> Corpus maghrébin : *membre, père, issu, code, sein, mère, social, illustre, femme, relogement*.

L'on notera toutefois au passage que la liste maghrébine ne contient pas de prépositions, observation à exploiter dans un autre

---

6. Ce terme a un autre sens en analyse du discours. Cf. Charaudeau, Maingueneau (2002 : 542).

7. Noms, verbes, adjectifs, adverbes, prépositions *(sauf de)*.

contexte de recherche. Trois des accompagnateurs (*livret*, *code*, *code*) appartiennent à des dénominations terminologiques (*livret de famille*, *code de la famille* dans deux corpus) et ont donc un caractère figé. Le nom qui comporte le potentiel de stéréotypie le plus fort est sans doute *père*, présent partout, qui figure dans des locutions comme *en bon père de famille*, *placement de père de famille*, etc., fréquentes en Afrique noire et en France, mais presque absentes du corpus maghrébin. En Afrique noire, l'on en trouve des emplois du type suivant, fortement lexicalisés et agrammaticaux selon les critères du français « standard » : « rien ne permet de penser que cet argent est géré en bon père de famille » (*Mutations* 2007, Cameroun). *Père* offre donc un premier exemple des objectifs de notre recherche, puisque son emploi stéréotypé diffère notablement selon les corpus. L'on peut pousser plus loin ce genre d'investigation en partant des groupes binaires, comme *en* + *famille*. Cette combinaison est fréquente en France (1 962), bien moins au Maghreb (711) et en Afrique noire (608). La rareté de *en famille* dans le corpus subsaharien a probablement des raisons socioculturelles, traitées ailleurs (cf. Blumenthal 2013). Le phénomène qui nous intéresse ici n'est cependant pas la fréquence de la combinaison *en famille*, mais ses emplois particuliers. En Afrique, 84 occurrences de *en famille* figurent dans la locution *laver son /le linge sale en famille*, ce qui représente 13,8 % de la fréquence de *en* + *famille*. Les pourcentages correspondants sont de 1,1 % (= 8 occurrences) pour le Maghreb et de 0,5 % (= 9 occurrences) pour la France. Ces chiffres illustrent parfaitement un aspect essentiel de ce que nous comptons démontrer dans la présente communication : en comparant nos trois corpus, l'on peut découvrir de grandes différences dans la manière de combiner les mots ; en l'espèce, l'Afrique subsaharienne utilise un pourcentage significativement plus élevé des occurrences d'un mot (*famille*), et surtout d'un syntagme (*en famille*), au sein de combinaisons figées.

3. Problèmes d'un mot-pivot polysémique : *affaire*

En appliquant la méthode esquissée ci-dessous à d'autres mots, et surtout à des mots fortement polysémiques, il y a parfois lieu de se demander si les chiffres obtenus pour les trois corpus sont vraiment tout à fait comparables, et ce, indépendamment des fréquences respectives du mot-pivot. En effet, les corpus n'utilisent pas toujours les différentes acceptions du mot-pivot dans les mêmes proportions. C'est le cas de *affaire*[8], dont le sens économique prédomine dans le corpus hexagonal (v. la fréquence élevée de *chiffre d'affaires*), alors que le Maghreb et l'Afrique noire l'utilisent bien plus souvent dans les dénominations d'institutions ou de fonctions (exemple : *Ministre des Affaires étrangères*) ou bien au sens de 'ce qui occupe de façon embarrassante' (*Petit Robert*, affaire I.3.) et « ensemble de faits créant une situation compliquée » (cf. *Petit Robert*, affaire I.4.). Ceci explique partiellement la grande fréquence de l'expression figée *se tirer d'affaire* en Afrique noire (336 occurrences, contre 88 en France et 139 au Maghreb) ainsi que celle de la cooccurrence stéréotypée, mais non figée de *être impliqué dans une /l'affaire* au Maghreb (602, contre 212 en Afrique noire et 152 en France). Bien que le nombre des occurrences soit très faible, les 10 occurrences de la locution proverbiale *les affaires sont les affaires* du corpus hexagonal reflètent en quelque sorte l'importance de l'acception économique, alors que cet adage, attribué à des non-Africains, ne figure que trois fois dans le corpus subsaharien et une fois dans le corpus maghrébin.

Le cas de *affaire*, cité ici d'abord dans un but méthodologique, s'avère donc intéressant pour d'autres raisons encore. Il montre que ce n'est pas toujours dans les textes subsahariens que la fréquence de la combinatoire figée ou stéréotypée l'emporte sur les autres aires.

D'autres sondages de la distribution de *affaire* vont dans le même sens. En ce qui concerne des locutions comme *ce n'est pas une mince affaire, faire l'affaire, faire des affaires, avoir affaire à*, les différences fréquentielles entre les trois corpus sont réelles en chiffres absolus, mais non significatives en termes statistiques. Cela vaut aussi pour des locutions plus modernes, comme « l'affaire dans l'affaire »[9] (France 8, Afrique noire 6, Maghreb 3), sorte de mise en abîme d'un thème cher aux journalistes ; exemples :

> C'est dans cette confusion que naît ce qu'il est convenu d'appeler l'affaire dans l'affaire. (*Nouvelle République* 2007, Mali)

---

8. Fréquences : corpus hexagonal 42 125, corpus subsaharien 54 762, corpus maghrébin 61 139.
9. Expression parfois traitée comme un composé néologique, correspondant à une notion.

Quant à « l'affaire dans l'affaire », un doute persiste sur la main qui a signé la prescription de Viagra à Francis Evrard. (*Ouest-France,* 2007)

Le nom *affaire* semble assez fréquent et polysémique pour permettre à chacune des aires étudiées le développement de particularités combinatoires tout en maintenant un niveau élevé de constructions figées partagées. Nous verrons qu'en général, les mots-pivots de nos trois corpus se comportent différemment, tendant soit vers des ressemblances combinatoires plus grandes, soit vers des différences plus marquées. Par la suite, nous présenterons quelques cas de figure.

4. Idiomatismes avant toute chose : *main*

Certains noms très fréquents possèdent une caractéristique combinatoire remarquable : dans la majorité de leurs emplois, ils s'utilisent dans des contextes stéréotypés (expressions idiomatiques, locutions, constructions à verbe support, proverbes, etc.). C'est le cas de quelques désignations de parties du corps, par exemple de *main*. En observant les accompagnateurs les plus spécifiques de ces mots dans les trois corpus, l'on constate une grande similarité combinatoire entre les aires de la francophonie, même si les rangs des mots à l'intérieur des trois profils combinatoires ne sont en général pas les mêmes. Et pourtant, des différences quantitatives caractéristiques entre les trois corpus subsistent : dans le cas de la trentaine d'accompagnateurs les plus spécifiques en Afrique, les cooccurrences entre le mot-pivot et ses accompagnateurs sont bien plus élevées qu'en France, le Maghreb se situant souvent entre ces deux classes de fréquence. La signification de ce résultat est évidente : pour *main*, en Afrique noire, la part prise par les combinaisons d'ordre idiomatique est encore plus élevée qu'au Maghreb et en France – ce qu'illustreront les chiffres et exemples suivants : dans les trois corpus sous analyse, les fréquences de *main* se répartissent comme suit : France 23 743, Afrique noire 24 893, Maghreb 17 938. Les différences entre la France et l'Afrique noire sont négligeables, alors que la fréquence au Maghreb ne représente que 72 % de celle en Afrique noire. L'accompagnateur le plus spécifique[10] (et en même temps le plus fréquent) dans une fenêtre de cinq mots à gauche de *main* est partout le verbe *mettre*. La cooccurrence est de 1 996 en Afrique noire, de 1 472 au Maghreb et de 1 340 en France. Les degrés de spécificité confirment le premier rang de l'Afrique noire (9 385), suivie du Maghreb (7 077) et de la France (1 340). Par rapport aux autres zones, l'Afrique noire concentre donc un pourcentage plus élevé des emplois de *main* sur des locutions contenant *mettre* – la France étant sous cet angle la zone la moins « idiomatique ». Comme nous l'avons déjà dit, cette prédominance africaine en matière de combinaisons idiomatiques se maintient pour le groupe des accompagnateurs les plus spécifiques, plus précisément jusqu'au trente-deuxième rang. Par contre, c'est la France qui l'emporte de plus en plus sur les rangs inférieurs, où l'idiomaticité cède le pas aux combinaisons « libres » (au sens de « se réalisant en dehors de locutions »). Globalement, les cooccurrences de *main* dans la presse hexagonale relèvent donc davantage d'une combinatoire non-stéréotypée qu'en Afrique noire. Plus libres, les accompagnateurs sont aussi plus variés en presse hexagonale. En effet, le nombre total de lemmes (noms, verbes, adjectifs, adverbes) se trouvant dans la fenêtre de cinq mots à gauche de *main* est très supérieur en France : 5 928 contre 4 994 en Afrique noire – et ce, malgré la plus grande fréquence de *main* dans le corpus subsaharien, laquelle devrait normalement favoriser une plus grande variété du voisinage du mot-pivot.

Dans les corpus, la combinaison *mettre* + *main* correspond, entre autres, aux locutions suivantes : *mettre la main à la poche*, *mettre la main dans la caisse* « détourner de l'argent », *mettre la main sur quelqu'un / quelque chose* (très fréquent en Afrique noire), *mettre la dernière main à quelque chose*, *mettre la main à la pâte*, *mettre les mains dans le cambouis*, *mettre entre toutes les mains* ; dans les textes africains, l'on trouve souvent des variantes (*mettre la main dans la poche* « à la poche » , *mettre la main à la patte* « pâte ») ou des tournures nouvelles (*mettre la main dans les poches* « obtenir des subventions »).

Des calculs un peu plus complexes[11] que ceux présentés ci-dessus confirment les résultats des comparaisons de certaines locutions particulières. Ainsi, nous avons déterminé les scores de similarité

---

10. Compte tenu des noms, verbes, adjectifs et adverbes dans le voisinage de *main*.
11. Cf. les justifications mathématiques de notre méthode dans Blumenthal, Diwersy, Mielebacher 2005.

entre les 50 premiers accompagnateurs de *main* dans les trois corpus, étant entendu que c'est dans cette classe de spécificité que se concentre le gros des locutions. Voici les données de base du calcul : fenêtre de cinq mots à gauche et à droite de *main*, prise en compte des noms, verbes, adjectifs, adverbes, prépositions. Théoriquement, les scores peuvent évoluer entre 0 (absence de mots communs entre les deux listes d'accompagnateurs) et 1 (identité des accompagnateurs). Dans les conditions indiquées, les scores sont les suivants :
- Afrique noire-France : 0,75.
- Afrique noire-Maghreb : 0,85.
- France-Maghreb : 0,77.

Même si l'on modifie les données du calcul (type de fenêtre, parties du discours retenues), la similarité entre l'Afrique noire et le Maghreb reste toujours la plus forte dans les emplois de *main*, alors que la France et l'Afrique noire forment en général des antipodes.

Les données quantitatives citées ci-dessus sont susceptibles de jeter une lumière neuve sur notre problématique centrale : la grande importance quantitative des locutions plus ou moins figées dans le corpus subsaharien. Pour mettre en perspective cette question particulière, il convient de partir d'une donnée encore plus fondamentale. Comme il a été montré dans Blumenthal 2011, il existe une tendance – statistiquement démontrable – de la presse africaine à utiliser les mots – du moins les mots sémantiquement importants – conformément à un certain mode combinatoire ; celui-ci consiste à favoriser de fortes cooccurrences avec un petit nombre d'accompagnateurs privilégiés. Autrement dit, les combinaisons de mots fréquentes en français de France se trouvent ultérieurement augmentées en français d'Afrique. Cette surenchère[12] fréquentielle, liée au ratio lemmes / occurrences typique des textes africains, prévaut indépendamment de la nature, locutionnelle ou non, des combinaisons de mots. D'une manière générale, l'on pourrait donc tenter d'expliquer la forte présence de locutions dans les textes subsahariens comme un effet quasiment mécanique des habitudes stylistiques africaines décrites ci-dessus, étant donné que de nombreuses locutions sont fréquentes en français de France. Cette hypothèse générale fournit sans doute une explication plausible du cas spécial développé ici, celui des profils combinatoires de *main*. Parmi

---

12. Ce terme ne se justifie que dans la perspective du français européen, qui est la nôtre – par la force des choses.

ces derniers, les parties les plus spécifiques du profil subsaharien se signalent en effet simplement par un renforcement quantitatif des diverses combinaisons locutionnelles contenues dans le profil hexagonal, comme le prédit l'hypothèse. Nous pourrions faire les mêmes observations à propos de mots comme *cœur* ou *tête*, dont les accompagnateurs les plus spécifiques mettent en relief les acceptions métaphoriques, entrant dans des combinaisons figées et idiomatiques. Or, les mots de ce type, qui ont vocation à être utilisés dans des locutions, ne représentent pas la situation combinatoire la plus courante d'un mot. Celle-ci correspond plutôt à un mélange entre emplois « libres » et emplois figés, comme le montreront les cas de figure étudiés ci-dessous, qualitativement différents de la situation de *main* dans les trois corpus.

5. Diverses locutions

À la recherche du comportement moyen d'un mot à usages idiomatiques dans les trois corpus, nous nous appuyons sur les environ 190 noms (complétés par quelques verbes) répertoriés sous la lettre *A* dans le *Dictionnaire* de Ashraf, Miannay. Les exemples cités ci-dessous servent à illustrer, dans une perspective variationnelle, les différences les plus représentatives que nous avons pu relever entre les voisinages des noms examinés. Le principe de ces différences est simple : la comparaison des profils combinatoires montre que le corpus hexagonal est le plus réticent en matière d'expressions stéréotypées, alors que les textes africains propulsent les accompagnateurs faisant partie d'une locution en tête des profils. Le Maghreb occupe le plus souvent une position intermédiaire.

5.1. Absence

Commençons par le mot *absence*, dont le comportement correspond parfaitement à ce modèle. Sa fréquence dans les trois corpus est de 8 916 (France), de 13 000 (Afrique noire) et de 17 689 (Maghreb). Il s'agit donc d'un mot-clé maghrébin de premier plan, deux fois plus fréquent au Maghreb qu'en France. La locution la plus courante liée à ce mot est *briller par son absence*. Quand on établit le profil combinatoire de ce mot dans une fenêtre de cinq mots à gauche (noms, verbes, adjectifs et adverbes), l'on constate que le verbe *briller* se présente au premier rang en tant qu'accompagnateur le plus spécifique en Afrique (293 occurrences) et au Maghreb (275 occurrences), mais seulement au septième rang en France (55 occurrences), après *regretter* au premier rang. Le calcul de spécificité, qui tient compte, entre autres, de la fréquence absolue du mot-pivot, fournit des résultats encore bien plus parlants : le degré de spécificité de l'accompagnateur *briller* par rapport à *absence* est, dans les conditions indiquées ci-dessus, de 3 184 en Afrique, de 2 664 au Maghreb et seulement de 436 en France. Comme des douzaines d'autres calculs l'ont montré, ces derniers chiffres reflètent des différences notables dans l'emploi des locutions dans les trois corpus sous analyse.

5.2. Arbre

L'on peut évidemment faire le même type de calcul pour explorer le contexte à droite du mot-pivot. Examinons le cas de *arbre*, lié à la locution *les arbres cachent la forêt*. Celle-ci constitue dans tous les corpus la locution la plus fréquente avec *arbre*. Or, les différences concernant la spécificité de la combinaison *arbre* + *cacher* (fenêtre de cinq mots à droite) s'avèrent de nouveau importantes et conformes aux relations calculées pour *absence*. Les degrés de spécificité sont : Afrique 2 312 (rang 1), Maghreb 1 101 (rang 4), France 412 (rang 10).

5.3. Argile

Dernier exemple confirmant la règle : la locution *un colosse / géant aux pieds d'argile*, souvent « défigée »[13]. Nous avons fait le calcul à partir du mot-pivot *argile* pour déterminer l'affinité combinatoire avec *pieds*. Dans une fenêtre de trois mots à gauche de *argile*, *pied* arrive en tête du profil combinatoire dans les trois corpus – avec les différences quantitatives déjà constatées à maintes reprises (cf. *supra*). En l'occurrence, la combinatoire maghrébine se trouve plus près de la France que de l'Afrique noire. Voici les degrés de spécificité *argile/pieds* : Afrique noire 719, Maghreb 341, France 262.

---

13. Exemple : « Pour plusieurs analystes politiques, la RDC est aujourd'hui un éléphant aux pieds d'argile » (*Le Potentiel* 2007, Congo-Kinshasa).

5.4. Des exceptions

Il existe évidemment des exceptions, pas toujours clairement explicables, aux régularités observées – le contraire aurait été surprenant. Ainsi, comme l'on pouvait s'y attendre, la locution *faire amende honorable* arrive bien en tête du profil combinatoire dans le corpus subsaharien, mais, contrairement à la tendance générale, elle est un peu plus répandue en France qu'au Maghreb. Les fréquences de la tournure étant relativement basses partout, l'on ne peut pas exclure que cette répartition géographique soit due au hasard. Dans un autre cas, quantitativement beaucoup plus important, l'ordre ordinaire des aires francophones est renversé pour des raisons à la fois linguistiques et civilisationnelles. Il s'agit de la formule *arriver en tête*, considérée par Ashraf, Miannay comme une expression idiomatique et répertoriée sous *arriver*, l'un des rares verbes de la liste alphabétique. Étant donné que le syntagme *en tête* a un caractère largement lexicalisé et que sa combinaison avec *arriver* ne possède pas la plus-value propre aux locutions, l'on ne voit pas bien en quoi le syntagme *arriver en tête* serait idiomatique. Toujours est-il que dans les profils combinatoires, *en tête* occupe le premier rang des accompagnateurs de *arriver* dans une fenêtre de trois mots à droite, et ce, dans chacun des trois corpus. Selon notre terminologie (v. ci-dessus 1.), il s'agit donc d'un stéréotype au sens purement quantitatif du terme. Or, contrairement à notre hypothèse, cette expression est nettement plus fréquente (et spécifique) en France (1 163 occurrences) que dans les autres aires (Afrique 683, Maghreb 545). Une lecture des exemples hexagonaux révèle rapidement les causes de ce phénomène. La fréquence très élevée de l'expression en presse hexagonale (années 2007-2008) s'explique surtout par la situation politique en France, marquée par l'élection présidentielle et diverses autres élections. L'impact du vocabulaire appartenant à ce champ onomasiologique sur le langage journalistique est tel que les deux autres aires, l'Afrique subsaharienne et le Maghreb, dans lesquelles la pratique des élections joue parfois un rôle moindre, se trouvent distancées de loin par la France, en ce qui concerne la fréquence de la terminologie électorale. En conclusion, si *arriver en tête* constitue bien un syntagme stéréotypé dans les trois zones étudiées ici, son importance exceptionnelle dans les journaux français est partiellement conjoncturelle et due à des facteurs extralinguistiques.

5.5. Appelé

D'autres répartitions extraordinaires de formules stéréotypées ont pour cause des données métalinguistiques. Cela vaut pour l'expression *communément appelé* ou *appelé communément*, qui est de plus de 16 fois plus fréquente en Afrique noire (1 387 occurrences) qu'en France (84 occurrences). Comme prévisible, la fréquence au Maghreb (839 occurrences) est intermédiaire. L'ordre des trois aires satisfait donc nos attentes, mais les proportions des fréquences méritent réflexion. En effet, comment expliquer le décalage énorme entre l'Afrique noire et la France ? L'étude des textes montre, d'une part, un socle d'emplois semblables dans les deux zones, dans la mesure où communément appelé sert souvent de marqueur d'équivalence entre terme savant et mot commun :

> Comme ce chef d'entreprise, plusieurs personnes, toutes classes sociales confondues souffrent d'halitose ; **communément appelée** mauvaise haleine. (Mutations 2007, Cameroun)

Cependant, cette tournure opère la plupart du temps, en Afrique, le passage entre deux registres (français standard et français parlé familier) ou entre deux langues (français et langue africaine). Du moins dans ce dernier cas, elle marque donc l'équivalence dans le cadre d'une communication diglossique ; exemples :

> En fait, des conducteurs de moto, **communément appelés** moto-taximen, ont entrepris de marcher sur la ville. (Mutations 2007, Cameroun).
>
> […] à savoir les femmes revendeuses **communément appelées** bayam-sellam. (Mutations 2007, Cameroun).
>
> La calebasse, **communément appelée** « A tokh » en Sérère, constitue leur principal instrument de musique. (Walf Fadjri 2008, Sénégal).

Très souvent, les emplois de communément appelé au Maghreb correspondent aux mêmes finalités. Du point de vue combinatoire, il est intéressant de noter que dans les corpus subsaharien et maghrébin, *appeler* et *communément* forment une cooccurrence d'un type particulier : dans les profils combinatoires (fenêtres de trois mots), *appeler* est le partenaire le plus spécifique de *commu-*

nément, et vice-versa. Dans l'univers du discours qui est celui de la presse africaine, l'on peut donc supposer une relation associative forte entre ces mots. Dans le corpus hexagonal, les liens entre eux s'avèrent bien plus distendus. Si *communément* s'allie surtout à *admettre* et *appeler*, ce dernier verbe ne compte pas *communément* parmi ses accompagnateurs les plus spécifiques. C'est qu'il ne paraît guère nécessaire, dans un contexte socioculturel français, d'employer cette expression en tant qu'indicateur de diglossie contextuelle.

5.6. Les proverbes

Nous avons mentionné plus haut le proverbe comme facteur de stéréotypie. Pour connaître son importance réelle dans nos corpus, nous disposons d'un moyen très simple. Puisque le proverbe constitue un genre d'énoncé dont l'apparition dans le texte journalistique est, la plupart du temps, signalée explicitement par des tournures du type *comme le dit le proverbe*, il suffit d'examiner les occurrences du mot *proverbe* (et de *dicton, maxime, sagesse populaire* et surtout *adage*) pour évaluer approximativement la fréquence de cette forme d'idiomaticité[14]. Les résultats sont globalement conformes à notre hypothèse générale sur l'importance respective de la stéréotypie dans les trois zones francophones étudiées : l'Afrique noire arrive en tête avec 371 occurrences de *proverbe*, suivie du Maghreb (259) et de la France (223)[15]. Sur un plan qualitatif (type de proverbe, valeur argumentative dans le contexte), les différences sont bien plus considérables que ces chiffres ne le laissent prévoir – problème qui mériterait une étude plus approfondie. Tout se passe comme si les journalistes français, amateurs pourtant de proverbes chinois, montraient quelque réticence à recourir aux proverbes de leur propre langue. En revanche, les proverbes d'origine française prédominent en Afrique subsaharienne (*Pas de fumée sans feu, Une hirondelle ne fait pas le printemps, Qui trop embrasse mal étreint*, etc.). Les proverbes africains sont parfois cités dans la langue d'origine, par exemple en wolof. Ce n'est pas le cas de la presse maghrébine, qui traduit par principe en

---

14. Suggestion de Ragna Brands, Université de Cologne.
15. Voici les chiffres pour *adage* : Afrique noire 1 107, Maghreb 475, France 268.

français[16] et qui forme par ailleurs un véritable creuset de proverbes venant de toutes parts : français, arabes (nombreux), africains, chinois, berbères, etc.

Il est probable que nombre de proverbes présents dans les corpus ont échappé à notre méthode de recherche, rudimentaire en soi ; d'autre part, tout ce que les articles de journaux présentent explicitement comme proverbes ne correspond pas à une définition stricte du terme. Malgré toutes ces restrictions et incertitudes, l'on peut supposer que les proverbes au sens propre du mot (Schapira 1999, chap. IV) occupent une part quantitativement modeste parmi les combinaisons stéréotypées. Or, l'impact rhétorique, et en fin de compte psychologique du proverbe, porteur d'une dignité consacrée par la sagesse populaire, dépasse probablement celui produit par une locution idiomatique. Une évaluation équilibrée et nuancée du poids relatif et des fonctions des proverbes dans la presse écrite de diverses régions de la francophonie reste donc une tâche importante de la recherche.

5.7. Discussion

Qu'il soit permis de rappeler d'abord combien les résultats de toute recherche scientifique sont tributaires des définitions des notions de base et de la méthode choisie. Cette évidence prend une valeur particulière face à deux données de la présente étude : le caractère composite des réalités désignées par le terme de stéréotypie, qui figure au titre, et l'embarras du choix méthodologique qu'entraîne la multiplicité des outils informatiques permettant le traitement de grands corpus. Nous avons opté pour une définition large de la stéréotypie, phénomène quantitatif et/ou qualitatif et pour une méthode statistique susceptible de calculer le voisinage spécifique des mots à analyser. En franchissant l'obstacle des objections de détail, nombreuses en la matière, nous parvenons au constat suivant : la part des combinaisons de mots stéréotypées est maximale dans le corpus subsaharien, moyenne dans le corpus maghrébin, faible dans le corpus hexagonal. Il est presque inutile d'ajouter qu'il a fallu nuancer ce bilan en évoquant quelques exceptions.

---

16. « Comme quoi, 'le chameau ne voit pas sa bosse', comme dit un proverbe de chez nous » (*Le Temps* 2007, *Tunisie*).

Quant aux causes de ce phénomène global, mieux vaut ne pas se laisser tenter par une explication unique, tant la réalité variationnelle est complexe pour des raisons tantôt linguistiques, tantôt socioculturelles. L'on peut cependant déterminer certains facteurs qui, pour l'essentiel, n'ont pas échappé à la recherche antérieure.

Comme nous l'avons déjà mentionné, un facteur fondamental est le rapport entre les lemmes et les occurrences (*types / tokens*) dans les corpus. Le nombre de mots (au sens d'occurrences) est pratiquement le même partout, mais celui des lemmes (mots différents) varie. Le corpus subsaharien ne contient que 37 643 lemmes, son vocabulaire est donc relativement réduit ; le vocabulaire du corpus hexagonal est le plus différencié (54 550 lemmes) ; le corpus maghrébin (39 888 lemmes) se situe entre les deux, mais bien plus près de celui de l'Afrique subsaharienne[17]. Dans ces conditions, l'on n'a pas besoin de subtiles statistiques pour comprendre que la fréquence moyenne d'un mot du corpus africain doit être largement supérieure à celle du corpus hexagonal. Par conséquent, la probabilité qu'un mot se trouve en cooccurrence fréquente avec certains autres mots est plus forte en Afrique qu'en France – ce qui accroît le nombre de combinaisons stéréotypées en français africain. Le même principe vaut pour le corpus maghrébin, toutefois quantitativement un peu plus proche du vocabulaire de la presse hexagonale.

À cette étape surgit alors un problème quantitatif fondamental, dont la description peut se faire, encore une fois, sur la base du bon sens. Partons du fait que le vocabulaire de la presse africaine représente 72 % de celui de la presse hexagonale. L'on pourrait donc s'attendre à ce que la cooccurrence des mots du corpus africain soit en moyenne d'une trentaine pour cent plus élevée que dans le corpus hexagonal – si la distribution quantitative des mots se réalisait au hasard. Or, nous relevons dans le cas des locutions idiomatiques assez régulièrement des décalages beaucoup plus importants entre les deux corpus. Que l'on se souvienne, à titre d'exemple représentatif, de la locution *se tirer d'affaire*, 3,8 fois plus fréquente dans le corpus africain. De là la conclusion que le corpus africain ne renforce pas seulement les cooccurrences déjà fortes du français hexagonal (« prime à la fréquence »), mais, si cette person-

---

17. Il n'a pas été tenu compte des mots avec une fréquence au-dessous de cinq occurrences.

nification est permise, qu'il va encore beaucoup plus loin dans le cas de nombreuses locutions idiomatiques (« super-prime aux locutions »). Comment interpréter ce dernier phénomène ? Cette question marque le moment où notre argumentation bascule du quantitatif au qualitatif.

Entrent en ligne de compte plusieurs hypothèses explicatives, renvoyant à des facteurs que l'on peut imaginer en interaction :

- hypothèse didactique : il n'est pas exclu que les conditions d'apprentissage du français en Afrique favorisent la surreprésentation de structures relativement fréquentes, dont les locutions, éventuellement susceptibles de constituer un rempart contre le sentiment d'insécurité linguistique ;
- hypothèse psycholinguistique ou ethnolinguistique : dans le cas des locutions et de nombreuses autres structures stéréotypées, les composantes sont étroitement liées sur le plan associatif, fait soupçonné déjà par Bally d'influer sur le style français. Cette tendance à la combinatoire associative (des mots ou des idées) serait-elle encore plus forte en Afrique noire qu'en France ? Pour que l'hypothèse ne reste pas entièrement gratuite, il faudrait examiner sous cet angle les langues vernaculaires ;
- hypothèse rhétorique : tout ce qui est stéréotype et en particulier locution idiomatique ou proverbe contient des fragments, quelque minuscules soient-ils, de la doxa (cf. Charaudeau, Maingueneau, *stéréotype*) et, étincelle polyphonique, participe du prestige et du pouvoir persuasif de celle-ci ; d'autre part, l'idiomaticité va souvent de pair avec une plus-value sémantique qui peut ajouter à la persuasion.

Ces trois hypothèses d'ordre qualitatif, orientées davantage vers l'appréhension des causes profondes que vers la description d'un état de langue, assignent autant de champs d'investigation à la recherche future. C'est bien l'état de la langue dans un certain type de texte qui fait l'objet de nos enquêtes quantitatives. Celles-ci ont fait apparaître des disparités entre les trois aires francophones comparées en ce qui concerne l'emploi des stéréotypes dans la presse. Sur une échelle indiquant la fréquence des stéréotypes, il s'avère en effet que la presse subsaharienne en accumule le plus grand nombre[18], alors que la presse hexagonale est celle qui en contient le moins et que la presse du Maghreb occupe une position médiane. L'armature que fournit la stéréotypie à l'organisation habituelle des textes constitue donc une grandeur mesurable[19] et variable, entre autres, en fonction de données diatopiques et socioculturelles.

Bibliographie

Ashraf, M., Miannay, D., (1995), *Dictionnaire des expressions idiomatiques françaises*, Paris, Librairie générale française.

Bally, Ch., (1965), *Linguistique générale et linguistique française*, Berne, Francke.

Blumenthal, P., (2010), « La sémantique cognitive face à l'idiomaticité », in François J., (ed.), *Grandes voies et chemins de traverse de la sémantique cognitive*, coll. « Mémoires de la Société de Linguistique de Paris », Nouvelle série, Tome XVIII, pp. 147-162, Leuven, Peeters.

Blumenthal, P., (2011), « Les verbes dans la presse francophone d'Afrique noire », in *Le français en Afrique* n° 26, pp. 117-136.

Blumenthal, P., (2013), « La préposition en dans la francophonie africaine », in *Langue française* n° 178, pp. 117-131, Paris, Armand Colin.

Blumenthal, P., (2013), « Emploi des noms d'affect en France et en Afrique francophone », in *Le français moderne* n° 81-2, pp. 144-183, Paris, CILF.

Blumenthal, P., Diwersy, S., Mielebacher, J., (2005), « Kombinatorische Wortprofile und Profilkontraste. Berechnungsverfahren und Anwendungen », *Zeitschrift für romanische Philologie* n° 121, pp. 49-83, De Gruyter Mouton. (<http://www.romanistik.unikoeln.de/home/blumenthal/publications/wortprofil-zrph121.pdf>).

Charaudeau, P., Maingueneau, D., (2002), *Dictionnaire d'analyse du discours*, Paris, Seuil.

Diwersy, S., (2012), *Kölner Romanistische Korpusdatenbank*, Köln. Romanisches Seminar der Universität zu Köln.

Manessy, G., (1992), « Norme endogène et normes pédagogiques en Afrique noire francophone », in Baggioni *et alii* (eds), *Multilinguisme et développement dans l'espace francophone*, pp. 43-81, Aix-en-Provence, Didier.

Mejri, S., (1997), *Le figement lexical. Descriptions linguistiques et structuration sémantique*, Tunis, Publications de la Faculté des Lettres de la Manouba.

Neveu, F., (2004), *Dictionnaire des sciences du langage*, Paris, Armand Colin.

---

18. Faut-il souligner ici que les journaux subsahariens ne sont pas tous pareils à cet égard ? Nous n'avons calculé que des valeurs moyennes, dont certains quotidiens de cette aire s'écartent sensiblement. À côté d'une majorité de journaux très perméables à une forme de *doxa*, il en existe d'autres qui expérimentent des styles nouveaux.

19. Que l'on pourrait appeler la « densité phraséologique » d'un texte.

PÖLL, B., (2005), *Le français langue pluricentrique ? Études sur la variation diatopique d'une langue standard*, Frankfurt am Main, Lang.

REY, A., REY-DEBOVE, J., (2004), *Le Petit Robert. Dictionnaire de la langue française*, Paris, Dictionnaires le Robert.

SCHAPIRA, Ch., (1999), *Les stéréotypes en français : proverbes et autres formules*, Paris, Ophrys.

chapitre 4
Regards croisés sur deux onomastiques situées

Bernard BOSREDON

1. Introduction

Cet article poursuit une réflexion longue concernant les dénominations monoréférentielles et les conditions pragmatiques de l'activité dénominative appliquée aux monoréférents. Si elle a pu se conforter parfois au fil du temps ? C'est grâce aux échanges scientifiques que des collègues comme Salah Mejri sont capables de susciter et d'établir dans une stabilité des relations sociales et scientifiques où le goût de la recherche le dispute à l'amitié[1]. Ce qui suit portera donc la marque de cet heureux... mélange.

S'interroger sur la fonction dénominative du nom, c'est s'exposer nécessairement à l'alternative suivante : ou bien maintenir strictement la description et l'analyse dans les limites de la forme linguistique, ou bien prendre en compte l'objet dénommé pour en chercher l'impact éventuel sur la forme linguistique ou l'inverse, l'impact de la mise en mot sur la représentation du référent. En lexicologie ou en onomastique, le chercheur choisira donc tantôt un chemin sémasiologique relativement bien pavé et correc-

---

1. Ce petit pas réflexif qui suit est l'expression de cette affinité, même si le détail (polyphonique ?) des travaux n'est pas l'expression (compositionnelle ?) de cette relation dont je fais ici l'hommage. Il est en effet toujours bien compliqué de démêler les fils divers du jeu des influences dans ses propres recherches mais je noterai, cependant, le profond intérêt que j'ai toujours trouvé soit à lire les travaux de Salah Mejri, soit à participer à des réflexions collectives qu'il organisait sur les questions relatives au figement, à la polylexicalité, à la néologie, à la nature de l'unité dénominative lexicale.

tement bordé par les règles sémio-morphologiques internes au système de la langue, tantôt un autre chemin, celui d'une approche onomasiologique qui part des objets, mesure leur rôle, en apprécie les effets, dans la forme même de la dénomination[2]. Dans les deux cas, il s'agit de dégager les contraintes pesant sur la production des dénominations. Mais on n'accorde pas la même attention à chaque type de contraintes dans les deux cas. On concentre l'analyse sur les contraintes internes du système-langue dans la démarche constructiviste, on porte un regard complémentaire sur les contraintes pragmatiques, au sens des situations d'usage, dans l'autre démarche.

Il semble qu'il soit préférable d'adopter une démarche onomasiologique dans les recherches « onomastiques situées », c'est-à-dire dont les objets à analyser dénomment des pratiques sociologiquement et historiquement déterminées. Ainsi nommer des tableaux, et plus généralement nommer des œuvres d'art par intitulation ou bien encore nommer des bateaux, des parfums, des groupes de musique, des espaces urbains... (Bosredon, 1998 : 210), concerne le champ des onomastiques situées. La linguistique de la dénomination a ainsi ouvert largement un espace de recherche consacré à des chantiers onomasiologiques caractérisés par leur dimension pragmatique, qu'il s'agisse de recherches portant sur la nomination des classes d'objets ou sur des entités monoréférentielles[3].

En rapprochant deux domaines de l'activité de nomination caractéristiques de cette diversité que constituent d'une part les noms de produits (NdP (Fèvre-Pernet, 2008 : 2), d'autre part les dénominations monoréférentielles signalétisées, désormais DMS (Bosredon 2012b : 337), je voudrais montrer que différencier ces types de noms apporte un éclairage intéressant sur la *Signalétique* (Bosredon, 1997 : 231-246)[4] et permet, par ailleurs, de situer dans une perspective différente la construction des NpD de l'onomastique commerciale analysée par Fèvre-Pernet (*ibid.*). Nous ver-

---

2. Dans les travaux innovants de Pierre Guiraud, si les notions, les éléments sémantiques qui motivent les formes sont l'objet d'une attention particulière, on ne peut pas dire que la dimension pragmatique apparaisse spécifiquement comme une dimension constitutive de l'activité dénominative (Guiraud 1986 : 54).

3. Cf. les travaux sur les noms de pays chez G. Cislaru qui renouvelle certains aspects de la démarche onomastique (Cislaru 2006), cf. également, la communication commerciale et les travaux nouveaux de markologie linguistique (Bessis et Bessis 1998).

4. Sur la notion de *signalétique* on pourra également se reporter à Bosredon (2006 : 492), (2012a : 21-25), (2012b : 334-336).

rons si nous pouvons tirer de la confrontation entre ces deux types d'onomastiques un bilan utile et prospectif pour certains secteurs de la linguistique de la dénomination.

Je commencerai par rappeler dans une première partie quelles sont les contraintes pragmatiques d'une signalétique en prenant comme premier « modèle »[5] l'intitulation des tableaux, un mode opératoire de la nomination qui est à l'origine de la notion même de ce que j'ai appelée *signalétique*. L'examen rapide d'un deuxième modèle signalétisé, celui de l'odonymie urbaine (Bosredon B., Tamba I. 1999), servira aussi de base pour une comparaison avec l'onomastique commerciale non signalétisée des NdP. Il ressort de cette confrontation que ces onomastiques, quoique comparables par l'existence en chacune d'elles d'une dimension pragmatique intrinsèque, présentent des caractéristiques formelles différentes. Je proposerai donc quelques hypothèses susceptibles non seulement de rendre compte de ces différences mais encore d'offrir des perspectives nouvelles à une néologie pragmatiquement contrainte, particulièrement active dans la nomination des artefacts[6].

2. Deux exemples d'onomastiques situées et signalétisées

Si les peintures sont l'objet d'une intitulation spécifique, c'est qu'elles constituent un domaine référentiel également spécifique. La même observation peut être faite à propos des voies et des passages urbains[7]. Leurs onomastiques sont donc « situées » au sens où elles concernent des domaines référentiels et des pratiques de nature différente pour les locuteurs. Elles présentent des propriétés linguistiques caractéristiques qui manifestent l'impact de chacun des terrains sur la forme même des dénominations. Rappelons ces traits définitoires qui font de ces onomastiques domaniales des nomenclatures non seulement situées mais encore signalétisées.

---

5. Au sens d'une interprétation spécifique d'une construction théorique applicable – c'est l'hypothèse que nous formulons en tout cas – à d'autres domaines empiriques de la nomination monoréférentielle (Bosredon 2012b : 334-337).

6. Je remercie Irène Tamba pour sa réactivité à mes questions lexico-sémantiques et ses suggestions énergisantes.

7. Pour une connaissance plus détaillée de ces domaines, on renverra aux études spécifiques suivantes : Bosredon (1997) pour le domaine pictural, Bosredon et Tamba (1999) pour celui de l'odonymie.

2.1. Étiquetage et désignation rigide

Les titres de peinture sont comme des « titres-noms propres » au sens où ils identifient chacun de façon rigide une dépiction[8] monoréférentielle. On peut donc, référentiellement au moins, assimiler les titres de tableaux à des noms de tableaux. Pragmatiquement, on peut également analyser leur construction en isolant trois types de contraintes engagées structurellement par un dispositif sémiotique spécifique qu'on peut décrire comme un site d'étiquetage conçu pour un certain type de monoréférents visibles. Dans un tel site, des artefacts monoréférentiels spécifiques (de la dépiction) sont l'objet de trois opérations : une présentation *in situ,* une description ou interprétation linguistique (légende), une identification par le lien établi entre l'interprétation linguistique et le monoréférent coprésent.

La coprésence, l'identification et la légende le plus souvent descriptive constituent *in fine* un système de contraintes sémiotiques et sémantiques qui concourt à la production d'une forme spécifique d'identifiant, le nom d'un artefact artistique (Biaisi, Jakobi, Le Men, 2012). Ces identifiants sont rigides au sens où Kripke définit la rigidité d'un désignateur (Bosredon, 1997 : 97-99, Penalver-Vicea, 2003 : 255-257) ; ils sont attachés chacun à une œuvre – et donc à une entité unique – comme des noms propres peuvent être attachés à des individus, des animaux, des lieux, des événements, etc. Ces dénominations monoréférentielles d'un type nouveau ont la particularité d'être polylexicales et dotées d'une fixité qui, à certains égards les rapproche des locutions figées. Leur fixité se distingue cependant du figement lexical analysé par Salah Mejri et Gaston Gross en ce qu'il est absolu, c'est-à-dire « sans degrés » (Gross, 1996 : 16-17) et sans défigement possible, même partiel (Mejri, communication Conscila 2012)[9]. Cette propriété se comprend aisément : modifier un titre n'a pas plus de sens que modifier une dénomination, modifier un titre, c'est produire un autre titre.

---

8. *Tableau* signifie ici à la fois une peinture, *i.e.* « dépiction », et son support (Bosredon, 1997).

9. Les titres de peintures ne connaissent pas un usage humoristique du défigement des titres comme c'est le cas en discours où les expressions figées sont la matière d'œuvre du calembour. L'humour peut trouver plutôt que dans la relation du titre à la dépiction comme chez Magritte mais appparaît très rarement dans les limites du titre, comme si la plaisanterie verbale ne pouvait jouer que dans l'autonomie de l'espace verbal. Notons cependant une exception à cette règle : le fameux L.H.O.O.Q. de Duchamp en lieu et place du titre attendu *La Joconde*.

C'est casser en quelque sorte le « pacte dénominatif » qui préside à leur constitution (Mejri, 2009 : 72).

2.2. L'onomastique picturale : une onomastique située spécifique

Le dispositif pragmatique qui permet de produire les titres de peinture ressortit à un type d'*onomastique située* pour deux raisons principalement. Comme nous venons de le rappeler, il s'agit d'abord d'un site de désignation constitué d'une étiquette, le titre, et de son objet, la dépiction (Bosredon, 1997 : 13-22). C'est aussi un dispositif de nomination qui est caractéristique d'une onomastique spécifique, celle des peintures. Avant que ces œuvres d'art ne soient exposées, avant qu'elles ne circulent et qu'on ne soit obligé d'en établir des listes pour mieux les gérer dans les différentes situations de leur emploi, les titres n'existaient pas. Les dénominations comme *Vierge, Notre-Dame, Apocalypse, Petites Passions* qui, chez Dürer par exemple, servent à l'identification de gravures ou d'autres formes de représentations esthétiques de nature religieuse constituent l'essentiel de la production de l'artiste (Dürer, 1964 : 88) et dénomment des catégories (une *Vierge*, une *Notre-Dame*, etc.) et, par conséquent, des pièces inspirées du même thème. Ce n'est que plus tard que ces dénominations entreront dans le cartel des toiles à des fins d'étiquetage pour être définitivement ancrées *in situ* et connaître par conséquent l'impact du référent visible sur ce qui le désigne et le nomme à la fois dans un site d'étiquetage.

On considérera que cette onomastique est doublement située. Elle l'est d'abord de façon contingente par la contrainte d'une localisation, *i.e.* d'un lieu d'exposition et surtout d'un dispositif sémiotique d'étiquetage assurant une identification dans une relation de coprésence absolue. La forme de ces dénominations monoréférentielles peut par ailleurs être conditionnée par la conjonction pragmatique des trois contraintes qui président à leur genèse. La polylexicalité des titres apporte par ailleurs grâce à la compositionnalité sémantique des informations ajustables au type de référent que le lecteur-spectateur du titre et du tableau interprète comme des éléments sémantiques en cohérence avec une situation d'étiquetage de cette nature : « X que vous voyez est/s'appelle/a pour titre Y ». Ainsi la fonction dénominative du titre d'une part, l'interprétation sémantique de l'autre, sont-elles amalgamées dans une relation analogue à ce que S. Mejri appelle « pacte dénominatif » à propos du mot (Mejri, 2009 : 72).

Cette stabilité sémantique et dénominative du titre, à la fois légende et identifiant rigide, s'accompagne par construction en quelque sorte, de la récurrence de patrons, de schémas d'intitulation, qui contribuent à la création d'un formulaire dans lequel le processus d'intitulation vient puiser des briques de nature syntaxique et sémantique prêtes à l'emploi. Cette onomastique pragmatique est donc aussi une signalétique puisque ses produits « signalent » quel est le domaine référentiel particulier dont les objets sont nommés.

2.3. Signalétique des odonymes urbains

L'onomastique des noms de rue et autres lieux de passage urbains (*pont*, *place*, *espace*, etc.) est comme la signalétique précédente une onomastique pragmatiquement située. Elle est soumise en effet également aux contraintes sémiotiques d'un site d'étiquetage d'une part (affichage du nom), à des contraintes pragmatiques externes de nature administrative, aux déterminations historiques qui pèsent sur les choix sémantico-référentiels de la forme linguistique (*rue des tanneurs, boulevard Henri IV, avenue Victor Hugo*). On observe ainsi qu'à partir d'un autre système de contraintes externes caractérisé par la nécessité d'une stabilité et d'une normalisation administrative (format court, affichable, au contenu facilement récupérable par tout locuteur,...) les noms de la vie urbaine présentent des propriétés formelles semblables et spécifiques de ce domaine de référents. Il s'agit de dénominations monoréférentielles complexes comme les précédentes ; leur structuration binaire se caractérise par la récurrence de noms de catégories de voie (*rue, avenue*, etc.) comme premier formant du nom, un choix plus large mais pragmatiquement motivé en ce qui concerne le deuxième formant :

> (1) *rue Bonaparte, boulevard Jourdan, rue de la Sorbonne, rue du lavoir, rue de la gare...*

On observe au cours du temps des choix différents pour le deuxième formant en fonction de l'Histoire nationale ou des réalités locales faisant de ces noms de bons marqueurs historiques. Ainsi observe-t-on d'une part une structuration binaire de ces dénominations sur le long terme, le choix restreint d'un premier constituant nominal exprimant une catégorie de voie ou de passage, un choix beaucoup plus large d'autre part pour sélectionner un deuxième formant qui restreint l'extension du premier. Dans la forme binaire, F2 n'exprime pas une catégorie contrairement à F1. Sa fonction consiste à indexer un élément unique parmi les membres de la catégorie F1 ; ce qui peut se traduire par les oppositions ci-dessous :

(2) *le référent est un F1, il a pour nom F1-F2*

(3) *le référent est un *F2, il a pour nom F1-F2*

À l'issue de ce parcours, il est possible d'affirmer qu'on peut faire correspondre aux deux domaines référentiels dont nous venons de rappeler les propriétés des onomastiques situées et signalétisées. La question se pose cependant de savoir si toutes les onomastiques pragmatiques ou situées sont des onomastiques signalétisées comme celles-ci. C'est ce que nous nous proposons de faire en nous appuyant sur les résultats de Christine Fèvre-Pernet dans le domaine de l'onomastique commerciale.

3. Onomastique pragmatique et Signalétique

3.1. Les noms de produits en onomastique commerciale (Fèvre-Pernet, 2008)

Noms de marques et noms de produits, les *branduits*[10] relèvent d'une onomastique pragmatique[11]. L'analyse sémasiologique des noms de produits montre que, à quelques ajustements près, les opérations de constructions morphologiques aboutissent à la création d'outils semblables, (schèmes de nomination et formats dénominatifs) utilisables pour analyser la forme des noms de produits (Fèvre-Pernet, 2008 : 1540).

Une fois rappelé l'outillage formel permettant la construction des noms, l'auteur montre comment ce type d'onomastique située

---

10. De l'anglais *brand* « marque ».

11. Suivant G. Petit (2006 : 7) qui range les noms déposés dans une catégorie mixte, à la fois noms propres et noms communs, je considérerai provisoirement que les noms de produits constituent eux aussi une onomastique.

(l'activité commerciale) intègre un ensemble d'éléments contextuels présentés comme les éléments d'un genre textuel. La notion de schème de nomination permet de mettre en relation l'activité de nomination avec les contraintes d'un genre dont une des propriétés centrales est la dimension argumentative. Dans cette perspective, nommer un produit de telle ou telle façon, c'est choisir nécessairement et avant tout une dénomination efficace pour un produit destiné à la vente. C. Fèvre-Pernet montre avec pertinence que des contraintes d'un autre niveau que le niveau strictement morphologique pèsent sur le choix des NdP parmi les formats possibles de dénominations. Un schème de nomination joue ce rôle de contrainte externe au système de la langue et oriente les choix dénominatifs. L'étude des corpus permet de dégager ainsi des schèmes de nomination récurrents et d'en proposer une typologie (*ibid.* 1545-1548) ; par exemple, un schème de nomination peut être une caractéristique perceptuelle (*LUMINOU* jouet luminescent, *KANDOO*, savon), une propriété actancielle (*BOSSEIN* soutien-gorge), l'expression d'une relation particulière au consommateur (*LE RÊVE* pour une cuisinière, *ROULETABILLE* pour un stylo).

3.2. Deux types d'onomastiques pragmatiques (OPC / OPS)

La ressemblance entre le modèle onomastique précédent et le modèle signalétique est saisissante. Dans l'un et l'autre modèle, on trouve une boîte à outils pour construire des types de constructions récurrentes. Ce schématisme ou formulaire d'un « prêt-à-construire dénominatif » est dans les deux cas le résultat de contraintes externes, de nature rhétorique pour l'onomastique commerciale, de nature sémiotico-pragmatique en ce qui concerne les odonymes et les titres de peinture. Fèvre-Pernet évoque d'ailleurs à la fin de son article l'utilité d'une telle approche dans la sphère des noms propres en envisageant la possibilité d'inscrire au programme de recherche les noms de tableaux, les noms de bateaux, etc. Or c'est exactement la perspective de recherche du programme signalétique (cf. *supra*).

Comment expliquer une telle similitude ? La réponse est simple et riche d'enseignements pour le développement des recherches dans le domaine de la linguistique de la dénomination. Dans les deux champs de dénominations, des contraintes externes pragmatiques exercent leur action dans la sélection des formes dénominatives. Du côté des NdP, la contrainte pragmatique d'une intention commerciale constitue une dimension intégrée à la néologie commerciale. Du côté des DMS, les dénominations monoréférentielles signalétisées, les locuteurs sont contraints de forger une dénomination unique dans les limites imposées par le type d'objets à dénommer. Le format linguistique des dénominations est morphosémantique pour les NdP ; en revanche, il est syntagmatique pour les DMS comme les titres et les odonymes urbains. La dimension polylexicale pour les NdP, très fréquente d'après l'étude, permet de déployer l'expression sémantique de la contrainte pragmatique (*dessous chéri*). C'est le cas avec les titres de peinture (importance du binarisme du type Formant 1 type N/GN + Formant 2 type caractérisant[12]) ou les odonymes (Formant 1 Catégorisation de voie + Formant 2 type index : *rue Bonaparte, Boulevard Poniatowski, Place de la Bastille*).

Pourtant cet « air de famille » entre ces deux territoires onomastiques recouvre des différences essentielles qui nous permettent de ranger ces champs de dénominations dans des catégories distinctes. Observons d'abord les différences. Les NdP présentent des formats dénominatifs spécifiques. Mais les formants signalétiques sont très différents. Ils montrent une récurrence formelle beaucoup plus stable, à la fois lexicale et syntaxique de sorte qu'on peut en établir la liste (mots récurrents, constructions prépositionnelles privilégiées, restrictions quant au choix des déterminants...[13]). Car, et c'est la deuxième propriété qui permet d'opposer ce type onomastique au type commercial des NdP, les DMS concernent des monoréférents véritables alors que les NdP nomment des produits qui, par définition, ne sont pas uniques. Sans développer davantage cette question largement étudiée par ailleurs, notons qu'on devrait s'interroger sur l'usage contemporain du mot onomastique dont l'emploi, réservé jusqu'ici depuis la fin du XIXe aux noms de personnes et de lieux, semble relativement incertain, hésitant entre un périmètre

---

12. *Le Christ en croix ; Nu sur un lit défait ; Impression ; Soleil levant...* La diversité de l'intitulation picturale va bien au-delà de ces trois exemples, évidemment, mais elle reste dans les limites d'un prêt-à-intituler que dessine et contient leur signalétique. (cf. Bosredon 1997).

13. On peut observer partiellement l'« impact » référentiel sur les titres avec le principe de « visualisation » : *Arbre sur un fond jaune* (Odilon Redon), *Vue du pont de Grenelle* (Rousseau), *Fernande à la mantille* (Picasso) (Bosredon 1997 : 161-187).

classique – celui des noms propres – et une ouverture à un espace de nomination non défini de façon *a priori*[14].

Nous retiendrons une dernière propriété[15] qui tient à la nature de la relation sémantico-référentielle entre la dénomination et son référent. Les NdP sont le produit d'une activité néologique susceptible de dénoter sur une période plus ou moins longue (la « vie » d'un produit) un type d'artefact. Or nommer un type d'objet est une opération différente de celle qui consiste à dénommer un monoréférent. Tout le travail de celui qui nomme se concentre sur une singularité de la DMS ajustée au caractère également singulier du monoréférent. Par ailleurs, le référent n'exige pas une recherche systématique d'un nom dynamique pour être bien repéré. Enfin, comme le signale le terme « repéré », le moteur sémantique d'un titre, comme celui d'un odonyme, est le repérage par une désignation rigide d'un référent qui lui préexiste. Les NdP dénotent et associe une certaine image à cette dénotation. Ils sont souvent fabriqués en même temps que le produit. Ils se rapprochent par là des noms catégoriels. Ils peuvent enfin être pluralisés, comptés, etc.

Nous distinguerons donc deux champs dénominatifs : une onomastique pragmatique de classes (OPC), d'une onomastique pragmatique signalétisée (OPS). Dans les deux cas, des contraintes externes imposent leurs marques sur le matériau linguistique des dénominations. Dans un cas les formes s'inscrivent dans une signalétique, dans l'autre cas l'inscription de l'intention pragmatique qui est à l'œuvre ne permet pas ce type de récurrence formelle que constitue une signalétique. Pour quelle raison ? On peut penser que ce serait un choix en quelque sorte contre nature : nommer un produit qui est par définition original dans un moule déjà utilisé pour d'autres ! Une autre explication semble plus adéquate. L'intention et les conditions pragmatiques qui pèsent sur les titres d'une part, sur les noms de rues d'autre part, sont des contraintes de nature identificatrice. Si une signalétique permet d'identifier de façon univoque un monoréférent, c'est qu'elle cumule dans

---

14. Selon le *GLLF onomastique* est un nom féminin littéraire signifiant liste, catalogue depuis 1868. Le sens actuel, étude des noms de personnes et de lieux, est daté de 1893. Il semble qu'aujourd'hui le sens se soit considérablement élargi. La question se pose de savoir pourquoi.

15. Sans obligation d'inventaire... En effet, faute de place dans le cadre d'un article de cette dimension, il ne m'est pas possible d'en traiter tous les aspects qui seront l'objet d'une publication ultérieure.

les patrons de dénomination une première opération de rattachement du référent à un domaine référentiel[16] et une deuxième opération distinguant le référent dénommé des autres référents de la catégorie. Les contraintes externes pragmatiques sont donc complètement différentes de l'intention commerciale qui motive la néologie des noms de marques.

4. Conclusion

Au terme de cette brève exploration de la dimension pragmatique des trois onomastiques situées, il est possible de penser que s'ouvrent des voies nouvelles pour réaménager les circulations et les relations entre des notions jusqu'ici disjointes ou simplement spécialisées et limitées par un usage technique ou disciplinaire. Les rapprochements que j'ai effectués obligent à des visites dont les adresses ne sont pas très éloignées et portent les noms d'*onomastique*, de *pragmatique de la nomination*, de *signalétique*. Commencer la visite par l'une de ces adresses en s'y attardant trop longtemps, c'est courir le risque d'oublier des rendez-vous ouvrant à d'autres perspectives. Un autre risque est de toquer à la porte de l'une de ces adresses en se recommandant de la précédente. C'est ainsi qu'en commençant par *signalétique* j'ai nourri l'espoir de trouver dans les artefacts commerciaux, urbains ou industriels des dénominations analogues aux titres de peinture ou aux odonymes – des dénominations monoréférentielles « patentées ». Peine perdue pour certains référents intéressants, dont les noms de parfums qui pourtant promettaient. Réponses favorables dans certains cas, refus dans d'autres encore. Pourquoi ?

Il convient donc de casser les murs et les cloisons et d'ouvrir au vent frais l'espace de discussion en dépliant quelques cartes. Sur la première, figure des questions morpho-lexicales ou même morphosyntactico-sémantiques : quelles constructions pour quelles onomastiques ? Si les onomastiques signalétiques ne peuvent être composées que de dénominations polylexicales, *quid* des autres

---

16. Selon deux options : option 1 : la dénomination est binaire, elle comprend un premier formant de catégorie et un deuxième formant qui distingue le référent dénommé des autres référents de la catégorie ; option 2 : la dénomination est une suite syntagmatique complexe (en principe inférieure en longueur à une phrase) dont certains constituants lexicaux et grammaticaux récurrents signalent l'appartenance des dénominations à une signalétique spécifique en relation avec un domaine référentiel lui-même spécifique.

onomastiques qui ne connaissent pas cette restriction ? Peut-on formuler des hypothèses sur les causes possibles de ce partage : monolexical ou polylexical ? Quelles hypothèses peut-on également formuler sur le caractère central du binarisme formel des dénominations monoréférentielles de signalétiques ? Quelle est la part de contrainte due au système du français ? Quelle est la nature des contraintes externes, de nature pragmatique ? Quel en est le périmètre ? Peut-on en faire la cartographie et doit-on, comme c'est le cas dans les travaux contemporains, porter l'accent sur la dimension générique des textes ? Rien ne nous oblige à convoquer en effet un « horizon » de textes ou de discours pour envelopper l'espace de toute dénomination possible. La référence « pragmatiquement assistée » est un moteur suffisant dans un grand nombre de situations de nomination.

Bibliographie

Bessis, M., Bessis, P., (1998), *Les noms qui gagnent, l'alchimie des noms irrésistibles*. Paris, LPM.

Biaisi P.-M. (de), Jakobi, M., Le Men, S., (2012), *La fabrique du titre. Nommer les œuvres d'art*, Paris, CNRS Éditions.

Bosredon, B., (1996), « Titres et légendes : absence de marque et marque d'absence », in J. Chuquet et M. Fryd (eds), *Absence de marques et représentation de l'absence -1-, Travaux linguistiques du CERLICO*, pp. 349-367, Rennes, Presses universitaires de Rennes.

Bosredon, B., (1997), *Les titres de tableaux,* Paris, PUF.

Bosredon, B., (1997), « Les signalétiques de nomination ou quand le discours se fige », in S. Mejri, T. Baccouche G., A. Clas, Gross, (eds), *Le Figement lexical*, pp. 209-218, Tunis, CERES et Orbis Impressions.

Bosredon, B., (1998), « Visualisation et référence, une approche linguistique de l'intitulation picturale », in P. Joret, A. Remael (eds), *Language and Beyond. Le langage et ses au-delà*, Amsterdam Atlanta, GA, Rodopi.

Bosredon, B., (2012a), « Entre dénomination et catégorisation : la signalétique », *Langue française* n° 174, pp. 11-26, Paris, Armand Colin.

Bosredon, B., (2012b), « La nomination monoréférentielle », in L. de Saussure, A. Borillo, M., Vuillaume (eds), *Grammaire, lexique, regards sur le sens. Mélanges offerts à Georges Kleiber pour ses quarante ans de carrière*, pp. 327-340, Berne, Peter Lang.

Bosredon, B., Tamba, I., (1999), « Une ballade en en toponymie : de la rue Descartes à la rue de Rennes », in LINX n° 40, pp. 55-67, Paris, Université Paris Ouest Nanterre La Défense.

Cislaru G., (2006), « Propriétés catégorielles des noms de pays », in Coates R. (ed.), ONOMA n° 41, *Name theory*, pp. 83-113, Louvain, Peeters.

Dürer A., (1964), *Lettres et écrits théoriques, le traité des proportions*, textes traduits et présentés par P. Vaisse, Paris, Hermann.

Fevre-Pernet C., (2008), « Stratégies dénominatives en onomastique commerciale », in Durand J., Habert B., Laks B. *Congrès mondial de linguistique française* (CMLF08), Paris, http://www.linguistiquefrancaise.org.

Guiraud P., (1986), *Structures étymologiques du lexique français*, Paris, Payot.

Mejri S., (1997), *Le Figement lexical*, Tunis, Faculté des lettres de la Manouba.

Mejri S., (2009), « Le mot, problématique théorique », *Le français moderne* n° 1-2, pp. 68-82, Paris, CILF.

Kleiber, G., (2001), « Remarques sur la dénomination », in Bosredon B., Petit G., Tamba I., (eds), *Cahiers de praxématique* n° 36, pp. 21-41, Université Montpellier 3.

Penalver-Vicea M., (2003), « Le titre est-il un désignateur rigide ? », in Inarrea I., M.-J. Slinero (eds), *El texto como encrucijada : estudios franceses y francofonos*, Vol. 2, pp. 251-258, Espagne, Universidad de La Rioja.

Petit G., (2007), « Le nom de marque déposé : nom propre, nom commun et terme », in *Meta* n° 51-4, pp. 690-705, Montréal, Presses de l'Université de Montréal.

Tamba I., (2012), *Le hérisson et le renard : une piquante alliance*, Paris, Klincksieck.

chapitre 5
Les noms d'artefact en français

Pierre-André BUVET

1. Introduction

Nous avons pour objectif ici d'établir en quoi la description lexicographique peut être une source de questionnement sur le fonctionnement des langues. Plus précisément, nous discutons de l'élaboration d'un dictionnaire monolingue portant exclusivement sur les noms d'artefact et des conséquences théoriques pour l'étude de la fonction argumentale. Les noms d'artefact sont des substantifs qui dénotent des objets réalisés par les êtres humains. Leur étude systématique et exhaustive, exigée par la description lexicographique, fait apparaître des propriétés remarquables qui conduisent à préciser certains aspects du modèle de données utilisé pour nos analyses linguistiques. Les faits étudiés appartenant à deux langues typologiquement très différentes, la problématique n'est donc pas contingente à une langue donnée.

Après avoir précisé quelles sont les propriétés des noms d'artefact et leur mode d'encodage dans le dictionnaire, nous discutons de la fonction argumentale en regard de la fonction prédicative puis nous constatons que les analyses proposées pour le français s'étendent également à d'autres langues.

2. Les noms d'artefact en français

Les noms d'artefact sont des noms argumentaux, c'est-à-dire ils sont incompatibles avec la fonction prédicative, cf. *infra*[1]. Pour autant, la nature des objets qu'ils dénotent impliquant une finalité fonctionnelle, une partie d'entre eux spécifient explicitement une prédication car, lorsqu'il s'agit de mots construits, ils ont trait à des prédicats nominaux ou verbaux (*arrosage/arroser → arrosoir*) et, lorsque ce sont des mots simples, ils peuvent donner lieu à des prédicats nominaux ou verbaux (*marteau → martellement/marteller*). Par ailleurs, ils se conçoivent comme des holonymes (*voiture*) ou des méronymes (*roue*) tels que les relations partie-tout sont fondées sur des prédications spécifiques (le méronyme *roue* est ainsi défini par rapport à son holonyme : « organe.... qui permet à un véhicule de reposer sur le sol et de s'y mouvoir » *dictionnaire Larousse* en ligne).

Pour le français, plus de 15 000 noms d'artefact ont été recensés. Nous discutons de leurs principales caractéristiques, sur les plans morphosyntaxique et sémantique, puis nous présentons le dictionnaire électronique qui les décrit.

2.1. Propriétés morphosyntaxiques

Les noms d'artefact du français sont soit des mots simples soit des mots construits. Les premiers représentent 9 % des substantifs recensés, par exemple *couteau*. Ce sont des « signes élémentaires » dans la mesure où ils « ne peuvent pas être décomposés en signes plus simples dont ils seraient constitués » (Polguère 2003) ; c'est le cas du nom *chapeau*. Certains sont des emprunts, comme *fez* qui est un mot d'origine arabe. La plupart des noms simples étudiés sont constitutifs de noms construits, qu'il s'agisse de noms suffixés (*corde → cordage*) ou de noms composés (*bulletin → bulletin de vote*).

Les mots construits sont principalement des noms dérivés (*hachoir*) ou des noms composés (*minuterie automatique*). Les premiers représentent 41 % des substantifs recensés et les seconds 48 %[2]. La grande majorité des dérivés sont des noms suffixés. Le

---

[1]. Certains noms d'artefact sont compatibles avec la fonction actualisatrice en tant que constituants de déterminants nominaux ; par exemple, *bol* dans *il a bu un bol de cidre*. Cf. Buvet 2003.

[2]. Les autres mots construits sont des abréviations comme *APN*, dont la source est *appareil photo numérique* ou des apocopes comme *ampli* dont la source est *amplificateur*. Ils sont relativement peu nombreux.

tableau 1 présente les différents types de suffixés correspondant à des noms d'artefact. Ils sont distingués selon la nature grammaticale de leur base (cf. Dubois 1999).

	Base verbale	Base nominale	Base adjectivale
suffixe -*age*	*échafaudage*	*cordage*	
suffixe -*ance*	*alliance*		
suffixe -*ante*	*imprimante*		
suffixe -*arde*		*cuissarde*	
suffixe -*ateur*	*alternateur*	*aviateur*	
suffixe -*ation*	*fixation*		
suffixe -*elaise*		*bordelaise*	
suffixe -*erie*		*boiserie*	
suffixe -*et*		*auget*	
suffixe -*ette*		*serpette*	
suffixe -*eur*	*gicleur*	*bruiteur*	
suffixe -*euse*	*affûteuse*		
suffixe -*ier*		*moutardier*	
suffixe -*ière*	*barrière*	*bonbonnière*	*chaudière*
suffixe -*illon*		*bottillon*	
suffixe -*ment*	*accotement*		
suffixe -*oir*	*accoudoir*	*drageoir*	
suffixe -*olle*	*bouterolle*		
suffixe -*ot*		*bobinot*	
suffixe -*otte*	*bouillotte*	*goulotte*	
suffixe -*ure*		*bordure*	

Tableau 1

Il existe également quelques cas de dérivation zéro, appelée également conversion (cf. Riegel *et alii*. 1995) ; par exemple le nom *applique*.

Les composés recensés sont d'une grande variété. Nous présentons les principaux types dans le tableau 2. La terminologie utilisée est celle de Mathieu-Colas 1996.

Type	Exemple
composé nom adjectif	*bouton rotatif* *appareil photo numérique* *ampoule torsadée* *disque tournant*
composé nom à X	*ampoule-à-culot* *aiguille-à-brider* *dégage-lame-à-bouton-poussoir* *écrou hexagonal auto freiné à anneaux métalliques* *commande au pied*
composé nom de X	*bouton de verrouillage* *émetteur de rayonnement à infrarouge* *bouton d'éjection du panier*
composé nom en X	*assiette en carton* *bouton en verre calorifuge*
composé autre préposition X	*crème lavante pour les mains* *commande de température par cadran*
composé nom nom	*appareil inhalateur* *émetteur USB* *meuble télé* *écrans-néoplasma* *bonde pare-bruit* *empire pointe montante* *appareil photo bridge*
composé savant	*Anémographe*
composé sur adjectif	*haut-de-forme*
composé sur particule	*mi-bas* *mini-cd*
composé sur préposition	*sous-vêtement*
composé sur thème savant	*électro-cafetière*
composé sur verbe	*compte-goutte*

Tableau 2

Signalons que plusieurs noms simples donnent lieu à une prédication par le biais de la suffixation ; par exemple, *pelle* est la base du dérivé verbal *pelleter*. Par ailleurs, ils sont souvent constitutifs de noms composés ; par exemple, *ampoule* est un constituant de *ampoule à culot*, *ampoule à vis*, etc.

2.2. Propriétés syntactico-sémantiques

Dans les dictionnaires, le concept d'artefact est défini comme suit[3] :

- « produit de l'art ou de l'industrie humaine » (*Grand Robert de langue française*)
- « produit ayant subi une transformation, même minime, par l'homme, et qui se distingue ainsi d'un autre provoqué par un phénomène naturel » (*Larousse*).
- « produit de l'art, de l'industrie, objet artificiel » (*TLFi*)

Les noms d'artefact ont des particularités linguistiques remarquables. Ils correspondent à des holonymes, comme *lave-linge*, ou bien des méronymes, comme *couvercle*. Les noms de la première catégorie dénotent des objets définis comme des ensembles constitués d'éléments et ceux de la seconde catégorie des objets définis comme les éléments de ces ensembles (cf. Buvet 2013). Le terme de relation partie-tout[4] est souvent employé pour désigner le mode d'agencement des éléments au sein d'un ensemble (cf. Kleiber *et alii* 2006). Les noms d'holonyme recensés sont des noms d'appareil, par ex. *défonceuse*, des noms de cosmétique, par ex. *vernis à ongle*, des noms d'instrument, par ex. *piano*, des noms de machine, par ex. *ordinateur portable*, des noms de moyens de transport, par ex. *autobus* et des noms de vêtement, par ex. *veste croisée*. Les noms de méronyme recensés sont notamment des noms de dispositif, par ex. *écouteur*, des noms d'organe, par ex. *embout*, des noms d'ouverture, par ex. *regard*, des noms de partie générique, par ex. *face intérieure*, et des noms de partie de vêtement, par ex. *manche*. Certains substantifs se comportent comme un holonyme ou comme un méronyme selon les contextes. C'est le cas de noms de contenant ou d'ustensile. Ainsi, *pince* fonctionne comme un holonyme dans *Il a utilisé la pince pour serrer le boulon* et un méronyme dans *Le robot s'est avancé d'un mètre puis a dirigé sa pince vers le boulon*. De même, *bol* fonctionne comme un holonyme dans *J'ai versé le café dans le bol* et un méronyme dans *J'ai un mixeur mais le bol est fendu*. Les noms d'artefact appartiennent aussi bien à la langue générale, par ex. *serrure*,

---

3. Il existe une autre acception d'artefact dont nous ne tenons pas compte ici.
4. Le concept de relation partie-tout est fondamental pour traiter les anaphores nominales du type associatif. Cf. Kleiber 2001.

qu'aux langues spécialisées, par ex. *tube à essai*. Dans le second cas de figure, les approches terminologiques sont souvent mobilisées pour analyser ces substantifs car ils ont une double dimension : linguistique et extralinguistique (cf. Lerat 1995). Il existe toutes sortes de nomenclatures et de taxinomies décrivant les noms d'artefact, qu'il s'agisse d'holonymes ou de méronymes (cf. Sliwa 2000). Ces substantifs sont ici systématiquement décrits avec un domaine d'emploi (cf. Buvet, Mathieu-Colas 1998). Ce point est développé dans la section suivante. Les questions de morphologie sont généralement traitées dans les études terminologiques car le vocabulaire étudié comporte très souvent de nombreux mots construits (cf. Depecker 2005). Les noms d'artefact sont par ailleurs attestés depuis des siècles, par ex. *merlin* ou au contraire sont des créations récentes, par ex. *zapette*. Enfin, ils appartiennent à différents registres ; ainsi *gapette* appartient à la langue familière tandis que *couvre-chef* est d'un niveau de langue plutôt soutenu.

Les noms d'artefact dénotent des objets dont la création est conditionnée par une fonctionnalité précise. De ce fait, ils sont associés à des adjectifs, des noms ou des verbes en rapport avec cette fonctionnalité. Ces associations constituent un savoir linguistique des locuteurs se manifestant par des énoncés préconstruits (cf. Mejri, Morrogon 2008). Par exemple, *couteau* est un nom d'artefact associé à l'adjectif *tranché* et aux verbes *couper* et *découper*. Les énoncés préconstruits sont des phrases génériques reposant sur des stéréotypes (cf. Anscombre 2009, Fradin 1984 et Kleiber 1990) : *un couteau, c'est tranchant* ; *un couteau, ça coupe* ; *un couteau, ça découpe*. Lorsqu'il s'agit de mots construits, l'analyse de la structure interne des noms d'artefact peut expliquer ces associations sémantiques. C'est notamment le cas des noms suffixés qui ont comme base des verbes faisant état de leur fonctionnalité de l'artefact. Les classes sémantiques de ces emplois s'appliquent également à d'autres emplois qui sont des synonymes, des hyperonymes ou des hyponymes de ces hyperonymes. Ainsi, le nom *mixeur* est formé sur *mixer* caractérisé par la classe *mélange*. Cette dernière concerne également des noms comme *mélange* et des verbes comme *mélanger*, *remuer* qui sont constitutifs des énoncés préconstruits associés à *mixeur* : *un mixeur, ça fait des mélanges* ; *un mixeur, ça mélange* ; *un mixeur, ça remue*. Ce dernier point est fondamental du point de vue de la fonction argumentale, cf. *infra*.

2.3. Description lexicographique

Nous exploitons deux sortes de dictionnaires électroniques dans le cadre du traitement automatique des langues : (i) des dictionnaires morphosyntaxiques au format MORFETIK (cf. Buvet *et alii* 2009) ; (ii) des dictionnaires syntactico-sémantiques au format PRED-DIC, ARGU-DIC ou ACTU-DIC (cf. Buvet 2009, Buvet 2012)[5]. Les premiers permettent la catégorisation grammaticale des mots d'un texte, les seconds leur catégorisation sémantique.

Les noms d'artefact sont recensés et décrits dans un dictionnaire du type ARGU-DIC dont la nomenclature est constituée des noms argumentaux. Ces derniers sont des substantifs qui ne fonctionnent jamais comme des prédicats en discours ; il peut s'agir de noms simples (*alambic*) ou de noms construits du type suffixé (*boitier*) ou du type composé (*boîte de vitesse*). Ils constituent la macrostructure du dictionnaire. Les variations de forme d'un nom donné constituent autant d'entrées du dictionnaire ; *bracelet cuir* et *bracelet en cuir* sont deux entrées différentes.

La microstructure est constituée de la vedette et de cinq descripteurs : 1) l'hyperclasse, 2) la classe, 3) domaine 1, 4) domaine 2, 5) domaine 3 :

> *poignée de porte*/,.N/H_ORGANE/C_ORGANE_PREHENSION/D1_HABITATION/D2_TRAVAUX_ET_EQUIPEMENTS_MENAGERS/D3_TECHNIQUES

---

5. Le format PRED-DIC concerne les emplois prédicats, le format ARGU-DIC les arguments et le format ACTU-DIC les actualisateurs.

Les deux premiers descripteurs sont de nature sémantique. Le descripteur hyperclasse concerne 18 catégories d'artefact :

ALIMENT	*yaourt*
APPAREIL	*bouveteuse*
CONTENANT	*bassine*
COSMETIQUE	*lait de maquillage*
DISPOSITIF	*barrière de protection*
DOCUMENT	*plaque d'identité*
GENERIQUE	*produit*
INSTRUMENT	*guitare*
MACHINE	*tablette tactile*
MOYEN_TRANSPORT	*bicyclette*
ORGANE	*bouton*
OUVERTURE	*passage de roue avant*
PARTIE_GENERIQUE	*sommet*
PARTIE_VETEMENT	*manche*
REVETEMENT	*plancher*
SUPPORT	*fiche*
USTENSILE	*couteau*
VETEMENT	*veste*

Tableau 3

Le descripteur classe rassemble des catégories dénommées selon le principe suivant :

NOM D'HYPERCLASSE – NOM DE FONCTION D'ARTEFACT.

C'est ainsi que l'hyperclasse *ouverture* subsume les classes suivantes :

OUVERTURE_CONNEXION	*orifice de compensation*
OUVERTURE_DIFFUSION	*orifice de vaporisation*
OUVERTURE_EVACUATION	*évent à vapeur*
OUVERTURE_FIXATION	*œillet*
OUVERTURE_GENERIQUE	*ouverture*
OUVERTURE_PASSAGE	*bouche d'égout*
OUVERTURE_TRANSMISSION.	*trou de serrure*

Près de 140 noms de fonction ont été associés à des noms d'artefact de telle sorte que le descripteur classe est formé à partir de 330 items.

Les trois derniers descripteurs sont de nature pragmatique. Ils portent tous sur le domaine d'emploi des noms d'artefact. Le domaine d'emploi est le secteur d'activité relatif à l'usage d'un mot : « les indications de domaine n'indiquent pas seulement le champ d'expérience dont relève le mot [...] mais aussi à propos duquel on l'utilise » (Quemada 1984). Seul le premier descripteur est obligatoirement spécifié, les deux autres le sont si le nom d'artefact relève de plus d'un domaine (cf. Buvet, Mathieu-Colas 1998).

3. Modèle de données

La théorie des trois fonctions primaires est le modèle de données auquel nous nous référons. Nous présentons brièvement la théorie puis nous discutons de la spécificité de l'une des trois fonctions, la fonction argumentale, et nous montrons comment les noms d'artefact illustrent cette spécificité.

3.1. Les trois fonctions primaires

La théorie des trois fonctions primaires s'inscrit dans la lignée des théories qui ont comme point de départ les analyses linguistiques de Zellig S. Harris[6]. Elle a pour finalité d'expliquer les mécanismes langagiers en privilégiant le lexique comme objet d'étude. Il s'agit d'analyser conjointement les propriétés morphologiques, syntaxiques et sémantiques des unités linguistiques selon qu'elles fonctionnent comme des prédicats (fonction prédicative), des arguments (fonction argumentale) ou des actualisateurs (fonction actualisatrice). L'horizon applicatif de cette théorie est l'analyse automatique des documents textuels. Sur le plan méthodologique, le développement d'applications permet de tester la validité des concepts utilisés dans les analyses linguistiques.

Les structures prédicat-argument sont conçues comme autant d'éléments fondamentaux d'une composante d'un savoir linguistique partagé. Elles permettent de formuler des contenus propo-

---

[6]. Harris 1975, Gross M. 1981, Mathieu-Colas et Le Pesant 1998, Mejri 2009.

sitionnels. L'actualisation est le moyen d'instancier des structures prédicat-argument dans le discours en produisant des énoncés bien formés relativement à des situations d'énonciation particulières. Elle implique les catégories énonciatives (personne, temps, aspect, modalité, etc.) qui permettent l'ancrage des prédicats et de leurs arguments dans un discours donné en fonction de la position du locuteur par rapport à ce qu'il énonce. L'actualisation est supportée par les actualisateurs qui, tant du point de vue de leur forme que de celui de leur combinatoire avec les structures prédicat-argument, constituent une autre composante de savoir linguistique : la grammaire de la langue considérée.

L'étude exhaustive des prédicats adjectivaux, nominaux et verbaux est une contribution majeure à l'identification et à l'interprétation de toutes sortes de contenus propositionnels, (cf. Buvet 2009). L'étude de l'actualisation a mis en évidence le mode de fonctionnement des structures prédicat-argument dans les discours. Le concept d'emploi prédicatif synthétise les résultats des deux études en expliquant la nature des propriétés sémantiques d'un prédicat instancié dans un énoncé en fonction de ses propriétés morphosyntaxiques et distributionnelles (cf. Buvet 2009).

3.2. La fonction argumentale

Le modèle de données élaboré jusqu'à présent a surtout privilégié la fonction prédicative et la fonction actualisatrice au détriment de la fonction argumentale. L'analyse des arguments les fait dépendre des prédicats ; les seconds sous-catégorisent les premiers de telle sorte que les propriétés sémantiques des arguments sont rapportées aux prédicats. Le concept de classes d'objets illustre cette analyse en corrélant le fonctionnement sémantique des arguments à leur combinatoire avec des prédicats dits appropriés (cf. G. Gross 1994).

La fonction argumentale concerne les constructions suivantes : des groupes nominaux, des complétives et des infinitives. Ces constructions, quel que soit leur type, occupent les positions sujet et complément dans les constructions qui caractérisent les emplois prédicatifs : *la voiture* et *la route* dans *la voiture roulait sur la route* ; *qu'il fasse beau* dans *qu'il fasse beau est surprenant* ; *mettre une cravate* dans *mettre une cravate n'impressionne plus autant*. La nature phrastique des arguments est indéniable lorsque les constructions sont du type complétive ou du type infinitive (cf. Le Goffic 1993). Pour la construction du type groupe nominal, on observe deux situations selon que les arguments sont intrinsèquement de nature phrastique ou ne le sont pas. Dans le premier cas de figure, le groupe nominal s'analyse comme une phrase nominalisée (cf. Guiraud 1967) ; par exemple, *le refus de Léa* dans *le refus de Léa était inattendu*. La substitution du groupe nominal par une complétive ou une infinitive sémantiquement équivalentes atteste de la nature phrastique de l'argument : *que Léa ait refusé était inattendu ; avoir refusé était inattendu de la part de Léa*. Le concept de nominalisation est fondé sur les principes suivants : premièrement, la phrase source est une structure prédicat-argument instanciée (*Léa a refusé*) ; deuxièmement, la tête du groupe nominal correspond au prédicat sous une forme substantivale (*refus*) (cf. Buvet 2013).

Dans le deuxième cas de figure, le groupe nominal n'est pas la nominalisation d'une phrase instanciée car la tête ne correspond jamais à un prédicat sous une forme nominale ; par exemple, dans *la voiture de Luc a eu un accident*, le groupe nominal *la voiture de Luc* s'analyse comme la réduction d'une phrase formée à partir d'un prédicat dyadique dont seuls les deux arguments sont présents dans le groupe nominal (*Luc a acheté une voiture, Luc conduit une voiture,…*). Lorsque les réductions d'une phrase en groupe nominal ne sont pas des nominalisations, le groupe nominal n'est pas substituable à une complétive ou à une infinitive sémantiquement équivalente.

Pour les substantifs, ces analyses des groupes nominaux conduisent à distinguer deux catégories : les noms prédicatifs (*refus*) et les noms argumentaux (*voiture*). Les premiers correspondent à des prédicats instanciés sous une forme nominale, mais ce n'est jamais le cas des seconds. Les noms prédicatifs sont compatibles aussi bien avec la fonction prédicative (*Léa a opposé un refus*) qu'avec la fonction argumentale (*le refus de Léa était inattendu*). Les noms argumentaux sont compatibles uniquement avec la fonction argumentale (*la voiture de Luc est en panne*)[7]. Lorsque les groupes nominaux sont formés d'un prédéterminant et d'un nom, la catégorisation reste pertinente car les noms prédicatifs sont substituables avec des constructions à support (cf. Daladier 1996) ; *on*

---

7. Certains noms argumentaux sont compatibles avec la fonction actualisation ; ils fonctionnent alors comme des noms déterminatifs.

parle d'un refus/on parle d'opposer un refus. Les noms argumentaux sont réfractaires à de telles substitutions. Dans ce qui suit, seuls les noms argumentaux sont pris en compte car ils sont les plus représentatifs de la fonction argumentale.

La dénomination et la définition sont deux concepts fondamentaux pour l'analyse des substantifs. Elles portent respectivement sur deux aspects constitutifs des mots, leur forme et leur valeur. La dénomination est centrée sur le premier aspect et la définition sur le second.

Rappelons que la dénomination est « la relation qu'établit un locuteur (individuel ou collectif) entre lui-même et son public en attribuant un nom à un segment de réalité, dont l'existence est plus ou moins préalablement admise » (Mortureux 1984). Cette relation « parce qu'elle unit un nom à un concept rassembleur d'occurrences particulières, permet, une fois la compétence acquise, d'utiliser le nom en question, sans nouvel apprentissage, pour tout particulier qui présente les propriétés spécifiques de la classe délimitée par le concept en question » (Kleiber 1984). La dénomination participe de l'ontologie car elle contribue à spécifier l'ensemble des objets propres à un domaine donné, cf. Petit 2009. De ce point de vue, les noms argumentaux, en tant que noms catégorématiques[8], par le seul biais de la dénomination, donnent lieu à la catégorisation des entités qu'elles soient concrètes, animaux, artefacts, minéraux, locatifs, végétaux, etc., ou bien abstraites, par exemple la taxinomie des disciplines scientifiques.

La définition est complémentaire de la dénomination. Elle permet de traiter les mots en les associant à des descripteurs sémantiques, plus ou moins normalisés, afin d'expliciter leur valeur. La pratique lexicographique (cf. Rey 1977, Pruvost 2006), a systématisé l'usage des définitions en mettant en avant deux relations lexicales[9] :

    1. La relation hyponymie/hyperonymie : le début de la définition du mot *cheval* est :

---

8. Les noms catégorématiques (*voiture*) s'opposent aux noms syncatégorématiques (*refus*) (Kleiber 1981 : 39) car la signification des noms syncatégorématiques, contrairement à celle des noms catégorématiques, n'est pas immédiatement accessible.

9. La relation de synonymie est également présente dans la description d'une entrée lexicale. Elle relève cependant de la glose et non de la définition (cf. Rey 1998).

- « mammifère domestique » dans le *Trésor de la langue française informatisé* ;
- « grand mammifère » dans le *Grand Robert de la langue française* ;
- « mammifère herbivore » dans le *Larousse en ligne*.

2. La relation holonymie/méronymie : le début de la définition du mot *museau* est « partie antérieure » dans les trois dictionnaires.

Le concept de genre prochain, d'inspiration aristotélicienne, est fondamental en métalexicographie (Rey-Debove 1978) ; il est fondé sur les deux relations lexicales mentionnées.

La définition d'un mot ne se limite pas au genre prochain, elle comporte également la différence spécifique (Imbs 1960). Parmi les éléments qui contribuent à la préciser, il y a des informations faisant état de la finalité de l'entité dénommée dans l'entrée *musée*, par rapport au genre prochain spécifié par « lieu » ou « établissement », a comme différence spécifique :

- « où sont conservés, répertoriés, classés des objets, des documents, des collections d'intérêt artistique, scientifique ou technique » dans le *Trésor de la langue française informatisé* ;
- « dans lequel sont rassemblées et classées des collections d'objets présentant un intérêt historique, technique, scientifique, et, spécialement, artistique, en vue de leur conservation et de leur présentation au public » dans le *Grand Robert de la langue française* ;
- « où sont réunies, en vue de leur conservation et de leur présentation au public, des collections d'œuvres d'art, de biens culturels, scientifiques ou techniques » dans le *Larousse en ligne*.

Il s'ensuit toutes sortes d'énoncés préconstruits que l'on peut formuler en prenant appui sur les dénominations : *dans un musée, on conserve des objets* ; *dans un musée, on répertorie des objets* ; *dans un musée, on présente des objets* ; etc.

La dénomination des noms argumentaux contribuant à la réalisation d'ontologie et leur définition étant à la source des discours qui s'appuient sur leur dénomination, on explique la combinatoire des arguments à partir de leur sémantisme propre (cf. Hoey 2006). Pour les noms argumentaux, cette analyse a le mérite de synthétiser :

1. celles qui relèvent principalement de considérations encyclopédiques, approche dénominative, du fait que leur statut référentiel les rend directement accessibles sur le plan conceptuel ;

2. celles qui sont de nature syntactico-sémantique, approche définitionnelle, du fait de leurs distributions remarquables, sous-jacentes aux définitions.

Les noms argumentaux constituent un point d'entrée particulièrement intéressant pour l'étude des langues, car ils sont détenteurs d'énoncés préconstruits accessibles par leur mode de classification et de définition. Par ailleurs, ils sont fondamentaux pour détecter la thématique principale d'un texte car ils contribuent souvent à la mise en place de chaînes de référence, par exemple en étant les antécédents d'expressions anaphoriques (Adam 2011, Corblin 1995). Le statut de la fonction argumentale par rapport à celui des autres fonctions primaires, serait donc à reconsidérer car elle aurait un rôle de premier plan dans le modèle de données. Cette hypothèse de travail est corroborée par l'étude des artefacts.

3.3. Les noms d'artefact : un observatoire privilégié de la fonction argumentale

Les noms d'artefact sont des noms argumentaux remarquables car leur dénomination se prête facilement à la constitution d'ontologie (les noms de l'audiovisuel, de l'électroménager, de la marine, etc.) et leur définition est compatible avec les notions de genre prochain et de différence spécifique. Pour ce qui est du genre prochain, on peut les associer à des hyperonymes (appareil, moyen de transport, ustensile,...) ou des méronymes (organe, ouverture, partie,...), cf. *supra*. Quant à leur différence spécifique, elle est imputable à leur fonctionnalité, cette dernière étant spécifiée par une classe sémantique qui rend compte des énoncés préconstruits qui les caractérisent, cf. *Ibidem*.

Pour ce qui est du dernier point, les propriétés de la structure interne des noms argumentaux déterminent souvent les propriétés de leur structure externe. Qu'il s'agisse d'unités monolexicales ou polylexicales, leur combinatoire est souvent prédictible à partir de leurs propriétés morphologiques. Dans les cas de dérivation nominale, le substantif sert de base à un nom prédicatif en rapport avec sa fonctionnalité (*bâche* → *bâcher* et *bâchage*) ou bien il est formé à partir d'une racine prédicative faisant état de cette fonctionnalité (*balayer* → *balayeuse*) (cf. Sfar 2009). Dans les cas de composition savante, l'interprétation des formants, d'origine latine ou grecque, rend explicite la fonctionnalité de l'artefact ainsi dénommé (*bolomètre* est formé du formant grec *bolo-* qui signifie « radiation » et du formant grec *-mètre* qui signifie « mesure », un *bolomètre* étant un détecteur de rayonnement électromagnétique) (cf. Mitterand 1996). Dans les cas de composition non savante, la fonctionnalité de l'artefact est parfois déductible de l'un des constituants (*poêle à frire* dénomme un « ustensile de cuisine pour faire la friture »).

Il existe des contre-exemples, par exemple l'analyse de la structure de *balladeur* ne permet pas d'en déduire que sa définition est « appareil portable diffusant des données sonores ». De même, tous les noms d'artefact ne possèdent pas une structure interne analysable (par ex. la définition de *canne* : « ustensile qui permet de marcher ou de se soutenir », n'est pas directement déductible à partir de de sa dénomination). Pour autant, la définition des noms d'artefact, quels qu'ils soient, fonctionne remarquablement sur le principe du genre prochain et de la différence spécifique, cette dernière étant révélatrice des énoncés préconstruits constitutifs de ces substantifs (*avec une canne, on marche / avec une canne, on s'appuie*). De ce point de vue, les noms d'artefact sont bien des noms argumentaux exemplaires car leurs propriétés morphosémantiques permettent d'expliquer les discours qui les concernent.

4. Perspectives

L'étude des noms d'artefact en français en est à ses débuts. Les premiers résultats montrent qu'elle devrait aboutir à une meilleure compréhension des spécificités de la fonction argumentale au regard de la fonction prédicative et de la fonction actualisatrice.

BIBLIOGRAPHIE

ADAM, J.-M., (2011), *La linguistique textuelle : Introduction à l'analyse textuelle des discours*, Paris, Armand Colin.

ANSCOMBRE, J.-C., (2001), « Les syntagmes les N/des N en position sujet ou objet : un syntagme générique ou pas ? », in *Détermination et formalisation, Lingvisticae Investigationes Supplementa* n° 23, pp. 29-49, Amsterdam, John Benjamins.

BUVET, P.-A., (2003), « La construction déterminative *DET N de* », *Syntaxe et Sémantique* n° 5, pp. 71-90, Caen, Presses Universitaires de Caen.

BUVET, P.-A., (2009a), « Des mots aux emplois : la représentation lexicographique des prédicats », in *Le français moderne* n° 77-1, pp. 83-96, Paris, CILF.

BUVET, P.-A., (2009b), « Quelles procédures d'étiquetage pour la gestion de l'information textuelle électronique ? », in *L'information grammaticale* n° 122, pp. 40-48, Louvain, Peeters.

BUVET, P.-A., (2013), *La dimension lexicale de la détermination en français*, Paris, Honoré Champion.

BUVET P.-A., MATHIEU-COLAS M., (1999), « Les champs *domaine* et *sous-domaine* dans les dictionnaires électroniques », in *Cahiers de Lexicologie* n° 75, pp. 173-191, Paris, Garnier.

BUVET, P.-A., CARTIER E., ISSAC F., MATHIEU-COLAS M., MEJRI S., (2009), « Morfetik, ressource lexicale pour le TAL », in *TALN 2009*, Senlis. (http://www-lipn.univ-paris13.fr/taln09/pdf/TALN_26.pdf)

CORBLIN, F., (1995), *Les formes de reprise dans le discours. Anaphores et chaîne de référence*, Rennes, Presses Universitaires de Rennes.

DALADIER, A., (1996), « Le rôle des verbes supports dans un système de conjugaison nominale et l'existence d'une voix nominale en français », in *Langages* n° 121, pp. 35-53, Paris, Larousse.

DEPECKER, L., (2005), *Langages* n° 157, *La terminologie : nature et enjeux*, Paris, Larousse.

DUBOIS, J., (1962) : *Étude sur la dérivation suffixale en français moderne et contemporain*, Paris, Larousse.

FRADIN, B., (1984), « Anaphorisation et stéréotypes nominaux », *Lingua* n° 64-4, pp. 325-369, Amsterdam, Elsevier.

GROSS, M., (1981), « Les bases empiriques de la notion de prédicat sémantique », in *Langages* n° 63, pp. 7-52, Paris, Larousse.

GROSS, G., (1994), « Classes d'objets et description des verbes », in *Langages* n° 115, pp. 15-30, Paris, Larousse.

GUIRAUD, P., (1967), *La syntaxe du français*, Paris, PUF.

HARRIS, Z.-S., (1976), *Notes du cours de syntaxe*, Paris, Seuil.

HOEY, M., (2007), Lexical Priming : A New Theory of Words and Language, in *Australian Review of Applied Linguistics* n° 3-1, pp. 12.1-12.4.

Imbs, P., (1960), « Au seuil de la lexicographie », in *Cahiers de Lexicologie* n° 2, pp. 3-17, Paris, Garnier.

Kleiber, G., (1984), « Dénomination et relations dénominatives », in *Langages* n° 76, pp. 77-94, Paris, Larousee.

Kleiber, G., (1990), *L'article le générique. La généricité sur le mode massif,* Genève, Droz.

Kleiber, G., (2001), *L'anaphore associative,* Paris, PUF.

Kleiber, G., Schnedecker, C, Theissen, A., (2006), *La relation partie-tout,* Louvain, Peeters.

Le Goffic, P., (1993), *Grammaire de la phrase française,* Paris, Hachette.

Lerat P., (1995), *Les langues spécialisées,* Paris, PUF.

Mathieu-Colas, M., (1994), *Les mots à trait d'union. Problèmes de lexicographie informatique,* Paris, Didier-Érudition.

Mathieu-Colas, M., Le Pesant D., (1998), « Introduction aux classes d'objets », in *Langages* n° 131, Paris, Larousse.

Mejri S., Mogorron P., (2008), *Las construcciones verbo-nominales libres y fijas. Aproximación contrastiva y traductológica, Encuentros Mediterráneos* 1, Alicante, Universidad de Alicante.

Mejri S., (2009), « Le mot : problématique théorique », in *Le français moderne* n° 77-1, pp. 68-82, Paris, CILF.

Mitterand H., (1996), *Les mots français,* Paris, PUF.

Petit, G., (2009), *La dénomination : approches linguistique et terminologique,* Leuven, Peeters.

Polguère, A., (2003), *Lexicologie et sémantique lexicale. Notions fondamentales,* Montréal, Les Presses de l'Université de Montréal.

Pruvost, J., (2006), *Les Dictionnaires français, outils d'une langue et d'une culture,* Paris, Ophrys.

Quemada, B., (1978), « Technique et langage », in *Histoire des techniques,* Encyclopédie de la Pléiade, Paris, Gallimard.

Quemada, B., (1984), *Datations et documents lexicographiques, Matériaux pour l'histoire du vocabulaire français,* 2e série, Vol. 2, CNRS, Paris, Klincksieck.

Rey A., (1977), *Le Lexique : Images et modèles,* Paris, Armand Colin.

Rey-Debove, J., (1978), *Le Métalangage : étude du discours sur le langage,* Paris, Armand Colin.

Sfar I., (2009), « Mot et racine prédicative : aux carrefours de la syntaxe et de la sémantique », in *Le français moderne n° 77-1,* pp. 55-67, *Paris,* CILF.

Sliwa D., (2000), *Aspects dénominatifs de la morphologie dérivationnelle : étude des noms d'artefacts en français et en polonais,* Red. Wydawn. Katolickiego Uniwersytetu Lubelskiego.

chapitre 6
Nos langues sont des livres d'images ! Étude comparative de phrasèmes zoologiques en anglais et en français

André CLAS

"... literary translation is an adventure in diversification..."
A.P. Frank (1986)

« *Nos langues sont véritablement des livres d'images où se révèle l'imagination créatrice des générations disparues* » écrivait Walter Von Wartburg (1963 : 145) pour bien montrer que les mots qui portaient très souvent originellement en eux une « justification de leur sens », c'est-à-dire qui étaient motivés ou transparents, peuvent souvent perdre leur motivation par des associations dans un contexte phraséologique métaphorique. On sait aussi que les métaphores peuvent avoir une durée limitée et l'on comprend que l'on puisse parfois affirmer que l'histoire des langues révèle également que « *chaque langue est un cimetière de métaphores mortes* ». Les langues utilisent les personnes, animaux ou objets qui nous entourent pour créer et développer de nouvelles significations en perdant leur sens concret au profit d'une signification figurée. On voit ainsi qu'il peut exister des ressemblances typologiques entre les langues puisque les expériences psychosociales sont parfois très semblables, mais elles peuvent également être divergentes et entraîner ainsi d'autres visions aspectuelles de la réalité. Il n'est donc pas étonnant que des variations d'un même aspect typologique d'une langue à une autre soient possibles. On sait que les langues empruntent également des mots à d'autres langues en les adaptant tant phonologiquement que morphologiquement et même sémantiquement puisqu'ils vont appartenir à un nouveau système linguistique. On peut penser ici à des créations qui utilisent les traits de grande taille en plus d'une couleur inexistante pour un éléphant, du hurlement du loup ou encore le caractère du chat sauvage : « a white elephant », c'est-à-dire la création ou réalisation d'un projet extrêmement coûteux et non rentable ; « wolf-whistle » soit sifflement admiratif et provocateur au passage d'une femme ; « wildcat strike », soit grève sauvage ; « chicken feed », soit une bagatelle, un rien.

Pour les emprunts, on peut examiner, par exemple, la généalogie du mot *cafard*. Le *Dictionnaire étymologique de la langue française* (1960 : 97) et le *Dictionnaire historique de la langue française* (1992 : 320) donnent une première attestation du mot en 1512 sous la forme *caphar*, ou encore *caphard*, ou *caffa* et *cafard* (1589). Le mot a donc été emprunté au XVe siècle, car *capharder* est attesté en 1470. Selon ces sources, il provient de l'arabe *kafir* qui a le sens d'« incroyant, faux dévot », c'est en fait le participe du verbe arabe *kafara* avec le suffixe péjoratif *-ard* avec le sens de « faux dévot » et, par formation métaphorique subséquente, *insecte* (blatte). Il acquiert par la suite le sens de « mouchard » ou chez les écoliers, celui de « rapporteur ». Le mot fait fortune à la fois à cause du développement du sens et de la métaphore indiquant un insecte de couleur sombre et prend alors les sens « avoir des idées noires, être mélancolique », dans les expressions *avoir le cafard* ou *coup de cafard*. Le verbe *cafarder* vient ainsi d'acquérir un nouveau sens, soit celui de « broyer du noir ». La constellation du mot s'enrichit ensuite par des formations selon la norme du système morphologique de la langue et l'on obtient la série : *cafardage, cafardeur, cafardeux, cafardeuse, cafarderie, cafardise* et également de façon argotique *cafter*, puis, par rapprochement phonétique, le calembour dans le langage des écoliers *cafetière*. On voit ainsi, du moins théoriquement, que les usagers d'une langue jouissent d'une grande liberté pour la développer et l'enrichir. Il y a, comme on le sait, un « cadre linguistique normatif » et des « cadres de normes sociales » auxquels est astreinte la langue.

Rappelons que la traduction, sauf pour des textes scientifiques et techniques, est un exercice herméneutique d'interprétation du message qui peut admettre des variations dans le domaine des ressemblances ou des équivalences possibles ou même des refus de traduction, par des adaptations, puisqu'il s'agit d'une compréhension d'un texte source ayant comme objectif de produire un texte cible aussi équivalent que possible dans une autre langue et pour une autre communauté linguistique. En fait, il y a normalement production d'un texte cible ayant les mêmes indices des données que le texte source et qui est conforme aux normes de la typologie textuelle du domaine, c'est-à-dire que le traducteur a tenu compte des indications communicatives, pragmatiques et même esthétiques puisque le processus de la traduction est obligatoirement lié à une situation contextuelle et par répercussion à certaines contraintes linguistiques et stylistiques ou même elle peut être soumise à des restrictions sociales et politiques dans le contexte psycho-philosophique de la société cible. À titre d'exemples, on peut rappeler ici la grande variété des jurons, d'injures, de « gros mots » ou encore les diverses habitudes dans les pragmatèmes de salutations dans les langues ! On admet qu'il existe pour toutes les langues des « grandes catégories sémantiques : les objets, les événements, les abstractions et les relations ». Ce sont des catégories que la traduction doit reverbaliser.

Si l'on ne traduit pas des mots, mais des textes, il n'empêche que l'analyse des mots, notamment des mots composés, permet de trouver les éclaircissements et les orientations nécessaires qui assurent la compréhension et le dégagement d'une « solution équivalente convenable ». La morphosyntaxe est révélatrice du sémantisme. Ainsi, pour la traduction d'une phrase comme : « *Es war ein Diensteinweihunsschritt* », seule la décomposition du mot par explicitation permet de construire la signification, soit « c'était le 'pas (*schritt*)', 'solennel (*Dienst*)' que l'on utilise pour l' » « inauguration des monuments (*eimweihungs*) (*possessif*) ».

Un texte, comme on le sait, est construit par divers types de phrases : de phrases dont la signification est compositionnelle, mais également de phrases dont elle n'est pas compositionnelle et qui forment des phrasèmes qui sont des « énoncés multilexémiques non libres », c'est-à-dire que leur signification est « contrainte », même si elles peuvent avoir parfois quelques variations compositionnelles mineures. C'est le cas des ensembles comme les collocations, les proverbes et des dictons et également les pragmatèmes, qui, eux, sont des énoncés lexémiques contraints dans un cadre de situation.

En parcourant l'Oxford *Dictionary of current idiomatic English* (1983) et le *NTC'S American Idioms Dictionary* (1987), nous avons relevé environ soixante-dix phrasèmes multilexématiques contenant des noms d'animaux ou d'insectes dont nous avons recherché les équivalents français pour en examiner les équivalents donnés dans diverses sources.

Les comparaisons interlinguistiques nous permettent de dégager trois cas d'équivalences : 1. Le référent zoologique de langue anglaise correspond au même référent dans l'équivalent français, et schématiquement nous pouvons écrire l'égalité suivante : A = A. On a ainsi une « traduction isomorphe » ; 2. Le référent de langue anglaise donne lieu à un autre référent zoologique, et schématiquement, nous avons alors A = B, soit une « traduction hétéromorphe » ; 3. le référent de langue anglaise est remplacé par une explicitation sémantique en français et nous pouvons écrire A = X, soit une « traduction libre », une adaptation où peut se manifester la créativité du traducteur puisque plusieurs solutions peuvent être possibles.

1. Dans les cas où A = A

Dans le cadre des traductions isomorphiques, on peut citer les phrasèmes suivants :

> To eat like a **bird** = *manger comme un petit* **oiseau** = *manger comme un* **moineau**. Dans la deuxième équivalence, le générique (oiseau) est remplacé par un spécifique (moineau), en gardant cependant la même signification : « manger très peu ».

> (As) busy as a **bee** = s'activer comme une ***abeille***, soit « être débordant d'activité ». L'anglais connaît une variante avec la même signification : as busy as a **beaver**, où l'abeille est remplacée par le

castor. Si la signification du lexème anglais a une valeur péjorative, le phrasème français remplace les animaux par un insecte moins noble : être la ***mouche*** du coche.

To kill the fatted **calf** = *tuer le veau gras*. Les expressions sont isomorphiques et tirent leur origine de la Bible avec la signification : « se réjouir de quelque chose en préparant un festin ».

The **cat** got your tongue (US) = donner sa langue au ***chat*** avec une signification légèrement différente, l'anglais a la signification « ne pas répondre » celle du français : « ne pas savoir répondre ».

To buy a **cat** in a poke = acheter **chat** en poche. La signification des deux phrasèmes est identique, soit « acheter ou recevoir quelque chose sans vérifier » qui correspond, à titre de curiosité, à un phrasème burundais : « acheter un bœuf à l'empreinte de son sabot ».

When the **cat**'s away the **mice** will play = quand le ***chat*** n'est pas là les ***souris*** dansent, la signification reste identique même si danser remplace jouer (to play) ; (to play) a **cat**-and-**mouse** game = jouer au ***chat*** et à la ***souris*** ; le jeu du ***chat*** et de la ***souris*** ; les significations sont identiques, soit « quand le patron n'est pas présent, les subordonnés en profitent ».

All **cats** are grey in the dark = la nuit, tous les ***chats*** sont gris ; les significations sont identiques : « il est facile de se tromper quand tout se ressemble ».

To shed **crocodile** tears (US) = verser des larmes (pleurs) de ***crocodile*** ; même signification dans chaque d'expression : « se montrer hypocrite pour émouvoir et tromper ».

To go to bed with the **chickens** (US) = se coucher avec (comme) les ***poules*** ; même signification, c'est-à-dire « très tôt ».

As sick as a **dog** (US) = malade comme un ***chien*** ; même signification.

Lead a **dog**'s life (US) = mener une vie de ***chien*** ; même signification ; dans les deux langues, les mots *dog* et *chien* respectivement servent d'intensificateurs.

Like water off a **duck**'s back = ça glisse comme sur les plumes d'un ***canard*** ; même signification, soit « sans laisser de trace ».

As slippery as an **eel** = échapper (glisser) comme une **anguille** = se faufiler comme une **anguille** = mince, souple comme une **anguille**. Les phrasèmes français sont équivalents avec de petites variations, puisque toutes mettent en valeur « le caractère glissant, fuyant » ; « échapper, glisser, se faufiler comme une anguille » et font penser aux phrasèmes : « to be on the **slippery** slope » = « être sur une pente savonneuse ».

A lame **duck** = un **canard** boiteux ; il y a parfaite égalité au sens propre et au sens figuré, avec la signification « incapable de se débrouiller tout seul ».

To see pink **elephants** = voir des éléphants roses, avec la même signification « avoir des hallucinations, fantasmer ».

Neither **fish**, **flesh** nor good red herring/fresh meat = n'être ni *chair* ni *poisson* ; le phrasème anglais admet de légères variations, tout en gardant le même sens, soit « être tout à fait indéfinissable ».

Sly as a **fox**, = rusé comme un **renard** ; intensification de la qualité.

Don't look a gift **horse** in the mouth correspond à *cheval* donné on ne regarde pas la bouche ; les significations sont identiques : « on accepte un cadeau sans l'évaluer ».

Serve as a guinea **pig** = servir de **cochon** d'Inde ou servir de **cobaye** ; même sens mais avec une différence d'origine géographique.

(As) strong as a **horse**/an **ox**, littéralement vigoureux comme un cheval, ou un bœuf et correspond donc au français « fort comme un bœuf » ou encore « fort comme un Turc ».

Ride, etc. a/ one's high **horse**, avec la signification « être hautain, prétentieux, arrogant » et correspond au phrasème français « monter, être sur ses grands *chevaux* ».

(You can) take a **horse** to the water, but you can't make him drink dont la signification est « vous pouvez donner à qn la possibilité de faire qch mais cela devient inutile s'il ne veut pas » et correspond au dicton « on peut mener un *cheval* à l'abreuvoir, mais on ne peut le forcer à boire ».

Gentle as a **lamb** avec la signification « très doux » et correspond au français « doux, ou tendre comme un *agneau* ».

Chatter like a **magpie** = bavard comme une *pie* avec la signification « très bavard ».

(As) proud as a **peacock** = fier comme un *paon* = fier comme Artaban. Les phrasèmes se correspondent parfaitement et ont exactement la même signification, soit « très fier ».

2. Dans les cas où A = B, la traduction est hétéromorphe

Les phrasèmes, tout en gardant la même signification, changent de dénomination d'animal :

(As) blind as a **bat** = myope comme une **taupe**. La traduction doit substituer la *chauve-souris* anglaise à la *taupe* française pour préserver la signification. L'anglais semble indiquer une cécité totale, mais dans la pratique, le sens est celui d'une vision limitée, tout comme le français, soit l'« incapacité de voir clairement ou d'apercevoir ce qui est évident ».

(As) hungry as a **bear** (US) = avoir une faim de *loup* ; la signification est la même, les deux animaux sont réputés pour avoir une grande faim et servent symboliquement pour indiquer une « intensification ».

(Like) a **bull** in a china shop = (comme) un **éléphant** dans un magasin de porcelaine ; même si le *taureau* devient un éléphant en français, la signification demeure la même : les deux sont des mastodontes et indiquent donc un « comportement avec lourdeur et maladresse ».

(As) lean as an **alley cat** = maigre comme un **coucou** = maigre, sec comme un **hareng saur** = maigre comme un **clou** = maigre comme un **échalas** ; le *chat des gouttières* anglais devient en français un *coucou* ou un *hareng saur* ou un *clou* ou encore un *échalas*, tout en gardant la même signification : « maigreur », dans le cas d'échalas il y a un léger ajout de sens « grande taille ». On obtient ainsi une traduction hétéromorphe et une traduction libre permettant de petites variations mais en gardant le sens de l'intensification : « très maigre » ; « maigre comme un manche à balai ».

A **cat** may look at a **king** = un **chien** regarde bien un évêque ; le *chat* est remplacé par un *chien* et le *roi* devient un évêque en français tout en gardant la même signification, soit « même le plus humble a le droit regarder un grand personnage ».

Like a **cat** on **hot bricks** = (passer) comme un *chat* sur *braise* (sur *la braise*) = **chat** qui chie dans la *braise* ; les phrasèmes ont le même sens, même si les *hot bricks* (briques chauffées à blanc) deviennent de la *braise*, soit être « être sur des charbons ardents », c'est-à-dire « être mal à l'aise, gêné et nerveux ».

To count one's **chicken** before they hatch correspond au phrasème français ayant la même signification : « vendre la *peau de l'ours* avant de l'avoir tué ». Il y a peut-être également la possibilité de faire une allusion à La Fontaine avec la fable « Perrette et le pot au lait ».

As happy as a **clam**, as happy as a **lark** (US) phrasèmes où la *palourde* tout comme l'*alouette* deviennent un *poisson* en français « heureux comme un *poisson* dans l'eau », avec la même signification « très heureux ».

You can't teach an **old dog** new tricks (US) qui a comme sens littéral « on ne peut pas apprendre de nouveaux tours à un vieux chien » et peut se rendre par « il est difficile de déranger les *vieilles habitudes* » (selon le dictionnaire Hachette), mais on pourrait également avoir comme équivalent « on n'apprend pas à un vieux *singe* à faire la grimace ».

Have (got) /other/ bigger **fish** to fry, soit littéralement « avoir d'autres/de plus gros poissons à frire » et a comme équivalent « avoir d'autres *chats* à fouetter » ; on ne fait rien frire, mais on fouette.

Neither fish, flesh nor good red herring/fresh meat, soit littéralement ni poisson, chair, ni un bon hareng rouge/viande fraîche et a comme équivalent en français « n'être ni *chair* ni *poisson* ».

Have a **frog** in one's throat, correspond au français « avoir un *chat* dans la gorge », la signification est exactement la même dans les deux langues, même si la *grenouille* devient un *chat*.

Kill the **goose** that lays (laid) **the golden eggs**, soit « tuer l'oie aux œufs d'or » et correspond au français « tuer la *poule* aux œufs d'or » ; tout comme « get **goose** bumps » devient en français « avoir la chair de *poule* ».

Put the **cart** before the **horses**, avec la signification « commencer par ce qui devrait être fait après » et correspond au phrasème français « mettre la charrue avant (devant) les *bœufs* ».

As naked as a **jaybird**, dont la traduction littérale est « nu comme un perroquet » avec la signification « complètement nu » et qui correspond au français « nu comme un *ver* ».

Gay (as) a **lark**, soit littéralement, « gai, joyeux comme une alouette » et a comme équivalent français « gai comme un *pinson* », soit un changement de type d'oiseau.

3. Dans les cas A = X

Dans les locutions où les phrasèmes, tout en gardant la même signification, deviennent des traductions libres, le traducteur a une certaine liberté de choix puisqu'il doit déterminer et interpréter la signification du phrasème pour fixer en fonction de la signification dégagée son choix d'équivalence. Les solutions peuvent donc être extrêmement variables, soit une adaptation, soit même une correspondance à un phrasème particulier ou une création qui peut devenir un phrasème lorsqu'il est repris par d'autres locuteurs. C'est le cas, par exemple, du français « la politique de l'autruche », locution qui a été calquée sur l'anglais ostrich policy.

To go ape over sb or sth (US), littéralement « devenir singe à propos de qn ou qch » a comme signification « devenir très excité à propos de qch ou de qn ; perdre la tête » et peut donc se rendre avec le même niveau de langue familier par « devenir dingue à propos de qn ou qch ».

The **bees** and the **birds** ou the **birds** and the **bees**, est un phrasème qui oblige le traducteur à avoir recours à un autre modèle culturel pour expliquer la naissance d'enfants, soit les *cigognes* ou les *choux*.

Like a bat out of hell, c'est-à-dire « à toute vitesse », « en quatrième vitesse », « le plus rapidement possible », « comme s'il y avait le feu », « comme s'il avait le diable à ses trousses », « comme un possédé » (selon le dictionnaire Hachette). Le traducteur a une certaine liberté de choix en fonction de la tonalité du texte.

Have bats in the belfry, got bats in the belfry, with bats in the belfry, phrasèmes signifiant « la folie, l'excentricité » qui correspondent aux phrasèmes « avoir une *araignée* au plafond », « avoir une *araignée* dans la tête », « avoir une *hirondelle* dans le soliveau », là encore la tonalité du texte orientera le choix final de l'équivalent.

Like a bear with a sore head, phrasème qui signifie « d'une façon revêche ou irritable », « de très *mauvaise humeur* », le traducteur aura le choix de déterminer selon le contexte le meilleur équivalent.

Loaded for bear (US), phrasème de langue familière qui signifie soit « soûl », soit « en colère ». Le traducteur doit donc déterminer la signification particulière et choisir un des équivalents possibles. Pour *soûl*, la richesse linguistique du domaine en français lui offre une grande variété de possibilités, soit les choix suivants : « soûl comme un âne, une bourrique, un cochon, une grive, un polonais », ou encore « bourré » ou « plein comme une barrique » ou encore « être paqueté » (Québec). Pour « en colère » : « être rouge de colère », « avoir une colère blanche », « être en fureur », « être furax », etc.

An eager beaver avec la signification explicative « être désireux de faire qch, être impatient ou pressé de faire qch ou être zélé » (selon le dictionnaire Hachette).

As busy as beaver = as busy as a bee = very busy = as busy as Grand Central Station (US). Le français aura encore comme choix : « s'activer comme une *abeille* », ou « être débordant d'activité ».

To have a bee in one's bonnet, dont la signification est « avoir une idée dans la tête qui vous empêche de penser à autre chose » peut donc se rendre par « avoir une idée fixe » (selon le dictionnaire Hachette), « être bloqué par la même idée ».

(As) free as a bird dont le sens littéral est « libre comme un oiseau », c'est-à-dire « être complètement libre » correspond au phrasème français « libre comme l'*air* » (selon le dictionnaire Hachette).

A bird in the hand is worth two in the bush correspond au phrasème français « un tiens vaut mieux que deux tu l'auras ».

A little bird told me a comme équivalent français « mon petit doigt me l'a dit ».

Birds of a feather flock together a comme correspondant « qui se ressemble s'assemble ».

To kill two bird with one stone qui signifie littéralement « tuer deux oiseaux avec une pierre » correspond au phrasème français « faire d'une pierre deux coups ».

The early bird gets the worm, soit littéralement « c'est l'oiseau du matin qui attrape le vers » a comme équivalent « l'avenir sourit à celui qui se lève tôt ».

A cock and a bull story dont la traduction littérale serait « une histoire de coq et de taureau » où on ne voit pas le lien entre les deux animaux et pourrait se rendre par une « histoire abracadabrante », « une histoire sans tête ni queue », « une histoire invraisemblable », une « histoire à dormir debout ».

(Like) a red rag to a bull où l'on retrouve l'expérience d'exciter le taureau avec un chiffon rouge et peut donc se rendre par « avoir le don de l'exciter » (selon le dictionnaire Hachette).

To look like the cat that swallowed the canary ou **like the cat that stole the cream**, c'est-à-dire « avoir un air triomphant », « être content de soi ».

Curiosity killed the cat dont la signification est soit « la curiosité peut être dangereuse », soit « la curiosité est un vilain défaut ».

(Not) have a cat in hell's chance (of doing sth) dont le sens est « n'avoir absolument aucune possibilité », « aucune chance de réussir ».

Let the cat out of the bag signifie « révéler le secret » et correspond ainsi au phrasème français « vendre la mèche ».

(Wait and) see which way the cat jumps, dont le sens littéral est « attendre et voir de quel côté saute le chat » correspond au phrasème français « attendre et voir de quelle côté vient le vent ».

There's more than one way to skin a cat dont le sens littéral est « il y a plusieurs façons de dépouiller le chat de sa peau » a donc comme signification « il y a diverses manières de faire les choses » et laisse donc une certaine liberté de choix au traducteur.

To chicken out of sth a comme sens littéral de « faire la poule à propos de qch », c'est-à-dire « avoir peur » « être comme une poule mouillée » et a donc la signification « avoir peur de faire qqch » ou tout simplement « se dégonfler de faire qch ».

(As) lively as a cricket, phrasème avec la signification « être très actif, très vif, vif comme un grillon » et peut ainsi correspondre à « vif comme l'éclair » ou encore « avoir du vif-argent dans les veines », sauf si l'on ne considère pas l'expression comme vieillie dans le contexte d'utilisation.

To make sb eat a crow dont le sens littéral est « forcer qn à manger du corbeau », c'est-à-dire « forcer qn à avaler ses propres mots » et correspond ainsi à « à faire rentrer à qn ses mots dans la gorge » (dictionnaire Hachette).

(As) dead as the dodo ayant le sens littéral « mort comme le dodo », c'est-à-dire « mort et complètement disparu » et a comme équivalent « être tombé aux oubliettes » (selon le dictionnaire Hachette).

Like a dog with two tails dont le sens littéral est « comme un chien avec deux queues » a comme signification « être content et fier, être extrêmement heureux » correspond aux phrasèmes « fier comme un pou » ou « orgueilleux comme un pou », là encore le sens est quelque peu vieilli et l'on peut aussi penser au traditionnel « fier comme Artaban » ou encore tout simplement « être heureux comme un poisson dans l'eau ».

Call the dogs off (US) a comme sens littéral « rappeler les chiens », c'est-à-dire « ne plus faire intervenir les préposés qui ont pour fonction d'intimider qn » et pourrait ainsi être rendu par « rappelez vos sbires », « rappelez vos attaquants », « rappelez vos fiers à bras ».

Go to the dogs (US) a comme sens littéral « aller aux chiens », c'est-à-dire « se ruiner, se détériorer » et pourrait se rendre par « aller à vau-l'eau ».

Put on the dogs (US) a comme sens littéral « mettre le chien », c'est-à-dire « s'habiller de façon extravagante » ou « recevoir les gens de façon extravagante » et pourrait se rendre par « s'habiller comme un roi ou reine », « donner une réception grandiose » ou même « que la fête commence ! ».

Tail is wagging the dog (US), dont le sens littéral est « la queue remue le chien » avec la signification « la plus petite partie domine le tout » et pourrait se rendre par « la plus petite partie dirige l'ensemble » ou encore « il n'est pas normal qu'il en soit ainsi » ou par le phrasème français « c'est le monde à l'envers ».

In the doghouse (US), dont le sens littéral est « dans une niche », c'est-à-dire « être tombé en disgrâce », « ne plus avoir la cote ».

Be a dead duck (US), dont le sens littéral est « être un canard mort » c'est-à-dire « être fichu » (selon le dictionnaire Hachette).

Be a cold fish, dont le sens littéral est « être un poisson froid », c'est-à-dire « être très froid vis-à-vis de qn », « être indifférent ».

Drink like a fish qui a le sens littéral « boire comme un poisson » et correspond à l'équivalent français « boire comme un trou ».

A fine kettle of fish qui a le sens littéral « une excellente bouilloire de poissons » avec la signification « un parfait désordre », « une situation peu satisfaisante ».

Like a fish out of water, c'est-à-dire littéralement « comme un poisson hors de l'eau » avec la signification « être mal à l'aise », « ne pas se sentir dans son élément ».

Big frog in a small pond, soit littéralement « une grosse grenouille dans un petit étang » avec la signification « une personne influente au milieu de personnes moins importantes » et peut donc correspondre au phrasème « une grosse légume parmi des gens ordinaires ».

What is sauce for the goose is sauce for the gander (US), c'est-à-dire « la sauce pour l'oie est aussi la sauce pour le jars » avec la signification « ce qui est valable pour l'un est valable pour l'autre ».

There are plenty of other fish in the sea, c'est-à-dire littéralement « il y a beaucoup d'autres poissons dans la mer » avec la signification « il y a beaucoup d'autres choix » et peut correspondre au phrasème français « un de perdu, dix de retrouvés » ou « il y a un grand choix ».

Eat like a horse, avec la signification « manger beaucoup », peut aujourd'hui correspondre à « avoir bon appétit » ou même « avoir très faim ».

Flog or beat a dead horse, soit littéralement « fouetter un cheval mort » a comme signification « passer beaucoup de temps à promouvoir quelque chose qui a déjà été rejeté ou qui est dépassé » et pourrait se traduire par « gaspiller ou perdre inutilement son temps ».

Horse of a different (another) color (US), soit littéralement « un cheval d'une couleur différente ou d'une autre couleur » avec la signification « c'est toute une autre affaire » et pourrait se traduire par « une autre paire de manches ».

Straight from the horse's mouth (US), soit littéralement « directement de la bouche du cheval » avec la signification « directement d'une autorité ou d'une source fiable » et pourrait se traduire par « directement d'une source fiable ».

Throw the monkey wrench in the works (US), soit littéralement « jeter une clé à molette dans les travaux, créer des difficultés, des problèmes pour qch » et peut correspondre au phrasème français « mettre les bâtons dans les roues ».

4. Discussion

Nous avons ainsi collationné divers exemples de trois types de phrasèmes. Dans le premier cas (A=A), il y a isomorphie entre l'anglais et le français. Il y a donc un partage de « vision » de l'univers et des valeurs métaphoriques qui sont parfaitement équivalentes. On voit qu'il s'agit d'animaux ou d'insectes familiers dans les deux langues. Dans le deuxième cas (A=B), les références de langue anglaise imposent un changement d'animaux ou d'insectes comme référents. Il y a ainsi introduction de variations dans le choix qui crée une correspondance hétéromorphe. Si la signification des phrasèmes reste toujours identique, on peut cependant constater des changements dans le choix de la référence. Il faut rappeler ici que les langues sont élastiques et adaptables aux nouvelles situations. Il y a donc toujours une possibilité créative dans le fonctionnement du système langagier. La langue retient l'unité qui convient au référent en s'assurant que la donnée choisie est reconnue généralement comme pouvant appartenir à la catégorie recherchée par les utilisateurs de la langue. On doit admettre que les valeurs métaphoriques restent identiques, même s'il y a introduction de divergences dans la référence. Rappelons que la sonorité très souvent joue également un rôle métaphorique et qu'il peut y avoir une adaptation sonore, car le sens métaphorique peut « se couler » dans une variété de modèles morphologiques. Dans le regroupement très large du troisième cas (A=X), le phrasème de langue anglaise est remplacé par une explicitation sémantique en français qui peut être une « traduction libre », une adaptation ou encore un phrasème ayant une signification analogue. Pierre Guiraud (1961 : 10) rappelait que « la bizarrerie, voire le non-sens, sont une source de succès et de survie pour de nombreuses locutions ». En fait, disons-le clairement, les mots sont des signes qui ont la possibilité de prendre des sens fort différents, ce sont avant tout des formes qui renvoient à un « concept » qui a un contenu essentiel auquel souvent, mais pas nécessairement, s'ajoute une caractéristique typique, un trait typologique qui sied au mot et a une acceptation par la communauté linguistique. Par exemple, « to face the music », c'est-à-dire « faire face à la musique », c'est-à-dire « faire face à un ensemble de sons qu'on a entendu et qui livrent un message » et signifie donc « répondre de ses actes » ou encore « en prendre pour son grade ». Schématiquement, on peut dire que les catégories sémantiques, soit les objets, les événements, les abstractions et les relations, sont reverbalisées ou plus précisément les « catégories référentielles » sont devenues des « catégories préférentielles » et nécessitent un effort de consensus social pour assurer leur vraie « catégorie sémantique », soit leur signification communicationnelle. On voit bien que la langue s'approprie à sa façon les réalités, c'est-à-dire les choses qu'elle dénomme, à sa façon avec des traits caractéristiques dont elle permet la découverte et la métaphorisation. Elle est un produit de l'histoire, des expériences vécues ou adaptées mais également un développement dans elle-même et théoriquement l'homme a presque une liberté totale d'enrichir la langue, car les mots n'ont pas un contenu invariable et inchangeable et leur sens n'est pas immuable. Nous aimerions renvoyer ici à l'excellent article de Salah Mejri (1998) sur la « *Conceptualisation dans les séquences figées* » qui montre bien que le processus est un processus de transfert dynamique de cognition où l'on retrouve le rationnel et l'irrationnel. Il s'agit en fait d'une métamorphose où les mots perdent leur poids pour devenir pensées car les relations entre eux élaborent une nouvelle orientation de justification qui élimine le réel pour ne garder comme l'écrivait S. Mejri (1998 : 41) qu'« une forme de construction de la pensée ».

Bibliographie

Baccouche, T., Mejri, S., (1998), *L'information grammaticale. Numéro spécial : Tunisie*, Paris, Société pour l'information grammaticale.

Cowie, A.-P., Mackin, R., McCaig, I.-R., (1983), *Oxford Dictionary of Current Idiomatic English*, vol. 2, Oxford, Oxford University Press.

Edouard, R., (1979), *Dictionnaire des injures de la langue française*, Paris, Tchou.

Greimas, A.J., Courtès, J., (1993), *Sémiotique, dictionnaire raisonné de la théorie du langage*, Paris, Hachette.

Gross, G., (1996), *Les expressions figées en français*, Paris, Ophrys.

Guiraud, P., (1961), *Les locutions françaises*, Paris, PUF.

Henry, A., (1971), *Métonymie et métaphore*, Paris, Klincksieck.

Henry, J., (2003), *La traduction des jeux de mots*, Paris, Presses Sorbonne Nouvelle.

Mejri, S., (1994), « Séquences figées et expression de l'intensité. Essai de description sémantique », in *Cahiers de lexicologie* n° 65, pp. 111-122. Paris, Classiques Garnier.

Mejri, S., (1997), *Le figement lexical, Descriptions linguistiques et structuration sémantique*, Tunis, Publications de l'Université de la Manouba.

Mejri, S., (1998), « La conceptualisation dans les séquences figées », in *L'information grammaticale, Numéro spécial : Tunisie*, pp. 41-48, Paris, Société pour l'information grammaticale.

Mejri, S., Gross, G., Clas. A., Baccouche, T., (1998), *Le figement lexical*, Tunis, Publications du CERES.

Molino, J., (1979), *Langages* n° 54, *La métaphore*, , Paris, Didier-Larousse.

Rey, A., Chantreau, S., (1987), *Dictionnaire des expressions et locutions*, Paris, Les Usuels du Robert.

Spears, R.A., (1990), *NTC's American Idioms Dictionary*, Lincolnwood, NTC National Textbook Company.

Steiner, G., (1975), *After Babel*, New York-London, Oxford University Press.

Wartburg, W. von, (1963), *Problèmes et méthodes de la linguistique*, 2e éd., Paris, PUF.

Wierzbicka, A., (1985), *Lexicography and conceptual analysis*, Ann Arbour, Karoma Publishers.

chapitre 6
Les suffixes nominaux de l'argot

André DUGAS

1. Introduction

Il ne sera question que de l'argot parlé dans l'Hexagone et d'une façon plus précise, celui de Paris et de ses banlieues. Ceux de Marseille ou de Lyon sont encore différents et même ceux du Québec, pays francophone, le sont davantage[1]. Le français ne fait pas exception : toutes les langues sont plus ou moins accompagnées de parlers parallèles comme l'argot, souvent dans leurs quartiers isolés, et pour prendre un exemple exotique, comme ceux de La Boca à Buenos Aires.

Nous distinguons les argots traditionnels, ou vieux argots, des parlers argotiques contemporains ; les premiers sont souvent des outils de communication entre gens de métiers comme des bouchers, des serruriers, des charpentiers, ou des professionnels, comme des gens de droit ou de médecine, ou même des étudiants d'écoles prestigieuses, ce qui est révélé par exemple dans *L'argot de l'École Polytechnique*. Les seconds sont récents et sont parfois désignés comme des argots sociologiques par Goudaillier (1998 : 14-15) ou par l'argot commun des cités (*idem*, p. 35). Nous ne nous intéressons ici, au sens large, qu'à l'argot moderne du français parlé dans Paris et dans certaines de ses banlieues.

Des auteurs linguistes s'inclinent fortement à dire que le français est une langue en voie de disparition. Cette position est envi-

---

1. Les principales thématiques de l'argot de ce pays se résument à celles de l'argent, des boissons alcooliques et des choses du sexe.

sagée par Claude Hagège (2000) quand il évalue la diminution marquée de la présence du français dans le monde des points de vue politique et économique. Un autre linguiste, Jean-Claude Milner, s'inscrit dans le même courant et « se dit extrêmement attentif à l'aventure de la langue française ; elle est en train de devenir une langue morte » (*Le Monde*, 25 05 2012). L'auteur du texte présent réfute ces hypothèses en s'appuyant sur le fait de l'existence actuelle de quelque 8 000 langues ; il s'agit là d'un accroissement phénoménal quand on considère qu'il n'a fallu que soixante mille ans pour en arriver à ce résultat. C'est la principale raison pour se rendre compte qu'il serait bien déraisonnable de prêter foi à ces prédictions pour le moins farfelues (Dugas 2009). Enfin, et ce n'est pas la moindre, une autre bonne raison d'être sceptique est l'apparition toujours alimentée de jargons, de parlers branchés, d'argots pour tout dire, véritables boutures dans toutes les langues.

Une contrainte limite l'étude de l'argot dans toutes ses catégories. Une notion intuitive vérifiable nous apprend que les parlers argotiques ont tous à voir avec la création de mots ou de tournures difficiles ou impossibles à décoder par les locuteurs de la langue mère dont ces parlers sont issus. Plus ces mots sont connus du grand public et même introduits dans les dictionnaires courants, moins ils ont la qualité d'argots. Alors, me direz-vous, que penser des nombreux dictionnaires d'argot ? Ces dictionnaires sont rarement la production des locuteurs de l'argot mais celle des aficionados de ces parlers. Aux difficultés de rendre à l'écrit des bouts de parole essentiellement oraux, d'où d'importantes variations graphiques (Dugas 2010), s'ajoute l'élasticité du sens des mots que donnent les dictionnaires d'un auteur à l'autre. De ce point de vue, les ouvrages littéraires écrits en argot n'ont pas ce problème puisque le contexte sauve la mise des auteurs.

Une autre difficulté se présente à l'étude de l'argot et ses variations comme le verlan, le largongi ou le louchenbem[2], etc. Ces parlers s'embrasent et des jeunes surtout en font presque leur langue courante de communication. Un développement qui s'effectue à la vitesse grand V. Les trésors d'argot s'accumulent mais ne sont pas emmagasinés proprement, faute de moyens, de temps et d'intérêt. Toutes les observations sur le terrain en sont l'attestation : des

---

2. Les deux derniers mots n'apparaissent même pas dans les dictionnaires du français standard… Une honte !

pans entiers de lexies argotiques disparaissent aussi rapidement que leur création a été possible. Le développement rapide des argots se fait encore d'une façon très morcelée : la partie sud de la banlieue recensée présente des parties de lexique différentes de la partie nord d'un quartier, d'un département.

2. Les langues de spécialité et la langue générale

Les langues de spécialité et la langue générale peuvent partager des suffixes. La langue de la médecine, par exemple, offre plusieurs exemples de ces cas[3] :

-*algie*, *gastralgie* (douleur d'estomac) ;

-*émie*, *glycémie* (taux de glucose dans le sang) ;

-*ose*, *tuberculose*, *névrose* (maladies) ;

-*tomie*, *colpotomie*, *épisiotomie*, *ovariotomie* (chirurgies).

La langue de la médecine, tout comme l'argot, a développé une affixation propre. Il convient de ne fournir ici que des exemples de suffixes :

-*cardie*, *bradycardie*, *tachycardie* (rythme cardiaque) ;

-*derme*, *épiderme* (couche externe de la peau) ;

-*ectomie*, *ovariectomie* (ablation des ovaires) ;

-*ite*, *ostéite*, *otite* (inflammations) ;

-*ost*, *ostéite* (inflammation de l'os).

3. L'argot et ses affixes propres

Nous présentons ci-dessous une liste d'affixes propres à l'argot non spécialisé. Aucun de ces suffixes n'appartient à la liste des suffixes du français normé qui est présentée ensuite.

-*aga* : *poulaga* (poulet=policier), *pastaga* (pastis), *gonflaga* (gonflé) ;

-*aille* : *bronzaille* (bronze), *duraille* (dur) ;

---

3. Ces exemples nous sont aimablement transmis par Karim Chebouti, ancien doctorant au LDI.

-*anche* : *boutanch*e (bouteille), *croupanche* (croupier), *luttanche* (lutte) ;

-*ard* : *furibard* (furieux) ;

-*arès/aresse* : *bouclarès* (bouclé), *étouffaresse* (étouffé) ; ce suffixe s'ajoute aux participes passés ou aux infinitifs des verbes du premier groupe ;

-*ase* : *occase* (occasion) ;

-*asse* : *brocasse* (brocante), *conasse* (con/conne) ;

-*ax* : *furax* (furieux) ;

-*bar* : *loubar* (loulou), *crobar* (croquis), *slip* (slibar) ;

-*ceté* : *cochonceté* (cochonnerie) ;

-*col* : *mécol* (moi), *técol* (toi) ;

-*eton* : *buveton* (buvard) ;

-*gnole* : *targnole* (tarte /baffe) ;

-*go/got* : *parigot* (parisien), *italgo* (italien) *sergot* (sergent) ;

-*in* : *paquecin* (paquet), *orphelin* (orfèvre) ;

-*mon* : *paquemon* (paquet) ;

-*mont* : *gilmont* (gilet), *cabermont* (cabaret), *promont* (procès) ;

-*muche* : *trucmuche* (truc) ;

-*oche* : *cantoche* (cantine), *cinoche* (cinéma), *fantoche* (fantaisie) ;

-*ogue* : *boutogue* (bouteille) ;

-*on* : *cacheton* (cachet), *gileton* (gilet), *molleton* (mollet) ;

-*orton* : *chifforton* (chiffonnier) ;

-*os* : *chouettos* (chouette) adjectif ;

-*ouillard* : *tartouillard* (tarte/stupide) ;

-*ouille* : *tartouille* (tarte/stupide) ;

-*ouse* : *langouse/languetouse* (languette) ;

-*ouzard* : *tartouzard* (tarte/stupide) ;

-*o* : *clodo* (clochard), *avaro* (avare), *proprio* (propriétaire) ;

-*ot* : *petiot* (petit) ;

-*ouse* : *bagouse* (bague), *picouse* (piqûre), *fiouse* (pet) ;

-*ouser* : *picouser* (piquer) ;

-*ouze/ouse* : *barbouse* (espion ou policier) ;

- *-pif* : *beaujolpif* (beaujolais) ;
- *-pin* : *marloupin* (marlou/souteneur) ;
- *-tire* : *chifftire* (chiffonnier) ;
- *-ton* : *micheton* (miché/client d'une prostituée) ;
- *-uche* : *Pantruche* (Pantin), *galuche* (gauloise), *méduche* (médaille).

La suffixation en argot n'en fait parfois qu'à sa tête. Le cas du suffixe *-bar* suffit à illustrer ce fait : *loubar* (loulou), *crobar* (croquis), *slip* (slibar). Dans les trois cas, ce suffixe argotique ne correspond pas à la formation prédictible.

On pourrait en revanche voir dans les lexies suivantes un jeu d'adjonction d'un suffixe approprié *dégueu/dégueulasse*, *impec/impeccable*, *indic/indicateur*, *intox/intoxication*, *macab/macchabée*, *réac/réactionnaire*, *transfo/transformateur*, mais ce serait une erreur. Il ne s'agit pas d'une adjonction, mais d'une réduction, une troncation, plus précisément une apocope.

4. Les suffixes nominaux du français normé[4]

ade	age	aie	ail	aille	aire
ais	aison	algie	an	ance	and
ant	ante	ard	assier	ateur	ation
atre	bilité	cide	cole	copie	crate
cratie	ée	ement	émie	erie	ésie
esque	esse	et	ette	eur	euse
fère	fuge	gène	gie	gramme	graphe
graphie	ie	ien	ier	ière	il
ique	is	isant	ise	isme	issage
issement	iste	iteur	ition	latre	latrie
logie	logue	mane	manie	ment	mètre
métrie	morphe	nomieu	oir	oire	ois
ose	pare	pathe	pathie	phage	phagie
phile	philie	phobe	phobie	plasie	scope
scopie	son	ssion	sson	té	technie
thèque	thérapie	tion	tomie	trice	tude
typie	ue	ure	urie	ution	vore

Il est intéressant d'établir une comparaison de la fréquence des suffixes de la langue normée et de ceux de l'argot parce que nous savons en effet que l'argot se bâtit sur le français. Il est vite apparu sans surprise de constater que le poids de ceux-là est tel qu'il serait présomptueux de croire que leurs données se rapprochent. Les cinq suffixes les plus présents en français normé sont :

-*tion* 55 ko ;
-*isme* 53 ko ;
-*ation* 46 ko ;
-*age* 45 ko ;
-*eur* 39 ko.

Les suffixes du français normé sont cependant loin d'être aussi lourds dans leur ensemble : 44 d'entre eux pèsent 1 ko ou moins

---

[4]. Je remercie chaleureusement Gaston Gross pour m'avoir fourni ses listes de suffixes nominaux.

sur les 102 unités recensées. Nous n'avons pas de statistiques à présenter pour l'argot.

Dans une enquête sur « l'argot » contemporain, Walter (1991 : 56-63) présente les résultats d'une collecte de mots nouveaux présumés d'argot. Elle fait remarquer dans une courte liste de suffixes nouveaux que « les Français ne reculent plus devant de nouvelles formations à base d'éléments pré-existants ». Cette liste recèle plusieurs éléments qui servent de nouvelles formations et, ajoutons-nous, peut-être de nouveaux mots d'argot :

-*eux* : *bécaneux, biduleux, footeux* ;
-*os* : *biscrétos* ;
-*ave* : *pourrave* ;
-*arde* : *motard* ;
-*ère* : *pédégère* ;
-*iste* : *baadériste, mitterrandiste* ;
-*ant* : *boufonnant* ;
-*u* : *couillu* ;
-*esque* : *hersantesque, gallimardesque* ;
-*age* : *lieutage* ;
-*aux* : *partenariaux* ;
-*at* : *successorat* ;
-*ade* : *téléphonade, pasqualinade* ;
-*ien* : *pauwelsien*.

5. Conclusion

Les études sur l'argot sont peu nombreuses. La création d'un Centre d'argotologie, une UFR de linguistique, intégrés à l'Université René-Descartes, laissait entrevoir une exploration et des descriptions plus soutenues de ces langues « nouvelles » en concurrence/en complémentarité avec le français normé. À la suite de diverses évaluations et des décisions administratives qui ont suivi, le centre fut transféré au Laboratoire de Linguistique et Informatique de l'Université Paris 13 au début des années 1990. Faute de moyens, il n'a jamais été maintenu en activité. Le premier colloque international d'Argotologie avait été tenu du 12 au 15 octobre 1989. Il n'a pas été suivi d'événements semblables.

Il a été souvent répété que les argots ne sont pas des langues à proprement parler mais des lexiques différents du français normé ;

en somme, ils sont des doublures du lexique standard. De ce point de vue, l'argot suggère des études inédites sur la synonymie en français. Les projets de recherche et les thèses de doctorat sont encore à venir.

Bibliographie

ARUTA STAMPACCHIA, A., (2006), *Introduction sur la théorie des synonymes*, Fasano, Paris, Schena Editore, Lanore.

CARADEC, F., (1989), *N'ayons pas peur des mots. Dictionnaire du français argotique et populaire*, Paris, Larousse.

DUGAS, A., *et al.*, (1984), *Traité sur les langages secrets*, Pierre Castilloux, Québec, UQAM.

DUGAS, A., (2009), « La disparition des langues : un phénomène normal », in *Rivista di Studi Canadesi* n° 22, pp. 179-190, Fasano, Schena Editore.

DUGAS, A., (2010), « La variation graphique dans les dictionnaires d'argot », in *Cahiers de lexicologie* n° 97, pp. 139-158. Paris, Garnier.

DUGAS, A., (2012), « Le français parlé et l'argot », in Caddéo S., Roubaud M.-N., Rouquier M., Sabio F., (eds), *Penser les langues avec Claire Blanche Benveniste*, pp. 169-177, coll. « Langues et Langage », Presses Universitaires de Provence.

GOUDAILLIER, J.-P., (1998), *Comment tu tchatches !*, Paris, Maisonneuve et Larose.

HAGÈGE, C., (2000), *Halte à la mort des langues*, Paris, Odile Jacob.

LA RUE, J., CASCIANI, C., (1986), *Dictionnaire d'argot et des principales locutions populaires*, précédé d'une *Histoire de l'argot*, Paris, Flammarion.

LEMONIER, M., (2008), *Petit Dico d'Argot*, Bernay, City Éditions.

PLÉNAT M., *et al.*, (1991), *Langages* n° 101, *Les Javanais*, Paris, Larousse.

WALTER, H., (1991), « Où commencent les innovations lexicales ? », in *Langue française*, n° 90, pp. 53-65, Paris, Larousse.

chapitre 8
L'actualité du figement linguistique

Gertrud GRÉCIANO

Depuis plus de vingt ans, Salah Mejri (1997) est l'un des grands pionniers de la recherche consacrée au figement linguistique, que Robert Martin, dans sa préface, qualifie « d'originale et féconde » (cf. Mejri 1997 : 7). Dans le compte-rendu de la thèse du jubilaire, Gertrud Gréciano (2002) explique la richesse de cet apport linguistique par la théorie empirique que cet auteur applique de façon innovante à son analyse sémantique du corpus dictionnairique retenu. Comme l'originalité de Salah Mejri se justifie par rapport non seulement à l'époque passée, mais aussi face aux publications de nos jours, on gagne à revenir aux sources des caractéristiques et fonctions du figement, conçues par le jubilaire en vue de la conception d'une méthodologie parémiologique plurilingue générale, à concrétiser dans un projet euro-méditerranéen sous la direction du jubilaire, de son équipe franco-tunisienne et des spécialistes d'Europhras. Salah Mejri n'étant pas seulement bon scientifique, mais aussi bon pédagogue, ouvert sur le monde, la rencontre des deux pôles de recherche s'est faite déjà dès 2001, au colloque du Monte Veritas à Ascona et se justifie depuis par des orientations et réalisations complémentaires sinon communes, tel le colloque international de Tunis en 2003 « L'Espace euro-méditerranéen : une idiomaticité partagée ».

1. Réflexion théorique

Malgré une présentation historique approfondie des notions explicatives et constitutives qui gravitent autour de ce phénomène linguistique complexe, révélé par les structuralistes, Salah Mejri est le premier à thématiser le figement en linguistique française, en lui consacrant sa thèse d'État (1997 : 73). Son originalité réside dans la prise en compte non seulement d'une très large méta-terminologie où chaque terme, tel « agglutination, synthèse composition/compositionalité, série » porte ses traces de méthodologie qu'il enrichit par son apport des objectifs complémentaires atteints. Après l'étude de ces propriétés voisines, la priorité est accordée à la dimension sémantique, « figement » est retenu, en raison de sa compatibilité avec les procédures sémantiques relevées, à dominante anthropologique, conceptuelle et symbolique, absentes des critères statistiques et distributionnelles, distinctives pour, par exemple, « poly-, voire monolexicalité » et « fixité ».

Le jubilaire entre en matière par un intéressant développement définitoire qui devient réflexion théorique, dont il fera l'application aux faits langagiers mêmes : théorie empirique oblige. Guidés par l'hypothèse de l'isomorphie entre contenu et forme, c'est précisément sur le sujet sémantique et le corpus figé que nous nous sommes, sur l'initiative de Robert Martin, rejoints dans nos recherches sur les deux unités les plus rapprochées : l'expression idiomatique (Gréciano 1983 : 67-80), le proverbe (Mejri 1997 : 604-605) et dans notre intérêt pour, entre autres, la comparaison, la traduction, l'iconicité et l'informatisation. Pour présenter ses données et baliser sa recherche, Salah Mejri choisit un regroupement grammatical stable et rassurant, vérifié selon les parties du discours, base aussi de la structuration sémantique du figement, des mécanismes réguliers de l'expression du contenu, thème central de la thèse dans l'exhaustif chapitre 2 (1997 : 255-581), où sont traitées : les séquences figées nominales, verbales, prépositives et conjonctives ; y sont ajoutées de façon subtile et visionnaire les séquences proverbiales/énoncés proverbiaux. Les travaux fondateurs anciens et d'époque sont présentés avec minutie, de sorte qu'une dénomination transparente et harmonieuse corrige dorénavant le « chaos et la confusion terminologiques » déplorés par de nombreux collègues, notamment Pilz 1978 et encore Pilz 1981.

Il est important de revenir sur le mérite du travail linguistique créateur et rassembleur de Salah Mejri, qui a permis de faire des proverbes un sujet d'étude non seulement de l'ethnographie, mais aussi de la linguistique. En effet, on doit à sa thèse d'avoir rapproché les résultats de la jeune recherche surtout francophone d'alors (cf. Anscombre, Buridant, Conenna, Coppens-Eeckenbrügge, Hamm, Kleiber, Maingueneau, Meschonic, Ollier, Rodegem), qui s'est intéressée à la forme, au contenu et à la fonction, que Salah Mejri lit à travers une syntaxe et grammaire logiques et sémantiques, tributaires du figement (1997 : 244-255). Plusieurs de ces travaux ont été présentés précisément dans les colloques et publications de l'association européenne de phraséologie et parémiologie Europhras dès 1989.

L'enracinement argumenté du proverbe dans le figement, relation entre générique et espèce, reste la grande contribution personnelle de Salah Mejri. Voici, en résumé, l'état des lieux, auteurs cités à l'appui : le fonctionnement des caractéristiques formelles du proverbe, en tant que « séquence figée, voire discours codé, formule frappée, énoncé dense », faites d'éléments rhétoriques et de figures de style, de répétitions, rythmes, rimes et assonancements est réglé par des mécanismes sémantiques. Ce figement résultant de la qualité d'une locution d'être citée, qualité à son tour responsable de sa fréquence d'emploi, respecte les structurations phoniques, lexicales et syntaxiques, intègre leurs manipulations, à savoir les modifications et variations, indéniables traces du transformationalisme. Comparable à une citation, c'est une voix plurielle qui devient acte de langage par procuration (Hamm 1989).

Séparant avec respect la « description » sémantique des fondateurs, comme Gougenheim et Cervino, Mejri pratique, tel ses contemporains, dès la page 244 et dans l'important chapitre 2 (1997 : 255-581), « l'analyse » sémantique du figement en l'illustrant, ponctuellement et tout au long, mais tout particulièrement dans les pages 222-254 et 523-581 par l'étude du proverbe, unité de langue et de discours, comparé à ses pairs, de contenu catégoriel et culturel général, voire universel, de ce « déjà-dit » « prêt à penser », relatif aux conduites humaines, propre à la sagesse populaire, un patrimoine universel. Après avoir rappelé les hypothèses opératoires fortes :

- le proverbe générateur de texte (Zumthor 1976) ;

- les relations actives d'implication et de préférence (Buridant 1989) ;
- la prégnance de la forme et l'enrichissement *vs* usure du sens (Hamm 1989) ;
- le sens propositionnel (Arnaud 1991) ;
- la validité dans au moins un univers de croyance (Kleiber 1989).

Mejri annonce ses propres instruments pour « l'analyse » sémantique du figement, à savoir le corpus dictionnairique, complété par des occurrences littéraires et journalistiques. Depuis, mais indépendamment d'elle, cette analyse sémantique d'un contenu anthropologique est confirmée :
- par la parémiographie où le principe onomasiologique s'avère le plus performant, non seulement pour l'architecture dictionnairique (cf. Bardosi 1986, 2010 ; Schemann 1993), mais encore pour les dictionnaires sémasiologiques ;
- par l'insertion des locutions figurées sous les concepts (Heinz 1993), tout en guidant le travail de corpus par la typologie de texte et en révélant en parémiologie comparée plus de ressemblances que de différences entre nos langues naturelles.

2. Application au corpus parémiologique retenu

C'est l'application de l'analyse sémantique à la structuration des séquences figées (Mejri 1997 : 255-581) qui représente le cœur de l'ouvrage ; elle est restée unique, garde son pouvoir stimulateur et opératoire pour d'autres langues, sinon pour toutes et promet encore aujourd'hui des résultats novateurs. Regroupées en séries de même structure, on découvre les régularités des procédures qui régissent la formation des séquences figées et répertoriées du corpus dictionnairique. On passe de véritables explications de texte à des schématisations saussuriennes, de facture transparente et clarifiante, ex. *montrer patte blanche* (pp. 388-389). De brèves conclusions intermédiaires facilitent le suivi du lecteur. À ce propos, la conférence plénière du jubilaire, ainsi que d'autres interventions au colloque de Dijon en 2011 mettent en évidence la parenté élective entre figement et grammaire de constructions. Salah Mejri y développe les avantages du figement fonctionnel, le plus souvent présupposé, voire inféré, pour l'économie linguistique et mémorielle et la valeur culturelle. De nombreux membres de l'équipe franco-tunisienne, particulièrement productifs empruntent le même chemin se ressourçant dans un (dé)figement qui ébranle l'unité de mot même (Ben Amor Ben Hamida 2014, Sfar 2014).

Quant aux proverbes, la thèse de Salah Mejri était convaincante, où pour conclure, le proverbe est à l'honneur encore dans l'important chapitre final (1997 : 523-581). Si l'onomasiologue s'intéresse à la définition et au classement du contenu aréférentiel, conceptuel, abstrait du proverbe, selon lui, c'est la construction langagière qui importe ; il en dégage des canevas « palpables dans toutes les actualisations », résultant des relations entre leurs constituants lexicaux. Le sens des proverbes, véhiculé par des énoncés souvent elliptiques, binaires, sans ou avec copule, des groupes nominaux, verbaux, prépositionnels et conjonctionnels et leurs extensions, ce sens est relationnel, exprimant l'identité, l'origine, le but, l'opposition et leurs avatars : *tel père, tel fils* ; *à père avare fils prodigue* ; *aussitôt dit, aussitôt fait* ; *partir, c'est mourir un peu* ; *femme avisée est toujours modérée*. L'analyse sémantique fait appel aussi au raisonnement logique pour reconnaître la relation prédicative entre le verbe *dire* et son argument *ce qui est dit* dans *il faut dire ce qui est dit* (Mejri 1997 : 542-543).

La figuration/délittéralisation/démotivation et son alter ego la relittéralisation/remotivation étant un autre trait définitoire de bon nombre d'unités figées relevées, on n'est pas surpris de rencontrer la relation métaphorique dans, par exemple, *l'usage est le tyran des langues* et dans *l'argent est le nerf de la guerre,* fondée sur la présence de sèmes communs entre *usage* et *tyran*, *argent* et *nerf* dans un domaine bien précisé tel *la langue* et *la guerre* (1997 : 535-536). Dans ce contexte on découvre une intéressante démonstration, selon laquelle, la différence entre l'énoncé proverbial et l'expression idiomatique n'est qu'une question d'emploi : si le proverbe reste citation dans le discours, l'idiome s'y insère naturellement, par exemple, *il ne faut pas être plus royaliste que le roi* et *il est plus royaliste que le roi.*

Une analyse aussi richement commentée d'un corpus parémiographique et textuel aussi étendu, fait que la méthodologie peut s'appliquer à la phraséologie dans son ensemble, perspective confirmée par la conférence inaugurale de Salah Mejri au colloque à Dijon en 2011 « Figement et phraséologie ». Vu la généricité génétique de ce phénomène linguistique qui est patrimoine culturel, la méthodologie peut correspondre et s'adapter aussi à la majorité des langues naturelles, dont le figement se trouve déjà étudié. Quant au couple français-allemand, la thèse de Cl. Lambert-Hegedus (1996) porte notamment sur le corpus figé dictionnairique. En présence des chercheurs novateurs cités, mais en l'absence de modèles de synthèse, un tel appel a été lancé dès Europhras 89, premier Congrès de Phraséologie et Parémiologie contrastives. Le moment n'est-il pas venu de l'entendre ?

En s'appuyant sur l'excellente synthèse finale (1997 : 582-605), on pourra identifier, appliquer ou diversifier les fonctions : dénomination, prédication, mise en relation dans l'énoncé et organisation dans le discours et répondre aux perspectives didactiques, traductologiques, informatiques et culturelles, envisagées par l'auteur (1997 : 605-610). La dimension culturelle se dévoile dans la comparaison. Wandruszka (1989) reste une référence pour le couple français-allemand jusqu'à ce que la vague plurilingue rende la diversité culturelle exponentielle. En 2003, le Colloque du Monte Veritas à Ascona s'est efforcé à trouver une méthodologie permettant de respecter la spécificité culturelle. La présence de l'arabe au sein d'Europhras et les contributions fidèles de Baccouche-Ghariani (2011), sur les formes figées et textes sacrés offrent un accès privilégié à la culture méditerranéenne voisine.

L'hypothèse saussurienne initiale de l'isomorphie, du lien naturel, au moins « d'un rudiment de lien naturel » entre signifiant et signifié se trouvant vérifiée, par Salah Mejri (1997 : 564), pour le français et l'arabe, sa structuration sémantique offre une base théorique et un exemple pratique indiscutables pour au moins deux projets inter-langues euro-méditerranéens, à savoir le proverbe ou, dans la continuité d'Europhras 2008, Phraséologie et Langue de spécialité, projets communs à l'association européenne de phraséologie et parémiologie et à l'équipe de recherche franco-tunisienne dirigée par le jubilaire, dont la fidèle coopération avec Europhras depuis 2000 s'est confirmée comme l'un de ses plus précieux soutiens. Cher Salah, joyeux anniversaire et EUROPHRAS 2014 en France !?

Bibliographie

ANSCOMBRE, J.-C., et al., (2000), *Langage* n° 139. *La parole proverbiale*, Paris, Larousse.

ANSCOMBRE, J.-C., (1994), « Proverbe et formes proverbiales : valeur évidentielle et argumentative », in *Langue française* n° 102, pp. 95-107, Paris, Larousse.

ARNAUD, P.-J., (1991), « Réflexion sur le proverbe », in *Cahiers de lexicologie* n° 59, pp. 5-27, Paris, Larousse.

BEN AMOR BEN HAMIDA, T., (2014), « Quelle unité pour le défigement? », in Mejri S., Sfar I., Van Campenhoudt M., (eds), *La Notion d'unité en sciences du langage*, pp. 100-111, Paris, Éditions des Archives Contemporaines.

BARDOSI, V., (1986), *De fil en aiguille. Les locutions françaises : recueil thématique et livre d'exercices*. Rééd. 2010, Budapest.

BURIDANT, C., (1989), « L'approche diachronique en phraséologie », in *Europhras 88, Phraséologie et Parémiologie contrastives*, pp. 31-42, Strasbourg, Presses universitaires de Strasbourg, coll. « Recherches germaniques ».

BURGER, H., HÄCKI-BUHOFER, A., GRÉCIANO, G., (2003), *Flut von Texten - Vielfalt der Kulturen. Zur Methodologie und Kulturspezifik der Phraseologie*, Ascona, Baltmannsweiler : Schneider Verlag Hohengehren.

CERVONI, J., (1984), « Prépositions et continuum », in *Modèles linguistiques* n° 6-2, pp. 27-96, Lille, Université de Lille 3.

CONENNA, M., (1988), « Sur un lexique-grammaire comparé de proverbes », in *Langages* n° 90, pp. 99-116, Paris, Larousse.

COPPENS D'EECKENBRUGGE, M., (1989), « Petits proverbes grands effets. De l'usage des proverbes dans la publicité contemporaine », *Europhras 88, Phraséologie et Parémiologie contrastives*, pp. 51-64, Strasbourg, Presses universitaires de Strasbourg, coll. « Recherches germaniques ».

FERNANDEZ-BRAVO, N., BEHR, I., ROZIER, C., (1999), *Phraseme und typisierte Rede*. Stauffenburg Verlag, *Eurogermanistik* 14, Tübingen.

GOUGENHEIM, G., (1970), « Valeur fonctionnelle et valeur intrinsèque de la préposition 'en' en français moderne », in Picard A., Picard P., (eds), *Étude de grammaire et de vocabulaire français*, pp. 55-65, Paris.

GRÉCIANO, G., (1983), *Signification et dénotation en allemand. Sémantique de l'expression idiomatique*. Paris, Klincksieck.

GRÉCIANO, G., (1989), *Europhras 88. Phraséologie et Parémiologie contrastives*, Strasbourg, Presses universitaires de Strasbourg, coll. « Recherches germaniques ».

GRÉCIANO, G., (1994), « La phraséogénèse du discours », in Martins-Baltar M., (ed), *La locution entre langue et usages*, pp. 179-200, Saint-Cloud, ENS Éditions.

GRÉCIANO, G., (2002), « Salah Mejri : Le figement lexical », Compte rendu dans *Proverbium : Yearbook of International Proverb Scholarships* 19. pp. 445-450, University of Vermont.

GRÉCIANO, G., (2004), « L'Europe sous un seul toit. Europe under a single roof. Europa unter einem Dach », in Mejri S., (ed), *L'espace euro-méditerranéen : une idiomaticité partagée*, pp. 127-140. Série linguistique 12, Tunis, Publications du CERES.

GRÉCIANO, G., (2006), « Zur Textrelevanz von Phraseologie im Bereich Medizin », in Häcki-Buhofer A., (ed), *Europhras* 2004, pp. 219-227. Basel.

GRÉCIANO, G., (2010), « Une phraséo-terminographie multilingue pour la gestion européenne du risque », in Korhonen, J., Mieder, W., Piirainen, E., Piñel, R., (eds), *Europhras* 2008, Helsinki.

HAMM, A., (1989), « Remarques sur le fonctionnement de la négation dans les proverbes : exemple de l'anglais », in Gréciano G. (ed), *Europhras 88. Phraséologie et Parémiologie contrastives*, pp. 177-194, Strasbourg, Presses universitaires de Strasbourg, coll. « Recherches germaniques ».

HEINZ, M., (1993), *Lexicographica n° 49, Les locutions figurées du « Petit Robert »*, Tübingen, Niemeyer.

KLEIBER, G., (1989), « Sur la définition du proverbe », in Gréciano G. (ed), *Europhras 88. Phraséologie et Parémiologie contrastives*, pp. 233-252, Strasbourg, Presses universitaires de Strasbourg, coll. « Recherches germaniques ».

LAMBERT-HEGEDUS, C., (1996), *Phraséologie contrastive. Les 50 formatifs les plus productifs en allemand et en français*. Thèse de Doctorat N.R., Université de Strasbourg.

MAINGUENEAU, D., (1976), *Initiation aux méthodes de l'analyse du discours*. Paris. Hachette-Université.

MEJRI, S., (1997), *Le figement linguistique. Description linguistique et structuration sémantique*, Tunis, Publications de la Faculté des Lettres de la Manouba.

MEJRI, S., (2003), « La stéréotypie du corps dans la phraséologie : approche contrastive », in Burger, H., Häcki-Buhofer, A., Gréciano, G., (eds), *Flut von Texten - Vielfalt der Kulturen. Zur Methodologie und Kulturspezifik der Phraseologie*, pp. 203-217, Baltmannsweiler: Schneider Verlag Hohengehren.

MEJRI, S., (2006), « Structure inférentielle des proverbes », in Häcki Buhofer A., Burger H., *Phraseology in Motion I, II*. Band I, pp. 175-187, Baltmannsweiler: Schneider Verlag Hohengehren.

MEJRI, S., (2008), « Les dénominations syntagmatiques dans les SHS : collocations ou séquences figées ? », in Mejri S., Gautier L. (eds), *Collocations in Specialized Discourses*, Workshop in *Europhras* 2008, Helsinki.

MEJRI S., SFAR I., VAN CAMPENHOUDT M., (2014), *La notion d'unité en sciences du langage,* Paris, Éditions des Archives Contemporaines.

MESCHONNIC, H., (1978), *Les proverbes, actes de discours. Pour la poétique*, pp. 139-159. Paris, Gallimard.

OLLIER, M.-L., (1976), « Proverbe et sentence. Le discours d'autorité dans Chrétien de Troyes », *Revue des Sciences humaines* n° 163-3, Presses universitaires du Septentrion.

PILZ, K.-D., (1978) : Phraseologie. Göppingen, Kümmerle, Arbeiten zur *Germanistik* 239.

PILZ, K.-D., (1981), *Phraseologie*, Stuttgart, Sammlung Metzler 198.

RODEGEM, F., VAN BRUSSEL P., (1989), « Proverbes et Pseudo-Proverbes. La logique des parémies ». *Europhras 88. Phraséologie et Parémiologie contrastives*, pp. 340-356, Strasbourg, Presses universitaires de Strasbourg, coll. « Recherches germaniques ».

SCHEMANN, H., (1993), *Deutsche Idiomatik. Redewendungen im Kontext.* Stuttgart, Verlag Klett.Pons.

WANDRUSZKA, M., (1989), « Contraintes instrumentales et liberté créatrice ». *Europhras 88. Phraséologie et Parémiologie contrastives*, pp. 453-458, Strasbourg, Presses universitaires de Strasbourg, coll. « Recherches germaniques ».

ZUMTHOR, P., (1998), « L'épiphénomène proverbial ». *Revue des Sciences humaines* n° 163-3, Presses universitaires du Septentrion.

ચેpitre 9
Le figement dans l'expression de la temporalité

Gaston GROSS

1. Introduction

Les études générales portant sur le figement sont nombreuses et ont comme objectif de montrer en quoi la polylexicalité bloque la combinatoire syntaxique et, de façon générale, les règles de grammaire. Mises à part deux études importantes sur la composition nominale datant du XIXe siècle (Darmesteter 1874, 1877), le figement n'a fait l'objet d'investigations approfondies que depuis l'introduction du traitement automatique dans les études de linguistique. On comprend pourquoi : le sens d'une expression figée ne correspond pas à la somme de celui de ses composants ; la suite doit donc figurer dans le lexique comme unité lexicale. De façon générale, on observe trois types de restrictions par rapport à la grammaire « libre » : l'opacité sémantique, les restrictions distributionnelles ou les deux à la fois. Ces restrictions empêchent le système de calculer la structure sur toute l'étendue de la suite figée.

Cependant, malgré le grand nombre des études et l'extrême diversité des points de vue, les études de détails sont rares. C'est l'objet de cet article qui traite du figement dans l'expression de la temporalité en français. Ce domaine est suffisamment bien délimité pour qu'on puisse mettre en évidence les mécanismes qui sont en jeu. Après avoir décrit les règles combinatoires régulières des expressions temporelles, nous faisons un relevé des constructions qui, sur un point et sur un autre, ne sont pas compositionnelles. Nous examinerons d'abord l'expression de la temporalité à l'aide de constructions locatives : les deux domaines sont si étroitement unis qu'on a souvent de la peine à percevoir la métaphore. Viennent ensuite les références à la vie courante, les restrictions syntaxiques, les problèmes d'anaphore, les collocations, les métaphores, les inférences et les éléments lexicaux eux-mêmes. La traduction permet aussi de mettre en évidence des faits de figement qui ne sautent pas aux yeux dans le cadre d'une seule langue.

2. Constructions compositionnelles

Avant de décrire les expressions temporelles figées, nous allons décrire rapidement la syntaxe des constructions compositionnelles, c'est-à-dire de celles qui répondent aux règles habituelles de la grammaire. Les expressions temporelles se divisent en deux groupes selon qu'elles traduisent une durée ou qu'elles indiquent une date. Un opérateur approprié prototypique de la durée est le verbe *durer* lui-même, dont le schéma d'arguments est le suivant : *durer (événement, Card Ntemps) : la séance a duré deux heures*. Ces substantifs peuvent aussi être introduits par des prépositions : *(pendant, durant) deux heures, (depuis, dans) deux heures*. La préposition peut parfois être effacée : *on a attendu des heures dans ce hall de gare*. Les dates, elles, sont des compléments de prédicats événementiels : *le train est arrivé à midi ; l'accident s'est produit lors de l'arrivée du président*. Là encore, il existe des constructions prépositives : *à l'approche de la nuit, à Pâques, après le départ du président*. Il n'est pas question ici de décrire la syntaxe des constructions temporelles, il s'agit juste de rappeler que les noms de temps sont des arguments et non des prédicats et qu'ils occupent de ce fait des positions qui nécessitent la présence d'un prédicat, que celui-ci soit actualisé (*la conférence a duré deux heures*) ou non (*pendant les deux heures de la conférence*). Ces constructions ont comme propriété d'être compositionnelles, c'est-à-dire que leur signification est fonction à la fois du sens des éléments lexicaux qui les composent et de leur combinaison. Mais la temporalité, comme tous les domaines de la langue, est le lieu d'un grand nombre de figements, qui relèvent soit de la syntaxe soit du sens soit des deux. Nous allons étudier ces constructions en les classant par ordre de figement croissant.

3. Le temps et le lieu

Un très grand nombre d'expressions temporelles reposent sur un vocabulaire locatif. C'est une observation classique que le lieu est en mesure d'exprimer le temps, comme on le voit dans l'expression *remonter loin dans le temps*. Le temps peut ainsi être représenté par une droite orientée, un vecteur en somme, qui rend compte du déroulement du temps. On peut considérer ces constructions comme le degré le plus simple de la non-compositionnalité. Cette assimilation est si générale qu'elle échappe souvent à la conscience des locuteurs. Ce transfert est exprimé par un très grand nombre de prépositions ou d'adverbes de lieu. Ainsi, l'imminence peut être exprimée à l'aide de substantifs locatifs quantifiés : *être à un doigt de, être à deux doigts de, être à un cheveu de, tout près de*, etc. Les différentes modalités du temps peuvent être prises en charge par un grand nombre de constructions locatives :

- le début : *à l'orée de 1999,*
- la fin : *au bout de la nuit,*
- le milieu : *au milieu de la journée,*
- la distance : *à une distance de vingt années,*
- la proximité dans le temps : *à court terme,*
- la durée : *à longueur de temps, en l'espace de deux ans,*
- la progression : *de proche en proche,*
- la localisation : *vers minuit, aux alentours de minuit.*

Le temps peut aussi être rendu par des expressions locatives imagées :

- dans longtemps : *il passera de l'eau sous les ponts avant que, beaucoup d'eau coulera avant que,*
- actuellement : *par les temps qui courent,*
- pendant longtemps : *traîner en longueur, on n'en voit pas le bout, le bout est très loin.*

Lieu et temps sont si étroitement unis dans l'esprit humain que le passage de l'un à l'autre passe pour ainsi dire inaperçu et l'on saisit à peine la métaphore.

4. Références à la vie courante

Un grand nombre d'expressions temporelles ne peuvent pas être interprétées littéralement mais exigent le recours à une inférence qui relève de la vie de tous les jours. Ainsi, certaines expressions temporelles sont interprétées par référence à l'heure habituelle des certaines activités de la vie quotidienne. Pour interpréter une expression comme : *à l'heure du laitier,* il faut savoir que ce commerçant avait l'habitude de passer très tôt le matin. Il en est de même de l'expression : *au saut du lit,* qui réfère non à n'importe quel lever (de la sieste, par exemple) mais à celui du matin. Une expression comme : *entre chien et loup* désigne le moment du crépuscule où il est impossible de distinguer l'un de l'autre ces deux animaux.

L'impatience et les réactions négatives qu'elle suscite sont la source de nombreuses locutions où l'attente s'exprime par des constructions intensives : *on est là à attendre depuis une éternité ; ça fait une éternité qu'on est là à attendre ; on ne va pas attendre cent sept ans*. L'expression *de fil en aiguille* est moins claire. On voit bien qu'il s'agit du domaine du tricot. Elle signifie *de propos en propos, d'une chose à une autre qui lui fait suite*. Mais la notion de succession qu'elle implique n'est pas très claire. Certaines expressions ne s'expliquent que par une métaphore de nature locative : *faire le tour du cadran* signifie *durer une journée*.

Certaines activités répétitives permettent de rendre la notion d'itérativité et en particulier de la haute fréquence. C'est le cas, par exemple, du labour qui illustre la répétition des mêmes gestes : d'où l'expression *à tout bout de champ* (à chaque fois que la charrue arrive au bout du champ) avec le sens de *sans arrêt*. La notion de rapidité est rendue par certaines expressions imagées : *en coup de vent, en courant d'air, en un clin d'œil, en un tour de main*.

5. Figement syntaxique et restrictions distributionnelles

Nous allons examiner maintenant les locutions temporelles qui transgressent les structures syntaxiques standards et qui, de ce fait, ne peuvent pas être interprétées comme entièrement compositionnelle. Nous les classons en fonction des différentes « anomalies » syntaxiques. Nous examinons d'abord des suites adverbiales qui ne comportent pas de substantifs, ce qui constitue une anomalie du point de vue syntaxique. Ce substantif peut être restituable ou non.

5.1. Le substantif est restituable

Nous prenons, dans un premier temps, le cas d'expressions temporelles qui ne peuvent pas être interprétées littéralement mais dont on peut comprendre le fonctionnement si l'on postule l'effacement d'un substantif temporel que l'on peut restituer de façon naturelle et sans coup de pouce : *d'entrée (de jeu)*, *un de ces quatre (matins)*. L'effacement peut aussi concerner un adverbe : *de moins en moins (souvent)*. Ces suites ne sont pas sémantiquement opaques, du moins pour un locuteur natif, et on peut considérer qu'il s'agit de figement syntaxique, sauf peut-être le cas de *matin* dans *un de ces quatre matins*, qui est l'équivalent de *un de ces jours* et peut être considéré comme une métonymie. C'est le cas de *à toute* qui est une abréviation de *à tout à l'heure* ou encore *à plus* réduction de *à plus tard*.

5.2. Le substantif n'est pas restituable

Il n'existe pas en français de séquence du type *Prép + Dét + Adj*. Une construction comme *à la longue* (*avec le temps, après beaucoup de temps, à force*) ne peut donc pas être interprétée littéralement. D'autre part, il est difficile de restituer un substantif qui aurait été effacé. Le mot *longue* ne correspond pas aux emplois substantivaux de ce mot : il ne peut désigner ni une voyelle longue ni une note longue ni le sport provençal, proche de la pétanque. Nous considérons donc cette suite comme figée. On peut en dire autant des expressions *petit à petit* et *peu à peu* (*progressivement, par degrés*). Leur syntaxe n'est pas compositionnelle. On ne voit pas quel substantif pourrait être effacé à côté de l'adjectif *petit* et si ce substantif est d'emploi plus facile avec *peu*, la restitution est impossible **peu de temps à peu de temps*. Les deux exemples suivants sont moins opaques : *de loin en loin* (*de temps à autre, de temps en temps*), *de proche en proche* (*par degrés, graduellement, progressivement*). Il n'est pas clair non plus si *sous peu* est la réduction de *sous peu de temps*. Les termes *loin* et *proche* ne semblent pas opaques sémantiquement, mais c'est la syntaxe qui s'explique plus difficilement. Les expressions suivantes sont compositionnelles : *en moins de temps qu'il n'en faut pour le dire, en un rien de temps*.

5.3. Relations opaques entre une préposition et un nom

Les expressions *pour l'heure* et *pour le moment* ne posent pas de problèmes d'interprétation, encore faut-il justifier le choix de la préposition *pour*. L'environnement syntaxique n'est pas facile à mettre en évidence. L'emploi le plus fréquent nécessite une mise en scène. On doit imaginer un processus évolutif représentant une situation qui se dégrade. On peut envisager un moment de l'évolution de cette situation à un instant donné. Imaginons, par exemple, que l'hiver s'installe et que les glaces sont sur le point de figer les rivières. À une question comme : *où en est la rivière ?* on peut répondre : *pour le moment, la navigation est encore possible.*

6. Anaphores et expressions temporelles

Certaines expressions temporelles sont d'un emploi anaphorique : *là-dessus, sur ce, sur quoi*. Deux problèmes se posent. D'une part, la nature de l'élément anaphorique et, d'autre part, la justification de la préposition *sur*. L'anaphore est prise en charge ici soit par un démonstratif (*là, ce*) soit par un relatif de liaison (*quoi*). Dans les deux cas, il s'agit de variantes du démonstratif *cela*. La variante *là* se trouve dans des constructions anciennes : *là-contre, là-dedans, là-dehors, là-derrière, là-dessous, là-dessus, là-devant* sont des équivalents de *contre cela, hors de cela, derrière cela, sous cela*, etc. Il s'agit de constructions locatives. L'interprétation temporelle de certaines de ces locutions correspond à la métaphore traditionnelle qui compare le temps à l'espace. Le pronom *ce*, interprété comme une variante de *cela*, semble réservé à la préposition *sur* : **avant ce, *après ce, *dans ce, *sans ce*. Se pose donc le problème de l'emploi de la préposition *sur* dans *sur ce*. Le parallélisme avec l'expression *sur ces entrefaites* ne permet pas d'en rendre compte dans la mesure où *entrefaites* est un pluriel. On peut imaginer que *ce* soit un pronom neutre qui réfère très généralement à un événement déterminé, équivalent à *ça* : *sur ça*.

7. Génitifs intensifs

Il existe dans les langues sémitiques un emploi du génitif traduisant l'intensité, que l'on trouve dans certains emplois bibliques : *Vanité des vanités*. Ce type de constructions se trouve dans les constructions temporelles. Certaines sont d'inspiration religieuse : *dans les siècles des siècles, dans tous les siècles des siècles*. On observe une construction parallèle : *à la fin des fins*, qui a elle aussi cette interprétation intensive : *à la fin de tout*. Une autre expression met en jeu une métaphore légèrement différente : *jusqu'à la consommation des siècles*. Il existe des expressions parallèles : *la consommation (des âges, des temps), la consommation finale* au sens de *la fin des temps, la fin du monde*. Le figement est ici de nature historique.

8. Collocations

Un second type de figement relève d'un procédé appelé *collocation*, défini ainsi par I. Mel'čuk, A. Polguère (2007 : 20) : « Une collocation est une combinaison de lexies qui est construite en fonction de contraintes bien particulières : elle est constituée d'une *base* que le locuteur choisit librement en fonction de ce qu'il veut exprimer (*argument, méchant, brouillard*) et d'un *collocatif* (*massue* pour *argument*, *comme la gale* pour *méchant*, *dense* pour *brouillard*), choisi pour exprimer un sens donné (ici *intense*) en fonction de la base. Un collocatif peut être une locution : *à couper au couteau*. Il faut retenir de cette définition les points suivants. Indépendamment de la signification du collocatif, qui traduit souvent l'intensité (*peur bleue, fièvre de cheval*), la relation entre ce collocatif et le terme de base peut exprimer un certain nombre d'interprétations différentes.

Certains qualificatifs appréciatifs s'appliquent à des substantifs de temps. C'est le cas de *un beau jour* que l'on trouve dans les récits : *un beau jour, le pactole avait disparu*. Il existe un petit paradigme : *un beau matin, un beau soir*. Cet adjectif ne traduit pas ici l'intensité mais une certaine idée d'imprévisibilité et comporte sans doute une valeur affective. Il traduit une vague idée d'imprévisibilité et d'inattendu. Cette interprétation est sous-tendue par une syntaxe très contrainte qui rapproche cet emploi des expressions figées. L'adjectif *beau* n'a pas d'antonymes (**un vilain jour*) ni de synonymes (*un merveilleux jour*) ni d'emplois intensifs (*un très beau jour*). L'adjectif peut sans grande modification sémantique être effacé : *un jour, le pactole avait disparu*. L'adjectif *beau* n'a pas la même signification que dans : *on est partis par une belle journée de printemps*.

Il ne peut pas être assimilé à un autre emploi de l'adjectif : *il y a beau temps que P* au sens de *depuis longtemps* : *il y a beau que la France n'est plus une royauté*. On trouve aussi dans le même sens mais plus rarement : *il y a beau jour que*. Dans cet emploi, l'adjectif *beau* a les mêmes restrictions distributionnelles : pas de synonymes (*il y a merveilleux temps que*), d'antonymes (*il y a moche temps que*), ni d'intensité (*il y a très beau temps que la France n'est plus une monarchie*). On note cependant qu'ici l'adjectif est obligatoire (*il y a temps que la France n'est plus une monarchie*).

L'adjectif *bon* dans l'expression *au bon vieux temps* a les mêmes restrictions distributionnelles que celles que nous venons de voir pour l'adjectif *beau*. Il est clair qu'il ne s'agit pas d'un adjectif appréciatif que l'on trouve dans les couples *bon-mauvais, bon-méchant*. Il ne forme pas non plus de paradigmes et les degrés de comparaison sont exclus eux aussi. Il s'agit plutôt d'un adjectif hypocoristique qui exprime le temps qu'on regrette, les moments où l'on a été heureux. L'adjectif *vieux* peut être supprimé et l'on obtient l'expression : *c'était le bon temps, comme jadis au bon temps*. L'adjectif *bon* entre aussi dans une expression comme *de bon matin*, où il a une valeur intensive, comme dans les expressions *un bon quart d'heure, un bon moment, à bonne distance*. La nature sémantique du substantif *matin* permet de traduire l'expression par *très tôt le matin*. Du point de vue pragmatique, on peut trouver comme équivalent l'adjectif *petit* dans *au petit matin* et même *grand* dans *de grand matin*, ce qui est surprenant.

Les connotations de l'adjectif *frais*, en particulier quand il s'applique à des aliments, expliquent sans doute l'interprétation de *récent* dans des expressions comme *de fraîche date* ou avec des événements connus : « *La Libération est encore toute fraîche ; vous nagez tous en pleine euphorie* » (Beauvoir, *Mandarins*, 1954 : 35) cité par le TLF. Il existe un adverbe associé : *de l'herbe fraîchement coupée*. On peut citer aussi : *des nouvelles fraîches* ou des emplois adverbiaux : *de l'herbe (frais, fraîchement) coupée*.

9. Métaphores

On a souvent observé que les métaphores sont une des sources du figement. Il est clair que leur nature est très diverse et qu'il faut étudier dans le détail les transferts qui sont ainsi opérés. Les métaphores peuvent avoir des champs d'application très larges, comme le lien entre temporalité et lieu que nous avons évoqué plus haut ou se réduire à des liens assez étroits, comme ceux que nous allons étudier plus loin.

9.1. Le temps comme journée

On a souvent observé que la métaphore est source de figement pour la raison que la syntaxe associée au terme pivot de comparaison n'est pas maintenue. Ainsi, la naissance du genre humain a eu lieu les dernières minutes d'une année fictive. On sait aussi que dans l'antiquité, la *grande année* est une conception qui comprend le temps comme une structure cyclique. Il n'est donc pas étonnant que le temps historique ait été comparé à un jour : c'est ce qui explique des expressions comme : *à l'aube des temps*, *au premier matin du monde*. Il en est de même de la vie d'un homme : on a alors des expressions comme *au soir de (sa) vie*.

9.2. Métaphores militaires

L'expression *faire long feu* relève du domaine militaire et signifiait « ne pas partir en parlant d'une arme à feu ». Au sens figuré, elle signifie *manquer son but* et s'applique non plus à une arme à feu mais à des projets ou des initiatives : *ce projet a fait long feu* (ce projet a raté). L'emploi négatif *ne pas faire long feu* signifie *ne pas durer longtemps*. Certaines métaphores sont plus productives que d'autres. C'est le cas de la métaphore du mouvement. C'est le cas en particulier dans la langue de la cavalerie, qui a donné lieu à un assez grand nombre d'expressions temporelles, qui mettent l'accent sur la notion de rapidité : *à bride abattue* (rapidement, sans retenir sa monture), *au triple galop* (très rapidement), *ventre à terre* (le plus vite possible, le galop le plus rapide). De même, on observe des expressions comme *au débotté* (en arrivant, en enlevant les bottes), *au pied levé* (en mettant le pied à l'étrier). De façon plus générale, on a *de ce pas* (tout de suite, d'ici et maintenant).

9.3. Métaphores mécaniques

L'automobile et la conduite ont donné lieu à un grand nombre de métaphores. La notion de vitesse est source d'expressions figées. Le démarrage d'une voiture se fait, comme on sait, à l'aide de la clé de contact qu'on tourne vers la droite (entre midi et trois heures). Autrefois, cette opération nécessitait souvent plusieurs tentatives, les moteurs étant ce qu'ils étaient alors. L'expression *démarrer au quart de tour* en parlant d'une voiture signifie *tout de suite, rapidement*. Au figuré, *réagir au quart de tour* signifie *immédiatement* et *rapidement*, en parlant d'une personne qui s'emporte facilement.

10. Figements rhétoriques et inférences

Un grand nombre d'expressions temporelles prennent leur sens à la suite d'une inférence et ne peuvent donc pas être interprétées littéralement. Les procédés qui sont à l'œuvre ici sont très généraux et ne concernent pas seulement l'expression de la temporalité. Ils mettent en jeu des noms de temps et impliquent une réaction émotive qui leur est associée. Ainsi, pour dire qu'une chose ou un événement mettent du temps à se produire, on a l'expression : *c'est pas demain la veille*. Pour marquer son impatience, on peut s'adresser ainsi à quelqu'un : *c'est pour aujourd'hui ou pour demain ?* et plus simplement *c'est pour demain ?* Une expression comme : *ça va durer 107 ans ?* traduit une impatience excédée. Pour dire qu'un événement remonte à longtemps, on peut recourir à *ça fait un bail (que je ne l'ai pas vu)*. Certaines répétitions traduisent également une intensité : *ça fait des heures et des heures qu'on attend ici*. Inversement, *le temps d'un soupir* signifie très peu de temps. L'adverbe *jamais* peut être paraphrasé par différentes expressions : *la semaine des quatre jeudis*, *quand les poules auront des dents*.

11. Opacité venant du lexique

En revanche, les exemples que nous allons examiner maintenant sont totalement opaques pour un locuteur qui n'aurait pas étudié l'histoire de la langue. Un certain nombre de constructions mettent en jeu des unités lexicales dont l'interprétation n'est pas évidente. Si l'on peut interpréter sans difficulté l'adverbe à *perpète* comme une déformation argotique de *à perpétuité* dans *condamner quelqu'un à perpète*, il n'en est pas de même de l'expression *laps de temps* que l'on trouve, par exemple, dans *pendant un certain laps de temps*. La compréhension du sens de l'expression n'implique pas qu'on sache que *laps* vient du latin *labor* qui signifie *glisser, couler*, de sorte que littéralement l'expression signifie *pendant un certain écoulement de temps*. L'impression de figement vient de l'opacité sémantique de ce substantif. On a ainsi un premier type de figement relevant de la sémantique. L'expression n'est pas considérée comme figée si on connaît l'étymologie du substantif.

Il en est de même de *tout à trac* qui signifie *brusquement, rapidement*. Le recours à l'étymologie est ici bien plus hasardeux. Les dictionnaires parlent d'un mot *trac* qui signifierait l'allure d'une bête de somme ou les traces des animaux sauvages. Après les verbes de paroles, l'expression signifie *spontanément, franchement, sans détour* : *avouer tout à trac*. On voit que le recours à l'étymologie est de peu de secours. On peut en dire autant de l'expression *dare-dare* qui a deux significations : *sans tarder, sans le moindre délai, sans la moindre attente, tout de suite* ou encore *rapidement, très vite, à toute vitesse*. Même si l'*étymologie proposée par le TLF est exacte* (peut-être redoublement expressif à partir du verbe dial. *(se) darer* « s'élancer » var. de *darder** au sens de « s'élancer »), on ne voit pas ce qu'elle apporte de valeur explicative à la formation de l'expression.

L'étymologie est tout aussi obscure pour *à la saint-glinglin* qui signifie : *à une date indéterminée ; jamais*. Quelle que soit l'étymologie réelle du substantif, on peut trouver une explication plus simple : comme il n'existe pas de saint de ce nom, aucune localisation temporelle n'est possible. La même technique expressive est en jeu ici que dans *aux calendes grecques*, c'est-à-dire *jamais*, pour la raison que les *calendes* étaient une fête romaine. On a beau savoir que *emblée* est le participe passé substantivé du verbe *embler*, on ne voit pas très bien comment l'expression a pris le sens de *du premier coup, tout de suite*. La locution *depuis belle lurette* avec ses variantes : *il y a (belle) lurette (que), voici (belle) lurette (que)* semble être la déformation de : *il y a belle heurette* par corruption de *heurette* (*TLF*). Les expressions *dès potron-minet* ou *dès potron-jacquet* sont bien connues au sens de *dès le point du jour, dès le petit matin*. L'explication du *TLF* est assez amusante : « Cette loc. qui signifie proprement *dès* que le derrière de l'écureuil se fait voir, s'explique par le fait que l'écureuil dresse souvent sa queue, faisant ainsi voir son derrière. Son remplacement par *potron-minet* est sans doute dû au fait que le chat passe pour être très matinal ». Il ne suffit pas de dire que l'expression *de but en blanc* vient du domaine de l'artillerie (*tirer de but en blanc, tirer en ligne droite*), pour comprendre que l'expression signifie *directement, sans préparation ni transition, brusquement*.

Prenons un dernier exemple. *S'en moquer comme de l'an quarante* a le sens de *ne pas se soucier de, s'en soucier comme d'une guigne*. Le *TLF* avance prudemment : « On suppose que cette expression vient des craintes superstitieuses généralement répandues dans le commencement du XIe siècle. On prétendait que Jésus-Christ n'avait assigné à son Église et au monde qu'une durée de mille ans au plus. Une opinion accréditée voulait que ce terme expirât en l'an quarante du XIe siècle. Mais lorsque l'époque redoutable fut passée, on ne fit plus que rire de ces craintes puériles ». Pour la plupart de ces expressions, le recours à l'étymologie est assez vain et souvent très aléatoire. On ne voit d'ailleurs pas ce que ces étymologies apportent à la connaissance de ces expressions.

12. Le figement vu du côté de la traduction

Comme le langage est d'un usage la plupart du temps spontané, c'est-à-dire sans réflexion métalinguistique, un grand nombre de suites à « mobilité restreinte » échappent à la conscience des locuteurs. On peut cependant les détecter au moyen d'un artifice. On sait que les premiers systèmes de traduction automatique avaient recours à une traduction mot à mot sur une base syntaxique. Cette procédure un peu primitive avait l'avantage de mettre en évidence les idiosyncrasies de la langue source en proposant une traduction littérale dans la langue cible. Ces idiosyncrasies peuvent être considérées comme de nature assez proche des restrictions qu'on observe dans le figement. Nous nous sommes servi pour mettre ce fait en lumière d'une version français-allemand du début des années 2000 de Systran.

On observe ainsi que les prépositions qui introduisent les compléments de temps ne sont pas motivées sémantiquement de la même façon dans les deux langues. Dans ce qui suit, nous donnons d'abord une expression temporelle française, puis la traduction proposée par Systran et enfin la traduction correcte en allemand.

> à Pâques / *in Ostern / an Ostern
> à bonne heure /* um gute Stunde / vor Tag
> à ces mots / *an diesen Wörter / bei diesen Worten
> à bientôt / *an bald! / bis bald

Les emplois métaphoriques des substantifs ne sont pas perçus non plus :

> à la pointe du jour / *an der Tagesspitze / in der Morgendämmerung
> à chaque heure du jour / *um jede Stunde des Tages / zu jeder Tageszeit
> à ce jour / *in diesem Tag / bis heute
> à la mi-journée / *im Halbtag / in der Mitte des Tages
> à aucun moment / *in keinem Moment / zu keiner Zeit

Comme on le voit, ce qui paraît être dans une langue donnée une expression entièrement compositionnelle sans aucune particularité paraît moins motivé quand on le compare à sa traduction dans une langue étrangère. Des observations de ce genre peuvent mettre en lumière ce que chaque langue a de particulier. L'opposition entre constructions libres et constructions figées pourrait apparaître alors comme moins catégorique.

13. Conclusion

Après un très grand nombre d'études générales, le moment est venu de procéder à des études portant sur des domaines linguistiques circonscrits et de mettre en lumière comment se réalisent les restrictions affectant la combinatoire des éléments. Comme il s'agit de phénomènes scalaires, on ne peut pas parler seulement de polylexicalité, car les phénomènes sont plus complexes que les entrées lexicales composées. Les expressions temporelles mettent clairement en lumière ce que le figement doit à l'histoire de la langue, aux différents champs que peut investir la métaphore, la métonymie et les connotations que les mots ont acquis au cours du temps.

Bibliographie

Benveniste, E., (1974), *Problèmes de linguistique générale*, vol. 2, Paris, Gallimard.

Blumenthal, P., Hausmann, F.-J., (2006), *Collocations, corpus et dictionnaires*, Langue française n° 150, Paris, Larousse.

Boons, J.-P., (1971), « Métaphore et baisse de la redondance », in *Langue française* n° 11, pp. 15-16, Paris, Larousse.

Brunot, F., (1936), *La pensée et la langue. Méthode, principes et plans d'une théorie nouvelle du langage appliquée au français*, 3e éd., Paris, Masson.

Clas, A., Gross, G., (1998), « Classes de figement des locutions verbales », in Mejri S. *et alii*. (eds), *Le figement lexical, Rencontres Linguistiques Méditerranéennes*, pp. 11-18, Tunis, Editions du CERES.

Corblin, D., Temple, M., (1994), « Le monde des mots et des sens construits : catégories sémantiques, catégories référentielles », in *Cahiers de lexicologie* n° 65, pp. 5-28., Paris, Didier.

Damourette, J., Pichon, E., (1911-1936) : *Essai de grammaire de la langue française*, Paris, d'Artrey.

Darmesteter, A., (1874), *Traité de la formation des noms composés*, Paris, Bouillon.

Darmesteter, A., (1877), *De la création actuelle des mots nouveaux dans la langue française et des lois qui la régissent*, Paris, Wieveg.

Dubois, J. *et alii*., (1973), *Dictionnaire de linguistique*, Paris, Larousse.

Grévisse, M., (1969), *Le bon usage*, 9e éd., Gembloux, Duculot.

Gross, G. (1989), *Les constructions converses du français*, Genève, Droz.

Gross, G. (1991), « Typologie des adjectivaux », in *Analyse et synthèse dans les langues romanes et slaves*, pp. 163-178, Tübingen, G. Narr Verlag.

Gross, G. et Lim, J.-H., (1996), « Une catégorie hétérogène : l'adjectif », Rome, *Studi Italiani di Linguistica Teoretica e Applicata*.

Gross, G., (1996), *Les expressions figées en français : noms composés et autres locutions*, Paris, Ophrys.

Gross, M., (1975), *Méthodes en syntaxe*, Paris, Hermann.

Gross, M., (1981), « Les bases empiriques de la notion de prédicat sémantique », in *Langages* n° 63, pp. 7-52, Paris, Larousse.

Harris, Z.-S., (1970), « The Elementary Transformations », in *Papers in Structural and Transformational Linguistics*, pp. 482-532, Dordrecht, D. Reidel.

Harris, Z.-S., (1976), *Notes du cours de syntaxe*, Paris, Seuil.

Jespersen, O., (1971), *La philosophie de la grammaire*, Paris, Les Editions de Minuit. (Traduction de Léonard A.-M.; 1e éd. 1924).

Kleiber, G., (1990), *La sémantique du prototype*, Paris, PUF.

Le Fur, D., (2007), *Dictionnaire des combinaisons de mots : Les synonymes en contexte*, coll. « Les Usuels du Robert », Paris, Le Robert.

Le Pesant, D., (1994), « Les compléments nominaux du verbe *lire*, une illustration de la notion de 'classes d'objets' », in *Langages* n° 115, pp. 31-46, Paris, Larousse.

Le Pesant D., Mathieu-Colas, M., (1998), *Langages* n° 131, *Les classes d'objets*, Paris, Larousse.

Martinet, A., (1965), « Syntagme et synthème », in *La Linguistique*, n° 2, pp. 1-14, Paris, PUF.

Massoussi, T., (2008), « La métonymie et la double structuration des séquences figées : le cas des locutions verbales », in Mogorrón Huerta P., Mejri S., (eds), *Las construcciones verbo-nominales libres y fijas. Aproximación contrastiva y traductológica*, pp. 165-181, Université d'Alicante.

Mejri, S. (1997), *Le figement lexical. Descriptions linguistiques et structuration sémantique*, Tunis, Publications de la Faculté des Lettres de la Manouba.

Mejri, S. (1998), « Structuration sémantique et variation des séquences figées » in Mejri S. *et alii*. (eds), *Le figement lexical, Rencontres Linguistiques Méditerranéennes*, pp. 103-112, Tunis, Editions du CERES.

Mejri, S. (2008), « Constructions à verbes supports, collocations et locutions verbales », in Mogorrón Huerta P., Mejri S., (eds), *Las construcciones verbo-nominales libres y fijas. Aproximación contrastiva y traductológica*, pp. 191-202, Université d'Alicante.

Mel'čuk, I. (1984), *Dictionnaire explicatif et combinatoire du français contemporain. Recherches lexico-sémantiques* Vol. 1, Montréal, Les Presses de l'Université de Montréal.

Petit, G. (2003), « La polysémie des séquences polylexicales », in *Syntaxe et sémantique* n° 5, *Polysémie et polylexicalité*, pp. 91-114, Caen, Presses Universitaires de Caen.

Sfar, I. (2008), Compte rendu du *Dictionnaire des combinaisons de mots. Les synonymes en contexte*, de Le Fur D., *et alii*., in *Le français moderne* n° 76-1, pp. 121-123, Paris, CILF.

Wandruschka, M. (1989), « Contraintes instrumentales et liberté créatrice », in *Europhras 88, Phraséologie et Paréміologie contrastives*, pp. 453-458, Strasbourg, Presses universitaires de Strasbourg, coll. « Recherches germaniques ».

chapitre 10
Crayons

Jean-René LADMIRAL

*Si j'étais empereur,
je commencerai par faire un dictionnaire…*
Confucius

Biographème. – Salah Mejri est « sympa » ! C'est déjà beaucoup, quand même. Mais c'est peu, à côté de toutes ses autres qualités. Sur le plan humain d'abord – et ce n'est pas le moindre de ses mérites-je suis particulièrement sensible à ce que j'ai envie d'appeler sa *générosité transgénérationnelle*.

Ainsi se distingue-t-il par sa fidélité aux anciens, à des anciens comme André Clas, Gaston Gross ou moi-même. Alors que si souvent, dans le monde universitaire et intellectuel, on voit tant de collègues de la nouvelle génération qui n'ont rien de plus pressé que de trahir leurs aînés prestigieux, auxquels au demeurant ils doivent en général leur carrière, dans une piètre version d'un meurtre du père (ou de la mère) qui n'a d'intellectuel que le nom… Symétriquement, j'ai pu apprécier combien Salah Mejri est un patron qui, en toute bonhomie, prend soin des jeunes espoirs de la recherche au sein du laboratoire dont il assume la direction.

Je suis convaincu que cette dimension « relationnelle » dont il nous donne une illustration chaleureuse, est essentielle à la recherche elle-même. L'innovation est produite par des chercheurs qui sont des individus dont la créativité se déploie d'autant mieux que l'environnement leur est favorable. Paraphrasant Molière, je dirai en l'espèce que, pour être linguiste, on n'en est pas moins homme ! J'oserai affirmer que ces remarques ont une portée proprement épistémologique. Fondamentalement, la transversalité relationnelle débouche sur la transversalité historique de générations scientifiques qui scandent substantiellement la fertilité heuristique de la recherche. À quoi contribue grandement une transversalité de la culture, à tous les sens du mot. Salah Mejri est un homme cultivé qui aime la littérature. Par ailleurs, à titre personnel, ne se situe-t-il pas lui-même à l'articulation inter-culturelle de deux traditions ? dont il a su incarner le mariage fécond.

J'admire aussi son sens des responsabilités institutionnelles qui le fait accepter de prendre en charge le travail administratif de plus en plus écrasant qui est maintenant exigé des responsables universitaires. Alors que certaines finissent par baisser les bras et que d'autres parviennent à se défiler… Il y a là un enjeu capital si l'on ne veut pas laisser étouffer la recherche sous le poids d'une bureaucratie qui a pour fonction de l'administrer et devrait contribuer à la stimuler au lieu de peser sur elle.

Dans cet esprit, Salah Mejri s'inscrit dans une mouvance intellectuelle dont il reprend l'héritage en le faisant fructifier par les apports de ses recherches personnelles. Là encore avec générosité. Ainsi ne dédaigne-t-il pas la tâche de transmettre d'une façon pédagogique ce capital scientifique, comme il m'a été donné d'en prendre la mesure. Au-delà d'un minimum nécessaire de technicité conceptuelle et terminologique, il sait résister à la tentation d'une « jargonnisation » du discours et à la fascination du terrorisme théoriciste qui avait entaché la linguistique de naguère, alors que ces deux distorsions intellectuelles ne servent que trop souvent de brouillard de protection à certains. Sur le contenu de ses recherches elles-mêmes, je n'en dirai pas plus, m'effaçant devant ceux qui, dans le présent volume, en traiteront en détail et plus savamment que je ne saurais faire ici…

En écho à une formule qui m'est chère, je dirai seulement que Salah Mejri est un linguiste qui est aussi un intellectuel. C'est en partie ce qui contribue aussi à faire de lui un vrai chercheur.

Pour lui rendre hommage et contribuer de mon côté à expliciter le dialogue qui nous lie mais qui reste encore assez largement tacite, en raison du déraisonnable excès de travaux que nous nous imposons l'un et l'autre (et lui plus encore que moi sans doute), je ferai suivre les quelques lignes de biographème qui précèdent de ce qu'il est convenu d'appeler un texte d'humeur – d'une « humeur » où l'admiration le dispute à l'amitié. Je m'en tiendrai ici à quelques aperçus en forme d'aphorismes qui sont autant de résumés de diverses thématiques auxquelles j'ai été amené à travailler ces derniers temps dans le prolongement des préoccupations intellectuelles qui sont les miennes depuis belle lurette.

1. Les fondements épistémologiques de la traductologie

En sciences humaines, la réflexivité méta-théorique de l'épistémologie est substantiellement coextensive au discours de la recherche elle-même. Peut-être est-ce un peu moins évident pour la linguistique que pour d'autres disciplines. Mais à n'en pas douter, il en va bien ainsi tout spécialement de la traductologie qui, au sein des sciences du langage, retient mon attention ici.

Cela m'a conduit à situer la traductologie au sein d'un triangle interdisciplinaire : à l'articulation des sciences du langage et de la philosophie, mais aussi de la psychologie. Au vrai, on en viendra finalement à convoquer de proche en proche l'ensemble des sciences humaines (SH), ainsi que des études littéraires et culturelles (ELC), au service d'une anthropologie interdisciplinaire de la traduction (AIT). Mais tout cela reste finalisé par la perspective de la pratique.

Quant au fond, plusieurs lignes d'analyse pourront être dégagées. D'abord, la traductologie relève du domaine des sciences humaines : à ce titre, il convient d'en marquer la spécificité épistémologique, par comparaison avec les sciences exactes, et de déterminer le type de « scientificité » à laquelle elle peut prétendre. Ainsi faudra-t-il se garder des illusions méthodologiques que peut induire cette idéologie délétère de la modernité que constitue le positivisme.

Plus concrètement, la traduction est d'abord une pratique : et la question se pose de savoir quel est le statut de la théorie qui peut la prendre en charge. En tout cas, la traductologie est au bout du compte une praxéologie dont il convient de définir la nature épistémologique. Quels sont dès lors les fondements épistémologiques sur lesquels repose la discipline ? À cet égard, l'interdisciplinarité dont elle procède en grande partie nous fournit un élément de réponse, mais elle pose en même temps un problème épistémologique majeur.

Corollairement, on ne saurait éluder l'échéance embarrassante d'un certain « pluralisme théorique ». En outre, il convient de bien distinguer discours scientifique et discours didactique. Enfin, mon propos aura été depuis des années de montrer que, paradoxalement, les réflexions touchant la méta-théorie épistémologique de la théorie traductologique se révèlent être de plain-pied avec la pratique traduisante.

2. Traduction en communication interculturelle

Au sens un peu élargi de ce qui est le cœur de l'opération traduisante, la traduction peut aussi faire l'objet d'une recherche d'orientation psychosociologique. Ainsi ai-je eu l'occasion d'animer plusieurs programmes franco-allemands de recherche-action mettant en place un dispositif de groupe. Il s'en dégage notamment, trois ou quatre types de conséquences.

Grâce au dispositif mis en place, on peut voir comment la traduction interfère substantiellement avec la dynamique du groupe bilingue (ou plurilingue) dans le cadre duquel elle fonctionne. Dans un tel contexte, « la traduction » de ce qui est dit dans l'autre langue est constamment demandée par les participants du groupe. Le concept de traduction devra donc être recentrée sur son sens-noyau, c'est-à-dire redéfinie comme une opération de transfert linguistique, sous-jacente à l'interaction plurilingue (et interculturelle) qui est mise en jeu. Du même coup, on verra s'estomper la frontière classiquement établie entre la traduction (stricto sensu), qui est censée ne concerner que les textes écrits, et la dite « traduction orale » comme il arrive qu'on appelle parfois le travail de l'interprète. À quoi viendront s'ajouter d'autres problèmes de conceptualisation et de terminologie : « interprétariat » et interprétation ; interprètes de conférence et interprètes de contact (liaison interpreting), traduction et adaptation « localisation » des logiciels, etc.

Plus généralement, on tend maintenant de plus en plus à identifier la notion de traduction à l'expression de « communication interculturelle » un peu galvaudée depuis quelque temps. Mais, dans les cas très spécifiques, de conjoncture bilingue des groupes restreints étudiés, cette expression prend tout son sens et il conviendra de prendre pour objet d'étude la traduction dans la communication interculturelle. Dans cet esprit, il se dégage un axe de réflexion dont on pourrait formuler le programme sous l'intitulé suivant : *Traduire les langues, traduire les cultures*. Et là on rejoint une problématique fondamentale de la traductologie : ainsi les développements convergents de la recherche se sont-ils attachés il y a peu à mettre très largement l'accent sur un « tournant culturel » de la traduction. Tant il est vrai qu'en toute rigueur on ne traduit pas un texte d'une langue-source (Lo) dans une langue-cible (Lt), mais d'une langue culture (LCo) à une autre (LCt).

L'un des problèmes qui se trouvera dès lors posé est la fameuse question du littéralisme (cf. *infra*.), qui non seulement met en cause le statut de la littérature et de l'objet textuel, mais encore nous conforte à l'échéance d'un enjeu politique des langues et de ce dont elles se révèlent porteuses. Sans parler d'un « impensé métaphysique » de la traduction, dont j'ai été amené à hasarder le diagnostic. Paraphrasant une formule de Georges Clémenceau (et de Jacques Soustelle), on pourrait dire que les langues sont une affaire trop sérieuse pour être laissée aux (seuls) linguistes !

De fait, le dispositif de la traduction détermine le niveau socio-culturel dont relève le texte-source, de façon paradoxalement rétrospective. Ce n'est pas le statut « ontologique » du texte-source (To), mais le « projet de traduction » qu'on aura adopté qui détermine le type de traduction (Tt) proposé : œuvre littéraire ou document culturel. Il y a aussi la question de savoir si on traduit le non-dit, et particulièrement l'implicite culturel. Il est clair qu'il y a là la matière à des clivages polémiques importants. Fondamentalement, c'est le concept même de traduction qui fait problème et qu'on sera amené à redéfinir en fonction des limites historiquement assignées aux structures d'accueil immanentes à la langue-cible (Lt) et à la langue-culture (LCt) au sein de laquelle elle s'insère.

Mais si l'on fait un retour sur l'approche psychosociologique précédemment évoquée, sans faire l'impasse sur ce que la traduction implique d'un rapport au texte (dont il vient d'être question), on est conduit à esquisser ce qui pourrait être une psychologie sociale de la traduction. Plus classiquement, on ne saurait faire l'impasse sur l'échéance d'une psychologie du traducteur.

Enfin, ces différentes réflexions débouchent sur un élargissement de la problématique linguistique à un questionnement d'ordre proprement philosophique concernant le rapport entre traduction et communication interculturelle. Pour le dire vite, de façon très schématique et allusive, ma thèse va à thématiser la traduction non seulement comme paradigme de la communication tout court, mais aussi comme dispositif réflexif d'analyse critique des *impensés de la modernité*.

3. La déverbalisation en question

Le concept de déverbalisation est apparu dans le cadre de la théorie interprétative de la traduction (TIT), dans la mouvance de l'ESIT, à l'initiative de Danica Seleslovitch et Marianne Lederer. Sans baraguiner, je l'ai d'emblée repris à mon compte.

Mais il est vrai que ce concept fait problème. Chez les linguistes comme chez les littéraires, il déclenche une hostilité immédiate et massive, au nom d'une sorte d'évidence implicite qu'il n'y aurait même pas lieu d'argumenter. On le conçoit aisément dans la mesure où il semble bien que cela revienne à les priver *a priori*, les uns comme les autres, de leur objet d'étude. Il n'en va guère autrement pour la plupart des philosophes et même pour une bonne part de ceux qui entendent traiter de traduction... Pour ceux qui s'occupent de traduction littéraire, il est clair que la déverbalisation enfreint un tabou : celui de la forme du texte à traduire qui se trouve radicalement remise en cause. Pour les linguistes (*stricto sensu*), il revient à prendre congé des observables du langage et cela les amènerait à faire le « deuil épistémologique » de ce qui fait l'objet de leurs recherches.

Et pourtant, dès lors qu'on passe d'un texte-source (dans une langue) à un texte-cible (dans une autre langue), il est indéniable qu'il aura fallu décrocher des signifiants langagiers, c'est-à-dire déverbaliser ! En sorte que, pour ceux qui prennent spécifiquement pour objet la traduction et l'interprétation, ce concept de déverbalisation appelle une réflexion critique plus nuancée et plus approfondie.

Au niveau « phénoménologique », la déverbalisation correspond à un moment vécu de l'expérience de traduire (ce qui constitue déjà une première forme de validation). Dans cette perspective, la question posée est moins celle de la « scientificité du concept » que de son adéquation à la pratique de l'utilité qu'il peut y revêtir. Cela répond aux attentes de ce que j'appelle la *traductologie productive*.

Parallèlement, cela n'exclut nullement que soient réalisées des études empiriques, cherchant à mettre en lumière le substrat neuropsychologique qui sous-tend ce travail mental du traducteur. Mais on en est encore là qu'aux prémices d'une traductologie inductive ou « scientifique », qui reste actuellement inchoative et nécessairement limitée à des études ponctuelles plus ou moins isolées. Au reste, ces recherches ont vocation à se fondre dans le vaste ensemble des sciences cognitives, elles-mêmes assez largement programmatiques…

D'une façon générale, il y a matière à dégager quelques corollaires de ce qui précède. Ainsi conviendra-t-il :

- de distinguer très nettement les traductologues proprement dits des contrastivistes, qui tendent à confiner la traduction dans une analyse comparative, limitée à une (ou des) paire(s) de langues ;
- les conceptualisations mises en œuvre au sein de la théorie traductologique, qui auront été soumises à l'épreuve de la pratique, commanderont le type de formation théorique à dispenser aux étudiants et le choix des dispositifs de formation ;
- enfin, on ne saurait méconnaître la dimension interculturelle de toute traduction (cf. *supra*).

4. Esthétique de la traduction

L'esthétique de la traduction ne concerne pas seulement la traduction littéraire. Une *Esthétique générale de la traduction* prend en charge non seulement la traduction littéraire, mais aussi la traduction spécialisée (ou « professionnelle ») et, plus fondamentalement encore, la traduction des textes philosophiques et des textes sacrés.

En cela, l'esthétique a des prolongements en matière d'éthique tant au niveau de la théorie traductologique que, bien sûr, de la pratique traduisante. Il reste que le premier problème qui se pose est le problème esthétique de la traduction littéraire : d'abord chronologiquement dans l'histoire, mais aussi du point de vue d'une antériorité logique qui est celle de l'écriture (traduisante) elle-même, ainsi que de la lecture des œuvres et de leur « réception ». Plus explicitement, je me plais à parler d'une esthétique littéraire de la traduction littéraire, au terme d'une répétition (voulue) dont la redondance se veut significative et appelle une réflexion argumentée. En effet, les traductions de textes littéraires relèvent bien évidemment d'abord des études littéraires et tout spécialement de la littérature comparée. Mais elles pourront aussi faire l'objet d'autres approches méthodologiques : sociologique, psychanalytique, linguistique, historique, etc.

Dans la perspective d'une esthétique spécifiquement littéraire, on se trouve d'emblée confronté à une question aporétique, à savoir : traduire la forme ? (cf. *supra*). Plus généralement, il y a lieu de distinguer plusieurs modalités de ladite esthétique, selon la spécificité respective des enjeux et des aspects pris en compte. Ces différentes esthétiques pourront fournir la matière de différentes analyses détaillées. Il y a lieu de poser tout particulièrement le problème de l'articulation à définir entre la dimension littéraire d'un texte et la part des déterminations culturelles qui la traversent et la surdéterminent. Dès lors, la traduction devra-t-elle pencher plutôt du côté de la communication interculturelle ou de l'écriture littéraire ?

Dans le prolongement direct de ces réflexions, j'entends mentionner quatre ou cinq problématiques fondamentales :

- Il conviendra de faire le point sur la question immémoriale du littéralisme en traduction qui oppose les « sourciers » et « ciblistes » (cf. *infra*).
- Corollairement, on ne saurait faire l'économie d'un questionnement critique portant sur l'interférence de considérations idéologiques au sein de la théorie traductologique et sur leur impact dans la réalité de la pratique traduisante (*Ideologiekritik*).
- La problématique de la lecture débouche sur la mise en cause du concept de traduction lui-même – et notamment sur la logique de ce qu'on pourra appeler une « prétérition du texte original ».
- Plus concrètement, l'échéance d'une « relecture » des œuvres présente deux facettes différentes : d'une part, au plan de la

réception du texte-source (To) et, d'autre part, au plan de la réécriture du texte-cible de la traduction elle-même (Tt). On a là deux problèmes distincts, qui doivent faire l'objet d'analyses spécifiques.
- Enfin, l'esthétique de la traduction doit d'abord se définir par rapport à la problématique d'une typologie des genres de textes à traduire ; et cela conduit à une remise en cause de certaines théories traditionnelles.

Enfin, l'Esthétique de la traduction (avec une majuscule) que je m'attache à définir, en rupture avec la tradition, entend rendre au concept sa signification originaire. L'enjeu est double et associe paradoxalement deux perspectives apparemment opposées, mais complémentaires. Par en haut : ladite Esthétique de la traduction revêt un sens philosophique dont la généralité permet d'y subsumer la théorie de la traduction dans son ensemble. Par en bas : le paradoxe est que l'on est du même coup et là-même de plain-pied avec le vécu de la pratique. En thématisant notamment la dialectique du vouloir-dire, l'Esthétique de la traduction apporte un éclairage décisif aux pratiques traductionnelles.

Elle permettra en outre de s'affranchir de l'illusion positiviste qu'il y ait des « techniques de traduction », au-delà de l'utilisation des nouvelles techniques de l'information et de la communication (NTIC) que les développements de l'informatique ont permis de mettre en œuvre. On ne conçoit pas en effet d'esthétique (quelle qu'elle soit) sans sujet ! et là, on touche à la problématique globale d'une éthique des sciences humaines. D'une façon générale, il y a lieu de dégager des analyses qui précèdent un certain nombre d'apports méthodologiques qui permettront d'optimiser la pratique du traducteur et d'apporter quelques précisions à la problématique de l'éthique professionnelle qui doit être la sienne. Conjointement, tout cela peut aussi être mis à contribution dans le domaine pédagogique, dans l'enseignement et dans l'apprentissage, et tout particulièrement pour la formation des traducteurs.

5. Sourciers et ciblistes

Traduction littérale ou traduction « libre » ? la Lettre ou l'Esprit ? La question du littéralisme en traduction est une question immémoriale. Il y a là un couple d'opposition dont il a été proposé diverses versions ; et je n'ai pas craint de venir en rajouter une autre, en opposant les « sourciers » et les « ciblistes » dans la mesure où il s'agissait de reconceptualiser la problématique sur nouveaux frais. Entre temps, comme on sait, le couple que forment ces deux concepts a fait florès et s'est retrouvé au centre de nombreuses controverses.

La question reste posée de savoir pour laquelle de ces deux options il convient de se décider. Plus précisément : s'agit-il des deux termes d'une dichotomie ou d'une polarité ? Sur ce point, je tiens qu'il est absurde de prétendre qu'on puisse être « à la fois sourcier et cibliste » ! Surtout : la véhémence polémique que revêtent souvent, et contre toute attente, les débats touchant ces questions – à commencer par le refus a priori de ces deux concepts par certains – donne à penser qu'il y a là des enjeux plus profonds que la traduction elle-même, tant au niveau philosophique et métaphysique qu'au niveau politique et idéologique. Entre autres choses, cela jette aussi une lumière particulière sur la question de l'interculturel. En outre, cela appelle un questionnement spécifique en matière d'épistémologie des sciences humaines.

6. Envoi

On voudra bien me passer la coquetterie rhétorique de ce dernier intertitre, qui vient conclure cette « bal(l)ade » enchaînant quelques-uns des thèmes de la traductologie à laquelle je travaille depuis quelques décennies. Jouant sur les deux mots que ne distingue qu'une lettre dans la graphie un peu oublieuse de l'étymologie qui les sous-tend, je m'amuse à dire qu'au terme de cette balade qui s'est promenée au long de quelque cinq stations de mon parcours traductologique, la présente conclusion est un peu comme la dernière strophe d'une ballade, dont l'ancienne rhétorique nous enseigne qu'elle a pour fonction d'y faire honneur au personnage auquel elle est adressée – comme j'ai ici le plaisir de l'adresser à mon ami Salah Mejri.

On aura noté que je n'ai guère traité ici de linguistique à proprement parler, et encore moins de lexicographie. Il y a à cela trois raisons. D'abord, quand Salah Mejri m'a invité à rejoindre la mouvance des recherches auxquelles il préside, il s'adressait autant et plus au traductologue que je suis devenu qu'au linguiste qu'à vrai dire je n'ai pas renoncé à rester (ne fût-ce que parce que l'un ne va pas sans l'autre). Si, donc, j'avais entrepris de thématiser expressément la problématique des recherches menées au sein de ladite mouvance, inscrite dans le triangle « géo-intellectuel » France-Espagne-Tunisie, dans leurs rapports avec la traduction sous les multiples aspects qu'il leur reviendra de prendre en compte, j'aurais dû consacrer tout un travail qui aurait excédé de beaucoup les limites imparties à la présente étude. Surtout : ç'aurait été l'anticipation prématurée de tout un chantier de recherches qu'il nous revient de développer dans les années qui viennent… Et puis, j'ai voulu apporter une tonalité un peu différente au sein de ce que sera sans doute l'esprit d'ensemble du présent volume d'hommages à Salah Mejri. Enfin, la forme courte des textes d'esprit aphoristique que j'ai choisie ici me paraît bien convenir à l'hommage rendu à un ami, en dépit de la facture apparemment péremptoire et parfois trop elliptique de ces instantanés. Mais ils ne se prêtaient guère au développement d'une argumentation continue et fouillée.

En tout cas, je suis particulièrement heureux de participer à ce volume d'hommages ainsi qu'à la mouvance dont il émane et qui m'ouvre des horizons de recherche prometteurs… N'ai-je pas lieu de m'en féliciter et d'en remercier ici une personne qui est au principe de tout cela ? Qui d'autre que Salah Mejri ?

chapitre 11
Zoomorphisme et lexique rural brésilien

Suzana Alice MARCELINO CARDOSO

La présence de dénominations inspirées par les animaux qui, pour Alinei (1983 : 30), reflète « an ancient totemic vision of reality »[1], se rencontre dans différentes langues comme, par exemple, les noms donnés à *l'arc-en-ciel* : on trouve « arcobaleno », forme d'utilisation générale en italien, « œil-de-bœuf », atesté dans l'Atlas Linguarum Europae (V, I, Carte 9), « arco del drago », forme dialectale de l'italien (Alinei, 1998 : 208), « olho-de-boi », documenté en portugais brésilien dans l'Atlas Prévio dos Falares Baianos (Carta 6), dans l'Atlas Linguístico de Sergipe (Carta 4) et dans l'Atlas Linguístico de Paraiba (Carta 30), dans lesquels la référence à « baleine », « dragon » et « bœuf » donne un caractère zoomorphique aux noms considérés.

Centré sur l'intérêt lexical, cet article analyse quelques aspects du parler rural brésilien, considéré comme l'une des manifestations diverses de la langue portugaise au Brésil, caractérisé par des usages particuliers et spécifiques d'une zone ou d'un ensemble de zones non urbaines, géographiquement définies et linguistiquement identifiées. Il s'agit ici d'identifier les dénominations trouvées dans le lexique rural brésilien, spécifiquement dans les zones des états de Bahia et Sergipe qui représentent des cas de zoomorphisme. On considère les données cartographiées dans l'Atlas Prévio dos Falares Baianos (APFB, 1963), dans l'Atlas Linguístico de Sergipe (ALS, 1987), d'après ce que présentent Cardoso et Ferreira (2000) pre-

---
1. « Une vision totémique ancienne de la réalité ».

nant l'ensemble du lexique documenté dans les deux atlas cités, en plus de l'Atlas Linguístico de Sergipe-II (ALS-II, 2005), et on analyse les cas enregistrés en cherchant à les classer et à les interpréter.

Pour bien situer l'objet d'étude dans la région où l'on enregistre les données, il faut fournir des informations sur la source d'investigation et les deux états brésiliens étudiés.

1. Bahia et Sergipe et leurs Atlas Linguistiques

Bahia et Sergipe font partie des vingt-six états qui constituent la République Fédérative du Brésil. Du point de vue géographique, ils sont situés dans la région Nord-Est (identifiés sur la carte avec les initiales BA=Bahia et SE=Sergipe), ils ont une vaste côte maritime et se caracterisent par un climat assez stable au long de l'année. Bahia a presque l'étendue de la France, 564 692 km² ; Sergipe est comparable à la Belgique, 21 910 km². La capitale de l'état de Bahia fut la première capitale du Brésil, où les portugais sont arrivés pour la première fois débarquant à Porto Seguro, ville au sud de grande circulation touristique à présent.

Il faut dire qu'au début de l'histoire du Brésil, Bahia et Sergipe composaient une région sous juridiction unique, c'est-à-dire un seul territoire au point de vue administratif.

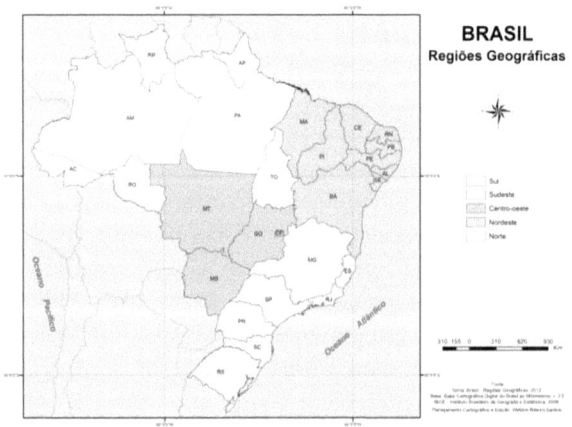

Figure 1 : Carte du Brésil

D'un point de vue linguistique, on peut signaler que les deux états appartiennent à la région nommée par Nascentes (1953) aire des « falares baianos » (parlers bahianais). Lors de la division dialectale du Brésil, Nascentes a proposé une grande répartition pour le portugais brésilien, y compris la Région Nord et la Région Sud parmi les deux se trouvait la Région des parlers bahianais, une aire linguistique qu'il désignait comme intermédiaire entre les deux autres. Les traits qui marquent la grande différence entre elles, selon Nascentes, concernent la réalisation des voyelles prétoniques moyennes et la prosodie :

> « O que caracteriza estes dois grupos é a cadencia e a existencia de pretônicas abertas em vocábulos que não sejam diminutivos nem advérbios em mente. Basta uma singela frase ou uma simples palavra para caracterizar as pessoas pertencentes a cada um destes grupos. » (Nascentes 1953 : 25)[2]

Figure 2 : Division dialectale de Nascentes (1953)

---

2. Ce qui caractérise les deux groupes, c'est la cadence et l'existence de syllabes prétoniques ouvertes dans des vocables qui ne sont ni des diminutifs ni des adverbes terminés par le suffixe « -mente ». Il suffit d'une simple phrase ou mot pour caractériser les personnes appartenant à chaque groupe.

Cette division reste jusqu'à présent la seule basée sur des principes linguistiques, mais il y en a d'autres basées exclusivement sur des principes géographiques. On prévoit que les résultats de l'Atlas Linguistique du Brésil, qui est en œuvre, fourniront certainement les lignes ditinctives du portugais brésilien basées sur des recherches empiriques. Cet atlas, il faut le signaler, a un réseau de points constitué de 250 sites répartis sur toutes les régions géographiques du Brésil, tenant compte des différentes caractéristiques culturelles. Même si l'on considère un réseau de seulement 250 points pour une superficie de 5 511 000 km², les résultats disponibles indiquent déjà certaines zones linguistiques, comme le démontrent Mota, Jesus et Evangelista (2010), en reconnaissant différentes aires dialectales pour la réalisation des variantes palatales de [S] en code syllabique.

Bahia fut justement le premier état brésilien à avoir un atlas linguistique. Mais les études géolinguistiques au Brésil ont commencé dès la première moitié du XIXe siècle, par l'œuvre initiale de Domingos Borges de Barros, Vicomte de Pedra Branca. Il a fait une description du lexique du portugais du Brésil en le comparant à celui du portugais du Portugal et l'a publiée dans l'*Introduction de l'Atlas Éthnographique du globe*, d'Adrien Balbi (1826). L'Atlas Prévio dos Falarers Baianos (APFB) fut publié en 1963 par Nelson Rossi, Carlota Ferreira et Dinah Isensee. Ils y présentent un réseau de points constitué par 50 villes distribuées dans tout l'état et y analysent les données de 100 informateurs. La même équipe de recherche se concentre sur l'état de Sergipe et produit l'Atlas Linguistique de Sergipe (ALS), publié en 1987 par Ferreira *et alii*. Cet atlas fournit des cartes correspondantes aux cartes de l'APFB et y introduit quelques autres, dénomées cartes Bahia-Sergipe, qui présentent des informations de Bahia inédites à côté des nouvelles données de Sergipe. Cet atlas a suivi la même méthodologie de l'APFB et l'a améliorée sur quelques aspects : il y a 30 informateurs distribués sur 15 villes. Plus tard, en 2005, utilisant des donnés de terrain de Sergipe encore inédites, Cardoso publie l'Atlas Linguístico de Sergipe-II (ALS-II).

Les données recueillies par ces atlas sont soumises, dans ce travail, à un examen de la présence des dénominations de nature zoomorphique.

2. À propos de certains cas de zoomorphisme dans l'APFB, l'ALS et l'ALS-II

La présence des animaux dans la dénomination d'éléments du monde biosocial se trouve dans les langues de forme réprésentative. Dans le portugais brésilien, on peut voir des cas de zoomorphisme dans les noms qu'on utilise pour nommer plusieurs aspects du vocabulaire – par exemple, *nariz de tucano* (« nez de toucan », pour les personnes à gros nez) – et dans des expressions figées – comme *chorar lágrimas de crocodilo* (« verser des larmes de crocodile », pour une personne hypocrite).

Dans cet article, on présente les occurrences de zoomorphisme dans les parlers ruraux de Bahia et de Sergipe, à partir de ce qu'enregistrent l'APFB, l'ALS et l'ALS-II, en les classant en quatre groupes : les phénomènes de la nature, les animaux, l'agriculture et l'homme. Ensuite on analysera les cas enregistrés en cherchant à les catégoriser et les interpréter.

Dénominations de nature zoomorphique (Bahia et Sergipe)

Phénomènes de la nature

Arc-en-ciel	*arco-de-boi* (arc-de-bœuf)
	olho-de-boi (œil-de-bœuf)
Vague	*troupeau de moutons*
	troupeau de bœufs
	carneiro-d'água (bélier de l'eau)
	carneiro-do-mar (bélier de la mer)
Petites vagues suivies et avec de la mousse	*carneiro* (bélier)
	carneiro-d'água (bélier de l'eau)
	carneiro-de-escuma (bélier de mousse)
	carneiro-de-sapo (bélier de crapaud)

Animaux

Bœuf blanc et noir	*couro de onça* (peau d'once)
	couro de raposa (peau de renard)
	raposado (couleur de renard)
	raposo (renard)
Bœuf peint en noir et blanc	*surubim* (poisson tacheté du fleuve amazonien)

Agriculture

  Pièce de l'utensile pour
  gratter le manioc *caititu* (porc sauvage épineux)
  Types de citrouille *abóbora-braço-de-macaco* (citrouille bras-de-singe)

         abóbora coração-de-boi (citrouille cœur de bœuf)
         abóbora costela-de-baleia (citrouille côtes de baleine)
         abóbora-de-porco (citrouille de porc)
         abóbora-de-sapo (citrouille de crapaud)
         abóbora-jacaré (citrouille alligator)
         abóbora-jiboia (citrouille-boa)
         abóbora-paca (citrouille-paca)
         *abóbora papo-de-tucan*o (citrouille /jabot de toucan)
         abóbora-tucano (citrouille toucan)

Homme

  Menstruation *boi (bœuf)*
        boiada (troupeau de bœuf)
  Œil désincarné *olho-de-boi* (œil-de-bœuf)
        olho-de-boto (œil-de-dauphin amazonien)
        olho-de-cabra-chumbada (œil-de-chèvre)
        olho-de-corujão (œil-de-gros hibou)
        olho-de-sapo-boi (oil de crapaud-bœuf)

  Creux entre le menton et
  la lèvre inférieure *mosca* (mouche)
  Jambes minces *perna de sabiá* (jambes de sabiá[3])
        perna de garrincha (jambes de garrincha)
        perna de massarico (jambes de massarico)
        perna de seriema (jambes d'héron)
  Tache de rousseur *ovo-de-peru* (œuf de dinde)
        papo-de-peru (jabot de dinde)
  Type de métier *formiga-de-roça* (fourmi des champs)
        cabra (chèvre)
  Travailleur dans les
  champs des autres *macaco* (singe)

L'analyse qui suit aborde (i) la préférence pour certains animaux, (ii) le rapport spécifique entre les animaux et les choses dénom-

---

  3. Les oiseaux mentionnés – *sabiá, garrincha, massarico, seriema* – sont ordinaires dans la faune brésilienne.

mées et (iii) le rapport entre les animaux choisis et la nature de la région géographique.

La préférence pour certains animaux est claire. On peut voir dans l'échantillon, que pour nommer 14 items sémantico-lexicaux les usagers utilisent 25 animaux. Parmi ceux-là, il y a une préférence pour cinq d'entre eux : le *bœuf*, présent dans les cinq groupes ; le *crapaud*, qui apparaît dans trois groupes et le *bélier*, la *chèvre* et le *singe*, chacun présent deux fois. En ce qui concerne ces cinq animaux, il s'agit d'espèces qu'on trouve partout. Les autres animaux sont des occurrences pour des référents uniques.

Le rapport spécifique entre les animaux et les choses dénommées n'est pas toujours clair. Quelquefois, il s'agit de métaphores transparentes ; d'autres fois le rapport établi n'est pas explicite.

Pour illustrer le premier cas – des métaphores transparentes, on peut citer :

Carneiro-de-escuma (bélier de mousse), pour nommer les petites vagues suivies et avec de la mousse, et *carneirada* (troupeau de moutons), pour nommer les vagues. La vision, qu'on a de l'ensemble des vagues plus proches et avec de la mousse, donne l'image de beaucoup de moutons, de béliers, avec leur laine, qui sont réunis dans un local déterminé. À propos des dénominations pour « vague », dans l'état de Sergipe, Cardoso et Rollemberg ont publié l'article « O mar : semaseologia em Sergipe ».

Perna de sabiá, perna de garrincha, perna de massarico, perna de seriema – La référence à ces quatre oiseaux et le rapport établi entre les pattes minces et la dénomination est évident. Ces sont des oiseaux qui ont tous des pattes minces. La *garrincha* est très petite et peut être cachée dans la paume de la main. Le *sabiá* est l'oiseau symbolique du Brésil. Le *massarico* se caracterise par des pattes longues et un bec long aussi. La *seriema* a aussi de longues pattes, mais son bec est petit.

Figure 3 : Massarico

Olho de corujão (œil grand, hors de l'orbite). Les hibous sont connus par leurs grands yeux, ce qu'on voit immédiatement quand on les aperçoit. *Corujão* est la forme augmentative d'hibou qu'on emploie pour des personnes qui ont une telle caractéristique.

Formiga-de-roça (fourmi de champ, la même que la fourmi coupeuse de feuilles) qu'on dit d'un certain type de métisse, de couleur rousse, parce qu'il y a une espèce de fourmi de couleur semblable.

Surubim (sorte de poisson brésilien) est la dénomination pour le bœuf bicolore, aux taches noires et blanches. Le nom *surubim* est d'origine tupi -*suru'wi* « espèce de peixe » (Houaiss, Villar 2001) – et désigne une sorte de poisson d'eau douce qui se trouve dans les bassins des fleuves brésiliens, en particulier dans le Sao Francisco, le Parana et l'Amazone. La peau du bœuf refère par similitude à celle du poisson. L'illustration ci-dessous montre le poisson.

Figure 4 : Surubim

Abóbora-jacaré (citrouille alligator) est une sorte de citrouille décrite par les informateurs comme « bonita, pintada como um jacare (belle, tachetée comme un alligator) » et aussi comme « com aqueles cascos, como de jacare mesmo (avec des sabots, comme l'alligator) » (Cardoso, Ferreira 2000 : 16).

D'autres dénominations n'offrent pas un rapport clair entre le nom donné et la chose appelée, comme *ovo-de-peru* (œuf de dinde) pour nommer la tache de rousseur ; *macaco* (singe) pour signifier un travailleur dans les champs d'autrui ; *arco-de-boi* (arc-de-bœuf) et *olho de boi* (œil de bœuf) pour arc-en-ciel ; *boi* (bœuf) pour menstruation.

Au sujet des ces dernières dénominations il faut signaler quelques aspects :

- *Œil de bœuf*, pour nommer l'arc-en-ciel est une dénomination présente en Europe et documentée en France par l'Atlas Linguarum Europae [Carte 08.0/112 (Alinei, 1983)].

- *Boi*, qui identifie la menstruation, a été étudié par Paim (2012) en prenant les corpus du Projet de l'Atlas Linguistique du Brésil, en ce qui concerne les capitales des États. Concernant la réalité des capitales brésiliennes, dont les données sont examinées, on vérifie que dans sept capitales [Natal, João Pessoa, Recife, Maceió et Salvador (au Nord-Est), Vitória (au Sud-Est et Florianópolis (au Sud)] on enregistre *boi* pour menstruation.

Parfois, il y a un rapport entre les animaux choisis et la nature de la région géographique. Si l'on considère ce qui se passe dans la région de Bahia et Sergipe, on constate que des animaux peuvent être présents dans presque tous les pays et être utilisés comme bases pour des métaphores : le bœuf, la chèvre, l'once, l'hibou, le crapeau, le dindon, la fourmi, le singe, la baleine, le porc, l'alligator. D'autres peuvent réfléter un certain rapport avec certaines aires brésiliennes déterminées, comme le surubim.

Le *surubim*, est présent dans certains fleuves brésiliens (mais présent aussi dans toute l'Amérique du Sud) comme le Sao Francisco qui traverse l'état de Bahia du sud au nord et marque les limites, au nord, entre les états de Sergipe et Alagoas.

Le *boto* est une espèce de dauphin qu'on trouve dans les fleuves de l'Amazonie. La légende dit qu'il a le pouvoir de se métamorphoser en un beau jeune homme qui ensorcèle les jeunes filles, les menant au fond du fleuve où elles restent chez lui pendant la nuit. Le lendemain la jeune fille rentre, enceinte du boto. À cause de cette croyance dans la région nord, on nomme « enfants de boto », les enfants dont les mères ne veulent pas (ou ne peuvent pas) révéler l'identité du père.

Le *caititu* est un type de cochon sauvage vivant sur le territoire brésilien, mais qui existe aussi en Amérique du Sud.

La *paca* habite les forêts tropicales tout au long de l'Amérique Centrale jusqu'à l'Amérique du Sud.

Le *tucano*, « toucan », est un bel oiseau à long bec qui vit dans les forêts de l'Amérique Centrale et de l'Amérique du Sud et se trouve en abondance dans les forêts brésiliennes. C'est un terme d'origine Tupi.

La *jiboia* habite les forêts de l'Amérique Centrale et de l'Amérique du Sud et au Brésil. Elle se trouve partout. C'est un serpent de moyenne ou grande taille, couvert par des couleurs variées et divers dessins.

Et on ajoute à cet échantillon, des oiseaux pour identifier des jambes minces, particulièrement le *sabiá* et le *maçarico* (oiseau migrant qui habite les régions côtières).

Les animaux sont, tout le temps et partout, une source d'inspiration pour nommer les choses du monde biosocial. Comme vu dans les exemples ilustratifs, la présence des animaux est évidente dans le lexique du portugais brésilien, apportant quelquefois un trait dialectal, mais qui est également présent dans le lexique des zones urbaines.

3. Un mot de conclusion

Les atlas linguistiques brésiliens, dans lequels nous avons puisé nos exemples, fournissent un vaste échantillon d'informations dans le champ sémantico-lexical. Il y a une richesse assez grande de dénominations qui ne sont pas connues des locuteurs actuels de la langue et parfois ne sont pas enregistrées dans les dictionnaires. Ces dénominations se présentent comme des archaïsmes, des néologismes ou des emprunts à des langues indigènes ou africaines. Si l'on considère la motivation, on peut ressortir le trait zoomorphique présent dans les exemples exposés par ce travail. À ce sujet, on ajoute l'interaction avec la réalité culturelle de la zone où s'insèrent ces dénominations, ce qui est bien marqué par le choix des animaux qui sont mis en scène.

Pour conclure, on peut signaler que les atlas linguistiques pour la plupart se concentrent sur les informations lexicales et phonétiques. Il y a sans doute un grand nombre de lexies, connues et inconnues, stockées dans chaque atlas. Mais l'utilisation de ces données par les lexicographes n'est pas proportionnelle aux données disponibles, si l'on pense, par exemple, au portugais brésilien.

Enfin, il faut se demander où réside la difficulté pour la mettre en pratique. On peut dire que d'un côté, c'est l'ignorance (en grande partie) du travail géolinguistique de la part de ceux qui produisent les dictionnaires ; de l'autre côté, c'est l'absence d'une méthodologie explicite de diffusion des atlas linguistiques plus efficace et plus transparente. Nous devons, par conséquent, aller vers l'union d'intérêts.

Bibliographie

ALINEI, M.-N., (1983), « Arc-en-ciel », in *Atlas Linguarum Europae*. Assen-Maastricht : Van Gorcum, I, Volume I-Commentaires.

ALINEI, M.-N., (1998), « Prospettive nella ricerca storico-semantica ed etimologica », in *Quaderni di Semantica* v, XIX, n.2, pp. 199-212, Bologna..

ARAGÃO, M.-S.; Menezes, C.-B., (1984), *Atlas Lingüístico da Paraíba*. Brasília : UFPB ; CNPq.

Atlas Linguarum Europae, (1983), Assen-Maastricht : Van Gorcum, I, Volume I

CARDOSO, S., (2005), *Atlas Linguístico de Sergipe-II,* Salvador, EDUFBA.

CARDOSO, S., Ferreira, C., (2000), *O léxico rural*. Glossário, comentários, Salvador, Universidade Federal da Bahia.

CARDOSO, S., Rollemberg, V., (1994), « O mar : semasiologia em Sergipe », in Ferreira, C. *et al.* (eds), *Diversidade do Português do Brasil; estudos de dialectologia rural e outros*. 2ᵉ ed., pp. 79-89, Salvador, Centro Editorial e Didático da UFBA.

FERREIRA, C., Freitas, J., Mota, J., Andrade, N., Cardoso, S., Rollemberg, V., Rossi, N., (1987), *Atlas Lingüístico de Sergipe*. Salvador, Universidade Federal da Bahia, Fundação Estadual de Cultura de Sergipe.

HOUAISS, A., Villar, M., (2001), *Dicionário Houaiss da língua portuguesa*, Objetiva, Rio de Janeiro.

MOTA, J., Jesus, C., Evangelista, G., (2010), « O <s> em coda silábica em capitais brasileiras: dados dos Projeto Atlas Linguístico do Brasil (ALiB) », in *Estudos Linguísticos e Literários* n° 41, pp. 189-228, Salvador, Universidade Federal da Bahia.

NASCENTES, A., (1953), *O linguajar carioca*. 2ᵉ ed., Organização Simões Rio de Janeiro.

PAIM, M., (2012), « A variação lexical na perspectiva pluridimensional nos dados do Projeto Atlas Linguístico do Brasil (ALiB) », in II Congresso Internacional de Linguística Histórica, São Paulo, USP.

ROSSI, N., Ferreira, C., Isensee D., (1963), *Atlas Prévio dos Falares Baianos*, Rio de Janeiro, Ministério de Educação e Cultura - Instituto Nacional do Livro.www.ferias.tur.br/fotos/5462/surubim-pe.html. www.vivaterra.org.br.

chapitre 12
Compétence phraséologique en langue française

Pedro Mogorrón Huerta

1. Introduction

Les séquences figées (SFS) sont des séquences linguistiques pluriverbales[1] utilisées dans toutes les langues comme des instruments visant à créer un sentiment de communauté qui possède des codes linguistiques, culturels et conceptuels communs ainsi qu'à produire une économie discursive dans les productions linguistiques utilisées pour la représentation conceptuelle de situations stéréotypées fréquentes dans la vie quotidienne. La répétition de ces séquences identiques de mots préfabriquées qui vont réapparaître spontanément lors des mêmes situations contextuelles de communication va être l'élément catalyseur qui assurera la survie de ces formes. Avec ce procès de répétition, les locuteurs qui les acquièrent spontanément au fur et à mesure de leur initiation linguistique et communicative les visualisent comme un tout, ce qui leur permettra de les identifier et de les représenter comme des unités stables et perdurables dans le temps.

Pour les usagers, dans les actes de communication, généralement le sens de la plupart des séquences textuelles va se déduire

---

[1]. Les séquences figées posent de nombreux problèmes théoriques et pratiques qui sont traités exhaustivement depuis la fin du XXe siècle dans de nombreuses langues : (classification syntaxique, traitement lexicographique, degré de figement, fixité syntaxique, variantes paradigmatiques, créations diatopiques, interprétation du sens, traduction des phraséologismes, transparence, opacité, etc.).

compositionnellement à partir de la somme du sens des éléments lexicaux porteurs de sens qui les composent, car la langue est généralement compositionnelle, dénotative et transparente. Cependant le binôme (transparence/opacité) qui caractérise de nombreuses SFS pose fréquemment des problèmes d'interprétation, car les SFS ne suivent pas toujours la norme de l'univocité. En effet, il existe de nombreuses expressions figées (EFS), caractérisées par l'opacité, dans lesquelles le sens ne va pas pouvoir se déduire de la somme du sens de leurs composantes, provoquant des problèmes de compréhension et d'interprétation.

2. Délimitation de l'étude

Il existe des dizaines de milliers de séquences figées (proverbes, collocations, locutions, pragmatèmes, etc.) qui vont s'utiliser par les différentes tranches de la population et par les différents groupes sociaux dans les mêmes situations communicationnelles. L'étendue de ce phénomène linguistique est telle qu'il est impossible de mémoriser et de connaître toutes les formes figées, ce qui revient à dire que la compétence linguistique des usagers est limitée, d'autant plus qu'une très grande partie de ces séquences figées sont opaques. Dans Mogorrón 2010, nous avons établi dans une base de données d'environ 19 000 constructions verbales figées espagnoles les facteurs d'opacité suivants : traitement partiel des expressions figées dans les dictionnaires, compétence phraséologique des usagers, polysémie, variantes paradigmatiques, diachronie, références culturelles et historiques. De tous ces facteurs qui sont sans aucun doute inhérents aux séquences figées (dans toutes les langues), nous pensons que le premier facteur d'opacité des séquences figées est lié à la méconnaissance de ces séquences, c'est-à-dire à la compétence limitée de chaque usager.

Nous nous proposons dans le cadre de cet article, de traiter à partir d'un groupe de 47 expressions figées françaises, la compétence phraséologique :
- d'un groupe de 10 étudiants français en troisième année de licence qui réalisent une année Erasmus à l'Université d'Alicante,

- d'un groupe de 10 étudiants francophones (2 canadiens et 8 belges) en troisième année de licence qui réalisent une année Erasmus à l'Université d'Alicante.
- d'un groupe de 10 professeurs universitaires travaillant à l'université Paris 13 en France.

3. Description des expressions figées utilisées pour mesurer la compétence phraséologique des usagers

Pour analyser la compétence phraséologique des sujets qui ont réalisé l'enquête, nous avons sélectioné les 47[2] expressions figées qui apparaissent à continuation et qui appartiennent à des registres de langue bien différenciés ainsi qu'à des usages diatopiques bien établis. Il s'agit de 38 EFS usuelles en France et dans des pays francophones qui apparaissent sous la forme infinitive au moins 8000 fois dans le moteur de recherche google.fr. Postérieurement, nous avons sélectionné 9 EFS utilisées seulement dans certains pays fancophones trouvées dans l'ouvrage de Béatrice Lamiroy (désormais BFQS), ainsi que dans des dictionnaires de français parlé en Afrique Francophone[3]. Afin de faciliter la consultation des données que nous exposons dans les différents tableaux, nous avons indiqué en gras pour chaque expression figée le ou les mots à partir duquel/desquels l'EF est traitée dans le dictionnaire. Ainsi nous avons trouvé l'EF n° 1 *adorer le* **veau** *d'or* dans le mot *veau* et l'expression n° 10 *avoir une* **mémoire d'éléphant** à *mémoire* et à *éléphant*[4].

---

2. À la suite de chaque expression les sigles entre parenthèses indiquent la référence du dictionnaire ou de l'ouvrage référentiel dans lequel nous l'avons trouvé : (*TLFi* = *Le trésor de la langue française informatisé* ; *GR* = *Le Grand Robert* ; *BFQS*= *Les expressions verbales figées de la francophonie* ; *LLFCI* = *Le lexique français de Côte d'Ivoire*. Susanne Lafage (2002) http://www.unice.fr/ILF-CNRS/ofcaf/16/16.html).

3. Cette sélection est réalisée à partir de la thèse doctorale « Estudio sintáctico y semántico de las construcciones verbales fijas en francés de Costa de marfil. Sus equivalencias en español y en francés » soutenue en 2013 par Ph. Anoy N'Guuessan.

4. Il est très difficile de faire des recherches complexes d'EFs dans les ouvrages car ils ne suivent pas toujours les mêmes lignes. Si bien généralement nous allons retrouver les EFS à partir du premier substantif, cependant parfois, comme nous venons de le voir, une expression complexe peut figurer dans un dictionnaire dans plusieurs entrées de termes différents. Par exemple deux substantifs : *avoir une mémoire d'éléphant*, mais aussi un verbe et un substantif comme c'est le cas dans le *TLFi* pour l'expression n° 14 *casser sa pipe* qui est traitée à *casser* et à *pipe*. Une autre difficulté est liée au fait que deux dictionnaires peuvent inclure une information lexicale d'une EF à différents articles. Par exemple, nous avons trouvé l'expression *arrondir les angles* à *arrondir* dans le *TLFi* et à *angle* dans le GR.

1) adorer le **veau** d'or (*TLFi*)
2) aller de chapelle en chapelle (*BFQS*)
3) [adoucir, **arrondir**] les **angles** (*TLFi*)
4) avoir du **poil** au cul (pop, *TLFi*)
5) avoir le bic qui n'écrit plus (*LLFCI*)
6) avoir le **cœur** sur la main (*TLFi, GR*)
7) avoir les **boules** (fam, *GR*)
8) avoir les **portugaises** ensablées (*TLFi*)
9) avoir une brique dans le ventre (*BFQS*)
10) avoir une **mémoire d'éléphant** (*TLFi*)
11) ne pas/plus avoir un **poil** sur le caillou (pop, *TLFi*)
12) n'avoir rien à **foutre** de (*TLFi*)
13) baisser son **froc** (*TLFi*)
14) **casser** sa **pipe** (fam, *TLFi*)
15) [**cirer**, chausser, lécher] les **bottes** de qq'un (loc prov, *TLFi*)
16) ne pas corder de mal à qq'un (*BFQS*)
17) décevoir en bien (*BFQS*)
18) **engueuler** qq'un comme du **poisson** pourri (loc, pop, *TLFi*)
19) [être, se perdre, glisser, vivre] dans les **nuages** (exp et loc, *TLFi*)
20) faire dans son **froc** (pop, *TLFi*)
21) faire de l'**œil** (fam, *TLfi*)
22) faire de l'argent comme de l'eau (*BFQS*)
23) faire les garçons (*LLFCI*)
24) **fermer** sa **boîte** (*TLFi*)
25) **franchir** le **Rubicon** (*TLFi*)
26) jeter le **bébé** avec l'eau du bain (loc, *GR*)

27) mener qq'un en **barque** (fam, *TLFi*)
28) mettre du **beurre** dans les **épinards** (loc verbale, *TLFi*)
29) mettre la **charrue** [avant, devant] les **bœufs** (loc.fig, vx, *TLFi*)
30) mettre qq chose sur la glace (*BFQS*)
31) prendre la **clef** des **champs** (fam, *TLFi*)
32) [rester, demeurer, se tenir] **coi**[5] (loc, *TLFi*)
33) s'endormir sur ses **lauriers** (-, *TLFi*)
34) se serrer la **ceinture** (fig et pop, *TLFi*)
35) se croire sorti de la **cuisse** de Jupiter (loc pron, *TLFi*)
36) se tailler la **part** du lion (*TLFi*)
37) serrer les **fesses** (loc.fam, *TLFi*)
38) sortir de la **cuisse** de Jupiter
39) **sucrer** les **fraises** (loc fig.fam, *TLFi*)
40) **tailler** une **bavette** (fam, *TLFi*)
41) **taquiner** le **goujon** (locution, *TLFi*)
42) tenir le bic rouge (*LLFCI*)
43) tirer les **marrons** du feu (pour qq'un) (exp.fig, *TLFi*)
44) **Tomber** de **Charybde** en Scylla (loc prov, *TLFi*)
45) travailler pour le **roi** de Prusse (loc, exp, prov, fam, *TLFi*)
46) tuer la **poule** aux œufs d'or (exp fig, *TLFi*)
47) **valoir** le **coup** (fam, *TLFi*).

---

5. Remarque : n'est vraiment utilisé aujourd'hui que dans les locutions : *rester, demeurer, se tenir coi*.

4. Structuration des données pour valider la compétence phraséologique

Nous allons regrouper les 47 EFs sélectionnées en fonction de leur registre de langue qui vont être : 1) registre cultivé, littéraire, vieilli ; 2) registre de langue considéré comme standard, courant ; 3) registre de langue considéré comme vulgaire, populaire, colloquial ; 4) registre diatopique de pays francophones. Cet éventail de registres de langues et d'usages géographiques va nous servir pour mener à terme notre recherche, car pour chaque registre de langue, les expressions vont être regroupées dans des tableaux qui vont permettre d'observer et de contraster la compétence phraséologique des trois groupes de sujets analysés. Dans ces tableaux, nous indiquerons pour chaque expression dans des colonnes l'information suivante : a) la définition[6] ; b) le nombre de références trouvées dans le moteur de recherche google.fr ; c) compétence phraséologique des professeurs qui ont réalisé l'enquête ; d) compétence phrséologique des dix étudiants universitaires français consultés ; e) compétence phraséologique des dix étudiants francophones consultés[7]. Dans les colonnes c / d / e nous avons d'abord indiqué pour chaque expression le nombre de sujets qui la connaissent, suivi par le pourcentage correspondant. Lorsque les sujets ont donné des équivalents phraséologiques parasynonymes, ceux-ci figurent dans la colonne correspondante entre parenthèse. Par exemple, pour l'expression *tomber de Charybde en Scylla*, les professeurs ont donné comme définition l'expression *aller de mal en pis* et pour l'expression *cirer les bottes à qq'un* les étudiants francophones ont donné comme équivalents de la définition les expressions *frotter la manche*, *lécher le cul* et *faire le frotte manche*. Lorsque les sujets ont donné des définitions incorrectes, nous les avons indiquées dans la colonne correspondante en les barrant afin de pouvoir visualiser rapidement les définitions incorrectes. Par exemple les étudiants francophones ont erronément indiqué que l'expression *tomber de Charybde en Scylla* équivalait à « tomber sur une personne plus horrible que la précédente ». Dans la dernière rangée de chaque tableau, nous avons aditionné toutes les bonnes réponses

---

6. La définition est tirée du dictionnaire dans lequel nous l'avons trouvée ; voir note bas de page n° 2.

7. Le groupe est constitué par deux étudiants québécois et huit étudiants belges.

des 10 usagers soumis à enquête ainsi que le pourcentage correspondant. Ces pourcentages globaux vont permettre de tirer des conclusions finales sur la compétence phraséologique.

Dans la colonne n° 3 dans laquelle figure la fréquence d'emploi sur la toile des expressions analysées, nous avons également indiqué dans cette colonne si les expressions peuvent s'utiliser en tant que construction libre avec un sens non figé et transparent. Nous avons alors utilisé les sigles PolCL qui équivalent à Polysémie en concurrence avec des constructions libres. Par ex : *Arrondir les angles métalliques de l'embase du coffrage*[8] [...].

Il est important de souligner que les 38 expressions figées usuelles en France que nous avons sélectionnées apparaissent toutes dans le *TLFi* et le *Petit Robert de la langue française* à l'exception d'*avoir les boules* qui n'apparaît pas dans le *TLFi* et qui cependant apparaît dans le *dictionnaire des expressions et locutions* d'A. Rey et S. Chantreau, ainsi que dans le *Petit Robert de la langue française* et dans le *Bouquet des expressions imagées* de Claude Duneton.

Par contre, aucune des expresssions diatopiques qui figurent dans le tableau n° 4 et qui sont utilisées dans les pays francophones n'apparaît dans ce dictionnaire informatisé ni dans aucun des trois autres ouvrages que nous venons de citer.

Afin de faciliter la lecture des données nous avons ordonné les expressions dans les 4 tableaux par ordre de fréquence d'usage en fonction du nombre de références obtenues dans le moteur de recherche google.fr qui a été le chercheur utilisé pour élaborer cet article. De cette façon dans chaque tableau la lecture des résultats permettra de comparer rapidement la compétence des usagers et la fréquence usuelle actuelle dans la toile des expressions analysées.

---

8. http://www.linguee.fr/francais-anglais/traduction/arrondir+les+angles.html.

Registre culte, littéraire, vieilli

Expressions françaises	Définition	Fréquence	Professeurs	Étudiants français	Étudiants francophones
Se croire sorti de la cuisse de Jupiter	Se croire de condition sociale élevée ; p. ext., se croire supérieur aux autres.	465.000	5 = 50 % (ne pas se prendre pour une merde) désigne qq'un d'important être riche / être fier	3 = 30 % avoir du talent être important appartenir à la haute classe	3 = 30 % (ne pas se prendre pour n'importe qui)
Tomber de Charybde en Silla	En voulant éviter un mal, tomber dans un autre plus grand encore.	251.000	10 = 100 % (aller de mal en pis)	2 = 20 %	0 = 0 % tomber sur une personne plus horrible que la précédente
Franchir le Rubicon	Prendre une décision hasardeuse irrévocable et lourde de conséquences.	146.000 **PolCL**	2 = 20 % franchir une ligne interdite être courageux	0 = 0 %	1 = 10 %
S'endormir sur ses lauriers	Se contenter d'un premier succès ; ne pas poursuivre ses premiers succès.	145.000 **PolCL**	8 = 80 % ignorer tout du monde externe	5 = 50 % ne pas faire d'efforts	5 = 50 %
Se tailler la part du lion	S'attribuer la plus grosse part d'un partage.	112.000	10 = 100 %	6 = 60 %	8 = 80 %[1]
Tuer la poule aux œufs d'or	Détruire une source d'abondants profits futurs pour un petit profit immédiat.	95.000	9 = 90 % dilapider une fortune	6 = 60 % ne plus profiter d'une personne et de son argent	8 = 80 %[2]

1. Les étudiants belges la connaissent tous mais pas les deux étudiants québécois.
2. Les étudiants belges la connaissent tous mais pas les deux étudiants québécois.

Tableau n° 1

Registre culte, littéraire, vieilli

Expressions françaises	Définition	Fréquence	Professeurs	Étudiants français	Étudiants francophones
Prendre la clé des champs	Partir, s'enfuir.	80.000 **PoICL**	10 = 100 %	6 = 60 %	8 = 8 %
Adorer le veau d'or	Avoir le culte de l'argent.	61.300	2 = 20 % admirer qqchose de négatif	1 = 10 %	0 = 0 %
Travailler pour le roi de Prusse	Se donner du mal pour un maigre profit, pour rien.	20.000 **PoICL**	4 = 40 %	0 = 0 % être riche	0 = 0 %
Avoir le cœur sur les lèvres	S'exprimer spontanément.	12.700	4 = 40 % (avoir mal au cœur) (avoir la nausée)	2 = 20 % être gentil	1 = 10 % être dégoûté
Demeurer / être / se tenir coi	Se taire et ne pas bouger[3].	2000/13.500/14 000	7 = 70 % ne pas réagir	5 = 40 %	5 = 60 %
cirer les bottes à qqn.	Le courtiser, le flatter bassement.	8.000 **PoICL**	6 = 60 %	4 = 40 % (hacer la pelota)	4 = 40 % (frotter la manche, lécher le cul, faire le frotte manche)
Total			77 / 120 = 64 %	41 / 120 = 34 %	44 / 120 = 36 %

3. AR « être muet d'étonnement ».

Tableau n° 1 (suite)

Compétence phraséologique en langue française **175**

Registre standard, courant

Expressions françaises	Définition	Fréquence	Professeurs	Étudiants français	Étudiants francophones
Se serrer la ceinture	Ne pas manger à sa faim, être privé du nécessaire.	1026.000 <u>PolCL</u>	9 = 90 % faire des économies !	9 = 9 = 90 % faire des économies !	9 = 9 = 90 % faire des économies !
Arrondir les angles	Atténuer les aspérités des rapports humains. Faciliter les choses.	575.000 <u>PolCL</u>	9 = 90 %	7 = 70 % rendre une situation moins ambiguë	4 = 60 % ~~mal réaliser une tâche, la faire trop vite~~
Mettre la charrue [avant, devant] les bœufs	Ne pas faire les choses dans l'ordre.	<u>530.000 PolCL</u>	8 = 80 % ~~faire les choses de manière désorganisée ! prendre de l'avance~~	3 = 30 % <u>aller trop vite !</u> (vouloir aller plus vite que la musique) !	4 = 40 % (~~vendre la peau de l'ours avant de l'avoir tué~~) <u>se précipiter et mal faire !</u>
Jeter le bébé avec l'eau du bain	Supprimer l'objet de la préoccupation avec les difficultés qu'il entraîne.	398.000 <u>PolCL</u>	2 = 20 % gâcher ses ressources recommencer de zéro	0 = 0 0 %	0 = 0 0 % ~~faire qq chose vite sans y prêter attention~~
Serrer les fesses	Avoir peur.	350.000 <u>PolCL</u>	4 = 40 % ~~Se faire discret~~	1 = 10 % ~~endurer, faire preuve de courage~~	2 = 20 % être coincé continuer ses efforts

Tableau n° 2

Registre de type standard, courant

Expressions françaises	Définition	Fréquence	Professeurs	Étudiants français	Étudiants francophones
Taquiner le goujon	Pêcher à la ligne.	195.000	2 = 20 %	0 = 0 %	0 = 0 %
Tirer les marrons du feu	Entreprendre une action difficile, risquée, pour le seul profit d'autrui.	171.000 **PolCL**	3 = 30 % faire-avouer retirer bénéfice de qq ch qu'on n'a pas fait	2 = 20 % (sacar las castañas del fuego)	0 = 0 % empêcher que la situation empire
Être dans les nuages	Être rêveur, distrait, perdre le sens des réalités.	160.000 **PolCL** libres	10 = 100 %	10 = 100 %	10 = 100 %
Avoir le cœur sur la main.	Être généreux.	46.500	10 = 100 % (avoir mal au cœur)	5 = 50 % être très gentil !	8 = 80 % être très gentil !
Avoir une mémoire d'éléphant	Avoir une mémoire exceptionnelle.	22 300	10 = 100 %	10 = 100 %	10 = 100 %
Total			77 / 110 = 70 %	49/110 = 45 %	50/110 = 45 %

Tableau n° 2 (suite)

Registres considérés comme populaire, colloquial

Expressions françaises	Définition	Fréquence	Professeurs	Étudiants français	Étudiants francophones
Fermer sa boîte	Se taire.	14.000.000 **PolCL**	8 = 80 % (fermer sa gueule) fermer boutique	5 = 50 % (fermer sa boîte à camembert) fermer boutique	6 = 60 % (mettre la clé sous la porte) fermer son entreprise
Valoir le coup	Valoir la peine	1610.000	10 = 100 %	10 = 100 %	10 = 100 %
Faire de l'œil	Lui faire signe en clignant de l'œil Tenter de le séduire	1600.000	10 = 100 %	10 = 100 %	10 = 100 %
Tailler une bavette	bavarder	453.000	9 = 90 %	6 = 60 %	8 = 80 %
Avoir les boules	En avoir assez, être très énervé	347.000 **PolCL**	2 = 20 % / 70 % avoir peur	20 % / 60 % avoir peur ? être déçu	6 = 60 % / 80 % avoir peur
N'en avoir rien à foutre de	N'avoir cure de (quelque chose).	168.000[4]	10 = 100 %	10 = 100 %	10 = 100 %
Baisser son froc	S'humilier, se soumettre.	130.000 **PolCL**	8 = 80 %	4 = 40 % avoir peur	3 = 30 %
Casser sa pipe	Mourir	127.000 **PolCL**	10 = 100 %	3 = 30 %	0 = 0 % (se casser la figure) tomber

4. Nous avons cherché *n'avoir rien à foutre* et *n'en avoir rien à foutre*.

Tableau n° 3

Registres considérés comme populaire, colloquial

Expressions françaises	Définition	Fréquence	Professeurs	Étudiants français	Étudiants francophones
Casser sa pipe	Mourir.	127.000 PolCL	10 = 100 %	3 = 30 %	0 = 0 % (se casser la figure) tomber
Faire dans son froc	Avoir très peur.	115.000 PolCL	9 = 90 % (serrer les fesses)	10 = 100 %	10 = 100 %
Sucrer les fraises	Être agité d'un tremblement incontrôlable dû à la vieillesse, à l'alcool, à la peur.	110.000 PolCL	8 = 80 %	2 = 20 %	2 = 20 %
Engueuler qq comme du poisson pourri	Prendre quelqu'un à partie de façon violente et grossière.	107.000	10 = 100 %	10 = 100 %	10 = 100 %
Ne pas/plus avoir un poil sur le caillou	Être chauve.	42.000[5]	9 = 90 %	10 = 100 %	9 = 90 %
Mener qqn en barque	(L')induire en erreur, se moquer de (lui).	18.000 PolCL	5 = 50 % (mener en bateau) abuser de la crédulité	6 = 60 %	8 = 80 %
Avoir les portugaises ensablées	Être sourd, dur d'oreille, ne pas entendre.	14.000 PolCL	7 = 70 % (être dur de la feuille)	1 = 10 %	0 = 80 %
Avoir du poil au cul	Être énergique, très courageux.	10.800 PolCL	2 = 20 %	0 = 0 %	1 = 10 % oser faire qq chose
Total			117 /150 = 78 %	89/150 = 60 %	93/150 = 62 %

5. Nous avons cherché avec *pas* et *plus*.

Tableau n° 3 (suite)

Registre diatopique

Expressions françaises	Définition	Fréquence	Professeurs	Étudiants français	Étudiants francophones
Avoir une brique dans le ventre	Tenir à construire sa propre maison.	5400 Bfqs Belgique	0 = 0 % ~~ne pas digérer un plat, avoir mal au ventre~~	0 = 0 %	7 = 70 % aimer l'immobilier, le bricolage ~~être stressé~~
Faire de l'argent comme de l'eau	Gagner de l'argent facilement.	5200 Québec bfqs	0 = 0 %	0 = 0 %	5 = 50 % gagner bcp d'argent
Décevoir en bien	Surprendre agréablement.	3000 Bfqs Suisse	0 = 0 %	0 = 0 %	0 = 0 %
Mettre qqch sur la glace	Différer, reporter à plus tard.	20 bfqs Québec <u>PolCL</u>	0 = 0 %	0 = 0 %	2 = 20 %
Aller de chapelle en chapelle	Aller de bistrot en bistrot.	20 Bfqs Belgique <u>PolCL</u>	0 = 0 %	0 = 0 %	0 = 0 %

Tableau n° 4

Registre diatopique

Expressions françaises	Définition	Fréquence	Professeurs	Étudiants français	Étudiants francophones
Ne pas corder de mal à qq'un	Ne pas vouloir de mal.	15 Bfqs Suisse	0 = 0 %	0 = 0 %	0 = 0 %
Tenir le bic rouge	Avoir le pouvoir sur les élèves.	5 CI **PolCL**	0 = 0 %	0 = 0 %	0 = 0 %
Faire les garçons	Se donner des allures de courageux.	CI	0 = 0 %	0 = 0 %	0 = 0 %
Avoir le bic qui n'écrit plus	Impuissance sexuelle.	0 CI **PolCL**	0 = 0 %	0 = 0 %	0 = 0 %
Total			0 / 90 = 0 %	0 / 90 = 0 %	14/ 90 = 16 %

Tableau n° 4 (suite)

5. Lecture-analyse des résultats

La lecture des quatre tableaux qui correspondent aux quatre registres de langue analysés nous permet de constater les situations suivantes :

> 1) Sept expressions sont connues par tous les usagers des trois groupes. Il s'agit de : *être dans les nuages, avoir une mémoire d'éléphant, valoir le coup, faire de l'œil, n'en avoir rien à foutre, faire dans son froc, engueuler qqn comme du poisson pourri*. Ces expressions figurent dans les registres considérés comme standard et populaire-familier. Il convient de signaler que ces expressions ne sont pas les plus usuelles dans la toile. Nous observons donc un décalage entre les expressions les plus usuelles et la compétence phraséologique commune à tous les sujets.
>
> 2) Six expressions ne sont connues par aucun usager des trois groupes. Il s'agit des expressions suivantes : *décevoir en bien, aller de chapelle en chapelle, ne pas corder de mal à qqn, tenir le bic rouge, faire les garçons, avoir le bic qui n'écrit plus*, qui appartiennent toutes au registre diatopique. Aucune des expressions du français de Belgique (*avoir une brique dans le ventre, aller de chapelle en chapelle*), du Québec (*faire de l'argent comme de l'eau, mettre quelque chose sur la glace*), de Suisse (*ne pas corder de mal à quelqu'un, décevoir en bien*) ou de Côte d'Ivoire (*avoir le bic qui n'écrit plus, faire les garçons, tenir le bic rouge*), n'est connue par les sujets qui sont originaires d'autres pays francophones.
>
> 3) Les usagers connaissent parfaitement le sens de l'expression figée et leur définition reproduit exactement le sens donné par le dictionnaire consulté. Par exemple, dans le cas de l'expression *avoir les portugaises ensablées*, définie par le *TLFi* comme « être sourd, dur d'oreille, ne pas entendre » les usagers l'ont définie comme « ne pas entendre bien » et ont donné un équivalent phraséologique : *être dur de la feuille*.

4) Les usagers méconnaissent totalement le sens de l'expression et la définition qu'ils donnent ne coïncide en rien avec celle donnée par le dictionnaire consulté. Par exemple dans le cas de *mettre du beurre dans les épinards*, certains usagers l'ont erronément définie comme « être moins dur dans des explications, adoucir les choses, et dépenser de l'argent ».

5) Les usagers connaissent partiellement l'expression et donnent une définition qui reproduit d'une manière incomplète le sens de l'expression donnée par le dictionnaire. Par exemple, l'EF *mettre du beurre dans les épinards* est définie par le *TLFi* comme « améliorer une situation » et certains usagers l'ont définie comme « activité qui rapporte de l'argent en plus ; pour avoir plus de confort, lié à l'argent ; améliorer ses conditions matérielles d'existence ». L'expression *mettre la charrue avant les bœufs* qui est définie dans le *TLFi* comme « ne pas faire les choses dans l'ordre », a été définie par certains des usagers comme « se précipiter et mal faire, vouloir aller plus vite que la musique ».

Cette dernière situation est très intéressante car si nous considérons la définition du *TLFi* les définitions proposées par les usagers sont incorrectes. Cependant, si nous consultons le *dictionnaire des expressions* d'A. Rey *et al.*, nous trouvons : « commencer par ce qui devrait être fait après » ou simplement « aller trop vite en besogne ». De même, dans le *bouquet des expressions imagées* de C. Duneton nous trouvons à la page 443 dans l'article de *hâte* : « mettre la charrue avant les bœufs… Avec la forme *avant*, depuis le XVIIIe siècle, l'expression s'est orientée vers le sens actuel de précipitation, hâte maladroite ». Il s'agit donc tout simplement d'un cas de polysémie qui rend la compréhension difficile et l'usage des unités lexicales simples ou composées et libres ou figées.

La même situation se reproduit avec l'expression *avoir les boules* qui est définie dans le *TLFi* comme : « en avoir assez, être très énervé ». Nous avons réalisé une petite recherche dans des ouvrages de référence et nous avons trouvé : AR « être très énervé, en avoir assez » ; GR « être très énervé, en avoir assez », dans le Wiktionnaire[9] : « avoir peur » ; dans le dictionnaire Reverso[10] « avoir peur » ; Duneton dans le *Bouquet des expressions imagées* lui donne également le sens de « avoir peur » et indique que l'expression était déjà employée par les détenus de la prison de Fresnes dès 1965 où elle signifiait « avoir le cafard ».

Dans le *TLFi*, l'EF *se serrer la ceinture* est définie de la sorte : « ne pas manger à sa faim, être privé du nécessaire ». Si nous considérons cette définition et ce dictionnaire, toutes les définitions proposées par les usagers que nous reproduisons seraient incorrectes « vivre en restreignant ses dépenses, se priver, dépenser moins que d'habitude, économiser ». Cependant, nous trouvons également cette EF dans le *GR* « se priver de nourriture, se passer de qq chose » et dans le AR « se priver de manger, se passer de qq chose ». Si nous tenons compte des définitions de ces ouvrages, celles proposées par les usagers seraient alors correctes ou partiellement correctes car dans le fond, si on fait des économies, on se prive de quelque chose.

6. Conclusions

Nous observons dans cette analyse la présence d'un petit groupe d'expressions communes à tous les groupes de sujets. Ces expressions figurent dans les registres considérés comme standard et populaire-familier. Il convient de signaler que ces expressions ne sont pas les plus usuelles dans la toile. Nous observons donc un décalage entre les expressions les plus usuelles sur la toile et la compétence phraséologique commune à tous les sujets.

Nous avons regroupé dans le tableau n° 5 les résultats globaux de la compétence phraséologique des trois groupes de sujets en fonction des quatre niveaux de langue des EFs analysées. Pour obtenir ces chiffres nous avons additionné les compétences individuelles de tous les sujets des 4 registres de langue auxquels appartiennent les expressions figées.

---

9. http://fr.wiktionary.org/wiki/avoir_les_boules
10. http://diccionario.reverso.net/frances-definiciones/avoir%20les%20boules

culte-littéraire	77 / 120 = 64 %	41 / 120 = 34 %	44 / 120 = 36 %
standard	77 / 110 = 70 %	49/110 = 45 %	50/110 = 45 %
populaire colloquial	117 /150 = 78 %	89/150 = 60 %	93/150 = 62 %
diatopique	0 / 90 = 0 %	0 / 90 = 0 %	14/ 90 = 16 %

Tableau n° 5

Ces chiffres aident également à élaborer le graphique qui reproduit les pourcentages de compétence phraséologique. Ce graphique permet ainsi de réaliser une comparaison globale entre les trois groupes de sujets analysés pour chaque registre de langue d'un simple coup d'œil.

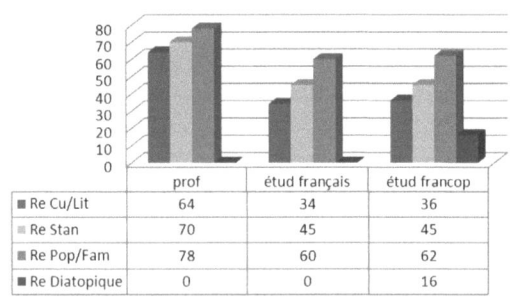

Graphique n° 1

À partir du graphique, nous observons que :
- la compétence phraséologique des professeurs est nettement supérieure à celle des deux groupes d'étudiants ;

- si la compétence augmente dans tous les cas avec les expressions des registres standards et populaire-familier, elle augmente visiblement dans le cas des deux groupes d'étudiants[11].

Il est très difficile de savoir si les définitions proposées par les usagers sont correctes ou non car la polysémie qui touche à de nombreuses EFs ne permet pas de connaître la compétence phraséologique réelle des usagers. Faudra-t-il consulter plusieurs dictionnaires afin d'être sûr de la définition exacte de chaque EF ? À titre d'exemple, dans la base de données d'EFs espagnoles (Mogorrón 2010) que nous sommes en train d'élaborer à l'université d'Alicante et qui compte actuellement avec plus de 40 000 nous avons catalogué plus de 4 700 entrées polysémiques, c'est-à-dire 22 % du total. Il faut également souligner que des 48 EFs utilisées dans ce travail, 26 d'entre elles peuvent également s'utiliser dans la langue courante comme syntaxe libre et non figée.

Les EFs belges, suisses et canadiennes ne sont connues que par les étudiants originaires de ces pays francophones

Ces résultats montrent clairement qu'il faut élaborer de grandes bases de données afin de permettre aux usagers de connaître en détails les caractéristiques de chaque EF. Nous pensons également que dans le cas de langues comme l'espagnol, le français, l'anglais qui sont les langues officielles dans de nombreux pays, il faudrait non seulement inclure ces EFs caractéristiques de chaque pays dans ces bases de données mais encore contribuer à l'enseignement pédagoqique d'un groupe de ces expressions. Les plus courantes, les plus caractéristiques à la culture de chaque pays, les plus différentes ? Les possibilités sont nombreuses mais l'objectif n'en est que plus intéressant car il contribuera au développement de la compétence phraséologique et lexicale diatopique des usagers afin de pouvoir connaître certaines variantes et expressions supranationales de leur propre langue.

Finalement, et pour maintenir l'affirmation que nous avons exposée dans la délimitation de l'étude, nous pensons toujours que le premier facteur d'opacité des séquences figées est lié à la mécon-

---

11. Il s'agit des deux registres de langue les plus utilisés lors des situations communicatives de la vie quotidienne. Lors d'une étude précédente (Mogorrón 2011a) nous avons souligné le fait que la compétence phraséologique des étudiants universitaires augmente considérablement entre la première et la troisième année d'études entre autres en raison des nombreuses lectures qu'ils réalisent qui ont pour effet d'augmenter leur compétence phraséologique et lexicale.

naissance de ces séquences, c'est-à-dire à la compétence limitée de chaque usager. En effet une EF opaque cesse de l'être pour un sujet lorsqu'elle appartient au répertoire lexical de celui-ci et qu'il l'utilise régulièrement dans une communication.

Bibliographie

González-Rey, I., (2002), *La phraséologie du français*. Toulouse, Presses universitaires du Mirail.

Klein, J.-R., *et alii*., (2010), *Les expressions verbales figées de la francophonie*, Paris, Ophrys.

Lamiroy Labelle, J., *et alii*., (2003), « Les expressions verbales figées dans quatre variétés du français. Le projet BFQS », in *Cahiers de Lexicologie* n° 83, pp. 153-172, Paris, Garnier.

Mejri, S. (1997), *Le figement lexical. Descriptions linguistiques et structuration sémantique*, Tunis, Publication de la faculté des lettres de la Manouba.

Mogorrón Huerta, P., (2004), « Los diccionarios electrónicos fraseológicos, perspectivas para la lengua y la traducción», *Estudios de Lingüística* n° 1; pp. 381-400, Université d'Alicante.

Mogorrón Huerta, P., (2008), « Compréhension et traduction des locutions verbales », *META* n° 53-2, pp. 378–406, Presses de l'Université de Montréal.

Mogorrón Huerta, P., Mejri, S., (2010), *Opacidad, idiomaticidad, traducción*, Université d'Alicante.

Mogorrón Huerta, P., (2011a), « Compétence phraséologique et traitement des EFS dans les dictionnaires », in Van Campenhoudt M. Lino T., Costa R., (eds), *Passeurs de mots, passeurs d'espoir.* pp. 517-535, Paris, Éditions des Archives Contemporaines.

Mogorrón Huerta, P., (2011b), « Traitement des CVFS dans les dictionnaires et compétence phraséologique en langue maternelle et étrangère », in Pamies A., Luque L.; Pazos J.-M (eds), *Multi-lingual phraseography : second Language learning and translation Applications*; Essen.

Dictionnaires consultés

AR = *Dictionnaire des expressions et locutions figurées*, (+ index final 1982). Rey, A, Chantreau, S. Paris, Larousse, 1979.

LE PETIT ROBERT 1. *Dictionnaire alphabétique et analogique de la langue française*, (1990/1967), de A. Rey / H. Cottez / J. Rey-Debove. Paris. Société du nouveau Littré.

TLFI = *Le trésor de la langue française informatisé. ISBN : 2-273-06273-X. www. cnrseditions.fr.* www.tlfi.fr.

LBEI = le Bouquet des expressions imgées. Encyclopédie thématique des locutions figurées de la langue française. Claude Duneton 1990 Paris, Seuil. ISBN 2-02-009958-6.

LLFCI = *Le lexique français de Côte d'Ivoire.* SUSANNE LAFAGE, (2002). http://www.unice.fr/ILF-CNRS/ofcaf/16/16.html.

chapitre 13
Conjonctions complexes du français, figement, et analyse syntaxique

Claude MULLER

1. Introduction

Les réflexions qui suivent sont nées de la lecture d'un chapitre du livre de référence que Salah Mejri (1997) a écrit sur la notion de figement. Dans un long paragraphe de son chapitre premier, il décrit les « locutions prépositives et conjonctives » (§1.3.3). Il passe en revue différentes analyses de ce domaine, qui aboutissent toutes pratiquement au même constat : il y a un continuum entre séquences libres et séquences figées (1997 : 200), de quoi il découle qu'il est illusoire de tenter de dresser des listes exhaustives de ces locutions. La conclusion de ce paragraphe est également tout à fait intéressante : S. Mejri rapporte les propos de M. Gross (1988) signalant que les formes syntaxiques des segments figés sont tout à fait régulières, et que « le phénomène de figement des structures, qui est un phénomène de création d'une unité de sens, est entièrement indépendant de la forme syntaxique » (M. Gross 1988 : 69). Dans ce qui suit, je me limiterai à la partie « locution conjonctive » pour tenter de comprendre à quel niveau opère le figement, et comment cela peut retentir sur la syntaxe des « conjonctions de subordination ».

2. Locutions conjonctives et conjonctions

2.1. La séquence X que P

Les locutions conjonctives ne sont que des équivalents syntagmatiques plus ou moins figés de structures reconnues comme des conjonctions dans les grammaires, avec le statut d'une partie du discours. On dira que *à telle enseigne que* est une locution conjonctive, et *si bien que* une conjonction, sans guère de justification : les deux séquences sont apparemment composées de morphèmes liés. Des séquences comme *dans l'intention que, avec l'espoir que, à la condition (expresse) que* sont plus nettement des locutions, avec la possibilité comme on le voit d'insertion adjectivale, ou de changement dans la préposition introductrice : *avec l'intention que, dans l'espoir que*. Cependant, même des conjonctions listées comme telles peuvent parfois être segmentées (Gaatone 1981) : *dès (lors) que, avant (même) que, lors (même) que, à (seule) fin que*. Il ne semble donc pas qu'il y ait une différence de nature entre conjonctions et locutions conjonctives[1]. Le propos de G. Gross (1988 : 19) : « la notion de locution conjonctive comme catégorie grammaticale est purement pédagogique et ne correspond pas à une structure de base » risque de fait de s'appliquer aussi à la catégorie également peu ou mal délimitée des conjonctions elles-mêmes.

Si on regarde de plus près les conjonctions de subordination du français, on trouve une séquence assez systématique pour être prise comme type de la catégorie : *X que*, introduisant un verbe complément formant proposition (je ne prends pas en considération ici la complémentation infinitive, plus proche de celle introduite par des noms). C'est la définition retenue par M. Piot (1988 : 14) : « un mot-outil, introducteur d'une phrase à temps fini dont le contenu est indépendant de la phrase principale, et dont la forme générale peut être déduite comme étant *X que P* à partir de l'existence de la variante *que* en cas de coordination de subordonnées de même contenu X. » Le critère de la reprise par *que* seul correspond à la possibilité de ne pas réaliser la forme X en coordination :

   J'attendrai jusqu'à ce qu'il arrive et qu'il s'explique

---

1. On peut aussi mentionner que plusieurs conjonctions comportent plus de deux termes : *si bien que, pour peu que, soit-disant que...*

(avec le sens : *et jusqu'à ce qu'il s'explique*). Le test aurait le mérite (Piot, 1988 : 8) de permettre d'intégrer dans la liste quelques formes synthétiques ayant la même propriété, *quand* (non interrogatif), *comme* (de simultanéité, pas de comparaison), *si* (également non interrogatif). Par exemple, avec *si* :

> Je serai content si ça rate et que tu échoues (= et si tu échoues)

mais :

> *Je ne sais pas si Paul viendra et qu'il y arrivera
>
> (Je ne sais pas si Paul viendra et si il y arrivera)

Admettons, même si des doutes sur ce que prouve la reprise subsistent[2]. Ce test révèle aussi la composition fragmentée des conjonctions : la partie X n'a pas les propriétés de *que*, qui doit être réalisé devant chaque verbe lorsqu'on coordonne des propositions :

> Je pense que Marie viendra et *(qu') il partira

L'analyse syntaxique actuelle fait de *que* un *complementizer* (un « complémenteur » en français, ou plus élégamment un « enchâsseur » (M. Wilmet 2003 : 596). Dans les complétives directes, ce terme sert d'introducteur au verbe à temps fini, et n'a aucun sémantisme propre. Il est généralement analysé comme un constituant syntaxique à part entière, dans une position syntaxique régissant la proposition (CP, syntagme complémenteur, dont la tête C est alors occupée par *que*). Il joue également un rôle, si on admet les analyses de Kayne 1975, dans la syntaxe des relatives. La position supérieure du CP est celle des mots QU- qui introduisent soit des phrases simples (donc sans réalisation dans C) comme les questions directes, soit des subordonnées avec alternance possible entre proforme QU- et *que*. Il faut donc que X dans la séquence « conjonction » soit réalisé en position externe, au-delà de CP. Il n'y a donc pas dans cette description de lieu où inscrire une catégorie syntaxique « Conjonction ». Ou alors, la « conjonction » syntaxique est l'introducteur X dont le complément est le syntagme complémenteur. Cette analyse est de fait l'analyse courante en syntaxe. Elle permet de décrire X comme une sorte de préposition spécia-

---

[2]. M. Wilmet (2003 : 622) cite un exemple littéraire de reprise de *car* (coordonnant) par *que*. La reprise de *quand* par *que* correspond peut-être à l'ellipse d'un mot QU- en coordination, laissant apparaître la tête du complémenteur, plutôt que celle d'une « conjonction » (extérieure au CP).

lisée dans l'introduction d'un complément particulier, *que P*. Elle a l'avantage de décrire X comme un ligateur certes conditionné par sa complémentation, mais relevant d'une analyse plus générale des liens entre recteur et régi, susceptible de justifier des ressemblances existant entre préposition et conjonction : *avant son départ / avant qu'il parte, pour sa venue / pour qu'il vienne*. Les conjonctions sans corrélat morphologique de préposition s'expliqueraient alors par la morphophonologie, spécialisant certains prédicats selon leur contexte : *bien qu'il vienne, quoiqu'il vienne / malgré sa venue (? malgré qu'il vienne)*. Enfin, la dissociation syntaxique expliquerait bien les insertions souvent signalées entre *X* et *que* (par exemple par Gaatone 1981 : *avant (même) que, dès (lors) que…*).

2.2. Quelle analyse pour X ?

Les tentatives de classement morphologique des conjonctions sur la base morphologique de l'introducteur X se heurtent à la grande hétérogénéité des catégories de mots introduisant la séquence *que P*. L'introducteur peut être une préposition, comme on l'a vu, mais aussi un adverbe (*alors que*), un participe passé ou présent (*vu que, étant donné que, sachant que*) – cependant ces formes ont aussi des emplois de prépositions (*vu / étant donné la situation ; sachant cela*), un nom (*faute que*, également préposition : *faute de moyens*), un syntagme à base nominale (*dans le but que…*). La plupart des formes relèvent d'un ensemble de ligateurs à emploi d'adverbes ou de prépositions. L'existence d'une catégorie indifférenciée de ligateurs avec des variantes selon le type de complément a été souvent proposée (par exemple par Jespersen (1924 : 108), plus récemment par Emonds (1985 : ch. 7) proposant une catégorie unique P (préposition), ou Piot (1998 : 6) qui pose cependant dans les complexes *ConjPrép, ConjAdv*, une primauté des emplois de conjonction.

Si on distingue la conjonction de la rection du verbe fléchi, phénomène de collocation avec un complément, produisant *que*, on peut alors proposer pour X une catégorie syntaxique de ligateurs, positionnée au-dessus du CP. Cela revient à dire que les complétives simples sont hors jeu : *que*, enchâsseur, n'est que l'appendice relationnel de la conjonction. Ce terme X doit faire l'objet d'un choix prédicatif. On devra alors éliminer (à juste titre pour moi) de la désignation « conjonction » les séquences de type *à ce que*, *de ce que*, construisant des compléments indirects, parce que la préposition est dans le choix du verbe, en aucune façon un prédicat indépendant. Ainsi, dans :

> On s'attend à ce qu'il arrive d'une minute à l'autre,

la séquence *X que P* « à ce que » est ici le produit de la complémentation du verbe *s'attendre à*. La préposition entraîne ici, comme une servitude de construction, l'occurrence du pronom vide *ce* permettant la complémentation « nominale » de la préposition devant *que*. Il n'y a aucun contenu sémantique associé à *à ce que*, aucun choix de ligateur par le locuteur, mais une routine syntaxique imposant au complément de se construire avec *à*, puis dans ce cas d'avoir comme complément de la proposition et antécédent de la complétive un *ce* cataphorique de celle-ci (cf. Muller 2008). Parler ici de conjonction, comme le fait H. Bonnard (article « conjonction de subordination » du *G.L.L.F.*) à la suite de la tradition, se comprend peut-être si on admet qu'il y a conjonction dès qu'il y a *X que P* (relatives exclues) mais ne se justifie pas si on cherche à caractériser syntaxiquement la conjonction comme le prédicat liant deux phrases : il n'y a pas ici de prédicat.

La notion de prédicat conjonctif ou plus largement ligateur a souvent été proposée, et elle offre de multiples avantages, notamment pour expliquer les processus de figement des conjonctions. À la base, qui dit prédicat dit relation sémantique : c'est l'approche adoptée par exemple dans Danlos (1988), qui, esquissant une analyse en termes de génération d'énoncés, suppose première la relation sémantique avant toute réalisation morphologique (dans son étude, la relation CAUSE). Dans une démarche inverse, inductive et basée sur des classements de propriétés morphosyntaxiques, M. Piot (1978) arrive à une répartition sémantique assez proche de la tradition, avec des causales (table 1), finales (table 2), etc.

2.3. La *structure* que P

En principe, la proposition est « complète » (au contraire des relatives qui ont un élément vide coréférent avec un pronom relatif à leur tête, dans le CP, et indirectement coréférent avec un antécédent quand celui-ci est réalisé). Il semble aisé de distinguer les relatives, avec antécédent, forme QU- à fonction conjonctive, et élément vide en subordonnée, des subordonnées conjonctives.

Même lorsque la forme QU- est masquée par la conjonction, la différence est facile à faire entre par exemple :

Je suis fâché parce qu'il est venu

Je suis fâché par ce que j'ai entendu

La relation est causale dans les deux cas, mais dans le second, elle passe par un antécédent nominal argument du verbe, et coréférent à un vide en subordonnée (le complément de *entendu*). Le *ce*, nécessaire dans les deux cas pour lier la subordonnée à la préposition, n'a que dans le dernier cas une fonction argumentale[3]. Cependant, lorsque la relative est construite sur des constituants à valeur adverbiale et circonstancielle, la différenciation n'est pas aussi évidente.

On le constate en examinant les listes de conjonctions répertoriées habituellement dans les grammaires ou les travaux des linguistes. Si de fait la proposition est complète dans les finales, causales, probablement aussi concessives (non extensionnelles) ou consécutives, d'autres classes traditionnelles de subordonnées conjonctives relèvent de processus de relativation. C'est le cas notamment des comparatives, des concessives extensionnelles (type : *quoi qu'il fasse*), qui ont une structure interne à élément vide coréférent à son introducteur (Muller 1996). Dans le cas des comparatives, la coréférence est adjectivale (avec *tel que, autre que*) ou adverbiale (*plus que, moins que, autant que*). Il y a des proformes sous-jacentes (notamment *comme*) masquées par un *que* subordonnant dans les constructions verbales. Il ne semble donc pas justifié de parler de « conjonctions de comparaison ».

D'une façon plus insidieuse, on néglige la plupart du temps la coréférence interne lorsqu'elle est marginale : associée à une caractérisation externe de la phrase (dans les conditionnelles) ou à un élément de situation obligatoire mais non argumental[4], comme le lieu ou le temps. Curieusement, la tradition a plus ou moins abandonné la classe des subordonnées conjonctives locatives (cf. Grevisse, § 2635) en maintenant la classe des temporelles. Si on regarde cette dernière classe, elle incorpore *quand* qui est

---

3. Il importe pourtant que tous les deux *ce* soient des pronoms, puisque c'est ce qui permet à la préposition *à* d'avoir un complément *que P*. Mais seul le *ce* relatif peut s'adjoindre des modifieurs : *Je suis fâché par tout ce que j'ai entendu.* **Je suis fâché par tout ce qu'il est venu*

4. On ne prend généralement pas en compte dans les rôles d'arguments les localisateurs spatio-temporels nécessaires pour toute action.

manifestement un relatif/ interrogatif (l'argumentation récente de Benzitoun (2006) montrant qu'il s'agit d'une « proforme » et pas d'une conjonction, renforce cette analyse). D'autre part, de nombreuses « conjonctions » temporelles sont du type *X où P* (exemples tirés de la table 5 de Piot 1978 : *à l'heure où, au moment où / que, toutes les fois où*...). On peut certainement dire qu'il s'agit de relatives, avec cette particularité qui les fait ressembler aux conjonctives que l'antécédent est de type adverbial et plus ou moins figé. Pour les temporelles en *que*, sur lesquelles il y a accord quasi unanime pour un statut de conjonction (même Wilmet 2003 !), on trouve des formes comme *lorsque, depuis que, alors que*. Pourtant il est évident que les subordonnées temporelles ainsi construites ont un élément vide à valeur temporelle en coréférence avec l'introducteur, et qu'on se trouve en présence de constructions qui sont de la forme *X (QU-) que P* dans laquelle le complémenteur *que* supplée à la forme QU- sous-jacente, conformément à la syntaxe des relatives. Benzitoun (2006) a examiné en détail la correspondance entre les constructions à proforme *quand* et celles avec *lorsque* et il n'a pas trouvé de différences nettes autres que stylistiques entre leurs emplois d'introducteurs de subordonnée temporelle. Pour les « conjonctions » *avant que, dès que*, on a une équivalence fonctionnelle forte avec des relatives adverbiales (sur le temps) : *avant le moment où, dès le moment où*. De même avec *jusqu'à ce que* : il est à peu près certain que la constituance de la subordonnée est très proche dans les deux cas suivants, que la subordonnée soit une relative ou une conjonctive :

    Jusqu'au moment où Paul viendra, je ne bouge pas d'ici

    Jusqu'à ce que Paul vienne, je ne bouge pas d'ici

Cela ne veut peut-être pas dire que les structures sont identiques : on peut essayer de « sauver » l'hypothèse conjonctionnelle de *jusqu'à ce que* si on pose que la complémentation ne passe pas par une relation anaphorique de temps, mais plutôt par une interprétation contextuelle de la subordonnée signalant la venue de Paul comme équivalant à : *le moment de la venue de Paul*. D'autres subordonnées de ce type auront une interprétation différente :

    Marche jusqu'à ce que le chemin s'arrête

La complémentation réfère cette fois moins à un « moment » qu'à un lieu. Il n'en reste pas moins que la subordonnée réfère encore à un élément de localisation implicite.

Un autre cas analogue est fourni par les conditionnelles. Parmi celles-ci, on trouve la locution conjonctive *au cas où* qui est dans une relation étroite de synonymie avec la conjonction synthétique[5] *si* (Piot 1978 : 94). On trouve également des locutions basées sur les noms prédicatifs *hypothèse, supposition*, avec lesquels *où* peut figurer. Pourtant, le caractère hypothétique d'une proposition ne figure pas, en tout cas pas au même niveau que le temps et le lieu, au titre de paramètre nécessaire à toute actualisation du contenu propositionnel. Il semble bien cependant que le *où* correspond aussi à une possible relation de coréférence interne, non pas dans la proposition, mais comme paramètre extraprédicatif :

Au cas où P,... = au cas tel que P « est le cas »

2.4. La relation entre X et P

Les difficultés à déterminer le caractère complétif ou non de la subordonnée conduisent à examiner le lien entre le terme X et son complément. Le plus souvent, il s'agit comme dans les complétives d'une relation de type prédicat / argument : *vu que, sachant que* ont par exemple la complétive dans la position objet de leur structure prédicative. On peut estimer aussi que c'est une relation analogue qui construit les compléments de conjonctions à base de préposition comme *pour, parce que* ou les locutions analogues comme *afin que*. Sans cette relation argumentale, comment expliquer les liens qui ont conduit à associer *que P* à X ? Prenons un exemple adverbial : *alors que*. Dans cette construction, si on a *P0 alors que P1*, la relation ne peut se justifier que si *alors* à fonction adverbiale sur P0, a un correspondant en P1 (= *quand P1*). On remarquera que l'analogie avec *quand* s'étend à l'interprétation adversative. La relation de coréférence fait ici aussi songer aux relatives : en quelque sorte, l'adverbe et la subordonnée coréférente sont dans une situa-

---

5. Est-ce vraiment une conjonction ? Son parallélisme étroit avec *quand* suggère qu'il pourrait s'agir d'une forme QU- (c'est l'analyse de Togeby, 1982 : §477). Sûrement pas un complémenteur puisqu'en cas de coordination c'est *que* qui apparaît, et il existe des attestations « populaires » associant *si* et *que* : *ce n'est pas de ta faute si qu'on l'a coupé* (Genet cité par Wilmet 2003 : §679).

tion de référence croisée qui ressemble à une apposition en termes fonctionnels.

2.5. Deux définitions de la conjonction

Si on tient à distinguer radicalement les domaines des relatives et des conjonctives, on peut décider de n'appeler conjonctions que les formes X introductrices de propositions *X que P* sans aucun rapport fonctionnel avec la conjonction ni l'antécédent. On sortira de la liste les comparatives, les concessives extensionnelles, les locatives, les temporelles et au moins certaines conditionnelles.

Cela ne veut pas dire qu'il n'y aura pas de prédicats de liaison de deux propositions, à introducteur figé sous une forme non nominale, avec une subordonnée qui semble « complète » parce que l'éventuelle relation de coréférence avec l'introducteur sera peu perceptible (étant circonstancielle, comme dans les temporelles) et sans proforme QU- visible. La différence est alors mince entre les vraies conjonctions et ces constructions, surtout lorsqu'il y a figement comme locution : c'est certainement l'explication la plus plausible de la généralisation de l'utilisation du mot de conjonction dans ces cas-là.

Dans cette optique, on pourrait définir plus largement la conjonction comme l'élément X d'une séquence *X (QU-) que P* dans laquelle X est un prédicat liant un terme recteur à un complément verbal conjugué, sans relation de coréférence entre P et X autre que l'interprétation circonstancielle externe automatiquement attachée à un événement par sa localisation spatio-temporelle et sa véracité.

3. Le figement et sa source

On peut partir d'une constatation simple : les listes des conjonctions telles qu'enregistrées dans les grammaires incorporent systématiquement *que*, mot dont la syntaxe est à distinguer de celle de l'introducteur comme on l'a vu. Si on prend par exemple *jusqu'à ce que*, la forme basique commune à tous les emplois est seulement *jusque*, préposition signifiant une limite spatio-temporelle qui demande un complément soit adverbial (*ici*, *là*) ou prépositionnel (*à*, *en*, *dans*, *chez*, *sur*…). Le contexte du complément verbal conduit à choisir *à*, *à quoi* doit s'ajouter le pronom clitique *ce* permettant la complémentation par *que*. La conjonction *jusqu'à ce que* est donc l'agglomérat de l'introducteur prépositionnel, d'une préposition complément, d'un pronom comme cheville syntaxique, enfin du *que* complémenteur. L'ensemble occupe donc des positions syntaxiques différentes. Si la séquence *jusqu'à ce que* a une pertinence, c'est au niveau particulier où les prédicats sémantiques sont choisis et adaptés à leur structure argumentale particulière. Certains exemples montrent que cette adaptation au contexte prime sur les découpages en catégories syntaxiques. On ne peut pas mémoriser *parce* sans l'appendice *que* qui justifie sa forme (la préposition de cause devant un nom est *pour*, et le *ce* est lié à *que*) : M. Piot (1978 : 420), qui décrit lorsque c'est possible les têtes conjonctives sans *que*, note cependant *parce que, puisque* comme introducteurs. Les conjonctions *quoique, bien que*, n'ont pas de constituant autonome X. Il y a donc un lieu de fixation du figement qui ne peut pas être la syntaxe superficielle.

Une autre manifestation du figement a été étudiée par G. Gross, 1996 : s'intéressant au noyau des locutions conjonctives à base nominale (des types *à telle enseigne que, de façon que,…*), il montre que les noms de ce type sont de véritables prédicats, qui importent leurs contraintes de construction (préposition introductrice, possibilité d'insertion de certains adjectifs), tout en liant les deux propositions : ces constructions (G. Gross 1996 : 137) « ne sont pas constituées de deux phrases », comme le suggère l'analyse grammaticale traditionnelle, mais de trois : la « principale », la « subordonnée circonstancielle » et celle qui se cache derrière la « locution conjonctive ». C'est au niveau de l'articulation entre les représentations sémantiques de la construction de l'énoncé, et leur matérialisation morphologique adaptée au contexte, que doit se situer la mise en forme (en termes de point de départ de la grammaticalisation) et l'utilisation de ces fragments d'énoncés plus ou moins figés anticipant sur leur inscription dans leur contexte syntagmatique.

Le lieu du figement ne peut donc être la syntaxe superficielle : il doit se situer au niveau profond des structures prédicatives. On a vu qu'il n'y a aucune adéquation entre les conjonctions de la tradition et une partie du discours bien délimitée, et que les conjonctions sont hétérogènes syntaxiquement. Le paradoxe est que le lieu où peuvent entrer des locutions figées plus ou moins complexes n'est pas la syntaxe superficielle. Mel'čuk (2004) propose que les locutions figées entrent telles quelles au niveau syntaxique profond des structures de dépendance dans sa théorie Sens-Texte. La décomposition en lexèmes combinés selon les règles habituelles de la syntaxe libre figure au niveau de la structure de surface.

Si on applique cette idée aux locutions conjonctives, celles-ci sont formées au niveau de l'architecture basique de la syntaxe, les structures prédicatives, avec leurs extensions contextuelles. Elles représentent des séquences mémorisées de constructions associées à un sens vague (cause, but, opposition, etc.) qui sont en quelque sorte du pré-construit prenant en compte le contexte. Elles peuvent alors s'articuler autour d'un nom, comme le suggère G. Gross, avec des variations marginales dans leur contexte. C'est à ce niveau profond que doit apparaître la tête de la locution conjonctive, d'abord comme intention à base sémantique, puis comme support morphologique plus ou moins figé dans son rôle de relateur.

La justification du figement est fonctionnelle : l'ensemble des termes qui vont entrer dans le syntagme figé représente les différents morphèmes qui serviront à articuler le rapport entre le terme recteur, premier argument du prédicat de relation, et son complément. C'est peut-être à ce niveau fonctionnel de la structure prédicative que se distingue la conjonction des introducteurs de relatives : dans la conjonction, même si un terme QU- comme *où* est impliqué dans la construction (qui suit les règles de composition syntaxique), il ne sert jamais de support conjonctif en tant que tel. Le *où* du *au cas où* des conditionnelles n'est pas le support d'une relation de subordination relative l'articulant précisément à un terme de la subordonnée, il résulte probablement d'un figement syntaxique d'antécédent de relative, avec sa forme QU-dépendante, dans un rôle fonctionnel global de relateur conditionnel. Cela n'exclut pas de poser, comme le ferait peut-être Mel'čuk, que la syntaxe de surface respecte strictement les catégories syntagmatiques d'occurrence des divers termes de la locution figée. Un autre exemple illustrera le cas inverse : une conjonction habituelle dans un rôle d'introducteur de relatif, parce que la subordonnée n'est pas rattachée directement au ligateur, mais à un de ses composants :

> On est allé jusqu'à ce qu'on avait prévu de faire / jusqu'à ce qui avait été prévu

Dans ce cas, on a affaire à une relative, parce que l'argument de *jusqu'*à est un pronom figurant comme tel dans la structure prédicative, avec une relation de coréférence le liant à une forme QU- sous-jacente ayant une fonction grammaticale dans la subordonnée : le relateur est ici la préposition liant verbe et nom complément, pas la conjonction.

Le reste est affaire de convention de représentation. Comme l'a remarqué Mel'čuk, la structure syntaxique interne des blocs figés est analogue à la syntaxe libre. Il manque à cela, cependant, le marquage éventuel de la cliticisation, qui pourrait lier ensemble des termes séparés syntaxiquement. Un aspect est peut-être à traiter de façon distincte : dans certaines conjonctions, comme on l'a vu, le *que* est indissociable de son introducteur, et cela semble corrélé à une propriété syntaxique : l'occurrence de *que* même en cas d'ellipse du verbe subordonné :

> Il était, quoique riche, à la justice enclin. (V. Hugo)

Il en va de même avec *parce que, puisque, bien que*. Il se peut que dans ces constructions, le *que* des segments ellipsés soit associé à la tête de conjonction, plutôt qu'à sa position de complémenteur.

4. Conclusion

L'ensemble flou des locutions conjonctives a bien une justification fonctionnelle – au niveau des prédicats liant une phrase « sujet » de la locution à une phrase complément à noyau verbal fini ou infinitif. Sous cette étiquette, le noyau organisateur ou la locution figée doit ensuite, au niveau syntagmatique, se plier aux règles d'insertion syntaxiques qui régissent ses composantes, qu'elles soient segmentables ou non. Il me semble donc légitime de décrire au niveau prédicatif une série de formes sous l'étiquette de conjonction, simple ou complexe, sachant que ces formes sont des matérialisations plus ou moins figées et plus ou moins complexes de prédicats sémantiques organisant la subordination d'un verbe à un terme recteur. On peut comprendre les hésitations des lexicologues : beaucoup de ces constructions sont libres, ce n'est que parce qu'elles entrent comme des concrétisations morphologiques d'une relation sémantique particulière (cause, but, opposition, etc.) qu'elles tendent à être grammaticalisées, et qu'on a tendance à les associer à une partie du discours qui est simplement une variante de préposition ou adverbe à complément verbal. C'est ainsi que, par exemple, *dans l'intention que* apparaît dans le paradigme de *pour que*, cette dernière conjonction n'étant qu'une préposition précédant l'enchâsseur. En structure syntagmatique (la surface), les formes complexes entrent plus ou moins librement dans les règles combinatoires usuelles, comme le propose Mel'čuk. L'adoption d'une représentation de la syntaxe comme la combinaison de plusieurs niveaux permet ainsi, à mon sens, de donner une réponse appropriée : au niveau prédicatif, il est aisé de décrire des conglomérats plus ou moins figés de termes comme des conjonctions. En syntaxe superficielle, ces choix prédicatifs peuvent se répartir sur plusieurs têtes (au moins deux constituants distincts, le ligateur conjonctif, et *que*). En quoi on arrive à une sorte de paradoxe : les regroupements de morphèmes vus généralement comme un phénomène syntaxique superficiel, sont dans le cas du figement des faits de syntaxe profonde à base fonctionnelle et en définitive, sémantique.

Bibliographie

BENZITOUN, C., (2006), *Description morphosyntaxique du mot* quand *en français contemporain*, Thèse de doctorat, Université de Provence.

BONNARD, H., (1978), « Conjonction de subordination », in *Grand Larousse de la langue française*, Paris, Larousse.

DANLOS, L., (1988), « Connecteurs et relations causales », in *Langue française* n° 77, pp. 92-127, Paris, Larousse.

EMONDS, J., (1985), *A Unified Theory of Syntactic Categories*, Dordrecht, Foris.

GAATONE, D., (1981), « Conjonctions et locutions conjonctives en français », *Folia Linguistica* n° 14, pp. 195-211, De Gruyter.

GRÉVISSE, M., (1980), *Le bon usage*, 11e éd., Gembloux, Duculot.

GROSS, G., (1988), « Réflexions sur la notion de locution conjonctive », in *Langue française* n° 77, pp. 19-36, Paris, Larousse.

GROSS, G., (1996), *Les expressions figées en français*, Paris, Ophrys.

GROSS, M., (1988), « Sur les phrases figées complexes du français », in *Langue française* n°77, pp. 47-70, Paris, Larousse.

JESPERSEN, O., (1924), *La philosophie de la grammaire*, (traduction de 1971), Paris, Minuit.

KAYNE, R.-S., (1975), « French relative *que* », *Recherches Linguistiques de Vincennes* n° 2, pp. 40-61.

MEJRI, S., (1997), *Le figement lexical, descriptions linguistiques structuration sémantique*. Publications de la Faculté des et lettres de la Manouba.

MEL'ČUK, I., (2004), « Parties du discours et locutions », disponible à l'adresse suivante : http://docplayer.fr/19918006-Igor-mel-cuk-parties-du-discours-et-locutions.html.

MULLER, C., (1996), *La subordination en français*, Paris, Armand Colin.

MULLER, C., (2008), *Les bases de la syntaxe* (2ᵉ éd.), Presses Universitaires de Bordeaux.

PIOT, M., (1978), *Étude transformationnelle de quelques classes de conjonctions de subordination du français*, Thèse (3ᵉ cycle), Université Paris-VII.

PIOT, M., (1988), « Coordination-subordination : une définition générale », in *Langue française* n° 77, pp. 5-18, Paris, Larousse.

PIOT, M., (1998), *Composition transformationnelle de phrases par subordination et coordination*, Lille, Presses Universitaires du Septentrion.

TOGEBY, K., (1982), *Grammaire française, vol. 1, Le Nom*, Copenhague, Akademisk forlag.

WILMET, M., (2003), *Grammaire critique du français*, Bruxelles, Duculot.

chapitre 14
Les parenthèses nominales en français : études de cas

Franck NEVEU

1. Présentation

La notion de parenthèse n'est guère stabilisée dans la métalangue grammaticale[1], et cette étude, à la suite des travaux réunis par Corminboeuf *et alii* (2008)[2], a pour objectif de travailler à sa stabilisation.

On rappellera tout d'abord la présentation de la notion dans *La grammaire d'aujourd'hui* (Arrivé *et alii*. 1986), qui développe une approche véhiculant une conception « graphique » de ce qu'est une parenthèse :

> 1. La *parenthèse* est un fragment discursif inséré entre deux éléments d'une phrase : *Saussure (Ferdinand, bien sûr, et non Raymond) a été attentivement lu par Lacan*. Les dimensions de la parenthèse sont très variables : d'un mot à un long fragment de discours. Le statut de la parenthèse par rapport à la phrase dans laquelle elle s'insère est également très variable : apposition explicative, commentaire métalinguistique, incise, digression, etc.

---

[1]. Ce sujet, par nature « marginal », illustre un aspect de la problématique terminologique et descriptive en syntaxe et sémantique du français, problématique qui a fait l'objet de si fréquentes et fructueuses discussions avec Salah Mejri.

[2]. Voir particulièrement Corminboeuf, Heyna, Avanzi (2008). La présente étude est une version remaniée d'une communication faite lors des journées scientifiques organisées par l'association CONSCILA à l'ENS sur « Les parenthèses en français ».

> 2. Au niveau de la manifestation écrite, la parenthèse – ouvrante : (/ et fermante :/) – est l'un de éléments qui permettent de signaler le statut de parenthèse au sens 1 d'un élément du discours. La parenthèse est en concurrence avec le tiret et la virgule. Une parenthèse au second degré (parenthèse dans une parenthèse) est signalée par des crochets, au troisième degré par des accolades.

Il s'agit d'une vision certes traditionnelle, mais qui pose néanmoins un certain nombre de problèmes intéressants, notamment pour ce qui concerne le niveau d'intégration syntaxique, le degré d'autonomie énonciative du segment, la connexité avec la séquence hôte, et l'aptitude du segment en question à exercer un mécanisme incidentiel[3] à l'égard de l'environnement immédiat.

On précisera encore que fort peu de dictionnaires ou de glossaires tentent une approche définitionnelle de la notion en dehors de la perspective graphique. Le terme n'y est d'ailleurs généralement pas recensé. On trouve plutôt les termes *parenthétisation*, et *parenthésage*, avec le sens qui leur a été attribué en linguistique générale (la représentation graphique de la structure en constituants immédiats, ou bien en linguistique textuelle, pour marquer un plan d'organisation du texte défini comme un mode d'empaquetage des propositions).

On notera donc, même s'il a déjà été travaillé par McCawley (1982), que *parenthèse* fournit un terme de plus au service de la problématique de la discontinuité syntaxique et énonciative (avec *détachement, incidence, adjonction, ajout, disjonction*, et d'autres encore, etc.), dont on attend toujours la stabilisation définitionnelle. L'avenir dira si *parenthèse* offre un rendement descriptif et explicatif supérieur à ces termes.

On notera tout de même deux possibles points de faiblesse dans l'usage du terme de *parenthèse* : tout d'abord le fait qu'il génère nécessairement de l'ambiguïté (puisqu'il est emprunté au vocabulaire typographique, où il est fort bien, peut être trop bien, stabilisé), on pourrait d'ailleurs s'interroger sur la pertinence d'un tel emprunt au vocabulaire typographique ; et le fait que, comme *incidence* au sens de Marandin (1998), il postule dans son sémantisme même une hypothèse forte, celle de son insertion dans une struc-

---

3. On prend *incidentiel* au sens de ce qui se rapporte à la relation entre les éléments apports et supports, désignée ici par le terme d'*incidence*, et qui règle l'assemblage des constituants syntaxiques dans l'énoncé.

ture intégrante de niveau supérieur, et celle de son inessentialité par rapport à cette structure « hôte ».

Afin de déterminer précisément le type d'observables à examiner, on a décidé ici de ne pas trancher entre *parenthèse* au sens graphique et *parenthèse* au sens finalement très proche de celui d'*incidence*, tel que Marandin (1998) l'a développé à partir de McCawley (1982). On étudiera donc un aspect de la discontinuité syntaxique et énonciative en français écrit, réalisé notamment par l'emploi des inserts à tête nominale encadrés par des parenthèses graphiques.

Dans cette question, semble-t-il, la dimension graphique n'est pas secondaire, puisque, si un autre système d'encadrement reste possible pour les segments concernés, les parenthèses, marquées nécessairement par l'usage d'une paire de signes (l'un ouvrant, l'autre fermant), déterminent (i.e. contraignent) partiellement le point d'insertion du groupe dans la séquence hôte, entre autres par le blocage de l'antéposition, lorsque l'insert porte sur un constituant clairement identifiable, et par le blocage de la position initiale, bien que les groupes encadrés soient, pour certains d'entre eux, susceptibles d'occuper ces positions lorsqu'ils figurent dans l'énoncé avec d'autres frontières graphiques.

Les segments parenthétiques constituent donc à proprement parler des *inserts*, au sens notamment de Gautier (2006), c'est-à-dire des constituants linéarisés dans la phrase hôte, mais sans en être toujours véritablement une partie constitutive, autrement dit sans en saturer toujours véritablement aucun poste fonctionnel. On pourra voir en fait que dans de nombreux cas ils sont susceptibles de saturer une fonction syntaxique, mais sémiotiquement le rôle de l'encadrement parenthétique du segment est de signifier, ou plus exactement de montrer l'inessentialité formelle du segment dans l'espace textuel.

Enfin on terminera cette présentation du sujet en précisant que, sur l'ensemble des constructions de format syntagmatique pouvant être décrites dans le cadre d'une typologie du détachement en français, les segments disloqués, extraposés (*nominativus pendens*) et en adresse (vocatifs) font rarement l'objet de constituants de parenthèses graphiques, à la différence des segments à tête nominale (avec ou sans actualisateur) et à tête adjectivo-participiale (de type appositif), ce qui induit un fonctionnement énonciatif et référentiel peu compatible avec cette forme de décrochement.

L'examen portera donc ici principalement sur le degré d'autonomie prédicative des inserts parenthétiques, sur leur position dans l'énoncé, et sur la connexité qu'ils établissent avec l'hôte et avec son entour (incidence, portée, fonction textuelle). Pour ce qui concerne la question du format, la question qui se pose est assez proche de celle qui se pose à propos de l'apposition (puisque l'on a opté ici pour un examen des segments à tête nominale). Dans le cas de l'apposition, la question est en effet de savoir : (i) si le segment détaché de la construction appositive et le reste de la séquence constituent deux entités énonciatives ou clauses distinctes, donc deux segments de discours formant deux énonciations indépendantes au plan morphosyntaxique (aucune dépendance rectionnelle), et n'entretenant entre elles qu'une relation de présupposition – dans cette hypothèse, la connexité, qui est exclusivement sémantico-pragmatique, réunit les deux segments dans une même (macro-)unité de discours (une période binaire) ; (ii) ou bien si l'on a affaire, pour le segment détaché à un constituant en situation de connexité morphosyntaxique avec le reste de la séquence, autrement dit s'il forme un constituant intra-clausal rectionnellement dépendant. On va donc retrouver ici cette problématique.

2. Études de cas

On passera en revue un certain nombre d'énoncés empruntés à la base Frantext et à des articles du journal *Le Monde*, ainsi qu'à des textes littéraires présentant un intérêt particulier relativement à la question ici traitée. Ces séquences n'ont bien sûr pas de prétention à représenter toute la diversité possible des constructions à l'écrit en français.

Cas 1

(1) J'ai traversé un pont dormant qui s'appuie sur le plaatz, j'ai franchi une arcade gardée par un factionnaire et je suis entré dans le *Binnenhof* (cour intérieure), qui est le berceau de la ville de La Haye, comme la Cité est celui de Paris. (Maxime Du Camp, *En Hollande, Lettres à un ami*)

(2) La police, qui a aussi saisi de nombreux documents, estime que l'« *impôt révolutionnaire* » extorqué par l'ETA aux entreprises et aux petits commerçants, de même que celui des rançons lors d'enlèvements, était payé directement dans les *herriko tabernas* (tavernes du peuple). Ces bars servent à la fois de siège social et de club de réunion à Batasuna dans les villes et villages basques. (*Le Monde* 3/5/2002)

(3) Chasubles longues ou robes de coton matelassé aux couleurs vives renouvellent gaiement le « homewear » (tenues d'intérieur). (*Le Monde* 4/1/1971, cité par A. Niklas-Salminen : « Les emprunts et la glose »)

Les séquences (1)-(3) semblent pouvoir être décrites comme des cas de transcodages liés à l'emploi d'un mot d'une langue étrangère à celle du texte principal. Ces séquences posent un problème d'analyse linguistique, que l'on va retrouver dans d'autres cas. On a affaire ici à des gloses de spécification sémantique, par l'apparente attribution d'un sens lexical à une séquence susceptible d'être ininterprétable, ou du moins présumée telle par l'énonciateur. On observera que le mécanisme incidentiel des inserts parenthétiques n'apparaît pas clairement, pas plus d'ailleurs que la prédication de propriétés, qui caractérise par exemple le système appositif.

On aurait plutôt affaire ici à un phénomène de juxtaposition syntagmatique fonctionnant comme une balise catégorielle (dans un corpus annoté), sans autre détermination syntaxique que celle de la juxtaposition, une sorte d'isolat syntagmatique ou lexical que l'on va retrouver dans d'autres séquences. La connexité avec l'environnement reste faible et n'établit avec lui à proprement parler aucune forme de relation syntaxique.

Cas 2a

Une situation assez semblable peut être décrite dans le cas des séquences qui suivent, qui forment bien sûr une série qui reste hétérogène.

(4) L'abandon d'une politique ambitieuse et compréhensible a été à cet égard une des carences du Gouvernement Jospin, malgré plusieurs textes de première importance comme les lois dites Voynet, Chevènement et SRU (Solidarité Renouvellement Urbain). (*Le Monde* 3/5/2002).

La séquence (4) se distingue des autres dans la mesure où l'on a affaire à la glose explicative entre parenthèses d'un sigle présumé ininterprétable (ou difficilement), du moins affiché comme tel par la présence du commentaire métadiscursif.

À cet égard, il est possible de reprendre à propos de (4) les observations faites sur (1)-(3) à savoir que l'on a affaire à un transcodage qui attribue du sens lexical à une séquence sémantiquement opaque, sans qu'aucune relation de dépendance syntaxique, ni qu'aucune autre forme de prédication de propriétés ne soit apparente entre la source et la cible du transcodage (glose-balise).

Cas 2b

La série suivante semble inverser le processus mais de manière parfois très variable. En (5), *LCR* est donné comme présumé connu :

> (5) Plus loin, on aperçoit la Ligue communiste révolutionnaire (LCR) qui affirme *« préparer le troisième tour social »*. *« C'est une journée historique, le succès de la résistance »*, se réjouit Olivier Besancenot pour qui, le 5 mai, *« on votera le matin Chirac, et dès le soir on se lavera les mains »* en manifestant. (*Le Monde* 3/5/2002)

Le segment parenthétique s'inscrit dans l'énoncé comme une glose de spécification référentielle censée élucider, par ce qui est en fait un désignateur rigide (le sigle), une expression sémantiquement transparente mais présentée curieusement dans l'énoncé comme insuffisamment interprétable.

Les autres sigles entre parenthèses ne sont que des réductions, c'est-à-dire des tentatives de lexicalisation de syntagmes. Dans les différents articles où ils figurent, ils n'ont pas même l'utilité de servir de source explicite à des enchaînements référentiels. Ces mentions répondent donc à des objectifs de communication qui restent obscurs. Elles témoignent d'un travail de codification du sigle dans le lexique :

> (6) L'Association des travailleurs maghrébins de France (ATMF) a traduit la sienne en arabe : *« Pour que la mémoire de Brahim Bouraam et de toutes les victimes des crimes racistes reste vivante. »* (*Le Monde* 3/5/2002)

> (7) *« On n'est pas tranquilles pour dimanche »*, soupire Madeleine Bolla, déportée, qui tient le panneau des amis de la Fondation nationale pour la mémoire de la déportation (FMD). (*Le Monde* 3/5/2002)

Dans ces deux exemples, on s'aperçoit que l'on a affaire à une mise en parallèle assez semblable, reposant sur la transformation d'une description définie en désignateur rigide. La question que l'on peut se poser est celle de la finalité d'un tel dispositif : souci d'économie linguistique ? Nécessité informationnelle de baliser le discours par des désignateurs marquant une présupposition d'existence référentielle afin de faciliter la lecture, sa rapidité, l'évocation d'un monde présumé connu ? La question reste ouverte.

Cas 3

Avec les séquences qui suivent, on entre dans un ordre de faits en apparence idiolectaux, étant donné l'unité du corpus (celui de l'œuvre de Claude Simon). Toutefois cela n'enlève rien à l'intérêt linguistique de ce type d'inserts. On passera sur la justification textuelle qui peut être faite de cet usage des parenthèses chez Simon, dont on connaît le caractère dilaté du tissu discursif. Ces faits peuvent être tenus pour des conséquences de la tension macrosyntaxique de l'énoncé bien connue dans cette œuvre.

Ici deux configurations apparaissent. La première présente un effet intéressant de « décliticisation » de morphèmes pronominaux, particulièrement des pronoms personnels. Autrement dit, un clitique (morphème conjoint et atone), par l'usage des décrochements typographiques se voit provisoirement reversé dans la catégorie des morphèmes disjoints et toniques. Le phénomène s'observe lorsqu'il y a rappel du contrôleur sémantique du morphème en question, cas de (8), (9) et (10) :

(8) [...] ils (Iglésia et lui) restaient là [...]. (Claude Simon, *La Route des Flandres*)

(9) [...] elles (les estafettes) essuient à un tournant du chemin une rafale [...]. (Claude Simon, *La Route des Flandres*)

(10) [...] me rendant compte qu'ils (Iglésia et ce vieux type que nous avions d'abord cambriolé, puis manqué tuer et qui s'était ensuite fait fort de nous faire passer les lignes la nuit venue) étaient tout aussi saouls que moi […]. (Claude Simon, *La Route des Flandres*)

Ces faits de décliticisation sont très marqués dans la mesure où ils contreviennent à toute forme de prévisibilité de l'ordonnancement syntaxique. Ils sont bien sûr à mettre en relation avec le point d'insertion de la parenthèse dans l'énoncé, qui desserre la forte coalescence (solidarité) d'un groupe syntaxique puisqu'un pronom clitique n'a pas d'existence discursive possible sans son appui verbal. Par cette configuration, ces morphèmes accèdent donc très provisoirement au statut de morphèmes disjoints.

Un semblable cas de forte perturbation morphosyntaxique liée à l'emploi des inserts parenthétiques peut s'observer avec les ambivalences fonctionnelles, ambivalences fonctionnelles qui affectent par exemple les formes en -*ant* suivies de leur contrôleur sémantique entre parenthèses en (11) et (12) :

(11) [...] puis descendant (Georges) l'échelle [...]. (Claude Simon, *La Route des Flandres*)

(12) [...] prenant (de Reixach) d'une main l'éponge tendue [...] ? (Claude Simon, *La Route des Flandres*)

On observe en effet ici un glissement, par rétroaction sémantique, d'une fonction adjectivale du lexème détaché (en fonction apposition ou épithète) à une fonction verbale (noyau de participiale, avec postposition du sujet). C'est-à-dire que la présence du support référentiel est inévitablement interprétée comme mention du support actanciel grammatical. Autrement dit *descendant (Georges)* est susceptible de s'interpréter *Georges descendant*, donc comme une proposition participiale. Comment décrire ici la relation qui s'établit entre l'insert et son support ? La nécessité d'une désambiguïsation référentielle semble pouvoir en justifier l'usage. Mais au plan syntaxique le segment reste *pendant*, et difficilement descriptible au plan fonctionnel. Le recours explicatif au système appositif se trouve une fois de plus inapproprié dans ce type de configuration.

Cas 4

On notera que la nécessité textuelle d'un ajustement référentiel justifiant l'insert parenthétique se retrouve dans bien d'autres configurations :

(13) [...] j'ai repris ma carriole qui a des prétentions à être une calèche et, revenant par la même route jusqu'au village de Valkenburg, nous avons continué notre chemin dans la direction

du nord. Leyde, la glorieuse patrie de Rembrandt, des Elzévirs, d'Otto Venius, de Jean (le prophète), de Miéris, de Gérard Dov, de Jean Stein, de Van De Velde, m'est apparue, voilée sous la brume, derrière un rideau d'arbres que l'hiver fait transparent, avec son haut clocher, ses innombrables moulins et ses maisons à toit rouge. (Maxime Du Camp, *En Hollande, Lettres à un ami*)

(14) Mais nous avons vu que ce principe (l'identité des idées comparées) n'est pas encore parfaitement exact ; et nous avons reconnu qu'un raisonnement n'est qu'une série de jugements successifs dans laquelle l'attribut du premier jugement devient le sujet du second, et ainsi de suite [...]. (A. L. C. Destutt-Tracy, Éléments d'*idéologie, III. Logique*)

(15) On relève notamment la présence des capitaines des équipes de France de rugby (Fabien Galthié), de handball (Jackson Richardson) et de basket (Yannick Souvré), de Christophe Dominici, Pieter de Villiers (rugby), Eunice Barber, Jean Galfione (athlétisme), Isabelle Blanc (snowboard), Béatrice Hess (handisport), Laura Flessel (escrime) ou Raphaël Poirée (biathlon). D'autres signataires devraient rejoindre cette liste. (*Le Monde* 3/5/2002)

Mais on entre ici dans un autre format, où le mécanisme incidentiel de l'insert à l'égard de son support semble mieux repérable, et descriptible en termes de système appositif, associé parfois, comme c'est assez souvent le cas, à des faits de reformulation ou de rétroaction discursive (par exemple 14), en appui à un support nominal anaphorique.

On notera ici que l'usage des parenthèses envoie au lecteur une information de retrait ou de secondarité du contenu du segment, que ne feraient pas apparaître explicitement des frontières graphiques constituées de virgules, qui forment l'essentiel de l'encadrement des séquences apposées. La structure formelle de l'insert, à savoir les parenthèses graphiques, véhicule donc une information susceptible de permettre au lecteur de hiérarchiser les différentes strates du contenu informationnel du texte. L'information transmise reste bien sûr assez floue : elle peut se prêter à des interprétations très variables, mais qui semble-t-il pourraient se laisser approcher en termes de greffe informationnelle, dont le fonctionnement sémiotique reste assez proche de celui de la note, mais une note en quelque sorte en plein texte (à la fois explicative, et optionnelle).

Ce rôle de régulateur de l'information dévolu à l'insert parenthétique permet même au lecteur de se sortir d'entrelacs syntaxiques assez complexes, ce qui est illustré par (15), où s'opère un glissement de fonction de l'insert en cours de séquence : un système appositif pour les trois premiers noms (Galthié, Richardson, et Souvré), en appui à « capitaines des équipes de France » ; puis une relance de l'expansion de « présence de » au moyen de groupes *de* + *N*, l'insert parenthétique s'ouvrant alors à un autre type d'information (*on passe du sportif à son activité*), où le lien syntaxique semble se diluer au point de n'être plus identifiable (on retrouve alors un fonctionnement proche de celui de la balise, mentionné préalablement).

La plupart des autres séquences illustrent le fait que les inserts parenthétiques se prêtent assez fréquemment à une interprétation syntaxique qui leur confère un statut fonctionnel identifiable, parfois au prix d'une réinterprétation.

Cas 5

C'est le cas notamment de (16) à (17) et (18) :

(16) Après la condamnation du programme économique de Jean-Marie Le Pen par le Medef, des grands patrons français, interrogés par *Le Monde*, appellent explicitement à voter pour Jacques Chirac. C'est le cas de François Roussely (EDF), Jean Peyrelevade (Crédit lyonnais), Pierre Richard (Dexia), Bernard Arnault (LVMH). (*Le Monde* 3/5/2002)

(17) Je ne comprends pas le départ de Lionel Jospin et les mots qu'il a choisis pour le signifier. Qui pourrait lui tenir rigueur d'un aveu de fatigue ou de désespoir : souvenons-nous des atroces derniers jours de la vie de Pierre Bérégovoy, un juste lui aussi. Les abstentionnistes, de droite comme de gauche, portent la même responsabilité, bien lourde. Le soir du 21, sitôt apparu le réel (scores et figures) sur l'écran, je n'ai pas « décidé » de voter pour Jacques Chirac le 5 mai : l'obligation de le faire s'imposait visuellement, c'était comme un réflexe, organique. (*Le Monde* 3/5/2002)

(18) Pour le docteur Jean Delacour (université Paris-VII), spécialiste de la neurobiologie du comportement, le fait que la conscience soit devenue l'un des thèmes majeurs des sciences humaines et des sciences de la nature résulte d'une double révolution. (*Le Monde* 3/5/2002)

À l'exception de (17), qui présente un exemple d'apposition inverse[4], le point commun de ces séquences semble être celui d'un insert parenthétique pourvu d'un prédicat à valeur locative (au sens large), soulignant un phénomène d'appartenance, mais réduit à sa tête nominale : autrement dit un SPrep tronqué (*d'EDF, du Crédit Lyonnais, de Dexia, de LVMH, de l'Université Paris VII*).

Un traitement semblable semble pouvoir être réservé aux séquences (19) à (21), où la connexité syntaxique avec la séquence hôte s'établit là encore assez aisément. Qu'il s'agisse de circonstants prépositionnels, ou d'appositions enrichies de mécanismes de reformulation.

(19) En opposition, je vous citerai une grande toile de Van Everdingen (un peintre *naturaliste* que j'aime beaucoup), qui est d'une férocité merveilleuse. (Maxime Du Camp, *En Hollande, Lettres à un ami*)

(20) Son tableau est un paysage d'un vert plaisant, avec des arbres trop chargés de fruits, mais rendus à ravir ; sur les branches, sous les feuilles, au milieu des ruisseaux, parmi l'azur du ciel qu'il a floconné de nuages, je ne sais pourquoi, car il me semble que le paradis doit être toujours bleu, il a réuni et peint de couleurs très brillantes tous les animaux qui lui étaient connus, depuis les hoccos du Brésil jusqu'au simple et naïf lapin de clapier : oiseaux de paradis, toucans, huppes, aras, autruches, tigres, crocodiles, éléphants, hérons, brochets, tous enfin, jusqu'à un bœuf gris qui semble avoir une tête de grenouille, sans doute pour donner raison aux fabulistes, jusqu'à des dogues qui hurlent (quelle invraisemblance en paradis !), jusqu'à un chien griffon, jusqu'à un chat qui frotte son dos contre les jambes d'Ève prenant le rameau défendu aux lèvres noires du serpent. (Maxime Du Camp, *En Hollande, Lettres à un ami*)

(21) Il faut d'abord se rappeler que Bacon dans son plan général et partout ailleurs, nous dit que cette quatrième partie est destinée à montrer comment l'esprit humain peut s'élever sûrement, depuis les faits jusqu'aux vérités les plus générales (aux axiomes), et redes-

---

[4]. Les prédications « inverses » sont fréquentes dans les constructions métaphoriques. Ce type de séquences n'est pas de nature à remettre en cause la hiérarchie apport/support qui caractérise le système appositif, qui est fondée sur une ordination prédicative repérable à l'échelle de l'énoncé, et déterminée par l'orientation pragmatique du discours. Elles soulignent, du point de vue de l'encodeur, le caractère non fini du support (appositif) au plan informationnel.

cendre des axiomes aux vérités particulières. (A. L. C. Destutt-Tracy, Éléments d'*idéologie, III. Logique*)

La séquence (20) fait exception par son autonomie propositionnelle.

Quelques séquences posent tout de même des problèmes d'interprétation, et résistent à cette fluidité syntaxique, pour des raisons d'ailleurs très différentes.

(21) pose le problème de la portée du segment parenthétique.

> (21) Selon des participants au groupe de Mme Aubry, la plateforme s'articulerait autour de six ou sept chapitres : « *le plein emploi et le bon emploi* » (formation tout au long de la vie, lutte contre la précarité, pouvoir d'achat), avec, en début de législature, une conférence économique et sociale avec les partenaires sociaux ; « *la sécurité et la tranquillité pour tous* » ; « *les services publics, acteurs majeurs de la lutte contre les inégalités* » (accès à la santé, au logement, à l'éducation) ; « *une République égale pour tous* » (politique de la ville et des quartiers, décentralisation, institutions, intégration, droit de vote des étrangers aux élections locales) ; « *un pacte de solidarité entre les générations* » (personnes âgées, allocation d'autonomie et contrats civiques de solidarité pour les jeunes). La partie sur l'Europe et le monde pourrait constituer un ou deux chapitres, le PS voulant privilégier l'idée d'un traité social européen, la régulation de la mondialisation et la solidarité avec les pays du Sud. (*Le Monde* 3/5/2002)

S'il s'agit possiblement de gloses explicatives, destinées à l'explicitation des segments cités, il reste à déterminer si l'on a affaire à une glose du segment linguistique (glose de mots), à une glose de ce qui est visé référentiellement par ce segment, ou à une de l'interprétation de ce segment de discours par les « participants ».

Plus énigmatique semble être le fonctionnement des séquences (22)-(24) :

> (22) PageMaker a été conçu de telle manière que l'utilisateur se trouve, dès l'ouverture d'un nouveau document, devant l'équivalent d'une table de montage de maquettiste. La trousse à outils (sélection d'un élément, dessin, édition et modification typographique du texte, recadrage d'image) peut être déplacée sur la table. (exemple emprunté à H. Béciri, in A. Steuckardt et A. Niklas-Salminen, 2003)

Cette séquence mentionne les fonctions de l'objet décrit, au moyen d'une structure très elliptique, et fortement compactée (il s'agit de décrire dans une structure énumérative les caractéristiques constitutives de l'objet mentionné dans le support (trousse à outils).

> (23) Le texte de chaque section peut être caché (<u>contraction</u>) de façon à ne laisser apparaître à l'écran que le plan du document. (exemple emprunté à H. Béciri, in A. Steuckardt et A. Niklas-Salminen, 2003)

> (24) Intertechnique souhaite passer du troisième au premier rang mondial dans les créneaux très spécifiques (<u>niches</u>) sur lesquels s'est recentré le groupe. (exemple emprunté à H. Béciri, in A. Steuckardt et A. Niklas-Salminen, 2003)

(23) et (24) développent des formules définitoires, difficiles à interpréter comme appositives, dans la mesure où ni portée ni incidence ne sont clairement identifiables. Elles ne laissent pas d'ailleurs d'être plurivoques, l'insert parenthétique pouvant être tout à la fois la mention de la dénomination du phénomène décrit (« ce que l'on appelle », ou « appelé ici »), l'expression d'une caractérisation de propriétés, voire un jugement porté sur l'objet par l'énonciateur, etc.

On terminera ce rapide parcours par les séquences (25) à (27) :

> (25) Les verbes (<u>et les pronoms personnels</u>) deviennent ainsi l'élément primordial du langage – celui à partir duquel il peut se développer. (Michel Foucault, cité par S. Pétillon Boucheron, in J. Authier-Revuz et M.-C. Lala, 2002)

> (26) Enquête sur une descente aux enfers, où le sort (<u>et le tribunal</u>) semble s'acharner sur le Palace (Libération, cité par S. Pétillon Boucheron, in J. Authier-Revuz et M.-C. Lala, 2002)

> (27) Dans l'anaphore textuelle, le mot (<u>ou les mots</u>) qui désignent le même référent apparaissent dans un ordre contraint. (F. Claquin, cité par S. Pétillon Boucheron, in J. Authier-Revuz et M.-C. Lala, 2002)

qui permettent de noter les fréquents problèmes d'accord posés par les séquences parenthétiques : accord standard en (25), concordance sujet/verbe en (26), renforçant l'inessentialité de l'insert, discordance sujet/verbe en (27), le verbe extrait son sujet de la parenthèse, dans une séquence structurée par la reformulation.

3. Conclusion

Comme on le constate, les inserts parenthétiques à l'écrit s'ouvrent à de multiples fonctions discursives, et forment par conséquent des séquences très hétérogènes. Trois situations semblent pouvoir se dégager.

- Le cas, rare dans les séquences examinées ici, d'un insert parenthétique de type propositionnel, présentant une autonomie phrastique (cas de la proposition incise, ou incidente, étudiée en détail il y a déjà fort longtemps par Dessaintes).

- Le cas des inserts qui présentent un mode de fonctionnement incidentiel à l'égard de leur entour verbal, et qui sont susceptibles de se laisser décrire en termes fonctionnels : il s'agit dans la plupart des cas de segments appositifs, ou de groupes prépositionnels compactés formant des expansions circonstancielles.

- Le cas des inserts présentant un fonctionnement syntaxique « neutralisé », et qui figurent dans l'énoncé comme des balises juxtaposées à un constituant intégré qu'elles ont la charge de gloser.

Comme on l'a précisé initialement, sémiotiquement le rôle de l'encadrement parenthétique du segment est de signifier, ou plus exactement de montrer (d'afficher) l'inessentialité du segment dans l'espace textuel. Dans la plupart des cas, que le segment parenthétique fonctionne comme une mention en ajout ou en retrait par rapport à la ligne de l'énoncé, sa base, antéposée, est généralement bien identifiable. L'opération d'insertion parenthétique permet ainsi d'identifier l'existence d'un énoncé (ou d'un fragment d'énoncé) comme support, et manifeste par conséquent la présomption de l'incomplétude informationnelle de ce point d'ancrage.

Bien des problèmes restent à creuser pour élaborer la grammaire des inserts parenthétiques. Tout d'abord et bien sûr, le problème de la connexité du segment avec l'hôte, autrement dit le problème de l'incidence et de la portée des constituants. Il n'existe pas assez de stabilité dans les faits pour pouvoir dégager des constantes significatives. Le point d'incidence et de portée, quand il est repérable, n'est pas toujours réductible au segment linguistique. Fréquemment associé à un mécanisme métadiscursif de glose, l'insert attrape à la fois du sens et de la référence. Le segment en emploi métadiscursif peut gloser un actant du procès, parfois le procès lui-même.

Un autre aspect important de la problématique réside dans le fait que l'insert parenthétique *fait retour*, donc s'applique à un objet de discours qui lui préexiste, marquant ainsi une présomption d'antécédence référentielle. Ce qui se traduit, dans la linéarité de l'énoncé, par une postposition dominante. On doit également prendre en compte le fait que l'insert parenthétique n'est pas nécessairement justifié par une information qui permettrait de passer de l'inconnu au connu. Le mécanisme de stratification énonciative est ici très complexe.

On dira que l'opération linguistique de l'insert parenthétique, lorsque le point d'appui est clairement identifiable, suffit à réinterpréter le support, car elle suffit à présupposer la nécessité d'un savoir sémantique ou référentiel pour l'interprétation complète de l'objet en question. L'insert affiche donc nécessairement une incomplétude sémantique ou référentielle, que celle-ci soit avérée ou présumée.

Bibliographie

ARRIVÉ, M., GADET, F., GALMICHE, M., (1986), *La Grammaire d'aujourd'hui. Guide alphabétique de linguistique française*, Paris, Flammarion.

AUTHIER-REVUZ, J., LALA, M.-C., (2002), *Formes d'ajout dans l'*écrit - Langue et texte, Paris, Presses Sorbonne Nouvelle.

BERRENDONNER, A., (1990), « Pour une macro-syntaxe », in *Travaux de Linguistique* n° 21, pp. 25-36, Paris, De Boeck Supérieur.

BIKIALO, S., (2002), « De la prédication seconde à la prédication multiple », in Leroy S., Nowakoska N., (eds), *Actes du colloque Jeunes Chercheurs, Aspects de la prédication*, pp. 141-154, Montpellier, Université Paul Valéry.

CADIOT, P., FURUKAWA, N., (2000), *Langue française* n° 127, La prédication seconde, Paris, Larousse.

CHAROLLES, M., (1997), « L'encadrement du discours. Univers, champs, domaines et espaces », in *Cahier de Recherche Linguistique* n° 6, Landisco, URA-CNRS 1035, Université Nancy II.

COMBETTES, B., (1998), *Les constructions détachées en français*, Paris, Ophrys.

CORMINBOEUF, G., HEYNA, F., AVANZI, M., (2008), *Verbum*, Tome XXX, n° 1, *Les parenthèses en français*, Université de Lorraine.

DELORME, B., LEFEUVRE, F., (2004), « De la prédication seconde à la prédication autonome », in *Verbum* Tomme XXVI, n° 4, *La phrase averbale : délimitations et caractéristiques*, pp. 281-297, Université de Lorraine.

DESSAINTES, M., (1960), *La construction par insertion incidente (étude grammaticale et stylistique)*, Paris, d'Artrey.

DUPONT, N., (1985), *Linguistique du détachement en français*, Berne, Peter Lang.

ESPINAL, T., (1991), « The representation of disjunct constituents », in *Language* n° 67-4, pp. 726-762, Paris, Larousse.

FORSGREN, M., (1991), « Éléments pour une typologie de l'apposition en linguistique française », in *Actes du XVIIIe Congrès International de Linguistique et de Philologie Romanes*, pp. 597-612, Tübingen, Max Niemeyer Verlag.

FORSGREN, M., (1993), « L'adjectif et la fonction d'apposition : observations syntaxiques, sémantiques et pragmatiques », in *L'Information grammaticale* n° 58, pp. 15-22, Paris, Bibliothèque de l'Information Grammaticale.

FRADIN, B., (1990), « Approche des constructions à détachement », in *Revue romane* n° 52-1, pp. 3-34, Benjamins.

FURUKAWA, N., (1996), *Grammaire de la prédication seconde. Forme, sens et contraintes*, Louvain-la-Neuve, Duculot.

GAUTIER, A., (2006), *Unité et discontinuité : une approche épistémologique et systématique de la phrase*, Thèse de Doctorat, Université Paris IV.

HAVU, E., PIERRARD, M., (2006), « Le détachement est-il une propriété basique de la prédication seconde? » *L'Information grammaticale*, n° 109, Paris, Bibliothèque de l'Information Grammaticale.

JULIA, C., (2001), *Fixer le sens? La sémantique spontanée des gloses de spécification du sens*, Paris, Presses Sorbonne Nouvelle.

MARANDIN, J.-M., (1998), « Grammaire de l'incidence », version Html, <http://www.ilf.cnrs.fr/fr/Marandin>.

MCCAWLEY, J.-D., (1982), « Parentheticals and discontinuous constituent structure », in *Linguistic Inquiry*, n° 13, pp. 91-106.

MÉLIS, L., (1988), « La prédication seconde : présentation », *Travaux de Linguistique* n° 17, pp. 7-12, Louvain, De Boeck Supérieur.

MOREL, M.-A., (1991), *Langages* n° 104, *Intégration syntaxique et cohérence discursive*, Paris, Larousse.

NEVEU, F., (2002), « Du prédicat second à la clause. Sur le rang syntaxique de quelques types de détachements. », in Charolles, P., alii. (eds), *Verbum* n° 24, 1-2, pp. 129-140, « Y a-t-il une syntaxe au-delà de la phrase ? », Université Paris 3.

NEVEU, F., (2003), *Cahiers de Praxématique* n° 40, *Linguistique du détachement*, Université de Montpellier 3.

NEVEU, F., (2006), *L'Information grammaticale* n° 109, mars 2006, *Approches de la discontinuité syntaxique et énonciative*, Actes de la journée d'études CONSCILA, (décembre 2004) Université Paris VII.

Noailly, M., (2000), « Apposition, coordination, reformulation dans les suites de deux GN juxtaposés. », in *Langue française* n° 125, pp. 46-59, Paris, Larousse.

Pétillon-Boucheron, S., (2002), *Les détours de la langue. Étude sur la parenthèse et le tiret double*, Paris, Peeters, BIG, 52.

Serbat, G., (1991), « Intégration à la phrase latine d'un groupe nominal sans fonction syntaxique (le *'nominativus pendens'*) », in *Langages* n° 104, pp. 22-32, Paris, Larousse.

Sériot, P., (1993), « La grande partition. Enchâssement syntaxique, stratification énonciative et mémoire du texte », in P. Sériot (ed.), *Relations inter- et intra-prédicatives. Linguistique slave et linguistique générale*, Cahiers de l'Institut de Linguistique et des Sciences du Langage de l'Université de Lausanne n° 3, pp. 235-260, Lausanne.

Steuckardt, A., Niklas-Salminen, A., (2003), *Le mot et sa glose*, Aix, Presses de l'Université d'Aix.

Tenchea, M., Flaux, N., (2005), *Les constructions détachées*, Actes du colloque de l'Université de l'Ouest, Timisoara (Roumanie), 8-10 juin 2005, Timisoara, Universitatea de Vest.

chapitre 15
Aux limites du limitrophe : à propos des catégories phraséologiques

Antonio PAMIES BERTRAN

1. Introduction

Bien que les critères utilisés pour décrire le phénomène phraséologique aient progressé considérablement dans les dernières décennies, ses frontières externes et internes ne font l'unanimité, ni sur le plan pratique, par exemple leur identification en corpus (Laporte 1988, Pamies et al. 1998, Heid et al. 2000, Pazos, Pamies 2008, Issac 2011, Colson 2012a, 2012b), ni sur le plan théorique (entre autres, M. Gross 1982, 1988, Corpas 1996, Mejri 1997, Moon 1998, Čermák 1998a, 1998b, García-Page 2008). Les facteurs invoqués par les pionniers de la discipline (Bally 1905, Vinográdov 1947, Casares 1950), mille fois repris, nuancés et discutés par les phraséologues contemporains, ne permettent pas de saisir totalement un phénomène qui, en réalité, a émergé par élimination, à partir de ses propriétés « négatives », englobant ce que rejettent d'autres domaines métalinguistiquement antérieurs, la syntaxe et le lexique, opposés à leur tour par une idée de modularité ancrée dans la tradition et renforcée par le générativisme, mais fortement mise en question vers la fin de XXe siècle.

2. La phraséologie et la modularité du langage

On peut concevoir le figement de façon « quantitative », sans tenir compte des règles qui régissent une combinaison, par exemple, en fonction de la fréquence statistique de cooccurrence entre composants par rapport à la probabilité normale (Firth 1957, Sinclair 1991). Dans cette vision, les collocations seraient le prototype même du figement, étant donné leur taux de cooccurrence plus élevé que celui des locutions (Colson 2011a)[1]. Par contre, les conceptions « qualitatives » du figement le définissent par rapport aux règles morpho-syntaxiques qu'il ne respecte pas, et la locution en est alors le représentant le plus typique (M.Gross 1982, Mejri 1997, Čermák 1998, 2001)[2]. Dans ce critère, lui aussi « négatif », encore faut-il distinguer entre ce qui est *infraction* et ce qui n'est que *déficience* (cf. M. Gross 1981, Danlos 1981, Mendívil 1991, Mejri 1997, Čermák 1998a, 2001, Wotjak 2006), car une construction figée n'est pas forcément incorrecte dans sa forme (par exemple *casser sa pipe*), ce qui constitue le figement, c'est le simple fait de ne pas pouvoir y appliquer toutes les transformations syntaxiques disponibles pour les combinaisons libres. Le figement est alors un *déficit combinatoire,* vérifiable par un ensemble varié de blocages syntaxiques et/ou lexicaux : la *défectivité transformationnelle* (Weinreich 1969, Kuiper 2007) et la *restriction sélectionnelle* (Svensson 2004). Que ce soit sur l'axe syntagmatique : **sa pipe a été cassée ; *il a cassé sa propre pipe ; *sa pipe a été cassée par Luc* (Mejri 2004) ou paradigmatique : **briser sa pipe* (M. Gross 1982) ; **briser sa bouffarde* (G. Gross 1996).

Le mécanisme du figement est contrebalancé par le principe, apparemment paradoxal, de la *variation dans le figement* (Bally 1909, Mejri 1997, Montoro 2006, García-Page 2001, 2008, Laporte *et al.* 2008, Conenna 2011) : *filer/coller/foutre une chataîgne/un marron/une pêche/une tarte.* En fait, même *casser sa pipe* permet la pronominalisation : *Jean a cassé sa pipe en avril, et son beau-frère l'a cassée un mois après* (cf. Mendívil 1999). L'étude complète et quantifiée

---

1. D'où le fait que les auteurs anglophones utilisent souvent le mot *collocation* comme hyperonyme de toutes les classes phraséologiques (Colson 2012b). Par exemple *Collocation in the purest sense* (...) *recognises only the lexical co-occurrence of words* (Sinclair 1991: 170).

2. Granger propose d'unir les deux approches (2005 : 166-167) et Mel'čuk affirme qu'elles sont également légitimes et se recoupent (2011 : 50).

des types de variation phraséologique prouve que celle-ci affecte toutes les classes figées (Mogorrón 2011). Cette contradiction provient du fait que le « *péché originel* » des unités phraséologiques est de se caractériser par ce qu'elles ne sont pas, plutôt que par ce qu'elles sont, ce qui, par contraste, « idéalise » une *syntaxe libre*, qui est elle-aussi un oxymore[3]. Comme remarque à juste titre Salah Mejri :

> ... *de la définition de la combinatoire libre dépendent les définitions du figement et de la collocation. Plus cette définition est précise, plus la description de ces phénomènes le sera* (Mejri 2011b : 63).

Par exemple, la théorie syntaxique nous dit que le verbe sélectionne ses arguments, et la théorie lexicologique nous dit que la base sélectionne le collocatif. Mais dans un énoncé comme le *navire brave les intempéries*, les deux choses sont présentes : *intempéries* est bien l'objet direct exigé par la valence syntaxique de *braver*, mais celui-ci est le collocatif exigé par les fonctions lexicales de la base *intempérie*. Alors, qui sélectionne qui ? La séparation entre les deux analyses, grâce à leur appartenance à des modules séparés, étudiés par des disciplines différentes, minimise ou masque un fait aussi important que l'évidente contradiction entre ces deux règles.

La phraséologie a émergé aux dépens du *statu quo* préalable entre syntaxe et lexique, et ses limites avec ces domaines sont donc une question essentielle, non seulement pour justifier son existence en tant que discipline, mais aussi pour identifier son objet d'étude dont l'ampleur pourrait être considérable : *the fact that the vast majority of language store at a man's disposal is of phraseological, i.e. fixed, character, has significant and not yet described consequences for understanding human behavior in his space of communication* (Chlebda 2011: 17).

---

3. *There is no such a thing as a word without any collocational restriction* (Čermák 2001: 159). *Toda combinatoria es siempre restringida* (Bosque 2004: LXXXIII-IV).

Plusieurs modèles de délimitation sont *a priori* possibles :

(A) La phraséologie formerait un domaine à part, sans chevauchement, comprenant tout ce qui n'est ni un mot ni une combinaison syntaxique.

(B) La phraséologie formerait un sous-ensemble au sein du lexique (opposition privative), car ses unités ne seraient pas le produit de règles, mais d'une sélection dans un stock mémorisé, comme les mots.

(C) La phraséologie serait une sous-classe particulière de la combinatoire syntaxique (opposition privative inverse).

(D) La phraséologie se trouverait à l'intersection du lexique et de la syntaxe, et possèderait donc des propriétés communes aux deux domaines.

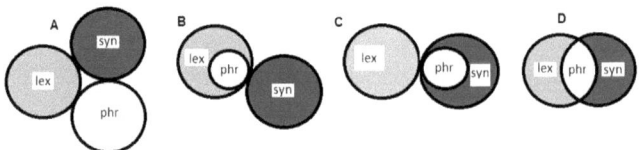

Chacune de ces présuppositions a ses implications et ses contraintes.

L'approche A correspond à la conception théorique « classique », prédominante dans le domaine slave, germanique ou hispanique (Kunin 197, Burger 1998, García-Page 2008). L'avantage est qu'elle permet d'examiner la phraséologie sans toucher aux frontières des autres modules. La difficulté réside dans le besoin de caractéristiques obligatoires exclusives de toutes les unités phraséologiques, problème qui n'est que partiellement résolu (Čermák 2001, Svensson 2004, Martí 2005, Mejri 2011b).

L'approche B sous-tend implicitement la création des dictionnaires de locutions et de proverbes, une pratique qui, historiquement, a précédé de loin l'apparition du concept théorique de phraséologie ; son principe ne se ferait explicite que plus tard (par exemple Wotjak 2004, Lewicki 2003, Chlebda 2011). Cependant, en accord avec cette idée, les constructions figées « majeures » (formules, phrases proverbiales, maximes, proverbes) devraient-elles aussi faire partie du lexique, ce qui pose un paradoxe théorique non négligeable.

L'approche C est fréquente en linguistique de corpus, où le phénomène *collocationnel* est souvent conçu comme une question purement formelle et statistique, de même que la syntaxe libre. Il faudrait résoudre, moyennant de « nouvelles » règles distributionnelles, la contradiction entre les règles générales et les *déviations* qui caractérisent le figement. Le phraséologique ne serait plus « hors » de la grammaire, malgré le figement qui le caractérise, il possèderait la « sienne », formant un secteur particulier au sein de la syntaxe générale : *things that are larger than words, which are like words in that they have to be learned separately as individual whole facts about pieces of the language, but which have also grammatical structure....* (Fillmore, Kay, O'Connor 1988: 504).

L'approche D, prédominante dans le monde francophone par influence de l'école *Lexique-grammaire*, va encore plus loin, car elle implique le déplacement, voire la rupture, de la traditionnelle modularité du langage. Entre le lexique et syntaxe, il y aurait une vaste intersection, et non pas un ensemble à part, ce qui exige de réformer la grammaire elle-même. Le *composant syntaxique*, cher au générativisme, et qui conservait le cloisonnement traditionnel entre le morphologique, le syntaxique, le lexical, le sémantique, le pragmatique, est une vision dépassée par l'école de M. Gross mais aussi par d'autres paradigmes (par exemple Fillmore, Lakoff, Langacker, Heine, Shibatani, etc.)[4]. *L'autonomie de la syntaxe* serait une utopie car tout dans la langue n'a pour but que la transmission de sens, tous les niveaux collaborent à cette fin et tout cloisonnement entre eux ne serait que d'ordre métalinguistique. Reprenant l'idée de *figement relatif* (Bally 1909), M. Gross parle d'un *continuum* entre *phrase libre* et *phrase figée* (1982 : 160) alors que Fillmore, Kay, O'Connor affirment que *the realm of idiomaticity includes a great deal that is productive, highly structured, and worthy of serious grammatical investigations* (1988: 534). Pour M. Gross, le grammatical dépend du lexico-sémantique, et les séquences figées, qui – au sens classique ou chomskyen – étaient « hors » de la syntaxe, peuvent y revenir par le biais de *grammaires locales*, mais c'est une syntaxe dont les frontières ont été préalablement remises en question. Vu du côté de la phraséologie, cet élargissement conceptuel de la syntaxe affecte aussi ses fondements : *le figement fait l'objet d'un calcul où doivent intervenir l'ensemble des règles de la grammaire* (G. Gross 2005 : 6).

---

4. Il a d'ailleurs été abandonné plus tard par les générativistes eux-mêmes (Kuiper 2007).

Il existe naturellement des influences réciproques entre ces quatre « visions ». Ainsi, par exemple, Salah Mejri, héritier en principe de la tradition initiée par Gross, considère le figement polylexical comme une *troisième articulation du langage* (2006 : 218), par analogie avec la deuxième articulation de Martinet. Mais, comme cette propriété est exclusive de la phraséologie, elle impliquerait son *indépendance,* et comme la distinction entre les articulations du langage n'est pas graduelle cela contredit aussi l'idée d'un continuum[5]. Cette idée de *troisième articulation* rejoint ainsi la conception « classique » de la séquence figée : *first* (...) « *it has to be lexically complex* (...) *second, it should be a single minimal semantic constituent* » (Cruse 1986: 37).

2.1. Seuil « inférieur »

Les critères traditionnels de polylexicalité, figement et idiomaticité sont parfois imprécis (Čermák 2001), d'autre part ils pourraient être réduits à un seul, puisque la polylexicalité est un trait redondant sans lequel il n'y aurait rien à figer (Gréciano 1983), et que l'idiomaticité n'est qu'un trait potentiel, suffisant mais non pas nécessaire (Wotjak 1988, Corpas 1996, Ruiz 2001, Svensson 2004, Burger 2007, Pamies 2007, García-Page 2008). Des exemples français de figement sans idiomaticité sont des locutions telles que : *en noir et blanc* ; *tôt ou tard*. Leur sens global est régulièrement déductible de celui des composants mais l'impossibilité de changer leur ordre est une preuve indiscutable de figement (*en blanc et noir ; *tard ou tôt). Le contraste avec l'espagnol le confirme : les composants y sont les mêmes mais leur ordre, non moins obligatoire, est l'inverse : *en blanco y negro* ; *tarde o temprano*. Le figement est, certes, graduel (Bally 1909, Vinográdov 1947, M. Gross 1982, Corpas 1996) et *une séquence est plus figée qu'une autre si elle présente un nombre d'éléments de blocage syntaxique supérieur* (Mejri 2003) ; mais il exclut par définition son propre degré zéro, demeurant ainsi le seul critère nécessairement présent dans toutes les classes phraséologiques (Čermák 2001). Les phraséologismes idiomatiques sont donc tous figés, ne serait-ce qu'au degré le plus bas, alors que tous les phraséologismes figés ne sont pas idiomatiques. Mais quel est ce seuil minimal ?

---

5. Le monème et le phonème sont des unités discrètes par définition.

Pour la vision *classique*, qui traite la phraséologie comme un domaine indépendant, ses limites « inférieures » sont l'objet de divergences. Par exemple, les noms propres complexes, appelés parfois *constructions onymiques* (Gläser 1994), tels que *Garde Républicaine, Sécurité Sociale, Corée du Nord, Allemagne de l'Est*, ainsi que les termes techniques complexes ou phraséotermes, tels que *fibre optique, vésicule biliaire, violation de domicile*, sont écartés par les uns, et inclus par d'autres. Ils sont cependant polylexicaux et figés. Ils refusent l'insertion adjectivale (**Corée montagneuse du Nord*, **violation présumée de domicile*), la transformation prédicative (**cette Garde est Républicaine*, **cette Sécurité est Sociale*), et la substitution synonymique (**République Septentrionale de Corée*, **violation de logement*). Ils sont souvent idiomatiques aussi : le sens global de *République Démocratique Allemande, fibre optique* ou en espagnol *República Oriental del Uruguay*, n'est pas « calculable » à partir de celui de leurs composants (Pamies 2007)[6].

Non moins polémique est le statut des mots composés : *the distinction between compound and collocation (...) is extremely blurred and problematic* (Čermák 1998b: 135). Pourtant ils sont fortement figés (Ranchhod 2003), car ils peuvent enfreindre la concordance en nombre : (fr.) *des queues de cheval* ; (esp.) *un mondadientes* (**un pèle+dents* « cure-dent »), la concordance des genres : (fr.) *un barbe-bleue* (esp.) *un barbazul*, et n'admettent pas l'insertion de modificateurs entre composants : (fr.) *un téléphone portable japonais* → **un téléphone japonais portable* ; (esp.) *cangrejo de río pequeño* [**crabe de rivière petit*] « écrevisse » → **cangrejo pequeño de río* **crabe petit de rivière*), ni l'inversion de l'ordre des mots : *bateau-citerne* → *citerne-bateau ; *camposanto* [**champ+saint* : « cimetière »] → *santocampo. Les composés sont très souvent idiomatiques (Ranchhod 2003, Pamies 2007, Burger 2007)[7]. Ainsi la *clef anglaise* n'est pas anglaise et *l'étoile de mer* n'est pas une étoile, sans parler de *croque-monsieur, chèvrefeuille, lion de mer* ; (ang.) *breakfast* ou (esp.) *matasuegras* *tue-belle-mères (« sifflet de fête »). Čermák (2001 : 155-156),

---

6. Il n'y a qu'un seul Uruguay, cet état provient du soulèvement sécessionniste d'une province située sur la rive orientale de la rivière Uruguay, séparée de l'Argentine en 1815 et par rapport à laquelle les Uruguayens étaient, à l'époque, des « Orientaux ».

7. Le grammairien espagnol José Val décrit d'ailleurs la morphologie de la composition dans des termes qui sont les mêmes que ceux de la phraséologie : *le figement dans une forme déterminée est une condition nécessaire pour l'existence d'un mot composé syntagmatique (...) sémantiquement, les mots composés ne résultent pas de la simple addition des traits de leurs constituants* (1999 : 4674-4675).

traite les composés comme des « below-the-word combinations », et les exemples qu'il cite à l'appui, comme le finnois *mustasukkaienen* (**ayant des chaussettes noires* : « jaloux ») et le tchèque *zákernýy* (**de derrière les buissons* : « tricheur ») n'ont rien à envier aux phrasèmes quant à leur figement ni à leur idiomaticité. Burger affirme à ce propos : « *the exocentric compounds are fully or partly idiomatized. In German, there are many exocentric compounds (fully idiomatic, e.g. Augenblick 'instant' = Auge 'eye' + Blick 'look', Hochzeit 'wedding' = hoch 'high' + Zeit 'time'). It is thus impossible to say: (Ein) Augenblick ist ein Blick* » (2007 : 103-104). Ajoutons que de nombreux noms composés proviennent de locutions verbales ((fr.) *être un je-m'en-foutiste* < *s'en foutre* ; *un casse-croûte* < *casser la croûte*).

L'inclusion des composés dans la phraséologie contredit, certes, le principe de *polylexicalité*, mais c'est celui-ci qui n'est pas fiable, car le concept de *mot* ne dispose pas d'une définition vraiment opérationnelle en linguistique (cf. Benveniste 1966, Martinet 1967, Tyvaert 1998), ce qui nous renvoie à une méfiance, largement partagée depuis le structuralisme, envers la frontière de mot : *the gradations between word and phrase may be many: often enough no rigid distinction can be maintained* (Bloomfield 1933: 227).

Pour essayer d'esquiver ce problème, certains phraséologues ont recours à un critère encore plus douteux : la séparation graphique comme marque distinctive des unités phraséologiques (Corpas 1996, 1997, Castillo 1998, Mellado 2004). Cet argument « visuel » est cyclique, car il dépend de décisions des lexicographes normatifs, qui devraient à leur tour appliquer un critère objectif fourni par la théorie linguistique (Pamies 2007). D'autre part, toutes les langues n'ont pas une lexicographie normative « officielle », des milliers de langues n'ont même pas d'écriture du tout, et l'orthographe de langues comme l'allemand permet d'écrire en un seul mot des séquences que personne n'oserait qualifier de monolexicales, ce qui annule dans la pratique l'intérêt du critère de polylexicalité Par exemple, D *onaudampfschifffahrtselektrizitäten-hauptbetriebswerkbauunterbeamtengesellschaft*[8]

Pour comble, même dans les langues dont l'orthographe est normalisée depuis longtemps, les incohérences se sont accumu-

---

8. Ce *mot* signifie « société de fonctionnaires subordonnés dans la construction de l'usine principale d'électricité pour la navigation de bateaux à vapeur sur le Danube » (*Guinness Record Book*).

lées au long des siècles, justement dans le choix de cette frontière « visuelle » : par exemple (fr.) *surproduction* vs. *sous-produit*, et parfois plusieurs graphies coexistent dans le dictionnaire académique. Par exemple, en espagnol *campo santo, camposanto* : « cimetière », *vigésimo quinto, vigésimoquinto* : « 25ᵉ ».

	Fusion	Séparation	Trait d'union
français	*bonhomme* *contredire* *surproduction*	*bonne femme* *contre courant* *homme de main*	*homme-grenouille* *contre-indiquer* *sous-produit*
espagnol	*limpiaparabrisas* *telaraña*	*coche cama* *tela de araña*	*coche-cama* *coche-bomba*
portugais	*quebranozes* *guardanapos*	*fim de semana* *guarda fiscal*	*fim-de-semana* *guarda-chuva*
anglais	*seaflower* *railway*	*sea horse* *milky way*	*sea-maid* *one-way street*

Pour surmonter cette contradiction, il suffirait de remplacer le critère de *polylexicalité* par celui de *polylexématicité* : car la composition implique toujours (au moins) deux lexèmes (Pamies 2007), seuil minimum nécessaire pour qu'entre eux se produisent le figement et, éventuellement, l'idiomaticité. Nous préférons donc, pour ne pas dépendre du concept de *mot*, parler de *polylexématicité* présente dans tout synthème (« plusieurs lexèmes fonctionnant comme un seul »), quitte à devoir inclure des séquences comme *casse-croûte* ou *étoile de mer* parmi les unités phraséologiques, afin de préserver la définition même du figement.

Le *synthème*, définit par Martinet (1999 : 11-13) comme une séquence formée par des éléments qui peuvent être reconnus sémantiquement parce qu'ils existent aussi comme monèmes autonomes (*fer-à-repasser*) mais formant un bloc qui se combine comme un monème unique, serait l'unité phraséologique la plus petite (Pamies 2007)[9]. Les exemples que citait Martinet incluent ce que les phraséologues appellent de nos jours locutions verbales

---

9. La même année, Gledhill et Frath ont proposé de distinguer entre *synthèmes* (comme les locutions, les mots-composés) des *phrasèmes* (comme les collocations) : *pourquoi insister sur des termes nouveaux lorsqu'on dispose de termes traditionnels avec des portées comparables* (2007 : 72).

(avoir l'air), locutions adjectivales (*bon marché*), mots composés (*bonhomme, machine-à-laver*) et phraséotermes (*Ministre du Commerce*).

La catégorie synthème met donc en valeur un point commun entre différentes sous-classes phraséologiques, comme dans (fr.) *lanterne rouge* (locution nominale), *voir rouge* (locution verbale), *rouge-gorge* (nom composé), *Mer Rouge* (construction onymique) et *globule rouge* (phraséoterme), toutes bimembres et contenant l'adjectif *rouge*. Ce raisonnement est également applicable aux *phrasal verbs* anglais. Une combinaison comme *to look for* a deux lexèmes qui fonctionnent comme un lexème unique (*search*).

L'approche lexique-grammaire inclut aussi les *composés* dans la même catégorie que les locutions, sauf que pour elle ce sont les locutions qui sont considérées comme des composés : les locutions adverbiales sont des « adverbes composés », les adjectivales des « adjectifs composés », les locutions verbales des « prédicats composés », etc. (M. Gross 1989, Gavriilidou 2001, Ranchhod 2003, De Goia 2011). Mejri (2006) propose le concept de *mot polylexical* pour désigner les mots composés, ce qui revient au même puisque pour lui les locutions seraient elles aussi des « mots polylexicaux » (*à la va-vite, à la con, à la noix de coco*). C'est une autre façon d'unir les *composés* aux *locutions*, en secouant évidemment les limites traditionnelles entre syntaxe, morphologie et lexique.

2.2. Syntaxe interne

La linguistique ayant renoncé au concept trop intuitif de *mot*, la hiérarchie de ses unités passe directement du monème au syntagme (Martinet 1967). Or, le *syntagme* est la combinaison réglée de plusieurs monèmes fonctionnant en tant que tels, alors que le *synthème* fonctionne comme un seul lexème. En ce sens, les synthèmes sont des pseudo-syntagmes (Pamies 2007), ils n'ont pas de structure interne, alors que les unités phraséologiques immédiatement supérieures, les syntagmes figés, ont des composants proprement dits, parce qu'ils jouent chacun un rôle dans leur combinaison mutuelle qui obéit à certaines règles. Comme remarque Čermák (2007: 95) : *the fuzziness of the borders of phraseology and the gradual transition to regular language are responsible for the fact that in some types of phraseme the number of relevant criteria and manifestations of the anomaly is declining*. Il n'est donc pas étonnant que, là aussi, les classifications ne soient pas unanimes, car il s'agit de séquences plus compositionnelles et moins figées (collocations, comparaisons stéréotypées, constructions à verbe support).

a) Collocations

Comparées aux locutions et autres synthèmes, les collocations ressembleraient plutôt aux syntagmes libres, parce qu'elles permettent l'insertion (*une pluie presque torrentielle*), l'hyperbate (*de torrentielles pluies*), la substitution hyponymique (*frétiller comme un poisson* → *comme un goujon / une ablette / une anguille / une carpe*), etc., à tel point que plusieurs experts excluent les collocations du domaine de la phraséologie (par exemple, Zuluaga 1980, Bosque 2001, Álvarez de la Granja 2003, García-Page 2008), et que d'autres les considèrent « intermédiaires » entre le figement et le discours libre (Skorupka 1974 apud. Sosinski 2009) ou encore « périphériques » (Ruiz 1997, Zamora 1999) ou « marginales » (Gläser 1994). Plusieurs définitions de la phraséologie mettent l'accent sur le fait qu'elle permet de *transformer les signes complexes en signes simples* (Chlebda 2011 : 20), auquel cas « l'exclusion » des collocations ne serait qu'un corollaire inévitable d'une définition qui n'est applicable qu'aux synthèmes. Mejri exclut les collocations du figement en affirmant qu'elles sont à sa *proximité* (2011b : 69). Il les récupère cependant pour la phraséologie, qui, d'après lui, est une catégorie plus vaste que le figement : les collocations en feraient partie *même si elles n'ont rien de figé* (2011a : 127-128). Mejri englobe les collocations dans les combinaisons « appropriées », c'est-à-dire, syntaxiquement régulières mais dont la cooccurrence statistique est arbitrairement favorisée par l'usage (*elles relèvent de la syntaxe libre bien qu'elles orientent la séquence vers le figement*). Le critère *quantitatif* (séquences « appropriées ») récupère ce que le critère *qualitatif* (défectivité) avait du mal à justifier. Ceux-ci en deviennent complémentaires. L'inconvénient est que le concept de groupement *approprié* est ambigu, car à côté des collocations (*mourir de honte*), il faudrait mettre des co-occurrences purement statistiques, comme *hommage émouvant*, voire des unions dont la fréquence n'a pas une base linguistique, mais ontologique, comme *boire du vin*[10].

---

10. Problème hérité par les *dictionnaires combinatoires*, tels que celui de Benson *et al.* (1993) pour l'anglais, Zinglé, Brobeck (2003) pour le français ou Bosque pour l'espagnol (2004), qui, par souci d'exhaustivité ne font pas de distinction entre le figement (*to be kicked out from...*; *arrêter un marché*) et la combinaison « ontologique » (*to compose a symphony* ; *arrêter sa voiture*).

Les collocations ont bien deux lexèmes, et chacun apporte sa propre contribution sémantique au sens global ; elles sont donc de vrais syntagmes : *célibataire endurci* (célibataire + [Magn.]) *pleuvoir torrentiellement* (pluie + [Magn.]) ; *tomber amoureux* (amour + [Oper. +inchoatif+personne+temps+mode]). Par contre dans une locution comme *rouler des mécaniques*, il n'y a pas de contribution sémantique propre à chaque composant. Les collocations sont *partiellement compositionnelles* (Haussmann 1989, Alonso Ramos 2003) et c'est la *norme*, au sens de Coseriu, qui est à l'origine de la cooccurrence entre leurs composants (Dupuy-Engelhardt 1996, Corpas 1996). Leur degré d'idiomaticité et de figement en devient nécessairement plus faible, cependant cela ne veut pas dire qu'il soit nul, d'où la qualification de *semi-figé*, où *semi-* ne veut pas dire « intermédiaire », mais « au moyen degré » (positif) à l'intérieur du figement, dont elles dépassent toujours le seuil mininal. Par exemple :

> *Célibataire endurci* → *il est endurci ce célibataire*
>
> *Il pleut des hallebardes* *il pleut de grosses hallebardes* *des hallebardes il en pleut*[11]
>
> *Jean est tombé amoureux* *c'est amoureux qu'il est tombé*[12]
>
> *Jean s'est lié d'amitié avec Marie* *c'est d'amitié qu'il s'est lié avec Marie*[13].

Mel'čuk affirme que les collocations sont des syntagmes compositionnels dont l'un des constituants *est sélectionné librement en fonction de son propre sens* alors que l'autre est sélectionné en fonction du précédent : *une collocation est mi-contrainte* (2011 : 46). Les collocations sont partiellement idiomatiques car seule la base (ou *pivot*) est toujours littérale. Mel'čuk (1998) les appelle *semi-phrasèmes* pour cette raison. Dans (fr.) *pleuvoir des hallebardes*, la contribution au sens global se fait séparément, le sens du verbe est

---

C'est à la fois l'avantage et l'inconvénient de la méthode inductive : ne pas dépendre d'un modèle d'analyse préalable : *l'attitude statistique ne s'interroge pas sur la nature de ces unités, se contentant d'en constater l'existence* (Frath, Gledhill 2005 : 145).

11. 2 250 000 citations sur le web pour <*il pleut des hallebardes*> et aucune pour les deux autres (juin 2012 www.google.com).

12. Le seul exemple trouvé sur le web est un jeu de mots (parodie par défigement) : *ce n'est pas amoureux qu'il est tombé, mais par terre* (http://comptes-rendus.blogspot.com.es/) (juin 2012, www.google.com).

13. 125 000 citations sur le web pour <*s'est lié d'amitié avec*> et aucune pour <*c'est d'amitié que [...] s'est lié avec*> (juin 2012, www.google.com).

littéral (pleuvoir) et celui de son complément est figuré, exerçant la fonction lexicale (Magn) exigée par ce verbe. Dans les séquences à fonction lexicale [Oper] comme *se lier d'amitié* ou *tomber amoureux*, c'est le verbe qui est sélectionné par ses arguments, alors que la syntaxe libre exige normalement l'inverse. Les fonctions lexicales seraient donc un trait pertinent essentiel de la collocation (Mel'čuk 2003 : 27).

Ce figement des collocations, si relatif soit-il, les distingue suffisamment de la syntaxe libre : elles ont beau être compositionnelles, elles fonctionnent quand même globalement, comme des phrasèmes : *pour exprimer la force d'un thé, je ne pense pas d'abord au thé et à la force pour choisir ensuite « strong » plutôt que « powerful » (…) il s'agit d'une collocation dénominative toute faite, disponible dans la langue, et que j'utilise pour référer au thé en relation avec sa concentration en tanins et en théine* (Frath, Gledhill 2005 : 147). Le caractère syntagmatique des collocations les distingue aussi des locutions, même en cas d'homonymie. Ainsi l'expression (fr.) *faire chanter* est un syntagme libre quand un chef d'orchestre demande littéralement à ses musiciens de *chanter*, elle devient locution quand quelqu'un exige de se faire payer en échange de ne pas divulguer un secret, car *chanter* tout seul ne signifie jamais « payer », le verbe *faire* ne peut donc être ici un auxiliaire causatif : l'expression est non-compositionnelle. Par contre, son « faux-ami » espagnol, *hacer cantar* (« faire parler un suspect lors d'un interrogatoire au moyen d'une forte pression »), n'est pas une locution, car *cantar* (*chanter*) peut parfaitement fonctionner tout seul avec le même sens ((fr.) *cracher le morceau ; vendre la mèche ; s'allonger*) dans d'autres contextes[14]. Si on compare deux séquences ayant le même verbe, comme (esp.) *dar la lata* (*donner la boîte de conserve* : « casser les pieds ») et *dar a luz* (*donner à lumière* : « accoucher »), on peut vérifier que la première est une collocation, car *lata* peut fonctionner tout seul avec cette valeur (¡*vaya lata de profe! *quelle boîte de conserve de prof !* « Quel casse-pieds ce prof ! »), alors que la deuxième est une locution, car *a luz* ne peut désigner l'accouchement sans le verbe *dar*[15].

---

14. Par exemple, en espagnol : *Miguel Tejeiro cantó ayer ante el juez* (*La Voz de Galicia* 12/02/2012): **Miguel Tejeiro a chanté hier devant le juge*. Le verbe apporte, de son côté, la causativité. Ce n'est même pas une collocation, mais un syntagme libre, puisque *hacer+V* est la structure causative régulière en espagnol et que « avouer » est un des sens du verbe polysémique *cantar*.

15. Ce genre de distinctions échappe aux études quantitatives à base statistique, qui ne distinguent pas entre combinaison figée et semi-figée, ni entre celles-ci et d'autres co-occurr-

b) *Comparaisons stéréotypées*

Un degré moyen de figement est également applicable à d'autres types de syntagme, par exemple, les comparaisons stéréotypées, auxquelles, de même que dans les collocations, les composants apportent chacun de leur côté une contribution sémantique et où le comparant fonctionne comme un collocatif qui remplit la fonction lexicale *Magn*. (Mel'čuk 2011). Elles sont relativement figées :

> *Le bus est plein comme un œuf* → (?)*Le bus était plein comme cet œuf* →(?) *Le bus était plein comme un œuf frais*[16]
>
> *Il pleut comme vache qui pisse* → (?)*Il pleut comme une vache qui urine*[17]
>
> *Guy est fort comme un Turc* → (?)*Guy est fort comme un grand Turc* →(?)*Guy est fort comme un Ottoman*[18].

G. Gross (1992) inclut aussi les « comparaisons implicites » (*fièvre de cheval*), car on ne peut pas intercaler un adjectif entre le comparant et le comparé : *une fièvre de cheval soudaine* → **une fièvre soudaine de cheval*.

Anscombre confirme ce type de blocages (2011 : 29-35) mais doute qu'ils soient suffisants pour que les *comparatives à parangon* soient figées. Cependant, un indice de figement plus indiscutable a été signalé par García-Page (2008a), c'est le fait qu'on ne puisse pas renverser l'ordre d'une comparaison d'égalité si elle est idiomatique. Par exemple, en syntaxe libre, *Jean est aussi gros que Max* commute avec *Max est aussi gros que Jean* et *Max chante aussi mal que Jean* est commutable avec *Jean chante aussi mal que Max*. Par contre, *Max est haut comme trois pommes* ne commute pas avec **trois*

---

rences de nature ontologique, comme *boire+vin, manger+beaucoup, cheveux+blonds* (Gledhill, Frath 2007: 71), (Pazos, Pamies 2008). Inversement, certaines combinaisons indiscutablement figées ont une présence statistiquement trop faible pour être détectables dans un corpus réel (cf. Čermák 1998b : 132, 2001 : 154-164, 2006 : 929 et Granger 2005).

16. 1 260 000 millions de citations sur le web pour <*plein comme un œuf*> et aucune pour les autres (juin 2012, www.google.com).

17. 59 800 citations sur le web pour <*il pleut comme vache qui pisse* > et aucune pour < *il pleut comme une vache qui urine*> (juin 2012, www.google.com). Par contre, pour *stupide comme ses pieds*, signalé comme (*) par Anscombre (2012 : 30), on trouve 9 860 exemples sur Google (juin 2012).

18. 70 000 citations sur le web pour <*fort comme un Turc* > aucune pour <*fort comme un grand Turc*> ; il y en a une pour <*fort comme un Ottoman*>, mais c'est un jeu de mots (juin 2012, www.google.com). Par contre, pour *forte comme une Turque*, signalé comme inacceptable par G. Gross (2005 : 7) on trouve 10 300 citations (juin 2012 www.google.com).

pommes sont hautes comme Max, pas plus que *Max chante comme une casserole* ne commute avec **une casserole chante comme Max.*

Les comparaisons stéréotypées sont moins figées que les locutions, et puisqu'elles ne fonctionnent pas comme des mots mais comme des syntagmes, où le comparant remplit une fonction lexicale spécialement associée au comparé (*courir comme un dératé*), il n'est pas justifié de les appeler *locutions* comme font certrains spécialistes (par exemple, Zuluaga 1980, Corpas 1996, Schapira 1999, Nazarián 2002, Alvarez de la Granja 2003). Elles ne sont pas non plus des énoncés complets, donc le terme *comparaison proverbiale* (Arora 1977, García-Page 2008a) ne leur convient pas mieux. Elles forment une sous-classe des collocations, puisqu'elles sont elles aussi des syntagmes semi-figés, souvent dérivables des premières : *affamé comme un chien* (comp. stér.) → *faim canine* (colloc.) (cf. Tutin, Grossmann 2002, Szende 2003, Luque Durán 2005, Pamies 2007, Mel'čuk 2011).

La particularité plus typique de la comparaison stéréotypée est d'ordre sémantique (Buvet 1996, Anscombre 2011). C'est le fait que sa valeur hyperbolique provienne du lien entre les composants, et non pas des composants eux-mêmes (Pamies 2005). Même quand ceux-ci sont tous deux littéraux, la conjonction *comme* est figurative (on a beau être petit, on ne l'est jamais autant que trois pommes). On peut isoler ce facteur en comparant avec l'espagnol, qui surenchérit l'hyperbole en disant *plus X que...* là ou le français dit *X comme* (Pamies 2005 : 471) : (esp.) *más viejo que Matusalén*. La conjonction est pertinente, et les *collocations implicitement comparatives* (*N de N*), c'est aussi l'association (*de*) entre comparant et comparé qu'on réinterprète au sens figuré, par exemple *fièvre de cheval, appétit d'ogre, voix de stentor* (Svensson 2004 : 91).

2.3. Seuil « supérieur »

Syntaxiquement, les séquences figées peuvent fonctionner au niveau infra-propositionnel, comme des mots ou des syntagmes, ou bien au niveau propositionnel, comme des énoncés autonomes syntaxiquement complets (Burger 1998). Ces derniers sont des séquences très variées (proverbes, maximes, formules routinières, slogans, etc.) formant la grande classe des *énoncés figés*, appelés aussi *entidades léxicas autónomas* ou *enunciados fraseológicos* (Casares 1950, Zuluaga 1980, Corpas 1996) ou encore *Satz und Textvertige*

Phraseologismen (Wotjak, Korhonen 2001), dont la structure dépasse le cadre du syntagme, et qui peuvent même former des propositions complètes[19]. Les énoncés figés se distinguent non seulement par leur autonomie grammaticale, mais du fait d'être pragmatiquement indépendants (Zuluaga 1980, Corpas 1996, Korhonen, Wotjak 2001). Même quand ils sont formellement elliptiques (*jamais deux sans trois ; à la bonne heure ! mon œil ! et ta sœur ?*), ils constituent des micro-textes, ce qui suffit à les différentier des syntagmes et des synthèmes, qui, eux, ne sont jamais autonomes. Ces énoncés se sous-divisent entre eux d'après leur fonction discursive, selon qu'ils prétendent ou pas affirmer une vérité générale (opposant ainsi la *parémie* à la *phrase proverbiale* et à la *formule*, M. Gross 1982, Corpas 1996). Les parémies se divisent à leur tour, d'après leur origine populaire-anonyme *vs* cultivée-d'auteur (opposant ainsi le *proverbe* à la *maxime*, Sevilla 1993).

Les partisans d'une phraséologie *stricto senso*, limitée aux locutions, en excluent les parémies (Tristá 1988, García-Page 2008), mais comme certaines formules sont très brèves (*s'il vous plaît ; bonne année !*), celles-ci peuvent apparaître parmi les locutions (par exemple *locutions interjectives, exclamatives*, etc.), cachant l'unité pragmatique de cet ensemble. La conception « large », par contre, met en valeur leur nature micro-textuelle commune, au sein d'une classe conforme à la définition de la phraséologie, par son figement et sa (potentielle) idiomaticité. Leur degré de figement est souvent très supérieur à celui des collocations : (*ventre affamé n'a point d'oreilles* ne permet aucune variation). Le simple fait qu'une phrase complète soit reconnaissable comme une unité linguistique est déjà en lui-même une anomalie, puisque la phrase n'existe normalement que dans le discours (Benveniste 1966-1974). Les proverbes sont probablement les unités figées les plus grandes, ce qui, ajouté à leur forme syntaxique complète, en ferait même un cas extrême de figement. Cependant, les nombreuses variantes parémiques font que ce figement soit parfois assez relatif : *à père avare, fils prodigue / à père amasseur, fils gaspilleur / père ménager, fils prodigue / à père avare,*

---

19. Fernández Parra (2011) distingue entre *subsentential, sentential, pseudo-sentential expressions*. Ces deux dernières catégories sont généralement englobées dans les *énoncés phraséologiques* de Corpas (1996), que Čermák appelle *sentential idioms* (2001 : 155) ou *propositional phrasemes, propozicní frazémy* (2007 : 85). La sous-classification de Zamora (1999) englobe dans les *fraseologismos* l'ensemble formé par les « locuciones proverbiales » (*si vive una sola volta*) « locuciones oracionales pragmáticas » (*pensa alla salute!*), « frases idiomáticas pragmáticas » (*bella forza!*), « frases pragmáticas » (*che vuoi farci*?).

fils dissipateur / de père gardien, fils garde rien (Conenna 2011 : 79-83). Il n'en est pas moins vrai que, dans ces cas là, chaque variante a son propre figement. L'idiomaticité des *formules* est elle aussi variable et souvent très élevée (*les carottes sont cuites* !).

2.4. Confins internes

Les catégories décrites ci-dessus n'épuisent probablement pas l'inventaire du domaine phraséologique, qu'on ne peut définir pour l'instant que d'une façon très générale, comme ensemble de séquences dont la combinaison est plus ou moins figée par la langue (cf. Bogusławski 1989, Chlebda 2011, Martí 2005). Ces différentes combinaisons ne sont pas simplement une collection de phénomènes épars, mais forment entre elles un réseau hiérarchisé dont le sommet compterait trois grandes catégories, *synthèmes*, *syntagmes (semi)figés* et *énoncés figés*. Par exemple, le verbe *tomber* enfreint son comportement « régulier » de façons différentes, selon qu'il participe dans une locution, une collocation ou une formule :

> a) synthème [par exemple locutions verbales] : *tomber dans les pommes ; tomber du cheval ; tomber de Charybde en Scylla ; tomber les filles ;*
>
> b) syntagme (semi)figé [par exemple collocations] : *tomber malade ; tomber amoureux ;*
>
> c) énoncé figé [par exemple formule] : *ça tombe bien !*

Notre typologie rejoint apparemment celle de Čermák (2007 : 96) : *lexical phrasemes / collocational phrasemes / propositional phrasemes*, mais pour cet auteur les *idioms* feraient partie des *collocational phrasemes*. Notre division tripartite est plus proche de celle proposée par Corpas (1996) par un raisonnement théorique différent (*figé par la langue / figé par la norme / figé par le discours*), mais nous plaçons les comparaisons stéréotypées à côté des collocations et non pas, comme fait cet auteur, avec les locutions[20].

Un des problèmes des classifications discrètes est qu'elles peuvent contredire la gradualité observée dans le figement et l'idiomaticité.

---

20. À propos du nombre de sous-classes, voir également M. Gross (1982), Carneado, Tristá (1986), Cowie (1991), Sinclair (1991), Sevilla (1993), Anscombre (1994), Corpas (1996), G. Gross (1996), Ruiz (1998), Koike (2001), Buckingham (2009), Fernández Parra (2011).

Mais nous pouvons l'esquiver en illustrant les deux phénomènes en même temps, au moyen d'un cercle inscrit dans un carré et sous divisé par des rayons. De cette façon, on visualise le caractère optionnel de l'idiomaticité (intérieur *vs* extérieur du cercle), la gradualité du figement et de l'idiomaticité (centre *vs* périphérie du cercle)[21], et le caractère discret des frontières entre classes et entre sous-classes (rayons étanches). La couleur correspond aux trois macro-catégories. À l'extérieur du carré se trouveraient les combinaisons « libres » (Pamies 2007).

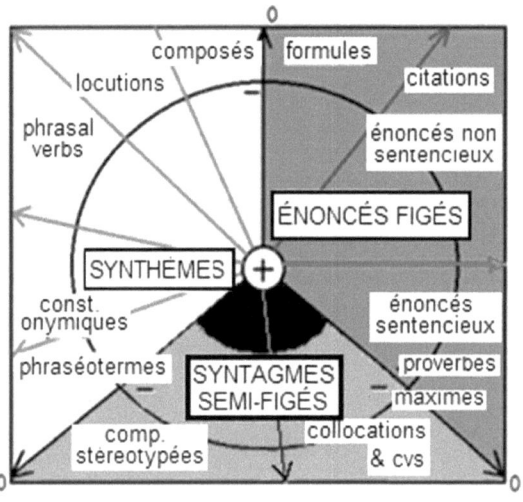

(d'après Pamies 2007)

Pour des raisons de lisibilité, le graphique ne représente que les échelons supérieurs de la taxonomie, mais tous ces niveaux admettent des sous-divisions successives. Le graphique est donc à complémenter par un tableau, qui approfondit les sous-classes, et illustre par l'exemple comment la variabilité du degré d'idiomaticité est « transversale », affectant toutes les sous-catégories du figement, contrairement à d'autres classifications dont les limites internes prétendent coïncider avec les différents degrés d'idiomaticité et/ou de figement (par exemple, Vinográdov 1947, Carneado 1986, Ruiz 1997)[22].

---

21. La zone en noir signale que le degré maximal d'idiomaticité n'est pas disponible pour les syntagmes (semi)figés car leur base conserve toujours son sens littéral, raison pour laquelle la taxonomie de Mel'čuk (2003 : 24) considère les collocations comme des *semi-phrasèmes*.

22. Pour Vinogradov (1947), c'est le degré d'idiomaticité qui oppose la « combinaison » phraséologique (сочетание) [degré minimal], l'« unité » phraséologique (единство) [degré intermédiaire] et l'« adhérence » phraséologique (сращение) [degré maximal]. Les classifica-

figement	non idiomatique	idiomatique
SYNTHÈMES		
mot composé	tire-bouchon / machine à écrire	lune de miel / casse-pieds
loc. nominale	poignée de main	grosse huile
loc. adjective	en noir et blanc	à la noix de coco
loc. verbale	montrer du doigt	prendre son pied
loc. adverbiale	main dans la main	à fond la caisse
loc. conjonctive	à condition que	bien que
loc. prépositive	dans l'intention de	au nom de
phrasal verb	to run after (« poursuivre »)	to get by (« se débrouiller »)
construction onymique	République française	La Porte Sublime
phraséoterme	permis de conduire	cheval-vapeur
SYNTAGMES		
figement	non idiomatique	(semi) idiomatique
comparaison stéréotypée	blanc comme neige	rire comme un bossu
colloc. [N+Adj]	parfait imbécile	peur bleue
colloc. [V+Adv]	s'ennuyer énormément	s'en moquer royalement
colloc. [V+N]	demander l'heure	se lier d'amitié
colloc. [N+SPrep]	essaim d'abeilles	banc de poissons
ÉNONCÉS FIGÉS		
figement	non idiomatique	idiomatique
formule	bonne chance !	va te faire cuire un œuf
énoncé figé non sentencieux	qui m'aime me suive !	les carottes sont cuites
énoncé figé sentencieux	ne laisse pas pour demain ce que tu peux faire aujourd'hui	qui sème le vent, récolte la tempête

tions de Carneado (1986) et de Ruiz (1997) maintiennent cette logique. La classification de G. Wotjak (2004 : 192), bien que discrète, attribue le trait [+idiomatique] aux ph*raseolexies* (locutions), le trait [-idiomatique] aux *collocations* et le trait [+/- idiomatique] aux *énoncés phraséologiques*.

Il peut certes y avoir des rapports entre figement et idiomaticité puisque, en fin de compte, la compositionnalité sémantique correspond, en principe, à la régularité grammaticale (Langacker 1987). Mel'čuk (1995) considère que les restrictions paradigmatiques sont imposées par le sens figuré, alors que Čermák (2007 : 84) affirme qu'il existe un *feed back* bi-directionnel : *the more anomalies a phraseme displays, the more idiomatic it is, and vice versa*[23]. Svensson (2004) a étudié en détail ces rapports, qui, généralement, impliquent des chevauchements entre critères. Mais seul le figement est une condition nécessaire, donc ces parallélismes, si fréquents soient-ils, ne sont que des indices. Si l'idiomaticité n'est qu'optionnelle, elle ne peut être ni la cause du figement, ni sa conséquence inévitable.

2.5. Les classes « hybrides » ou « intermédiaires »

Bien que certains spécialistes considèrent que les collocations se trouvent *à la frontière entre le préconstruit et le libre* dans le *continuum* des différents degrés de figement (M. Gross 1982), il est possible d'opposer, au moyen de limites discrètes, les collocations aux autres séquences, pour éviter toute une casuistique de catégories « hybrides », prolifération que, dans la mesure du possible, il conviendrait d'éviter (cf. Tutin, Grossmann 2002 : 12-13). Il est vrai que, diachroniquement, une expression peut passer d'une classe à l'autre : un syntagme libre peut devenir collocation, qui à son tour peut changer de sens et devenir une locution. C'est le cas de *faire ses valises* qui serait un syntagme libre si on l'appliquait à quelqu'un qui fabrique lui même ses valises, une collocation signifiant « mettre les vêtements dans les valises », une locution signifiant « partir » (Mendívil 1999 : 51). Mais, synchroniquement, on pourrait reconstruire une frontière catégorielle : on peut dire que *tomber dans le piège* correspond à trois séquences homonymes, selon qu'il soit syntagme libre (par exemple un piège en forme de trou où l'on *tombe* réellement), collocation (par exemple un piège où l'on est attrapé sans *tomber*), ou locution (quand le *piège* est lui aussi figuré).

---

[23]. Voir également à ce propos, G. Gross (1996), Ruiz (1997), Mendívil (1999), Álvarez de la Granja (2005).

a) Les « collocations complexes »

Baptista et Català (2012) soulignent la difficulté de décider si une séquence figée comme (esp.) *hablar por los codos* (**parler par les coudes* : « jacasser comme une pie ») est une collocation verbo-adverbiale, ou si c'est une locution verbale, car elle ne permet pas **Juan habló con Ana sobre este asunto por los codos* (**Jean a parlé par les coudes avec Anne à ce propos*)[24]. Ce doute affecterait aussi des séquences comme *payer rubis sur l'ongle,* phrase figée pour Maurice Gross, mais union de verbe libre à une locution adverbiale pour Gaston Gross (1996 : 71) ou Mogorrón (2011 : 220).

García-Page (2011b) et Koike (2012) distinguent entre *collocation* et *collocation* complexe, cette dernière étant une collocation verbo-nominale dont le complément est lui-même une locution nominale (par exemple <*faire* [*marche arrière*]>), et dont la description permet de corriger la catégorisation d'un bon nombre d'expressions que les dictionnaires attribuent à tort aux locutions[25]. Cette analyse est compatible avec celle de Gaston Gross, selon laquelle une séquence comme *à dormir debout* serait un *adjectif composé*, et une séquence telle que *de tout son corps* serait un *adverbe composé*, formant collocation avec *histoire* et *trembler* respectivement (Gavriilidou 2001, De Gioia 2011).

Cela dit, vaut-il la peine de créer une sous-classe séparée *complexe* ? Ne serait-il pas suffisant de considérer qu'un phraséologisme peut fonctionner comme composant d'un autre plus grand que lui ? Une collocation peut « contenir » une locution, et le concept d'emboîtement récursif entre catégories résout ces ambiguïtés[26]. Une règle potentielle de tous les phrasèmes, le principe de l'emboîtement récursif, transversale à toutes les sous-classes figées, est plus économique que l'augmentation du paradigme. Le fait que la locution *rubis sur l'ongle* soit « réservée » à l'action de *payer* renforce justement la nature collocative de l'ensemble : [*payer* (*rubis sur l'ongle*)]. Un syntagme contenant un synthème est quand même

---

24. Le même raisonnement est valable pour *jacasser comme une pie* : on ne dit pas **j'ai jacassé comme une pie sur cette question*, ni **j'ai jacassé comme une pie avec Paulette.*

25. Par exemple Zuluaga (1980) les appelle *locutions mixtes.* Par contre, Corpas (1996 : 119) les considère comme un enchaînement de collocations

26. De même qu'en syntaxe libre un syntagme nominal (*mon cousin*) peut faire partie d'un syntagme prépositionnel (*de mon cousin*) qui lui même fait partie d'un autre syntagme nominal (*la voiture de mon cousin*).

un syntagme ; un proverbe peut contenir plusieurs syntagmes et, donc, englober une locution, une collocation, etc.

[PROV (LocAdv) +SN+SV)] → [(*petit à petit*) *l'oiseau fait son nid*] ;

[PROV SN+(LocV)] → [*nul mieux que l'âne ne* (*sait où le bât blesse*)] ;

Les collocations complexes seraient le résultat régulier d'une règle plus générale applicable même aux proverbes, dont la base se combine à une locution, qui est son collocatif spécialisé pour la fonction lexicale. Par exemple (ang.) *to rain cats and dogs*, souvent analysée à tort comme une locution (cf. Fraile 2008) serait plutôt une collocation, dont *rain* (au sens littéral) est la base, et où le collocatif figuré et « spécialisé » est une locution adverbiale qui lui apporte la fonction lexicale (Magn.).

Une collocation peut fusionner deux locutions, par exemple (fr.) *tomber les filles comme des mouches* où la locution verbale *tomber les filles* est la base et dont la locution adverbiale *comme des mouches* est le collocatif à fonction lexicale (Magn). Une collocation peut même fusionner deux collocations. Par exemple *se faire des idées noires*, par emboîtement récursif, fusionne la collocation *se faire des idées* à la collocation *idées noires,* conservant les deux fonctions lexicales (Oper. + AntiBon).

[COL N+(Loc^{Adj})] → [*histoire (à dormir debout)*] ;

[COL (Loc^V) + (Loc^{Adv})] → [*tomber les filles (comme des mouches)*][27].

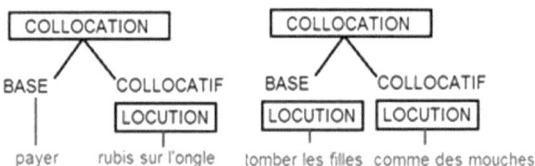

---

[27]. Occurrences : *idées noires* 492 000, *se faire des idées* 145 000, *se faire des idées noires* : 14 800 (www.google.com juillet 2012). Pour distinguer entre locution et collocation, les critères sont la contribution séparée des composants au sens global et la fonction lexicale des collocatifs, face au sens global inanalysable des locutions (Cf. également García-Page 2011b : 103-105).

b) Les « schémas phraséologiques » et les « cases vides »

Certains spécialistes considèrent l'existence d'un autre type de figement, *phrase-frame* ou *collostruction* (Sumiyoshi 2012 : 212), *esquema fraseológico* (Ruiz 1997, Zamora 2005, Montoro 2006, García-Page 2008, Schilling 2012), d'autres y incluent aussi les *locutions à cases vides* ou *Phraseologismen mit ausfüllbaren Leerstellen* (Zuluaga 1980, Ruiz 1997, Wotjak 1998, Álvarez de la Granja 2003, Montoro 2011, Mura 2012). Il s'agit d'un ensemble formellement très hétérogène d'unités *semi-figées*, qui fonctionneraient comme des *moules syntaxiques* (Zuluaga 1980 : 111) avec des *cases vides* (*slots*) remplies par des *signes de la technique libre* (*fillers*) (Montoro 2011 : 251-256), ce qui les distinguerait des « variantes », *qui ne font appel qu'à un paradigme réduit et fermé* (García-Page 2008 : 242). Certains auteurs, par exemple Zamora (2005, 2011) ou Mura (2011) y ajoutent également des séquences que la pragmatique traite comme des questions rhétoriques répétitives ou *formes échoïques*, parce qu'elles n'existent que dans le dialogue quand un interlocuteur reprend partiellement le discours de l'autre (Dumitrescu 1992, 1994).

Mura compare de nombreux exemples espagnols et italiens analysés comme des *séquences en partie figées et en partie libres (...) qui oscillent entre le discours libre et le discours répété* (2012 : 101-104). Ceci expliquerait qu'elles aient attiré l'attention des grammairiens, par leur productivité, et des pragmaticiens, par leur fonction essentiellement rhétorique, avant celles des phraséologues, qui d'ailleurs ne sont pas tous d'accord sur ce point. Citons quelques exemples espagnols dont la traduction française illustre le même phénomène :

¡No seré yo quien + [SV] ! (¡*no seré yo quien* diga lo contrario!) : « ce n'est pas moi qui dirait le contraire »

¡Será por + [SN] ! (¡*será por dinero*!) [*Ça sera pour l'argent] : « ce n'est pas l'argent qui manque » ;

¿[SV] + o qué ? (¿*vienes o qué* ?) « tu viens ou quoi ? » ;

[V+V] + pero... (*trabajar, trabaja, pero...*) « bosser, ça, il bosse, mais... » ;

¡Qué + [SN] + ni qué ocho cuartos ! (¡*qué enfermedad ni qué ocho cuartos*!) [*quelle maladie ni quels quatre sous ?] : « maladie ? mon œil ! »

¡Anda que no + [SV] +ni nada! (*¡anda que no es fea ni nada la pobre!* [*allez qu'elle n'est pas laide ni rien la pauvre !] « *qu'est-ce qu'elle peut être moche la pauvre !* »

Le problème est de savoir s'il s'agit vraiment de séquences à deux parties (une partie figée et une autre « à remplir » librement), ou bien si c'est simplement une combinaison entre une séquence figée et sa valence, auquel cas il n'y aurait pas de « cases vides » : les éléments variables ne feraient pas partie du phrasème et seraient des arguments associés à celui-ci selon les règles de la syntaxe (si les locutions fonctionnent comme des mots, elles entrent dans le système des valences). Par exemple, une locution verbale peut exiger un agent et un destinataire : [SN] + *jeter de la poudre aux yeux* [+Sprep] (cf. Montoro 2011 : 261). Même chose pour les locutions nominales, qui sont elles-mêmes l'argument d'un prédicat (Laporte 1988 : 119). Mel'čuk (2011 : 57-58) décrit la variable N de séquences du type *combat de* [N] *contre* [N], *combat entre* [N] *et* [N], *combat pour* [N], comme le « régime » d'une série de collocations dont la base est *combat* et dont les collocatifs potentiels sont (entre autres), *mener, livrer* (Oper), *acharné, furieux, intense,* (Magn.), etc. Donc, dans [*ils*] prennent [*les spectateurs*] pour [*des idiots*], au lieu d'ajouter à l'inventaire une structure discontinue avec trois « cases vides », on peut voir tout simplement une locution verbale (*prendre pour*) dont la valence exige un sujet, un objet direct et un complément prépositionnel (X *prendre* Y *pour* Z). Par contre dans *prendre des vessies pour des lanternes*, on a une locution verbale, qui englobe la précédente par emboîtement récursif, et dont la valence n'exige qu'un sujet, parce que le figement des autres arguments les a incorporés au prédicat complexe global. Dans le « schéma » *tu viens ou quoi* ?, on peut considérer le SV comme une structure libre indépendante à laquelle on ajoute la locution *ou quoi* ? Un exemple comme *la balle est dans le camp de* [SN] est certes difficile à analyser en se basant sur les classiques « parties du discours » (Mejri 2003), mais cela n'empêche pas de considérer le SN variable comme un argument exigé par la locution mais extérieur à celle-ci.

Les choses sont différentes si l'élément susceptible de remplir la « case vide » appartient lui aussi à un paradigme fermé et très réduit (García-Page 2008), mais dans ce cas, on peut considérer chaque expression, prise dans sa totalité, comme une variante. Par exemple, (fr.) *à toute vitesse / à toute allure / à toute vapeur/ à toute pompe / à toute berzingue* (Iñesta, Pamies 2002 : 199-208). La frontière est nette : en plus de leur parallélisme formel, ces expressions sont synonymes entre elles.

Un autre inconvénient du concept de *locution à cases vides* est que ses modèles sont pratiquement innombrables, on finirait même par y ranger les périphrases grammaticales, par exemple (fr.) *être en train de* +V [Infinitif] ou (esp.) *no me vengas llorando* *ne me viens pas pleurant (« ne viens pas pleurnicher devant moi »), problème que la tradition avait parfaitement esquivé en considérant *être en train de* comme une locution grammaticale qui n'inclut pas le verbe qu'elle modifie, le tout formant une *périphrase verbale*. Le fait que ces arguments puissent interrompre la locution ne signifie pas qu'ils en fassent partie, puisque tout phrasème peut être discontinu (Laporte 1988 : 123, Svensson 2004 : 135, Mel'čuk 2011 : 50).

Sumiyoshi (2012 : 211) étudie une séquence anglaise alternant apparemment des éléments figés et libres, [*to have until* +SN +*to* +SV] :

> **ang**. Iraq **has** until <u>Sunday</u> **to** <u>declare all its chemical, biological and nuclear weapons</u>; (**fr**. [*avoir jusqu'à* + SN +*pour* +SV] : *L'Irak* **a jusqu'à** <u>dimanche</u> **pour** <u>déclarer son armement</u>).

Mais si les indices de figement observés dans tout le corpus n'affectent que la *partie figée* (par exemple *until* n'y est jamais remplacé par *till*), on peut douter que la discontinuité justifie une appartenance quelconque de la *partie libre* à une unité phraséologique supérieure. Les seules restrictions paradigmatiques des « cases vides » (SN= à référent temporel, SV = à l'infinitif), ne sont pas distinctes de celles d'une valence normale. On pourrait analyser la structure *avoir jusqu'à* [....] *pour* [...] comme une **locution discontinue**, et ses prétendues « cases vides » comme sa valence.

De nombreuses unités figées admettent l'insertion de compléments, et sont donc potentiellement discontinues dans le discours.

locutions : il a fallu *cracher* <de nouveau> *au bassinet* ;

collocations : *une erreur* <on ne peut plus> *colossale* ;

comparaisons stéréotypées : *ils se soucient de* <la légalité> *comme de leur première chemise* ;

formules routinières : *veuillez agréer* <chère madame> *mes salutations distinguées* ;

citations : *la religion* <selon Marx> *est l'opium du peuple* ;

proverbes : *qui veut noyer son chien* <comme on dit> *l'accuse de la rage.*

Le principe de l'emboîtement récursif fait qu'une « case libre » puisse aussi être occupée par une autre locution : *il roule <tout le temps> des mécaniques.* Même un prétendu *schéma phraséologique* comme (esp.) *haberlas haylas* (*en avoir, ça il y en a*) (Mura 2012) peut devenir composant d'une unité phraséologique majeure, comme la phrase proverbiale : *no creo en las brujas pero haberlas haylas* (« je ne crois pas aux sorcières mais en avoir, ça il y en a »)[28].

Si on limite ces *schémas* à leur *partie figée,* et qu'on laisse à la syntaxe leur *partie libre* (comme valence ou régime), et à la pragmatique les phénomènes *échoïques* ou réduplicatifs, tout en considérant comme des variantes les changements partiels à paradigmes réduits qui n'altèrent pas le sens global, l'inventaire des classes phraséologiques n'aura probablement pas besoin de se charger d'une foule de *schémas à cases vides.*

3. Confins en conflit

Une fois écartée la tentation de ces catégories hybrides, il convient de revenir aux frontières entre figement et syntaxe « libre », où un autre phénomène fait grincer les charnières de leurs limites définitoires. Il s'agit des séquences appelées *constructions à verbe support*[29]*,* où un nom d'action ou d'état est actualisé dans la phrase grâce à un verbe *relativement vide de sens* (M. Gross 1975)[30], par exemple, *poser une question, faire peur, avoir froid, donner une leçon,* etc., à la différence des collocations verbo-nominales, où cette fonction lexicale est remplie par un verbe à sens plus restreint et

---

28. Parémie d'origine galicienne : gal. *eu, creer, non creo en las meigas pero, haber, hailas.* Elle existe aussi en portugais moderne : pt. *Não acredito em bruxas, mas existir, elas existem.*

29. Aussi nommées *constructions à verbe fonctionnel, formes décomposées verbo-nominales, constructions nominales prédicatives, Funktionsverbgefüge, light verb constructions, construcciones con verbos complejos, construcciones con verbos vicarios* (Cf. Dubsky 1965, Solé 1966, Labelle 1974, Daladier 1978 et 1996, Danlos 1980, M. Gross 1981, Cattell 1983, Vivès 1984, Giry-Schneider 1987, Mendívil 1999, Bosque 2001, Blanco 2000, Koike 2001, Tutin, Grossmann 2002, Alonso Ramos 2004, Bustos 2005, Laporte *et al.* 2008, Buckingham 2009).

30. *Semantically delexicalized* (Cowie 1991), *desemanticised* (Buckingham 2009) ou *sémantiquement affaibli* (Náray-Szabo 2012).

« spécialisé »³¹, par exemple, *commettre un crime, jouer un rôle, caresser un espoir*... L'idiomaticité de beaucoup d'entre elles est bien mise en valeur par le contraste entre langues, où le verbe support est souvent bien différent :

(**fr.**) *faire une promenade* = (**ang.**) *to have a walk* = (**esp.**) *dar un paseo* ; (fr.) *faire attention* = (ang.) *to pay attention* = (esp.) *prestar atención*³².

Cependant, les CVS sont assez nombreuses, régulières et productives, pour être considérées comme un fait syntaxique³³. Des descriptions assez poussées ont été obtenues dans le cadre de la théorie grammaticale, ce qui confirme leur caractère « frontalier » (Mendívil 1999 : 47-54).

De même que les constructions libres, les CVS admettent la relativisation (*la bise que Marie m'a faite*), la pronominalisation (*la bise ? elle me l'a faite*), l'insertion d'adjectifs, de quantificateurs, d'adverbes, etc. (*je lui ferais <bien> <encore> <deux> <grosses> bises*). Remarquons que les restrictions ne sont pas les mêmes pour toutes les CVS, par exemple *elle m'a fait du mal* permet *le mal qu'elle m'a fait*, mais *il a fait l'imbécile* ne permet pas **l'imbécile qu'il a fait*.

Les CVS se différencient des autres collocations par la productivité de leur verbe : un très grand nombre de noms sont convertis en prédicats par le même verbe (*faire* → *bise, grimace, geste, signe, surprise, farce, blague, vacherie, rabais, dédicace, portrait, photo, dessin, cadeau, offre, achat, commande, contrat, chèque...*) à tel point qu'il est difficile d'établir le paradigme à partir du verbe, et de décrire la polysémie de celui-ci : *...it seems that the higher collocability (array of collocates) of a word is, the higher its frequency and polysemy* (Čermák 2006 : 930). Par contre, par rapport aux locutions verbales, les différences sont évidentes car la locution n'a pas de structure interne (G. Gross 1996 : 70) : (Loc) *donner du fil à retordre* ≠ (CVS) *donner son avis*.

---

31. *Tailored verb* (Buckingham 2009 : 310).
32. Diachroniquement, le verbe support peut changer aussi. Ainsi l'espagnol *dar miedo* (*donner peur) alternait jusqu'au XVIIᵉ siècle. avec *hacer miedo* (*faire peur), forme prédominante au Moyen Âge (Alba 2005 : 32-33).
33. Même pour les grammairiens générativistes, comme Cattell (1983). En général, la phraséologie a été peu ou mal traitée par l'école chomskyenne (Kuiper 2007), et c'est presque toujours la locution (*idiom*) qui a fait l'objet de son choix (par exemple Weinreich 1969), car, étant assimilable à un mot, elle est susceptible d'*insertion lexicale* dans la représentation syntaxique, alors que les *défectivités transformationnelles* des collocations et des CVS (souvent discontinues), posent des problèmes de syntaxe plus incontournables (Kuiper 2007 : 60).

Plusieurs tests ont été proposés pour différencier d'une part les CVS des locutions verbo-nominales, et, de l'autre, les CVS des constructions transitives libres. Par exemple, on peut remplacer *donner* par *offrir* dans *donner un cadeau*, mais pas dans *donner la permission*. L'altération de la valence verbale oppose aussi les CVS aux locutions verbales formellement identiques : Mendívil (1999 : 515-554) pose des exemples de locutions espagnoles avec le verbe *dar* (« donner ») qui peuvent bloquer la présence du complément d'objet indirect, alors que les constructions libres l'exigent, et que les CVS respectent généralement cette exigence. Par exemple, la locution *dar la tall*a [*donner la taille « faire le poids »] n'admet pas de destinataire, la construction libre *dar un libro* (« donner un livre ») l'exige, et la CVS *dar miedo* [*donner peur] le conserve mais peut s'en passer si son agent *fait peur* « à tout le monde ». Cela permet de distinguer des séquences homonymes entre elles ; par exemple, *dar dinero* (« donner de l'argent ») : *Juan da dinero a María* (*Jean donne de l'argent à Marie* → destinataire indispensable) ≠ *la venta de armas da dinero* (*le commerce des armes donne de l'argent* → destinataire optionnel)[34].

Une caractéristique des CVS serait de permettre la transformation en syntagme nominal où l'agent de l'action devient possesseur (Vivès 1984, Mendívil 1999, Náray-Szabo 2012) : *Jean m'a posé une question* > *sa question*. Mais cela n'est pas généralisable à toutes les CVS : *Jean m'a fait peur* ≠ **sa peur*, car, même en syntaxe libre, les « possesseurs » (métaphoriques) d'actions nominalisées peuvent être leurs agents ou leurs patients (Pamies 2002) et le même verbe support peut avoir des comportements différents d'une CVS à l'autre. Par exemple, *son crime* dérive de *X a commis un crime*, mais *son assassinat* dérive de *X s'est fait assassiner*.

Un autre trait distinctif de la CVS par rapport au SV transitif « libre » serait le fait que la coordination entre compléments est restreinte aux arguments d'autres CVS du même verbe (Náray-Szabo 2012). Par exemple, on dit *Luc a fait une proposition et une offre*, mais pas **Luc a fait une proposition et un gâteau* (*Ibid.*). On peut objecter cependant que ces restrictions affectent aussi les syntagmes libres : on dit *Jean a un appartement et une belle voiture*, alors

---

34. Un argument de plus en faveur de leur nature phraséologique : (...) *l'expression idiomatique détermine dans son information lexicale les compléments qu'elle incorpore et ceux qu'elle interdit* (...) [ce] *qui ne peut pas dériver de principes syntaxiques généraux* (Mendívil 1999 : 516).

qu'on ne dit pas *Jean a un appartement et une belle moustache[35]. Par ailleurs, même si le test détecte une incompatibilité entre deux combinaisons coordonnées (*Jean a posé sa valise et une question), il ne prouve pas qu'une des deux soit plus figée que l'autre[36].

Parmi les arguments favorables au caractère phraséologique des CVS, l'analyse des valences semble le plus convaincant : au lieu d'y voir un verbe qui sélectionne des arguments nominaux, c'est le nom qui sélectionne le verbe (M. Gross 1981, 1998, Kuiper 2007). Dans les CVS, l'élément verbal n'est qu'un *opérateur fonctionnel* qui actualise le nom, qui n'est plus son « vrai » complément d'objet direct, l'ensemble [V+N] fonctionne comme un verbe ayant sa propre valence, par exemple [*faire peur* +à + objet indirect] (cf. G. Wotjak 1998 : 273, Skorepova 2008 : 78-80).

Les CVS bloquent des règles transformationnelles (*Marie m'a fait la bise* →*la bise m'a été faite par Marie*), et font aussi preuve d'une certaine idiomaticité : les *bises* ne sont pas réellement « faites », pas plus que les *baisers* ne sont réellement « donnés »[37]. Des séquences comme *avoir peur, faire peur, prendre peur,* sont relativement figées dans la mesure où elles ne permettent pas des transformations telles que la transformation synonymique (**avoir panique, *prendre crainte*), ou passive (**peur est faite par X ; *peur est prise par X*). Ouerhani remarque que *donner un conseil* ne permet pas la nominalisation **le don d'un conseil,* contrairement à la structure libre *donner un cahier > le don d'un cahier* (2006 : 60).

Si les CVS sont (partiellement) figées et idiomatiques, on peut se demander si c'est au même titre que les collocations, ou bien si c'est à la manière des locutions, car elles commutent avec un lexème unique comme prétendait la grammaire traditionnelle (il a *posé des questions* à X = il a *interrogé* X). Le composant nominal apporte à la CVS l'information essentielle (noyau sémantique) et périphérique, grâce à ses éventuels numéraux, possessifs, démonstratifs, adjectifs, etc. ; et le composant verbal, même « désémantisé », apporte la fonction lexicale et l'information périphérique

---

35. Sauf dans certaines figures poétiques violant intentionnellement cette norme : en espagnol *Tenías un vestido y un amor* (Fito Páez) *tu avais une robe et un amour.

36. L'ordre des facteurs n'en change pas le produit : *Jean a posé une question et sa valise.

37. Les verbes supports changent aussi diachroniquement : Balzac employait encore *toucher du piano* (*Vendetta* 1830), tournure qui, un siècle après, avait complètement cédé sa place à l'actuel *jouer du piano*.

de tout verbe conjugué (aspect, temps, modalité). Il y a donc une contribution séparée des composants au sens global, comme dans les collocations (Ouerhani 2006 : 57-59). Par exemple, on ne remplace pas *il a posé cinq questions à Paul* par **il a interrogé cinq fois Paul*, pas plus qu'on ne remplace *il a posé des questions difficiles à Paul* par **il a interrogé difficilement Paul*. Il y a bien deux lexèmes dans une CVS, chacun avec ses fonctions : celle-ci est donc un syntagme, au même titre que la collocation (cf. Bresson 1989, Blanco 2000, Alonso 2004).

Le verbe support est, comme son nom allemand l'indique, un auxiliaire fonctionnel (*Funktionsverb*) (M. Gross 1998). Blanco ajoute qu'*en tant que collocations, les verbes supports sont prévisibles à partir du nom prédicatif auquel ils se combinent* (2000 : 2). Mel'čuk classe les CVS dans les *combinaisons à co-occurrents lexicalement contraints*, donc avec les collocations et les comparaisons stéréotypées (1998 : 2003). Les verbes y exercent une série de *fonctions lexicales*, la différence vis-à-vis des autres *semi-phrasèmes* réside dans la productivité du verbe support : un grand nombre de noms sélectionnent *faire* ou *donner* pour la fonction *Oper.*, alors que dans la collocation *plonger dans le désespoir* le verbe n'exerce cette fonction lexicale qu'avec très peu de noms. La contribution sémantique du verbe au sens global est inférieure dans les CVS (Mel'čuk, Clas, Polguère 1995 : 126-149) et inversement proportionnelle au nombre de noms avec lesquels ce même verbe forme collocation (Mel'čuk 2011 : 46).

Le figement des CVS et leur étroite parenté avec les collocations prouve la nature phraséologique de ces séquences, cependant la théorie de la syntaxe les a souvent analysées en tant que constructions grammaticales régulières. Les deux choses ne sont pas tout à fait en contradiction dans la mesure où les paradigmes théoriques modernes comme ceux de Harris, Halliday, Gross, Fillmore, Langacker, et autres, ont complètement renoncé à *l'autonomie de la syntaxe*, et ont introduit la sémantique lexicale dans les règles grammaticales. Quant au taux de cooccurence, Čermák observe dans les corpus anglais que le mot *attention*, que les dictionnaires de collocations associent à *pay, attract, focus, get* et *draw*, est en cooccurrence fréquente avec beaucoup d'autres verbes (*capture, develop, concentrate, devote, grab, need, share, direct,* etc.), et que cet ensemble forme un microsystème avec des rapports internes cohérents (1998b : 135-138). De nombreuses CVS causatives avec *faire* sont associées au domaine lexico-sémantique des sensations/sentiments (*faim/ froid/ peur/ peine/* etc.), elles pourraient non seulement obéir à des *modèles* psycho-sémantiques (par exemple les *métaphores conceptuelles* de Lakoff et Johnson), mais aussi à des règles syntaxiques lexicalement conditionnées (par exemple les *grammaires locales* de M. Gross). Mais *faire* est l'auxiliaire régulier de la causativité en français, et il n'est pas non plus évident que le fait d'être verbe support implique – *a priori* – un régime différent que pour d'autres verbes causatifs du même champ sémantique (*mettre en colère, attirer/éveiller les soupçons, inspirer de la tristesse, susciter de la jalousie...*. L'expression *X fait peur à Z* obéit à un modèle (causatif) disponible, avec la même valence, pour d'autres sensations/sentiments (*faire de la peine ; pitié ; des soucis ; confiance*) et qui maintient des rapports transformationnels avec un autre modèle (sensitif) : *avoir peur, avoir de la peine, avoir pitié, avoir des soucis, avoir confiance* (cf. Pamies, Iñesta 2000). Si l'on arrivait à formuler une *grammaire des sensations/sentiments*, le figement et l'idiomaticité de ces collocations ne disparaîtraient pas pour autant, mais on pourrait douter de leur pertinence. Il faut donc, à l'intérieur de ces « micro-modèles », identifier des défectivités transformationnelles opposant ces expressions entre elles. Par exemple, les métaphores grammaticalisées, telles que les constructions pseudo-possessives (possessifs ou génitifs exprimant des relations d'un autre type : causativité, agentivité, transitivité...), ont recours aux verbes que les phraséologues appellent « support » : *avoir, faire, donner,* etc. (Heine 1997, Pamies 2001, Huelva 2011). Mais cette systématicité n'est pas libre de figements, qui varient selon les cas, par exemple *la peur du loup* est certes dérivable de l'agent d'une CVS (*le loup fait peur*) (Vivès 1984), mais, par contre, dans *la peur des moutons*, elle est dérivable du patient d'une autre CVS (*les moutons* **ont** *peur*). La nominalisation pseudo-possessive *les soucis de ma mère* transforment en possesseur figuré le patient d'*avoir des soucis*, mais ce même génitif, dans *souci de clarté*, dérive de l'agent de *donner des soucis*.

Si, inversement, on considère les CVS comme des séquences figées, les « anomalies » transformationnelles deviennent la norme. C'est un peu ce que faisait la grammaire traditionnelle, qui les considérait comme des *locutions*. Mais il faudrait alors les répertorier dans un dictionnaire de collocations et y décrire la variabilité syntaxique particulière de chaque unité.

Plusieurs approches rivalisent donc pour expliquer ce phénomène. Les CVS peuvent être examinées d'un point de vue plus « sémantique », en tant que réalisation métaphorique de modèles cognitifs grammaticalisés (Heine 1997, Pamies 2002, Huelva 2011), d'un point de vue plus « formel », en tant que *prédicats complexes* (M.Gross 1981, Giry-Schneider 1987) ou *formes d'incorporation argumentale* (Moreno Cabrera 1991 : 458-498), ou bien, encore, d'un point de vue plus « lexicologique », comme partie d'un ensemble, plus ou moins fini, de collocations et de fonctions lexicales (Alonso 2004, Buckingham 2009). Toutes ces approches, complémentaires entre elles, ont leur mot à dire pour analyser ces constructions, curieusement oubliées par les dictionnaires, généraux ou phraséologiques[38], qui semblent présupposer que ce sont des combinaisons libres, alors qu'elles font preuve d'une défectivité typiquement phraséologique (**la soif est donnée* ; **la peur est faite*, etc.).

Ces divergences et convergences expliquent le caractère « frontalier » attibué aux CVS, bien que certaines soient plus « limitrophes » que d'autres. Par exemple, dans *donner en héritage* l'idiomaticité est nulle car le nom est au sens littéral et le verbe aussi (il s'agit bien d'un type de don). Il y a cependant un certain figement (absence d'article, impossibilité d'insérer des adjectifs), ce n'est donc pas une combinaison libre mais son classement demeure ambigu car il semble admettre au moins deux analyses rivales :

> a) *en héritage* pourrait être un « adverbe composé » (locution adverbiale) librement combiné au verbe *donner* qui, lui, admet la passivation (*X a été donné en héritage à Z par Y*), la substitution (*recevoir, léguer, laisser* [*en héritage*]) ou l'effacement (*la France en héritage*)[39] ;
>
> b) *donner en héritage* constitue globalement une CVS signifiant « léguer », dont le verbe est un collocatif sélectionné par le nom.

---

38. Ainsi, la séquence espagnole *tener sed* (littéralement *avoir soif*) ne figure ni au dictionnaire de l'*Académie Royale Espagnole* (*DRAE* 2012) ni au *Diccionario fraseológico documentado del español moderno* (Seco, Andrés, Ramos 2004). En français, le *Dictionnaire des collocations* de Toni González n'inclut *avoir* ni parmi les collocatifs de *peur* ni de *soif*. Dans le *Petit Robert* la séquence *avoir soif* apparaît – mais sans commentaire – à l'intérieur de l'article *soif*.

39. Une recherche sur internet montre des exemples non-prédicatifs aussi nombreux que variés : *la pauvreté en héritage, l'amour en héritage, le plurilinguisme en héritage, la liberté en héritage, l'anarchie en héritage, le goulag en héritage, la mémoire en héritage*, etc. (Google Académique <scholar.google.es>, juillet 2012).

4. Conclusions

4.1. Malgré le caractère graduel de l'idiomaticité et du figement, il est possible de délimiter l'univers phraséologique par rapport à celui de la combinatoire libre, sur la base d'un degré minimal de défectivité transformationnelle et d'une idiomaticité optionnelle indépendante de ce dernier mais qui, en pratique, lui est souvent proportionnelle. À l'intérieur du domaine phraséologique, il est également possible de distinguer des sous-catégories discrètes, sur la base des propriétés formelles, sémantiques et pragmatiques de chacune d'entre elles, selon une hiérarchie se divisant au sommet en trois grands groupes : les *synthèmes*, les *syntagmes* et les *énoncés*.

4.2. Le fait que certaines sous-catégories, comme les *mots composés*, les *phrasal verbs*, les *collocations complexes*, les *schémas phraséologiques*, les *locutions à cases vides* ou les *constructions à verbe support*, puissent occuper des zones apparemment « intermédiaires » entre la syntaxe libre et le figement ne serait qu'une sorte d'illusion métalinguistique, car cette frontière imaginaire dépend de nombreuses décisions épistémologiques préalables affectant l'extension des domaines limitrophes.

4.3. Que ce soit entre lexique et syntaxe, entre figement et combinaison libre, ou entre deux catégories de séquences figées, la création de distinctions catégorielles, voire de « zones intermédiaires », n'est pas un reflet direct de la réalité analysée, elle obéit également au souci de ne pas contredire, dans la mesure du possible, l'acquis métalinguistique antérieur. La rentabilité d'un élément du métalangage dépend non seulement de son adéquation à la réalité qu'il prétend décrire, mais aussi des réformes (ou des bouleversements) qu'il peut impliquer pour l'acquis antérieur. La linguistique crée elle-même ses outils, et parfois ses objets, et leur solidité ou fragilité proviennent d'une dynamique permanente des sciences humaines, ce que Mejri appelle *l'adaptation des outils descriptifs aux objets décrits* (2006 : 209).

Bibliographie

ALBA SALAS, J., (2005), « *Hacer miedo* and *dar miedo*: a Corpus-Based Study of Spanish Collocations with *hacer/dar* + State Noun ». in Cosme C. *et al.* (eds), *Phraseology 2005 : the many faces of phraseology*, pp. 31-34, Université Catholique de Louvain-La-Neuve.

ALONSO RAMOS, M., (2003), « La nature des collocatifs : leur statut en tant qu'unités lexicales », in Grossmann F., Tutin A., (eds), *Les collocations, analyse et traitement*, pp. 45-60, Amsterdam : De Werelt.

ALONSO RAMOS, M., (2004), *Las construcciones con verbo de apoyo*. Madrid, Visor Libros.

ÁLVAREZ DE LA GRANJA, M., (2005), « Proposta de clasificación semántico-funcional das unidades fraseoloxicas galegas », in *Cadernos de Fraseoloxia Galega* n° 4, pp. 9-34.

ANSCOMBRE, J.-C., (1994), « Proverbes et formes proverbiales : valeur évidentielle et argumentative », in *Langue française* n° 102, pp. 95-107, Paris, Larousse.

ANSCOMBRE, J.-C., (2011), « Figement, idiomaticité et matrices lexicales », in Anscombre J.-C., Mejri S., (eds), *Le figement linguistique : la parole entravée*, pp. 17-40, Paris, Honoré Champion.

ANSCOMBRE, J.-C., MEJRI, S., (2011), *Le figement linguistique : la parole entravée*, Paris, Honoré Champion.

ARORA, S.-L., (1977), *Proverbial comparison and related expression in Spanish*, Berkeley, University of California Press.

BALLY, C., (1905), *Précis de stylistique. Esquisse d'une méthode fondée sur l'étude du français moderne*, Genève, Eggimann.

BALLY, C., (1909), *Traité de stylistique française*, 2 vol., Paris, Klinsieck [réed. 1951].

BAPTISTA, J., CATALA D., (2012), «What glues idioms together may not be just statistics after all? the case for compound adverbs in Portuguese and Spanish », in Pamies A., Pazos J.-M, Luque Nadal L., (eds), pp. 19-30.

BARÁNOV, A.-N., DOBROVOL'SKIJ, D., (1996), « Идиоматичность и идиомы », Вопросы языкознания n° 5, pp. 51-64, (Trad. esp. [1998] « Idiomaticidad e idiomatismos », in Luque J.d.D., Pamies A., (eds), *Léxico y fraseología*, Granada, Método, pp. 19-42).

BENSON, M., BENSON, E., ILSON, R., (1993), *The BBI Combinatory Dictionary of English: A Guide to Word Combinations*, Amsterdam-Philadelphia, John Benjamins.

BENVÉNISTE, E., (1966-1974), *Problèmes de linguistique générale*, Paris, Gallimard, vol. 1, 2.

BLANCO ESCODA, X., (2000), «Verbos soporte y clases de predicado en español», in *Lingüística Española. Actual*, XXII, 1. [Disponible sur http://www.oaid.uab.es/lexsem/pdf/LEAXXII1.pdf].

BLOOMFIELD, L., (1933), *Language*, New York, Holt.

Bosque, I., (2001), «Sobre el concepto de 'colocación' y sus límites»., in *Lingüística Española de Actualidad*, 23(1) : pp. 9-39.

Bosque, I., (2004), *Redes, diccionario combinatorio del español contemporáneo*, Madrid, Ediciones SM.

Bresson, D., (1989), « La distribution du sens dans les locutions à verbes support », *Travaux de Linguistique* n° 7, La signification, pp. 57-72.

Buckingham, L., (2009), *Construcciones con verbo soporte en un corpus especializado*, Frankfurt am Main, Peter Lang.

Buckingham, L., (2012), « Poniendo en evidencia: an analysis of idiomaticity in light verb constructions in Latin American Spanish », in Pamies A., Pazos J.-M, Luque Nadal L., (eds), pp. 309-328.

Burger, H., (1998), *Pharaseologie. Eine Einführung am Beispiel des Deutschen eine Einführung am Beispiel des Deutschen,* Berlín, Erich Schmidt Verlag.

Burger, H., (2007), « Semantic aspects of phrasemes », in Burger H., Dobrovol'skij D.; Kühn P., Norrick N.-R. (eds), *Phraseology : an International Handbook of Contemporary Research,* Vol 1, pp. 90-110, Berlin, Mouton de Gruyter.

Bustos Plaza, A., (2005), *Combinaciones verbonominales y lexicalización.*, Frankfurt, Peter Lang.

Butt, M., (2003), *The light verb jungle*. [http://ling.uni-konstanz.de/pages/home/butt/main/papers/harvard-work.pdf]

Buvet, P.-A., (1996), « Les compléments de nom intensifs », in *Neophilologica* 12.

Bybee, J., (2007), « From usage to grammar: the mind's response to repetition », in *Language* n° 82-4, pp. 711-733.

Carneado, Z., Tristá, A., (1986), *Estudios de fraseología*, La Habana, Academia de Ciencias de Cuba.

Casares, J., (1950), « Introducción a la lexicografía moderna », in *Revista de Filología Española*, Anejo LII, Madrid, CSIC (réed. [1969], [1992]).

Castillo Carballo, M.-A., (1998), « ¿Compuestos o locuciones? », in Alvar Ezquerra M., Corpas G., (eds), *Diccionarios, frases, palabras*. Málaga Universidad.

Cattell, R., (1983), *Composite predicates in English,* Sydney, Academic Press.

Čermák, F., (1998a), « La identificación de las expresiones idiomáticas », in Luque Durán J.-d.-D., Pamies Bertrán A. (eds), *Léxico y fraseología*, pp. 1-18, Granada, Método.

Čermák, F., (1998b), « Linguistic units and text entities: theory and practice », in Fontenelle T. *et al.* (eds), *Euralex' 98 Proceedings* vol. I-II, pp. 281-290.

Čermák, F., (2001), « Substance of Idioms: Perennial Problems, Lack of Data or Theory? », in *International Journal of Lexicography* 14, pp. 1-20 (réed. [2007] in *Frazeologia a idiomatika: Ceská a obecná*, Praha, Nakladatelství Karolinum, pp. 149-166).

ČERMÁK, F., (2007), « Introduction : Phraseology and Idiomatics in a wider perspective », in *Frazeologia a idiomatika: Ceská a obecná,* Praha, Nakladatelství Karolinum, pp. 74-128.

CHLEBDA, W. (2011), « The identity of phraseology », in Szerszunowicz J. et al (eds), *Research on phraseology in Europe and Asia: focal issues of phraseological studies,* pp. 13-24, Bialystok University.

COLSON, J.-P., (2012a), « Phraséologie contrastive et linguistique de corpus : outils récents et perspectives », in Pamies A., Pazos J.-M, Luque Nadal L., (eds), pp. 1-10.

COLSON, J.-P., (2012b), « A new statistical classification of set phrases », in Pamies A., Pazos J.-M, Luque Nadal L., (eds), pp. 377-385.

CONENNA, M. (2011) : « Variantes proverbiales : classement et traducion français-italien », in González Royo C., Mogorrón Huerta P., (eds), *Fraseología contrastiva: lexicografía, traducción y análisis de corpus,* pp. 75-93, Alicante, Universidad.

CORPAS PASTOR, G., (1996): *Manual de fraseología española,* Madrid, Gredos.

COWIE, A.-P., (1991), « Multiword units in newspaper language », in Granger S., (ed), *Perspectives on the English Lexicon, Cahiers de l'institut de Linguistique de Louvain,* pp. 101-116, Louvain-la-Neuve.

CRUSE, D., (1986), *Lexical Semantics,* Cambridge, Cambridge University Press.

CUENCA, M.-J, HILFERTY, J., (1999), *Introduccion a la lingüística cognitive,* Barcelona, Ariel.

DALADIER, A., (1978), *Problèmes d'analyse d'un type de nominalisation en français et de certains groupes nominaux complexes,* Thèse de 3e cycle. L.A.D.L. Université de Paris-7.

DALADIER, A., (1996) : « Le rôle des verbes supports dans un système de conjugaison nominale et l'existence d'une voix nominale en français », in *Langages* n°121 : pp. 35-33, Paris, Larousse.

DANLOS, L., (1980), « La morphosyntaxe des expressions figées », in *Langages* n°14, pp. 53-74.

DANLOS, L., (1992), « Support verb constructions: Linguistic properties, representation, translation », in *Journal of French Language Studies,* 2, pp. 1-31.

DE GIOIA, M., (2011), « Carrément : un lexique bilingue pour la phraséologie contrastive et la traduction », in González Royo C., Mogorrón Huerta P., (eds), *Fraseología contrastiva: lexicografía, traducción y análisis de corpus,* pp. 109-124, Alicante, Universidad.

DUBSKÝ, J.-F., (1965), « Intercambio de componentes en las formas descompuestas españolas », in *Bulletin Hispanique,* 67 (7/4), pp. 343-352.

DUMITRESCU, D., (1994), « Función pragmadiscursiva de la interrogación ecoica usada como respuesta en español », in Havercake H., Hengeveld K., Mulder G., (eds), *Aproximaciones pragmalingüísticas al español, pp.* 51-85, Amsterdam, Rodopi.

DUMITRESCU, D., (1992), « Sintaxis y pragmática de las preguntas cuasi-eco en español », in Vilanova A., (ed), *X Congreso de la Asociación Internacional de Hispanistas*, IV, pp. 1323-1338, Barcelona.

DUPUY-ENGELHARDT, H., (1996), « Collocations lexicales ou de mots qui s'appellent l'un l'autre », in Dupuy-Engelhardt H., (ed), *Questions de méthode et de délimitation en sémantique lexicale (Eurosem 94)*, pp. 51-64, Reims, Presses Universitaires de Reims.

FERNÁNDEZ PARRA, M.-A., (2011), *Formulaic Expressions in Computer-Assisted Translation*, PhD. Dissertation, Dept. of Languages, Translation and Media. Swansea University.

FILLMORE, C., (1982), « Frame semantics », in *Linguistics in the Morning Calm*, pp. 111-137, Seoul, Hanshin Publishing Co.

FILLMORE, C.; KAY, P., O'CONNOR, M.-C., (1988), « Regularity and Idiomaticity in Grammatical Constructions: the Case of *Let Alone* », in *Language*, 64/3, pp. 501-538.

FIRTH, J.-R. (1957), *A Synopsis of Linguistic Theory 1930-1955*, Oxford University Press.

FRAILE, E., (2008), « Sugerencias para mejorar el tratamiento de las expresiones idiomáticas en los diccionarios fraseológicos en inglés y español », *Trans. Revista de Traductología* n° 12, pp. 123-148.

FRATH, P., GLEDHILL, C., (2005), « Qu'est-ce qu'une unité phraséologique ? », in Cosme C. *et al.*, (eds), *Phraseology 2005 : the Many Faces of Phraseology*, pp. 145-148, Louvain-La-Neuve, Université Catholique.

GARCÍA-PAGE, M., (2001), « ¿Son las expresiones fijas expresiones fijas? », in *Moenia* 7, pp. 165-197.

GARCÍA-PAGE, M., (2008a) *Introducción a la fraseología española ?* Barcelona, Anthropos.

GARCÍA-PAGE, M., (2008b), « Propiedades sintácticas de la comparativa estereotipada en español », in *Romanisches Jahrbuch* 59, pp. 339-360.

GARCÍA-PAGE, M., (2011a), « La fraseologia en España: de Casares a la Nueva Gramática de la Real Academia », in Ortiz Alvarez M.L., Huelva Unterbäumen E., (eds), *Uma (re)visão da teoría e práctica fraseológicas*, pp. 207-230, Campinas, Pontes.

GARCÍA-PAGE, M., (2011b), « Collocations complexes (application à l'espagnol) », in *Lingvisticae Investigationes* n° 34-1, pp. 67-111.

GAVRIILIDOU, Z. (2001), « Structures *Dét N1 N2* et Détermination Figée », in Blanco X., Buvet P.-A., Gavriilidou Z., (eds), *Détermination et formalisation*, pp. 163-177, Amsterdam, John Benjamins.

GIRY-SCHNEIDER, J., (1987), *Les prédicats nominaux en français*. Genève, Librairie Droz.

GLÄSER, R., (1994), « Relations between phraseology and terminology with special reference to English », in *ALFA* n°7-8, pp. 41-60.

GLEDHILL, C., FRATH, P., (2007), « Collocation, phrasème, dénomination : vers une théorie de la créativité phraséologique », in *La linguistique*, 43-1, pp. 63-88.

GONZÁLEZ, T., (2004), *Dictionnaire des collocations*. (http://www.tonitraduction.net/).

GONZÁLEZ REY, M.-I., (2002), *La phraséologie du français*, Toulouse-Le-Mirail Université.

GRANGER, S. (2005), « Pushing back the limits of phraseology », in Cosme C., et al., (eds), *Phraseology 2005 : the Many Faces of Phraseology*, pp. 165-168, Louvain-La-Neuve, Université Catholique.

GRÉCIANO, G., (1983), *Signification et dénotation en allemand. La sémantique des expressions idiomatiques*, Metz, Université.

GROSS, G., (1992), « Syntaxe du complément de nom », in *Lingvisticae Investigationes* XV-2.

GROSS, G., (1993), « Trois applications de la notion de verbe support », in *L'information grammaticale* n° 59, pp. 16-22.

GROSS G., (1996), *Les expressions figées en français, noms composés et autres locutions*, Paris, Ophrys.

GROSS, G., (2005), « Réflexions sur la notion de figement ». in: Cosme, C. et al. (eds.), *Phraseology 2005 : the Many Faces of Phraseology*, pp. 5-12, Louvain-La-Neuve, Université Catholique.

GROSS, M., (1981), « Les bases empiriques de la notion de prédicat sémantique », in *Langages* n° 63, pp. 7-52, Paris, Larousse.

GROSS, M., (1982), « Une classification des phrases figées du français », in *Revue Québécoise de Linguistique*, 2, pp. 151-185.

GROSS M., (1988), « Les limites de la phrase figée », in *Langages* n° 90, pp. 7-22, Paris, Larousse.

GROSS, M., (1989), « Adjectifs composés », in *Hommages à Jean Stéfanini*, pp. 211-234Université Aix-en-Provence.

HALLIDAY, M., (1996), « Lexis as a linguistic level », in Bazell C. et al., (eds), *In Memory of J.R. Firth*, pp. 148-162, London, Longman.

HANKS, P., URBSCHAT, A., GEHWEILER, E., (2006), « German light verb constructions in corpora and dictionaries », in *International Journal of Lexicography*, 19(4), pp. 439-457.

HARRIS, Z.-S., (1964), *The elementary transformations*, University of Pennsylvania.

HAUSMANN, F.-J., (1989), « Le dictionnaire de collocations », in Hausmann F.-J. et al., (eds), *Wörterbücher. Dictionaries. Dictionnaires. Ein internationales Handbuch zur Lexikographie*. Vol. 1. Berlín, de Gruyter.

HEID, U., (1992), « Décrire les collocations », in *Terminologie et Traduction*, 2 (3), pp. 523-548.

HEID, U., EVERT, S. DOCHERTY, V. WORSCH; W., WERMKE, M., (2000), « Computational tools for semi-automatic corpus-based updating of Dictionaries », in *Euralex 2000*, pp. 183-196, Stuttgart Universität.

HEINE, B., (1997), *Possession : cognitive sources, forces and gramaticalization*, London, Cambridge University Press.

HUELVA UNTERBÄUMEN, E., (2011), « Construcciones causales con el verbo dar en la lengua española », in Ortiz Alvarez M.-L., Huelva Unterbäumen E., (eds), *Uma (re)visão da teoría e práctica fraseológicas*, pp. 93-138, Campinas, Pontes.

IÑESTA, E., PAMIES, A., (2002), *Fraseología y metáfora*, Granada, Método.

ISSAC, F., (2011), « Figement et informatique », Anscombre J.-C., Mejri, S. (eds), pp. 413-431.

KOIKE, K., (2001), *Colocaciones léxicas en el español actual: estudio formal y léxico semántico*, Alcalá Universidad.

KOIKE, K., (2012), « Colocaciones complejas metafóricas », in Pamies A., Pazos J.-M, Luque Nadal L., (eds), pp. 73-80.

KORHONEN, J., WOTJAK, B., (2001), « Kontrastivität in der Phraseologie », in von Helbig G., et al., (eds), *Deutsch als Fremdsprache: Ein internationales Handbuch*, pp. 224-235, Berlin-New York.

KUIPER, K., (2007), « Syntactic aspects of phraseology II: generative approaches », in Burger H., Dobrovol'skij D., Kühn P., Norrick N.-R., (eds), *Phraseology : an International Handbook of Contemporary Research*, Vol 1, pp. 53-63, Berlin, Mouton de Gruyter.

LABELLE, J., (1974), *Étude de constructions avec opérateur « avoir »*, Thèse 3e cycle. L.A.D.L Paris-8.

LANGACKER, R., (1987-1991), *Foundations of Cognitive Grammar*. 2 vols, Stanford, Stanford University Press.

LAPORTE, E., (1988), « Reconnaissance des expressions figées lors de l'analyse automatique », in *Langages* n° 90, pp. 117-126, Paris, Larousse.

LAPORTE, E., RANCHOD, E. M., YANNACOPOULOU, A., (2008), « Syntactic variation of support verb constructions », in *Lingvisticae Investigationes*, n° 31-2, pp. 173-185.

LARRETA ZULATEGUI J.-P., (2001), *Fraseología contrastiva del alemán y del español*, Frankfurt, Peter Lang.

LUQUE DURÁN J.D.D., PAMIES A., (eds.) (2005), *La creatividad en el lenguaje: colocaciones idiomáticas y fraseología*, pp. 381-398, Granada, Método.

LUQUE DURÁN, J.d.D., (2005), « Las colocaciones de cuantificación por comparación : tradición e innovación en las comparaciones proverbiales », in Luque J.d.D., Pamies A. (eds), pp. 409-467.

LUQUE NADAL, L., (2005), « Las comparaciones proverbiales en inglés », in Luque J.d.D., Pamies A. (eds), pp. 381-398.

LYONS, J. (1977), *Semantics*, Cambridge, Cambridge University Press.

MARTÍ SÁNCHEZ, M., (2005), « Definición real de los fraseologismos », in *Círculo de Lingüística Aplicada a la Comunicación (CLAC)*, 24. [http://www.ucm.es/info/circulo/no24/marti.htm]

MARTINET, A., (1967), *Éléments de linguistique générale*, Paris, Colin.

Martinet, A., (1999), « Le synthème », in *La linguistique*, n° 35-2.

Martinez Marín, J., (1999), « Unidades léxicas complejas y unidades fraseológicas », in J.-M. González Calvo, *et al.*, (eds), *El neologismo*, pp. 97-116, Cáceres, Universidad de Extremadura.

Mejri, S., (1994), « Séquences figées et expression de l'intensité. Essai de description sémantique », in *Cahiers de* lexicologie n° 65-2.

Mejri, S., (1997), *Le figement lexical, descriptions linguistiques structuration sémantique*, Tunis, Publications de la Faculté des et lettres de la Manouba.

Mejri, S., (2003), « Le figement lexical », in *Cahiers de* lexicologie n° 82, pp. 23-40.

Mejri, S., (2004), « L'idiomaticité, problématique théorique », in Mejri, S., (ed), *L'espace euro-méditerranéen : une idiomaticité partagée*, pp. 231-243, Tunis : Ministère de l'Enseignement Supérieur.

Mejri, S., (2006), « Polylexicalité, monolexicalité et double articulation », in *Cahiers de Lexicologie n° 2*, pp. 209-221.

Mejri, S., (2011a), « Phraséologie et traduction des textes spécialisés », in González Royo C., Mogorrón Huerta P., (eds), *Fraseología contrastiva: lexicografía, traducción y análisis de corpus*, pp. 125-138, Alicante Universidad.

Mejri, S., (2011b), « Figement, collocation et combinatoire libre », in Anscombre J.C., Mejri S., (eds), pp. 63-77.

Mel'čuk, I. (1995), « Phrasemes in language and phraseology in linguistics », in Everaert M., *et al.*, (eds), *Idioms: structural and psychological perspectives*, pp. 167-232, Hillsdale, Erlbaum.

Mel'čuk, I., (1998), « Collocations and lexical functions », in Cowie P., (ed), *Phraseology: Theory, analysis and applications*, pp. 23-54, Oxford, O.U.P.

Mel'čuk, I. (2003), « Collocations : définition, rôle et utilité », in Grossmann F., Tutin A., (eds), *Les collocations : analyse et traitement. Travaux et recherches en linguistique appliquée*, pp. 23-31, Amsterdam, de Werelt.

Mel'čuk, I., (2011), « Phrasèmes dans le dictionnaire », in Anscombre J.-C., Mejri S., (eds), pp. 41-62.

Mel'čuk, I. Clas, A. Polguère, A., (1995), *Introduction à la lexicologie explicative et combinatoire*, Louvain-la-Neuve, Duculot.

Mellado Blanco, C., (2004), *Fraseologismos somáticos del alemán*, Frankfurt, Peter Lang.

Mendívil Giró, J.-L., (1999), *Las palabras disgregadas. Sintaxis de las expresiones idiomáticas y los predicados complejos*, Zaragoza Universidad.

Mogorrón Huerta, P., (2001), « Les expressions figées le sont-elles vraiment ? », in Anscombre J.-C., Mejri S., (eds), pp. 217-234.

Mokienko, V.M., (1980), Славянская фразеология. Москва ([reed. 1989], trad. gallega [2000] : Fraseoloxía eslava. Santiago de Compostela: Xunta de Galicia).

Moon, R. (1998), *Fixed Expressions and Text: A Study of the Distribution and Textual Behaviour of Fixed Expressions in English*, Oxford, Clarendon Press.

Montoro del Arco, E.-T., (2006), *Teoría fraseológica de las locuciones particulares*, Frankfurt, Peter Lang.

Montoro del Arco, E.-T., (2011), « Locutions à cases vides, locutions à cases libres et phénomènes aparentés », in Anscombre J.-C., Mejri S., (eds), pp. 249-265.

Moreno Cabrera, J.-C., (1991), *Curso universitaerio de lingüística general*, Tomo1Madrid, Síntesis.

Mura, A., (2012), *La fraseología del desacuerdo: los esquemas fraseológicos en español e italiano*, Thèse de doctorat, Madrid, Universidad Complutense.

Náray-Szabó, M., (2002), « Quelques remarques sur la définition du phrasème », in *Revue d'études françaises*, n° 7.

Náray-Szabo, M., (2012), « Verbes supports et predicats illocutoires », in Pamies A., Luque Nadal L., Pazos J.-M., (eds), pp. 81-90.

Nazarián, A., (2002), *Dictionnaire des locutions comparatives de la langue française*, Moscou, Editions de l'Université Russe de l'Amitié des Peuples.

Olza, I., (2009), *Aspectos de la semántica de las unidades fraseológicas: la fraseoloía somática metalingüística del español*, Thèse de doctorat, Pamplona, Universidad de Navarra.

Ouerhani, B., (2006), « Les critères de définition des verbes support entre le français et l'arabe », in François J., Mejri S., (eds), *Composition syntaxique et figement lexical*, pp. 55-72., Caen, Presses Universitaires de Cae.

Pamies, A., (2002), « Sémantique grammaticale de la possession dans les langues d'Europe », in Castagne E., (ed), *Modélisation de l'apprentissage simultané de plusieurs langues apparentées*, pp. 67-98, Nice, Université Sophia-Antipolis.

Pamies, A., (2004), « La posesión en las lenguas americanas », *Univer-SOS (Lenguas Indígenas y Universos Culturales)*, n° 1, pp. 81-102, Université de Valencia.

Pamies, A., (2005), « La comparación estereotipada en español y en francés », Luque J.d.D., Pamies A., (eds), pp. 469-484.

Pamies, A., (2007), « De la idiomaticidad y sus paradojas », in Conde G., (ed), *Nouveaux apports à l'étude des expressions figées*, pp. 173-204, coll. « Proximités-Didactique », Cortil-Wodon Belgique, InterCommunications, E.M.E.

Pamies, A., Guirao, J.-M., Bolívar, J., (1998), « Critères pour la détection automatisée des phraséologismes en corpus réel », in *Travaux du L.I.L.L.A*, 3, pp. 117-130, Université de Nice.

Pamies, A., Iñesta, E., (2000), « El miedo en las unidades fraseológicas », in *Language Design*, n° 3: pp. 41-76.

Pamies, A., Pazos, J.M, Luque Nadal, L., (2012), *Phraseology and Discourse: Cross-cultural and Corpus-based Approaches*, Baltmannsweiler, Schneider Verlag.

Pazos, J.M., Pamies, A., (2008), « Combined statistical and grammatical criteria for the retrieval of phraseological units in an electronic corpus », in

Granger S., Meunier F., (eds) *Phraseology : an Interdisciplinary Perspective*, pp. 391-406, Amsterdam, John Benjamins.

RANCHHOD, E.-M., (2003), « O lugar das expressões 'fixas' na gramática do português », in Castro I., Duarte I., (eds), *Razões e Emoção. Miscelânea de estudos oferecida a Maria Helena Mira Mateus*, pp. 239-254, Lisboa, Imprensa Nacional, Casa da Moeda.

RUIZ GURILLO, L., (1997), *Aspectos de fraseología teórica española*, Valencia Universidad.

RUIZ GURILLO. L., (1998), « Clasificación no discreta de las unidades fraseológicas », in Wotjak G., (ed), pp. 13-37.

SCHAPIRA, C. (1999), *Les stéréotypes en français*, Paris, Ophrys.

SCHILLING, M.-L., (2012), « Nur über meine Leiche! -¡Por encima de mi cadáver! Enunciados fraseológicos alemanes y españoles que expresan recusación », in Pamies A., Pazos J.-M, Luque Nadal L., (eds), pp. 421-430.

SEVILLA MUÑOZ, J., (1993), « Las paremias españolas: clasificación, definición y correspondencia francesa », in *Paremia* n° 2, pp. 15-20.

SINCLAIR, J.-M., (1991), *Corpus, concordance, collocation*, Oxford University Press.

SKOREPOVA, A., (2008), *Estudio tipológico, formal y léxico-semántico de las colocaciones verbo-nominales en el checo actual*, Thèse de doctorat, Universidad de Granada.

SOLÉ, Y., (1966), *Hacer: verbo lexical y funcional*, Washington, Georgetown University.

SOSINSKI, M., (2009), *Fraseología comparada del polaco y del español*, Varsovia, Widawnictwa Universytetu Warsawskiego.

SUMIYOSHI, M., (2012), « Non-compositionality and the emergence of a new phraseological unit: an analysis of have until X to V », Pamies A., Pazos J.-M, Luque Nadal L., (eds), pp. 211-218.

SVENSSON, M.-E., (2004), *Critères de figement : L'identification des expressions figées en français contemporain*, Thèse doctorale, Umeå Universitet.

SZENDE, T., (2003), « Images collectives et formules codées », in Szende T., (ed.), *Les écarts culturels dans les dictionnaires bilingues*, pp. 259-270, Paris, Chanmpion.

TRISTÁ, A.-M., (1988), *Fraseología y contexto*, La Habana, Ed. de Ciencias Sociales, Lingüística.

TUTIN, A., GROSSMANN, F., (2002), « Collocations régulières et irrégulières : esquisse de typologie du phénomène collocatif », in *Revue Française de Linguistique Appliquée*, Lexique : recherches actuelles, Vol. VII, pp. 7-25.

TYVAERT, J.-E., (1998), « Sur la nature linguistique des mots », in J. Pauchard, J.-E., Tyvaert (eds), *La variation dans le domaine anglais. La généricité*, Num. spécial de *Recherches en linguistique et psychologie cognitive*, n° 9, pp. 55-79, Reims, Presses Universitaires CIRLEP.

VAL ÁLVARO, J., (1999), « La composición », in Bosque V., Demonte (eds), *Gramática descriptiva de la lengua española*, vol. 3, cap.73, pp. 4757-4841, Madrid, Espasa.

Vivès, R. (1984) : « L'aspect dans les constructions prédicatives : *avoir, prendre*, verbe support et extension aspectuelle ». *Lingvisticae Investigationes*. 8/1 pp. 161-186.

Weinreich, U., (1969), « Problems in the analysis of idioms », in Puhvel J., (ed), *Substance and Structure of Language,* pp. 23-81, Berkeley, University of California Press.

Wotjak, G., (1988a), « Uso y abuso de las unidades fraseológicas », in V.V.A.A. *Homenaje a Zamora Vicente*, vol. 1, pp. 535-548, Madrid.

Wotjak, G., (1998b), *Estudios de fraseología y fraseografía del español actual*, Frankfurt, Vervuert-Iberoamericana.

Wotjak, G., (2004), « ¿Un hueso duro de roer? Esencia y presencia textual. Uso y abuso de las unidades fraseológicas », in González Calvo, J.-M. *et al.*, (eds), *VII Jornadas de Metodología y Didáctica de la Lengua Española: las Unidades Fraseológicas,* pp. 185-226, Cáceres, Universidad de Extremadura.

Wotjak, G., (2006), « Acercamiento a la descripción de las unidades fraseológicas », in G. Wotjak (ed), *Las lenguas, ventanas que dan al mundo*, pp. 161-198, Salamanca Universidad.

Zamora Muñoz, P., (1999), « Otro intento de clasificación y delimitación de las unidades fraseológicas italianas », in *Homenaje al profesor Trigueros Cano* II, pp. 733-750, Murcia Universidad.

Zamora Muñoz, P., (2005), « Fraseologia periferica e non solo », in Almela Pérez R.; Ramón Trives E., Wotjak G., (eds), *Fraseología contrastiva*, pp. 65-80, Murcia Universidad.

Zamora Muñoz, P., (2011), « Una tipología de réplicas fraseológicas ecoicas en italiano coloquial conversacional », in Durante V., (ed), *I Jornadas de Fraseología y Paremiología*, Bari Università Aldo Moro degli Studi.

Zinglé, H., Brobeck-Zinglé, M. L., (2003), *Dictionnaire combinatoire du français : expressions, locutions, constructions*, Paris, La Maison du Dictionnaire.

Zuluaga, A., (1980), *Introducción al estudio de las expresiones fijas*, Frankfurt, Peter Lang.

chapitre 16
Traitement lexicographique des collocations à collocatif actanciel

Alain POLGUÈRE

1. Introduction

Selon la vision fonctionnelle, non statistique, de la phraséologie (Hausmann 1989, Mel'čuk 1995), la collocation est un cas particulier de phrasème qui peut être caractérisé au moyen de la définition suivante, sans doute imparfaite, mais suffisante pour entamer la présente discussion[1].

Une collocation prototypique est un syntagme construit A + B (*le travail A s'amoncelle B*) ou B + A (*crouler B sous le travail A*) :
- où la lexie A – la base de la collocation – est sélectionnée par le Locuteur en fonction de ses caractéristiques individuelles ;
- et où B – le collocatif de A dans la collocation – est sélectionné en premier lieu en fonction des propriétés individuelles de combinatoire de A pour exprimer un contenu sémantico-syntaxique donné auprès de A.

La description linguistique des collocations relève fort logiquement de la description lexicographique de leur base, puisque le fait de contrôler un collocatif donné est une caractéristique de combinatoire lexicale de la base. Dans le cadre de la Lexicographie

---

[1]. Nous remercions chaleureusement Dorota Sikora pour ses commentaires sur une version préliminaire du présent article.

Explicative et Combinatoire ou LEC (Mel'čuk *et alii*. 1995), une telle caractéristique se modélise au moyen du système des fonctions lexicales syntagmatiques (Mel'čuk 1996). Il existe cependant en langue de très nombreuses collocations – du type *hurlement de plaisir* ou *cri d'orgasme* – où le collocatif (*plaisir*, *orgasme*) peut être qualifié d'« actanciel », car il participe à l'expression d'un des actants de la base prédicative (*hurlement*, *cri*). La description lexicographique de telles collocations est doublement problématique. Tout d'abord, elle relève autant de la description du régime syntaxique de la base que de celle de sa combinatoire lexicale restreinte. Ensuite, ces collocations peuvent généralement recevoir une analyse fonctionnelle inverse, où l'élément syntaxiquement régi peut être conçu comme base et le régissant comme collocatif : *hurlement de plaisir* serait ainsi tout autant une collocation de *hurlement* qu'une collocation de *plaisir*.

Nous commencerons notre étude par une brève présentation de la modélisation formelle de la combinatoire restreinte syntaxique et lexicale des lexies, telle qu'effectuée dans le cadre de la LEC (section 2). Nous définirons ensuite ce qu'il faut entendre par collocatifs actanciels et montrerons en quoi il s'agit d'un phénomène omniprésent dans les lexiques des langues (section 3). Finalement (section 4), nous expliquerons comment, selon nous, il convient de rendre compte lexicographiquement des collocations à collocatifs actanciels. Il ne nous sera pas possible d'introduire de façon détaillée toutes les notions lexicologiques et lexicographiques sur lesquelles repose notre analyse. Nous nous limiterons, dans de nombreux cas, à une série de renvois bibliographiques qui, nous l'espérons, permettront au lecteur non familiarisé avec la LEC et, plus généralement, avec l'approche de la théorie linguistique Sens-Texte, de trouver un complément d'information. Cela étant dit, il nous semble que les notions auxquelles nous faisons appel relèvent, pour l'essentiel, d'un savoir de plus en plus partagé par les chercheurs impliqués dans l'étude et la modélisation du lexique.

2. Combinatoires restreintes syntaxique et lexicale

La LEC postule un type particulier de modèle lexicographique, appelé *Dictionnaire Explicatif et Combinatoire* (Mel'čuk *et alii*. 1984, 1988, 1992, 1999). Dans un tel modèle, la description des collocations contrôlées par la lexie-vedette d'un article lexicographique relève, plus généralement, de la description de la combinatoire dite *restreinte* de la lexie. Il s'agit de la combinatoire de la lexie qui ne peut être déduite ni de son sens (décrit par une définition lexicographique) ni de sa forme.

Pour les besoins du présent article, nous allons nous concentrer ici sur deux éléments de la description de la combinatoire restreinte des lexies : la combinatoire syntaxique ou régime de la lexie-vedette d'un article lexicographique et sa combinatoire lexicale – qui correspond à l'ensemble des collocations dont la lexie-vedette est la base.

2.1. Régime syntaxique de la lexie-vedette d'un article lexicographique

Il est maintenant bien admis que toute unité lexicale de la langue ayant une valeur prédicative – qu'il s'agisse d'un verbe, d'un nom, etc. – tend à régir des structures syntaxiques particulières dans le cadre de l'expression des actants sémantiques qu'elle contrôle. La prise en compte de cette propriété des lexies, leur valence syntaxique active ou régime syntaxique, est de plus en plus présente dans les dictionnaires de langue et les bases de données lexicales. Elle est au cœur de la modélisation lexicale dans des approches aussi diverses que le lexique-grammaire (Gross 1975), la sémantique des cadres (angl. *frame semantics*) (Fillmore 1982, Baker *et alii*. 2003), l'approche pronominale (Van den Eynde, Miertens 2003) ou les classes d'objets (Gross 2008) ; elle joue bien entendu un rôle crucial dans la LEC, qui nous concerne tout particulièrement ici. Alors que la notion de régime syntaxique était traditionnellement associée avant tout à la partie du discours des verbes, sa pertinence pour les lexies prédicatives des autres parties du discours est maintenant bien reconnue, notamment pour ce qui est de la description lexicographique des unités nominales prédicatives (Herbst 1988, Herbst *et alii*. 2004, Van den Eynde 1998).

Du point de vue lexicographique, il existe de multiples techniques de prise en compte de la valence lexicale. Nous les présentons maintenant très brièvement, en commençant par les techniques les moins explicites et formelles.

Le *Grand Dictionnaire Encyclopédique Larousse* (GDEL 1982-1985) – dictionnaire dont la carrière commerciale a malheureusement été éphémère – a joué un rôle de pionnier en lexicographie française en faisant systématiquement précéder la définition de chaque sens verbal par un patron de complémentation en italique, qui vise à décrire de façon simple et immédiatement compréhensible par les non-spécialistes le régime de la lexie en question[2]. Cela est illustré ci-dessous par l'entrée ENSEIGNER du GDEL.

---

2. À notre connaissance (mais, nous ne sommes nullement métalexicograhe), le GDEL a non seulement été pionnier dans ce domaine, en lexicographie française commerciale, mais il est aussi demeuré le seul à décrire systématiquement le régime dans ses articles. Cette description – introduite sous l'impulsion de Jean Dubois – ne se retrouve – nous semble-t-il – dans aucun autre dictionnaire commercial français.

ENSEIGNER v. t. (lat. pop. *insignare*, du lat. class. *insignire*, signaler) [conj. **4**]. **1.** *Enseigner une science, un art, une discipline à qqn, à un groupe*, le lui faire apprendre, le lui expliquer en lui donnant des cours, des leçons : *Enseigner les mathématiques à de jeunes enfants*. — **2.** *Enseigner (qqpart)*, sans compl. d'objet, (y) être enseignant : *Il enseigne à l'université*. — **3.** *Enseigner à qqn qqch (abstrait), que + ind., enseigner à + inf., enseigner + interr. indirecte*, le lui faire savoir, le lui faire connaître, le lui inculquer par une sorte de leçon, en parlant de qqn ou de qqch ; apprendre, montrer (langue soutenue) : *Elle m'avait enseigné les usages de ce monde, comment vivre en société. Enseigner un moyen, une méthode. Enseigner à se passer des autres. La vie se chargera de le lui enseigner. L'histoire nous enseigne que tout est recommencement.* — **4.** Litt. *Enseigner qqn*, le guider dans ses apprentissages, être son maître, son professeur ; instruire : *Enseigner des adolescents*. — **5.** Litt. *Enseigner qqch (concret) à qqn*, le lui indiquer, le lui signaler (vieilli) : *Enseigner son chemin à un passant, un hôtel à un ami*.
◆ **s'enseigner** v. pr., **être enseigné** v. pass. Faire l'objet d'un enseignement : *Le russe ne s'enseigne pas, n'est pas enseigné dans tous les collèges*.

Figure 1 : Entrée ENSEIGNER dans le GDEL (1982–1985)

Voilà comment le GDEL présente dans son introduction les formules employées pour décrire les régimes syntaxiques :

> « Les sens des verbes, et éventuellement de certains adjectifs, sont distingués selon leurs constructions syntaxiques ; celles-ci, indiquées pour chaque sens, comportent des informations sur la nature et la forme des compléments. Le caractère facultatif des compléments d'un verbe est indiqué par la présence de parenthèses. Pour les autres catégories, la définition n'est précédée de l'indication de la construction que lorsque celle-ci détermine clairement une distinction de sens. » (GDEL 1982-1985 : vol. 1,VI)

Il est intéressant de noter que c'est presque en contrebande que le régime est introduit dans les articles du GDEL, puisque sa description est présentée comme une information permettant de distinguer les différents sens d'un vocable. Il n'est nullement fait mention dans la courte introduction du GDEL du fait que l'information sur le régime peut aussi, et surtout, aider l'usager du dictionnaire à apprendre quelles structures syntaxiques sont contrôlées par une lexie donnée et donc, à apprendre comment employer cette lexie correctement dans une phrase.

C'est avec une approche au contraire résolument pédagogique et orientée vers la production linguistique que procède le dictionnaire commercial grand public qui a introduit avec le plus de systématicité (et avec le plus de succès) le régime de ses lexies-vedettes : le *Collins Cobuild dictionary* (Sinclair 1987). Les indications grammaticales données dans les marges, en regard des articles correspondants, contiennent notamment la description des structures syntaxiques régies sous forme de formules compactes et relativement transparentes. Cette extraction en marge de ce type d'information, dans le cadre d'un dictionnaire commercial, nous semble d'ailleurs une idée brillante. La version en ligne du dictionnaire tire avantage de l'absence de la contrainte d'espace, qui nuit tant aux dictionnaires papier, pour introduire les structures régies non plus simplement par une énumération de formules codées (comme dans la version papier), mais en accompagnant chacune de ces formules d'un court exemple lexicographique illustrant le régime en question. Cela est illustré par l'entrée du verbe TEACH 'enseigner' ci-dessous.

```
teach    ( teaches   3rd person present)   ( teaching         ⓒ Collins
present participle)   ( taught   past tense & past participle  )
❶    verb   If you teach someone something, you give them instructions so
      that they know about it or how to do it.
      The trainers have a programme to teach them vocational skills...   V n n
      George had taught him how to ride a horse...   V n wh
      She taught Julie to read...   V n to-inf
      The computer has simplified the difficult task of teaching reading to the
      deaf.   V n to n
❷    verb   To teach someone something means to make them think, feel,
      or act in a new or different way.
      Their daughter's death had taught him humility...   V n n
      He taught his followers that they could all be members of the kingdom of
      God...   V n that
      Teach them to voice their feelings.   V n to-inf, Also V n wh, V n about n
❸    verb   If you teach or teach a subject, you help students to learn
      about it by explaining it or showing them how to do it, usually as a job at a
      school, college, or university.
      Ingrid is currently teaching Mathematics at Shimla Public School...   V n
      She taught English to Japanese business people...   V n to n
      She has taught for 34 years...   V
      She taught children French.   V n n
      ...this twelve month taught course.   V-ed
❹
      →  teaching
      →  to teach someone a lesson
      →  lesson
```

Figure 2 : Entrée du verbe TEACH 'enseigner' dans le *Collins Cobuild dictionary* en ligne[3].

Il existe bien entendu de multiples façons de décrire les régimes syntaxiques dans les ouvrages de linguistique, les bases lexicales spécialisées – comme le *Dicovalence* (Van den Eynde, Miertens 2006) – et les dictionnaires théoriques du type *Dictionnaire explicatif et combinatoire* (Mel'čuk *et alii*. 1984, 1988, 1992, 1999). Nous nous limiterons ici à ce dernier, puisqu'il relève de la LEC, qui est notre approche théorique et descriptive de référence.

Le dictionnaire postulé par la LEC présente le régime syntaxique des lexies-vedettes sous forme d'un tableau, appelé *tableau de régime* ou aussi parfois *schéma de régime*, mettant en correspondance les structures actancielles sémantique, syntaxique profonde et syntaxique de surface des lexies. La théorie Sens-Texte, dont la LEC est la composante lexicale, s'appuie en effet sur trois niveaux de structure actancielle, qu'il ne nous appartient pas de décrire ici. On pourra se reporter à Mel'čuk (2004a, b) pour la présentation détaillée de la théorie des actants élaborée dans l'approche Sens-Texte. Quant aux tableaux de régime proprement dits, leur principe est décrit dans, notamment, Milićević (2009) et nous nous

---

3. http://dictionary.reverso.net/english-cobuild/teach [page consultée le 12 octobre 2012]

contentons de donner ci-dessous, à titre d'illustration, la définition et le tableau de régime de la lexie-vedette ENSEIGNER **2b** dans le premier volume du *Dictionnaire explicatif et combinatoire du français contemporain*, désormais DECFC[4].

2b. X *enseigne* Y *à* Z = X contient une affirmation Y_1 qui fait partie d'une doctrine Y_2 proposée 4a dans X [comme si X enseignait 2a Y à Z].

Régime

1 = X	2 = Y	3 = Z
1. N	1. N	1. à N
	2. *que* PROP obligatoire	

$C_1 + C_2$: *La Bible enseigne la transcendance de Dieu* ‹que Dieu est transcendant›

$C_1 + C_2 + C_3$: *La Bible nous enseigne que Dieu est transcendant*

Figure 3 : Définition et tableau de régime de ENSEIGNER **2a** dans Mel'čuk et coll. (1984 : 96)

Comme on le voit, le tableau de régime a pour finalité d'associer à chaque position actancielle sémantique contrôlée par la lexie-vedette l'ensemble des structures syntaxiques qui en supportent l'expression. On notera que, dans les faits, les tableaux de régime du type ci-dessus sont des présentations simplifiées. Ils devraient mentionner explicitement le nom des dépendances syntaxiques de surface[5] qui lient les lexies-vedettes à leurs dépendants régis[6].

2.2. Collocations contrôlées par la lexie-vedette

Nous serons beaucoup plus bref sur le sujet de la modélisation lexicographique des collocations dans les dictionnaires commerciaux et les ressources lexicales modernes. Il existe de très nom-

---

4. Nous avons sélectionné cette acception du vocable ENSEIGNER, plutôt que son acception de base, uniquement parce que son tableau de régime est relativement compact et facile à inclure ici.

5. Sur la notion de dépendance syntaxique de surface, voir Iordanskaja, Mel'čuk (2009).

6. Cf. les tableaux de régime plus explicites présentés dans Milićević (2009).

breuses publications sur le sujet – par exemple, Hausmann (1989), Moon (2008) ; nous nous contenterons donc de rappeler la façon dont la LEC traite la question.

Dans l'approche de la LEC, les collocations types – c'est-à-dire, celles qui relèvent de patrons récurrents en langue – sont décrites au moyen du système des fonctions lexicales standard (Mel'čuk 1996). Plus précisément, le système des fonctions lexicales standard peut être subdivisé en fonctions lexicales paradigmatiques – qui rendent compte des liens paradigmatiques de dérivation sémantique – et fonctions lexicales syntagmatiques – qui rendent compte des liens syntagmatiques base-collocatif. Un même type d'outil notionnel et formel – les fonctions lexicales standard – permet donc de rendre compte à la fois des liens paradigmatiques et syntagmatiques qu'une lexie-vedette entretient avec d'autres lexies de la langue. Les articles lexicographiques de la LEC contiennent ainsi une zone de fonctions lexicales, dont une sous-partie relève spécifiquement de la description des collocations, décrites au moyen des fonctions lexicales syntagmatiques. Dans le cadre du projet de construction de la base lexicale DiCo (Mel'čuk, Polguère 2006), un double encodage des liens lexicaux (paradigmatiques et syntagmatiques) a été introduit, puisqu'à l'encodage formel par fonctions lexicales s'est ajouté un encodage « grand public » effectué au moyen de formules de vulgarisation paraphrasant les liens lexicaux en question. Cette approche est reprise dans le cadre du projet de construction du *Réseau Lexical du Français* ou RL-Fr (Lux-Pogodalla, Polguère 2011) et nous l'illustrons ci-dessous avec un extrait de la zone de fonctions lexicales de l'article AMIN **I.1** du RL-Fr dans son état présent[7] : il s'agit d'une partie des liens syntagmatiques contrôlés par la lexie-vedette. Dans l'affichage ci-dessous, les formules de vulgarisations précèdent immédiatement l'encodage par fonctions lexicales ; les symboles $1 et $2 dénotent, respectivement, le premier et le second actant de la lexie-vedette ('individu X, ami **I.1** de l'individu Y').

---

7. La construction du RL-Fr étant en cours de réalisation, les données que nous sommes en mesure de présenter sont nécessairement appelées à évoluer.

```
                  Avec qui la relation est forte
            Magn  bon_Adj IV | antépos, grand_Adj III.2 | antépos< meilleur_Adj II | antépos; intime_Adj I.1 | postpos, proche_Adj II | postpos
                  Qui l'est depuis longtemps
            Magn^temp  vieil_Adj II | antépos, de longue date< de toujours
                  Dont le comportement reflète le caractère fort de la relation
            Magn_comportement  dévoué | postpos, inséparable  II | souvent à propos de $1 et $2 avec ~ au pl
                  Véritable
            Ver   véritable 2, vrai_Adj II | antépos; sincère; fidèle_Adj 2, loyal | postpos; sûr II | postpos
            Adv_1  amicalement
                  Fait d'être ~
            S_0Pred  amitié
                  [$1] être ~ de $2
            Oper_12  être_V II [~ avec N=$2]
                  [$1] commencer à être ~ avec $2
            IncepOper_12  devenir [~ avec N=$2]
                  [$2] avoir ~
            Oper_2  avoir_V II [ART ~] , posséder II [ART ~]
                  [$2] cesser d'avoir $1 comme ~
            FinOper_2  perdre II [ART ~]
```

Figure 4 : Extrait de la zone de fonctions lexicales de AMIN **I.1** dans le RL-Fr

Nous ne pouvons bien entendu pas entrer dans le détail de l'explicitation de chacune des fonctions lexicales syntagmatiques utilisées ci-dessus, laissant aux formules de vulgarisation le soin de donner au lecteur non-spécialiste une compréhension approximative de la valeur sémantico-syntaxique des liens correspondants.

Outre son utilité pour la description formelle des collocations, le système des fonctions lexicales syntagmatiques joue, pour les linguistes qui l'adoptent, un rôle de grille d'analyse et un rôle prédictif très fort. En effet, on peut d'une certaine façon considérer que ce qui fait d'un syntagme une collocation, encore plus que son caractère semi-phraséologique, c'est le fait même qu'il exprime une fonction lexicale syntagmatique standard. Cette vision des choses peut ainsi pousser le lexicographe à considérer comme collocations, devant potentiellement entrer dans le dictionnaire, des syntagmes que tout un chacun analyserait *a priori* comme syntagmes libres.

Ainsi, on considère habituellement que l'adverbe *très* est en français un intensificateur « joker » pour les adjectifs, ce qui pousse à refuser à un syntagme comme *très amoureux* le statut de collocation. Dans l'approche de la LEC, cependant, on identifie l'expression de l'intensification comme relevant de la fonction lexicale **Magn**, ce qui nous pousse à postuler que l'expression de ce sens auprès d'un adjectif comme *amoureux* relève potentiellement de la phraséologie. En un sens, parce que *très* exprime **Magn** auprès de *amoureux*, il n'est pas forcément évident – par exemple, pour un apprenant du français locuteur d'une autre langue – que le syntagme *très amoureux* est véritablement idiomatique. Dans la mesure où existent des valeurs beaucoup moins prévisibles pour **Magn**(*amoureux*), c'est sans remords qu'une ressource comme le DECFC ou le RLF énuméreront l'ensemble des collocatifs suivants, incluant *très* :

Magn(amoureux) = *intensément, profondément, très < comme un fou, éperdument, follement, fou, furieusement, passionnément*

Ne pas inclure *très* dans ce contexte pourrait tout à fait signifier que *très amoureux* n'est pas idiomatique, car, justement, *très* n'est pas compatible avec tous les adjectifs. Ainsi, le syntagme *très mort est un syntagme à proscrire. La première réaction, dans ce cas-ci, sera bien naturellement de chercher à rationaliser cette impossibilité : on est mort ou pas, on n'est ni un peu mort ni beaucoup. Or c'est faux ! On peut tout à fait dire *raide mort*, ce qui n'est rien de moins qu'une intensification, qui aurait pu en théorie être exprimable par *très mort.

Mentionnons, pour conclure sur le sujet, que toutes les collocations ne peuvent pas être décrites au moyen des fonctions lexicales standard, car, précisément, certaines collocations ne sont pas standard. Ainsi, *ruisseau capricieux* est de toute évidence une collocation dont *ruisseau* est la base, collocation qui ne peut pas être formalisée dans l'article lexicographique de RUISSEAU au moyen d'une formule de fonction lexicale standard. Elle ne peut recevoir qu'une description sous forme de paraphrase, similaire aux formules de vulgarisation présentées ci-dessus ; par exemple : **Qui fait des zigzags**[8].

3. Phénomène des collocatifs actanciels

Dans les sections précédentes, nous avons replacé la modélisation lexicographique des collocations dans le cadre à la fois plus global et plus précis de la modélisation de la combinatoire restreinte des lexies. Nous sommes maintenant en mesure d'in-

---

8. Voir Jousse (2010 : Chapitre 4) pour une réflexion sur le problème de la normalisation des liens de fonctions lexicales non standard.

troduire la notion qui est au cœur de la présente discussion : le collocatif actanciel. Nous offrirons tout d'abord une définition et des illustrations de cette notion (section 3.1), pour expliquer ensuite pourquoi une collocation à collocatif actanciel est un syntagme phraséologique de nature hybride (section 3.2).

3.1. Qu'est-ce qu'un collocatif actanciel ?

Les réflexions qui ont précédé nous permettent de définir immédiatement et de façon très simple la notion de collocatif actanciel.

> Le collocatif B de la base A dans la collocation AB est un collocatif actanciel s'il exprime un actant sémantique de A dans la collocation en question.

Nous illustrerons cette notion par deux exemples, en commençant par le cas de l'acception du vocable CRIER que l'on trouve employée dans une phrase comme *Elle a crié en entendant le coup de feu*, acception que nous numérotons CRIER **I.1**. Il est raisonnable de postuler la structure actancielle suivante pour cette lexie : 'L'individu X crie **I.1** du fait de Y'[9]. Le second actant (Y) de cette lexie s'exprime prototypiquement par un syntagme prépositionnel *de* +N (sans article) : *crier de peur, de joie, de douleur*, etc. On pourrait penser que l'expression de Y auprès de CRIER **I.1** est tout à fait régulière : le sens 'Y' sera exprimé auprès du verbe par *de* +L('Y'), où L('Y') représente la ou les lexies signifiant 'Y'. Tout n'est pourtant pas aussi simple. Ainsi, pour lexicaliser Y signifiant 'orgasme', on dira *crier de plaisir* – qui est ambigu, mais veut notamment dire 'crier du fait d'un orgasme' – et aucunement **crier d'orgasme*. Le nom CRI **I.1** correspondant à CRIER **I.1** est, quant à lui, beaucoup plus souple, puisqu'il autorise *cri de plaisir*, mais aussi *cri d'orgasme*. Il est donc clair que *crier de plaisir* et *cri de plaisir/d'orgasme* sont des collocations de, respectivement, CRIER **I.1** et CRI **I.1**. De plus, les collocatifs remplissent ici la position actancielle de second actant des prédicats verbal et nominal : il s'agit donc de collocatifs actanciels.

Pour notre second exemple, prenons le cas de la lexie métaphorique CEINTURE **II** – *Une ceinture de murailles entoure la ville* – dont

---

9. Noter que nous ne traitons pas de CRIER **I.2** (hyponyme de DIRE), dont la forme propositionnelle est 'L'individu X crie **I.2** Y à Z'.

la structure actancielle est 'ceinture **II** de X autour de Y'. Le premier actant (X) de cette lexie peut s'exprimer par un complément prépositionnel du type *de* +N : *ceinture de murailles, ceinture de volcans*, etc. Il peut aussi parfois s'exprimer par des collocatifs adjectivaux épithètes. Ainsi, *ceinture de végétation* a comme paraphrase approximative *ceinture verte*, collocation qui doit clairement être décrite dans l'article lexicographique de CEINTURE **II** et où le collocatif exprime l'actant X de cette lexie : il s'agit là encore d'un collocatif actanciel.

Le phénomène que nous venons de décrire est loin d'être marginal. Dans chaque langue, il existe un nombre significatif de phrasèmes qui sont des collocations à collocatif actanciel. Il est donc important de savoir bien les identifier et bien les décrire. Cela peut être rendu difficile par le caractère hybride de ces collocations, point que nous allons maintenant discuter.

3.2. Nature hybride des collocations à collocatif actanciel (CCA)

Adoptons la perspective du Locuteur – ce qui est un trait caractéristique de l'étude Sens-Texte de la langue, dont relève la LEC – et examinons quel besoin de communication satisfait l'énonciation de *de plaisir* auprès de *crier* ou de *verte* auprès de *ceinture*. Le Locuteur qui énonce *crier de plaisir* veut parler d'une action de crier et indiquer que ce qui fait crier X (le « Y de crier ») est un orgasme de X. Il s'agit donc d'exprimer un actant du verbe auprès de ce dernier, en tant que dépendant syntaxique : c'est typiquement ce que met en œuvre le régime d'une lexie. Le même raisonnement pourrait être appliqué à la production de *ceinture verte* par le locuteur.

> En d'autres termes, les collocations à collocatif actanciel – désormais, CCA – comme *crier de plaisir* ou *ceinture verte* relèvent en premier lieu du régime syntaxique des lexies qui les gouvernent syntaxiquement et en sont les bases.

Du point de vue lexicographique, décrire de telles collocations relève tout d'abord de la description du régime de leur gouverneur syntaxique. Il n'en demeure pas moins qu'il s'agit tout de même de collocations et que, comme telles, elles relèvent aussi de la description de la combinatoire lexicale restreinte du gouverneur. C'est pour cela que l'on doit considérer que les CCA ont une nature hybride. Dans l'optique de la LEC, un tel phénomène n'est pas surprenant puisque cette approche reconnaît explicitement le caractère non étanche de la séparation entre combinatoire syntaxique restreinte (régime) et combinatoire lexicale restreinte. Il nous semble donc que les CCA, loin d'être des épiphénomènes, sont en réalité une conséquence logique de la perméabilité entre toutes les composantes de la combinatoire restreinte des lexies.

Un autre fait remarquable doit être mentionné à propos de ces phrasèmes. Un syntagme *AB* qui est une CCA est généralement (et peut-être toujours) une collocation du collocatif actanciel lui-même :

- *crier de plaisir* doit être décrit dans l'article lexicographique de CRIER **I.1** en tant que CCA de cette lexie ;

- *crier de plaisir* doit aussi être décrit dans l'article lexicographique de la lexie PLAISIR **2** ('plaisir sexuel', cf. *Il n'a jamais connu le plaisir*) comme collocation non-CCA de cette dernière.

Les CCA sont donc, du point de vue lexicographique, ce que l'on pourrait appeler des *collocations réversibles*.

Le caractère à la fois hybride et réversible des CCA peut rendre problématique leur modélisation lexicographique si l'on n'adopte pas à leur propos une stratégie descriptive claire, rigoureuse et systématique. C'est de cela dont il sera maintenant question.

4. Vers une solution lexicographique

Cette dernière section a pour finalité de proposer des stratégies de description lexicographique des CCA. Nous examinerons successivement deux aspects de la question : CCA et schémas de régime (section 4.1) puis CCA et fonctions lexicales standard (section 4.2).

4.1. CCA et schémas de régime

On doit conclure de la présentation des CCA que nous avons effectuée plus haut que la description de ces collocations doit se fonder, en tout premier lieu, sur la description du régime syntaxique de la lexie base. Il est nécessaire que la structure syntaxique d'une CCA soit « prévue » par le modèle du régime. Ainsi, l'article lexicographique de la lexie CEINTURE II doit indiquer qu'il est possible d'exprimer le premier actant (X) de cette lexie au moyen d'une des deux structures syntaxiques suivantes :

1. une structure de complémentation en *de* +N_{pl} ;
2. une structure modificative adjectivale Adj.

Par défaut, le modificateur adjectival Adj est un dérivé de N : *ceinture de routes* ~ *ceinture routière*.

Cependant, comme nous l'avons mentionné plus haut, il peut aussi s'agir d'un tout autre type d'adjectif : *ceinture de végétation* ~ *ceinture verte*. Alors que le calcul de la valeur lexicale de N est tout à fait libre et peut se faire sur une base entièrement sémantique (*ceinture de biscuits au rhum autour d'une glace à la chantilly, ceinture fers à souder…*, bref, ceinture d'absolument importe quoi), le calcul de la valeur lexicale de Adj doit être considéré comme potentiellement non libre, CEINTURE II *Adj* étant une collocation. On peut essayer d'inclure directement dans le régime syntaxique les lexicalisations possibles de Adj, ce qui risque d'alourdir énormément le schéma de régime, ou bien on peut faire suivre le régime de la description des CCA. C'est cette seconde approche qui a été adoptée dans le *Lexique actif du français* (Mel'čuk, Polguère 2007), comme le montre l'extrait de l'article CEINTURE II ci-dessous.

Ceinture où l'on trouve X [= *de*+N (ex. *ceinture d'arbres, de végétation*), Adj (ex. *ceinture routière*)] et qui se trouve autour de Y [*de* N, A_{poss}]
☞ bande, zone; enceinte; contour, couronne, périphérie, pourtour
Telle que X est 1) de la végétation, 2) un ensemble d'industries, 3) une ou plusieurs voies de circulation importantes, 4) réseau de voies ferrées 1) de végétation; verte | postpos 2) industrielle | postpos 3) routière | postpos 4) ferroviaire | postpos Type particulier de Y agglomération, ville De

Figure 5 : Régime et CCA de CEINTURE II (Mel'čuk & Polguère 2007 : 139)

Apparaît tout d'abord dans la Figure 5 un syntagme qui fournit les différentes positions actancielles contrôlées par la lexie-vedette ainsi que son régime syntaxique. Ce dernier, au lieu d'être présenté dans un tableau à part (comme dans le DECFC – voir Figure 3, section 2.1), est fusionné avec la structure actancielle : chaque mention d'une position actancielle est suivie de l'énumération, entre crochets, des syntagmes pouvant exprimer l'actant en question. La structure syntaxique des CCA de CEINTURE **II** est donc à ce stade déjà « prévue par le modèle ». Les CCA elles-mêmes sont introduites le plus tôt possible après le régime, juste en dessous de l'énumération des quasi-synonymes (signalés par une petite main pointant à droite). Les CCA sont précédées d'une paraphrase descriptive du type formule de vulgarisation, comme pour tout lien lexical décrit dans le *Lexique actif du français*[10].

La solution adoptée ici rend compte de la nature valencielle des CCA. Pour cela, il y a transgression de l'ordre canonique de structuration en zones d'un article lexicographique construit dans le cadre de la LEC. Cet ordre canonique est : régime, suivi des dérivés sémantiques (fonctions lexicales paradigmatiques), puis des collocations (fonctions lexicales syntagmatiques). Malgré leur nature formelle foncièrement syntagmatique, les CCA sont « remontées » dans l'article lexicographique du *Lexique actif du français* auprès du régime, pour mieux refléter leur nature fonctionnelle. On pourra cependant reprocher à l'approche adoptée ici de ne pas suffisamment signaler, dans la description même du régime, la nature collocative de l'expression de l'actant X par Adj. La solution descriptive élaborée pour le *Lexique actif du français* laisse donc clairement la place à des améliorations.

Examinons maintenant, pour conclure la discussion, le cas très intéressant des CCA où le collocatif, en plus d'exprimer un actant de la base, possède la valeur sémantico-syntaxique d'une fonction lexicale standard.

4.2. CCA et fonctions lexicales standard

Les CCA *crier de plaisir* et *ceinture verte*, que nous avons examinées plus haut, sont des collocations que l'on pourrait qualifier de non standard, car leur valeur sémantico-syntaxique ne correspond pas à un patron phraséologique récurrent et universel[11]. Ainsi, si l'on veut décrire *cri de plaisir*, on doit se contenter d'utiliser une paraphrase du syntagme *de plaisir* pour en décrire la valeur, et le

---

10. Le *Lexique actif du français* est, contrairement au DECFC, un ouvrage destiné aux non-spécialistes. Il n'utilise que les formules de vulgarisation et ne mentionne pas les formules de fonctions lexicales proprement dites.

11. Sur la notion de caractère standard *vs* non standard d'une fonction lexicale, voir Polguère (2007).

système formel des fonctions lexicales standard ne nous est d'aucune utilité. Il faudra donc insérer dans l'article lexicographique de CRIER **I.1** une information du type :

Du fait d'un orgasme Y éprouvé par X : *de plaisir*

On peut aussi, comme dans le RL-Fr et suivant une pratique introduite dans le cadre de la construction de la base DiCo, formaliser un peu plus les choses :

Y=ʻorgasme de X' : *de plaisir*

Cette formalisation est toutefois « plate » : elle ne s'insère dans aucun système permettant un calcul logique, contrairement à la formalisation effectuée au moyen des fonctions lexicales standard (Kahane, Polguère 2001). On atteint ici les limites de la description formelle des langues : certains phénomènes linguistiques ne se formalisent tout simplement pas, au sens mathématique.

Ce qui vient d'être dit à propos de nos deux exemples de CCA ne concerne cependant pas toutes les collocations de cette famille. Certaines CCA sont particulièrement intéressantes du fait que, en plus de leurs caractéristiques fonctionnelles remarquables, elles relèvent de fonctions lexicales standard.

On peut d'ailleurs faire l'hypothèse que de telles CCA sont présentes en nombre significatif dans toute langue. La valeur la plus typique des collocatifs concernés ici est celle de la fonction lexicale d'intensification, **Magn**, et de son antonyme, **AntiMagn**. Pour expliquer cela, nous nous fondons dans ce qui suit sur une analyse très claire et précise de la combinatoire du verbe COÛTER **I.1** – *Ce sandwich^X a coûté 3 €^{Y} à Paolo^Z* – effectuée dans Elnitsky, Mel'čuk (1988 : 76-78), un des textes introductifs du deuxième volume du DECFC.

Elnitsky, Mel'čuk (1988) observent que le verbe COÛTER **I.1**, tout comme de nombreuses autres lexies dites paramétriques, régit des compléments « intensificateurs » de nature métaphorique : *Ça lui a coûté la peau des fesses, un bras, les yeux de la tête*. Pour nous, il s'agit de CCA : les syntagmes nominaux compléments du verbe en sont clairement des collocatifs et ils en expriment son deuxième actant (Y). Une fois que l'on a dit *la peau des fesses*, on ne peut plus exprimer une quelconque autre une valeur pour Y. Ou alors, il faut effectuer une coupure syntaxique et prosodique marquant le fait que l'on apporte une précision sur ce qui vient d'*être dit* : *Ça lui a coûté la peau des fesses, 300 €* (= 'Ça lui a coûté la peau des fesses, plus précisément, 300 €'). Une CCA de ce type se distingue de celles examinées précédemment par le fait que le collocatif doit être modélisé non seulement comme exprimant un actant de la base (comme dans le cas de *cri de plaisir*), mais aussi comme exprimant un contenu sémantique équivalent à celui de la fonction lexicale **Magn**, ou plus exactement **Magn**$_2$: intensification portant sur le second actant.

La solution proposée par Elnitsky, Mel'čuk (1988) et implantée dans le DECFC passe par le recours à la fonction lexicale paradigmatique S_2 en combinaison avec **Magn**, formant ainsi la fonction lexicale paradigmatique complexe **Magn**S_2. Rappelons que S_2 est la fonction lexicale qui associe à la lexie-vedette la liste de ses dérivés sémantiques dénotant son deuxième actant. Par exemple :

- S_2(boire) = *boisson*
- S_2(chèque) = *montant* [*de* ART ~]

La sémantique de la fonction lexicale **Magn**S_2 serait ainsi de dénoter le second actant de lexie-vedette, en tant qu'il exprime l'intensification. La raison pour encoder ainsi la CCA est qu'un encodage immédiatement sous la fonction lexicale **Magn**$_2$ serait formellement invalide : **Magn** dénote un modificateur syntaxique de la lexie-vedette, alors que *la peau des fesses*, *un bras*, etc., fonctionnent comme un actant syntaxique (un complément) de celle-ci. Le mérite de cet encodage, outre qu'il permet de respecter des impératifs formels du système des fonctions lexicales, est de faire « remonter » la description de la CCA vers le haut de la zone de fonctions lexicales dans l'article de la lexie-vedette et, donc, de la rapprocher du régime syntaxique, un peu comme dans l'approche adoptée dans le DiCo et le RLF que nous avons introduite un peu plus haut. Notons, finalement, que les observations faites ici valent potentiellement pour n'importe quel actant d'une lexie. On pourrait ainsi considérer tout aussi bien des **Magn**S_1, **Magn**S_3, etc. Ces observations valent aussi pour tout un paradigme de significations de fonctions lexicales syntagmatiques et, à **Magn** et **AntiMagn**, il faudrait ajouter **V^{er}** (= 'tel qu'il doit être') et **AntiV^{er}**, ainsi que **Bon** (= 'qui est bien') et **AntiBon**.

Nous ne pouvons entrer plus avant dans l'examen de la modélisation proposée dans Elnitsky, Mel'čuk (1988), et nous encourageons le lecteur à se reporter directement au texte en question. La solution avancée, une fois considérée dans le détail, est nous semble-t-il globalement satisfaisante d'un point de vue à la fois théorique et descriptif. Mentionnons toutefois que l'on peut reprocher à la description adoptée dans le DECFC de ne pas insérer le cas particulier des compléments collocatifs des lexies paramétriques dans un cadre plus global, qui est celui des CCA, même si les articles du DECFC contiennent des informations très explicites sur la nature particulière des collocations en question. Ainsi, l'article de COÛTER **I.1** du DECFC contient la description d'un **Magn$_2$** véritable [*coûter*] *cher* qui a la propriété d'occuper une position actancielle, bien qu'étant un modificateur adverbial : *Ça a coûté cher, 300 €* (avec pause indiquant que l'on introduit une précision à propos d'un Y déjà exprimé). Or, justement, un lecteur attentif du DECFC pourra observer que cette propriété d'être un collocatif actanciel est explicitement identifiée : l'adverbe intensificateur apparaît comme option syntaxique, pour l'expression de Y, dans le schéma de régime de la lexie-vedette – cf. Figure 6 ci-dessous[12].

---

12. La mention du fait qu'il s'agit d'un **Magn$_2$** ne suffit pas pour indiquer que le collocatif est actanciel. En effet, un **Magn$_2$** peut tout à fait être non actanciel, comme dans le cas de **Magn$_2$** (CHÈQUE [signé par X pour un montant Y à Z à partir du compte W]) = *gros*. L'expression de l'intensification au moyen de l'adjectif épithète *gros* ne sature aucunement la position actancielle Y : *Il lui a signé un gros chèque de 300 €*.

	1 = X	2 = Y
	1. N	1. Num N
	2. V_{inf}	2. N
		3. Adv obligatoire

1) $C_{2.2}$: N = *prix I, somme,* $MagnS_2$, $AntiMagnS_2$

2) $C_{2.3}$: Adv = $Magn_2$, $AntiMagn_2$, *combien*

$C_1 + C_2$: *Ce livre coûte 10 francs ‹ un prix exorbitant, cher›; Ce livre ne coûte qu'une bouchée de pain; Aller à Paris coûte une fortune*

Figure 6 : Régime de COÛTER **I.1** dans Mel'čuk et coll. (1988 : 160) = Volume II du DECFC

En conclusion, nous résumerons en quatre points les solutions proposées pour la modélisation lexicographique des CCA.

1) La structure des CCA doit être prévue dans le schéma de régime syntaxique de la lexie qui en est la base, avec mention éventuelle du fait qu'une construction donnée, présente dans le régime, est réservée exclusivement à des collocatifs actanciels.

2) La description des CCA qui ne relèvent pas de fonctions lexicales standard apparaît en tant qu'ajout au régime, au même titre que les contraintes de réalisation situées sous le schéma de régime dans les entrées du DECFC.

3) La description des autres CCA sera faite au moyen de formules de fonctions lexicales standard du type **$MagnS_2$**, **$Magn_2$**, etc., accompagnées de formules de vulgarisation « grand public ».

4) Bien entendu, puisque les CCA sont des collocations réversibles (cf. section 3.2), elles pourront s'il le faut être aussi décrites dans l'article de la lexie fonctionnant comme collocatif au sein de la CCA. Dans cet encodage inversé, la base sera alors le dépendant

syntaxique et le collocatif le gouverneur. Par exemple, CRIER **I.1** sera aussi décrit comme collocatif de la lexie PLAISIR **2** (sexuel) dans l'article de cette dernière :

[X] produire un son exprimant son ~ : *crier* **I.1** *[de ~]*

Nous formulons bien évidemment nos propositions en nous appuyant sur les outils formels disponibles dans la LEC (tout particulièrement, les schémas de régime et le système des fonctions lexicales). Il faut cependant attacher de l'importance avant tout à l'éclairage que de telles analyses apportent sur le phénomène des CCA. Les descriptions proposées peuvent tout à fait être traduites dans d'autres systèmes d'encodage lexicographique. Ce qui compte, c'est plus la conceptualisation des CCA permise par la modélisation que la forme de cette modélisation elle-même. Cela est particulièrement important, notamment, dans le contexte d'une exploitation pédagogique des pistes descriptives introduites ici.

Bibliographie

BAKER C., F., FILLMORE, C.-J., CRONIN, B., (2003), « The Structure of the FrameNet Database », *International Journal of Lexicography* n°16-3, pp. 281-296.

ELNITSKY, L., MEL'ČUK, I. (1988), « Le champ sémantique 'grandeurs' (= 'paramètres') : description lexicographique de quelques cas problématiques de la cooccurrence lexicale (actants à valeur numérique et modificateurs de degré) », in Mel'čuk *et alii*. (eds), pp. 73-80.

FILLMORE, C.J., (1982), « Frame Semantics », in *Linguistic Society of Korea* (eds), Linguistics in the Morning Calm, pp. 111-137, Séoul, Hanshin Publishing Co.

Grand dictionnaire encyclopédique Larousse, (1982-1985), 10 volumes, Paris, Larousse.

GROSS, G., (2008), « Les classes d'objets », in *Lalies* n° 28, pp. 111-165.

GROSS, M., (1975), *Méthodes en syntaxe. Le régime des constructions complétives*, Paris, Herman.

HAUSMANN, F.-J., (1989), *Le dictionnaire de collocations*, in Hausmann F.-J., Reichmann O., Wiegand H.-E., Zgusta L., (eds), *Wörterbücher : ein internationales Hanbuch zur Lexicographie-Dictionaries*, pp. 1010-1019, Handücker zur Sprach-und Kommunikationswissenschaft, Band 5.1, Berlin-New York, Walter de Gruyter.

HERBST, T., (1988), « A Valency Model for Nouns in English », in *Journal of Linguistics* n° 24-2, pp. 265-301.

HERBST, T., HEATH, D., ROE, I.-F., GÖTZ, D., (2004), « A Valency Dictionary of English : A Corpus-Based Analysis of the Complementation Patterns of English Verbs, Nouns, and Adjectives », *Topics in English Linguistics* n° 40, Berlin-New York, Walter de Gruyter.

IORDANSKAJA, L., MEL'ČUK, I., (2009), « Establishing an Inventory of Surface-Syntactic Relations : Valence-Controlled Surface-Syntactic Dependents of the Verb in French », in Polguère A., Mel'čuk I., (eds) : Studies in Language Companion Series n° 111, pp. 151-234, *Dependency in Linguistic Description*, Amsterdam, Philadelphia.

JOUSSE, A.-L., (2010), *Modèle de structuration des relations lexicales fondé sur le formalisme des fonctions lexicales*, Thèse de doctorat, Département de linguistique et de traduction, Université de Montréal, Université Paris Diderot-Paris 7.

KAHANE, S., POLGUÈRE, A., (2001), « Formal Foundation of Lexical Functions. Proceedings of COLLOCATION: Computational Extraction, Analysis and Exploitation », pp. 8-153, 9th Annual Meeting and 10th Conference of the European Chapter of the Association for Computational Linguistics, Toulouse,.

LUX-POGODALLA, V., POLGUÈRE, A., (2011), « Construction of a French Lexical Network : Methodological Issues », *Proceedings of the First International Workshop on Lexical Resources, WoLeR 2011*, pp. 54-61, An ESSLLI 2011 Workshop, Ljubljana

MEL'ČUK, I., (1995), « Phrasemes in Language and Phraseology in Linguistics », in M. Everaert, E.-J. Van der Linden, A. Schenk, R. Schreuder (eds), *Idioms: Structural and Psychological Perspectives*, pp. 167-232, Hillsdale N.J. 7-Hove UK, Laurence Erlbaum Associates.

MEL'ČUK, I., (1996), « Lexical Functions: A Tool for the Description of Lexical Relations in the Lexicon », in L. Wanner (ed), *Lexical Functions in Lexicography and Naural Language Processing*, pp. 37-102, Language Companion Series 31, Amsterdam-Philadelphia, John Benjamins.

MEL'ČUK, I., (2004a), « Actants in semantics and syntax I : actants in semantics », in *Linguistics* n° 42-1, pp. 1-66.

MEL'ČUK, I., (2004 b), « Actants in semantics and syntax II : actants in syntax », in *Linguistics* n° 42-2, pp. 247-291.

MEL'ČUK, I., *et alii*., (1984, 1988, 1992, 1999), *Dictionnaire explicatif et combinatoire du français contemporain. Recherches lexico-sémantiques I-IV*, Montréal, Les Presses de l'Université de Montréal.

MEL'ČUK, I., CLAS, A., POLGUÈRE, A., (1995), *Introduction à la lexicologie explicative et combinatoire*, Louvain-la-Neuve, Duculot.

MEL'ČUK, I., POLGUÈRE, A., (2006), « Dérivations sémantiques et collocations dans le DiCo/LAF », in *Langue française* n° 150, pp. 66-83, Paris, Larousse.

MEL'ČUK, I., POLGUÈRE, A. (2007), *Lexique actif du français. L'apprentissage du vocabulaire fondé sur 20 000 dérivations sémantiques et collocations du français*, coll « Champs linguistiques », Bruxelles, De Boeck, Larcier.

Milićević, J., (2009), « Schéma de régime : le pont entre le lexique et la grammaire », in *Langages* n° 176, pp. 94-116, Paris, Larousse.

Moon, R., (2008), « Dictionaries and collocation », in S. Granger, F. Meunier (eds) : *Phraseology. An interdisciplinary perspective*, Amsterdam/Philadelphia, John Benjamins, 313-336.

Polguère, A., (2007), « Lexical function standardness », in L. Wanner (ed), *Selected Lexical and Grammatical Issues in the Meaning-Text Theory*, Honour of Igor Mel'čuk, pp. 43-95, Language Companion Series 84, Amsterdam-Philadelphia, John Benjamins.

Sinclair, J.-M., (1987), *Collins COBUILD English language dictionary*, London, Collins.

Van Den Eynde, K., (1998), « From Verbal to Nominal Valency : Some Methodological Reflections ». in K. Van Durme, L. Schøsler, (eds), *Studies in Valency IV. Valency and Verb Typology*, pp. 147-167, Odense, Odense University Press.

Van Den Eynde, K., Miertens, P., (2003), « La valence : l'approche pronominale et son application au lexique verbal », in *Journal of French Language Studies* 13, pp. 63-104.

Van Den Eynde, K., Miertens, P., (2006), *Le dictionnaire de valence DICOVALENCE : manuel d'utilisation*, Université de Leuven.

chapitre 17

Charles Nodier, un lexicographe hors norme et pionnier digne de Salah Mejri qui rime avec l.d.i.[1]

Jean PRUVOST

« NODIER (Charles), littérateur français, né à Besançon vers 1780, mort à Paris en 1844. […] Classiques et romantiques, libéraux et royalistes, tout le monde était admis, sans distinction de parti, chez Nodier, qui, entre autres talents, eut jusqu'à sa mort celui d'être bien avec tout le monde, d'avoir un grand nombre d'amis et pas un ennemi. »

Ainsi résonne encore l'article que Pierre Larousse consacra, dans le *Grand Dictionnaire universel du XIXᵉ siècle*, à l'auteur-préfacier du *Vocabulaire de la langue française, extrait de la sixième et dernière édition du Dictionnaire de l'Académie*, ouvrage rédigé avec M. Ackermann et publié en 1836 chez Firmin Didot Frères, Libraires.

« Un grand nombre d'amis et pas un ennemi » : on a reconnu Salah Mejri, l'ami qui du LDI a fait une grande et belle œuvre, et qui au passage, mon ami le plus proche puisque, faut-il le souligner, je l'ai choisi pour témoin de mariage. Mariage du laboratoire de Cergy et de celui de Paris 13, et mariage personnel.

---

1. LDI : Laboratoire Lexiques, Dictionnares, Informatique, UMR 7187, CNRS, Paris 13, Cergy-Pontoise.

Il convient cependant maintenant de lui rendre hommage en apportant sa petite pierre scientifique, historique en l'occurrence à un personnage chaleureux et marquant de l'histoire de notre lexicographie.

1. Pas de quartier !

Tout ne commence pas si bien pour la mémoire de Charles Nodier par Pierre Larousse. En effet, le long article de quatre colonnes que l'instituteur-lexicographe Pierre Larousse consacre à Charles Nodier dans le tome onzième (1874) n'est ni favorable au bibliothécaire de l'Arsenal, qui fit de son salon le centre de la vie littéraire à Paris de 1824 à 1830, ni admiratif de l'académicien élu en 1833, qui comptait parmi ses passions la philologie. Pierre Larousse se complait en effet à citer tout critique littéraire qui pouvait offrir une image dépréciative de « l'aimable et ingénieux écrivain », de « l'introducteur obligé de tous les débutants littéraires », de celui que les éditeurs recherchaient puisqu'ils « faisaient de sa préface la condition du succès ».

Et Pierre Larousse de citer tout d'abord Prosper Mérimée qui fit son éloge, quelque peu empoisonné, à l'Académie française en tant que son successeur. Celui-ci ne manqua pas en effet de souligner l'aspect en partie onirique des *Souvenirs de jeunesse* de l'écrivain qui, étant reçu à douze ans membre de la Société des amis de la constitution de Besançon, bénéficia d'un discours imprimé pour la circonstance. Le jeune Nodier était alors sous la houlette de son père qui, après avoir été appelé aux redoutables fonctions d'accusateur public, exerçait dès 1790 la fonction de Maire de Besançon.

C'est ensuite au tour de l'académicien Jules Janin de porter de sévères critiques, en réduisant notamment Charles Nodier à un homme de lettres qui « n'a été que cela toute sa vie ». Le critique du *Journal des Débats* brosse alors un portrait aimablement assassin de l'écrivain romantique que Victor Hugo appelait néanmoins son maître : « Ainsi s'est passé son innocente vie, à oublier les livres qu'il citait, à encourager ceux des autres ; à relire, à racheter les vieux livres d'autrefois, auxquels il avait voué un culte savant et sincère. »

Pierre Larousse porte enfin la dernière estocade en citant Sainte-Beuve, élu académicien l'année même de la disparition de Charles Nodier et qui, malgré sa sympathie pour « le plus excentrique ou le plus malicieux des novateurs », ne l'épargne pas. « Son talent, ses œuvres, sa vie littéraire, c'est une riche, brillante et innombrable armée où l'on rencontre toutes les bannières, toutes les belles couleurs, toutes les hardiesses d'avant-garde et toutes les formes d'aventures… ; tout, hormis le quartier général… ». Revient alors à Pierre Larousse le mot de la fin, avec un clou enfoncé sans vergogne : « Le quartier général ! C'est-à-dire l'unité de vues, la concentration de tous ses efforts, de ses immenses ressources vers un point, un but défini, l'ordre et la méthode dans le travail, substitués au caprice et à la fantaisie : voilà ce qui a manqué à Nodier pour produire un monument durable ».

2. Lexicographe et dictionnariste…

Pourtant, le monument fut durable. Au reste, sans le savoir, parce que les moyens informatiques manquaient pour en établir le décompte, Pierre Larousse lui rend plus souvent hommage qu'il ne le pense. Il suffit en effet de consulter le dévédérom du *Grand Dictionnaire universel du XIXe siècle* (Champion, 2001) pour constater que Charles Nodier est cité pas moins de 188 fois. Et parmi ces citations, l'une mérite d'être rappelée en guise de contrepoint aux propos de Pierre Larousse, d'autant plus qu'il s'agit d'un article consacré à un mot que d'aucuns imaginent contemporain de la fin du XXe siècle.

Ainsi, pour l'article DICTIONNARISTE, qui définit l' « auteur d'un dictionnaire », c'est Charles Nodier qui est bel et bien cité, puisque c'est à lui que l'on doit le lancement du terme, parfois présenté à tort comme récent : « M. Landais a publié, avec beaucoup de pompe et de luxe, un livre qui prouve, à mon grand déplaisir, que le dernier des DICTIONNARISTES de la langue française n'en savait pas tout l'alphabet. (Ch. Nod.). »

Cette citation tendrait à infliger deux démentis à ce que l'auteur du *Grand Dictionnaire universel du XIXe siècle* avance à propos de celui qui manque de « quartier général ». Tout d'abord, il apparaît clairement que le naturel de Charles Nodier, présenté imprudemment comme aimable écrivain touche-à-tout, dépourvu d'esprit critique et « bien avec tout le monde », ne l'empêchait pas de manifester son plein discernement quant à la lexicographie. Il ne ménage pas en l'occurrence Napoléon Landais et son œuvre compilatrice. Ensuite, l'intérêt représenté aujourd'hui par l'œuvre lexicographique de Charles Nodier avec, de surcroît depuis les deux dernières décennies du XXe siècle, la reprise du vocable qu'il a lancé – « dictionnariste » – dans la terminologie linguistique, montrent assez clairement la nature peu clairvoyante et partiale des propos tenus à son égard au cours du XIXe siècle.

En vérité, c'est au XXe siècle que ses travaux philologiques seront repris avec grand intérêt. En témoignent, par exemple, la réédition du *Dictionnaire des onomatopées* en 1984, chez Trans Europ Repress, préfacé par Henri Meschonnic, et la thèse remarquée de Henri de Vaulchier, sous la direction de Bernard Quemada, thèse publiée par le CNRS (Institut National de la Langue Française, INaLF) et Didier-Érudition en 1984 : *Charles Nodier et la lexicographie française*.

Bernard Quemada, alors Directeur de l'INaLF, fut en effet l'un des premiers à souligner le rôle prépondérant tenu par Charles Nodier dans la lexicographie de son temps, de par l'ampleur de ses écrits sur les dictionnaires de tous âges, le caractère assuré de ses jugements, et les répercussions profondes de ses prises de position. Bernard Quemada, dont la carrière débuta à Besançon, ville natale de Charles Nodier, reprendra au demeurant la formulation de ce dernier quant au « dictionnariste ». Celui-ci représente effectivement dans la terminologie linguistique d'aujourd'hui la personne soucieuse de *dictionnairique*, c'est-à-dire de tout ce qui dans l'élaboration d'un dictionnaire relève des contraintes éditoriales et commerciales, qu'il s'agisse de la définition du produit à programmer en fonction d'un public déterminé, ou de sa diffusion optimale sur le marché. Le dictionnariste peut bien entendu se révéler aussi un bon *lexicographe*, mais il s'agit d'une autre étape, en principe située en amont. La dictionnairique, indispensable à la bonne vente des dictionnaires, s'oppose en effet à la *lexicographie* qui, sans autre contrainte que scientifique, se définit en tant que recherche sur des ensembles de mots, en amont de l'élaboration d'un dictionnaire, sans avoir d'ailleurs pour finalité nécessaire la production d'un dictionnaire. Assurément, Charles Nodier était à la fois un lexicographe, dans sa réflexion audacieuse sur la langue, et un métalexicographe, c'est-à-dire un chercheur et un fin connaisseur des dictionnaires et de leur histoire. Le paradoxe est qu'*à des fins dictionnairiques*, on venait le chercher pour des préfaces qui permettaient de mieux vendre l'ouvrage, préfaces nourries par de vraies réflexions *lexicographiques* !

Il faut se souvenir en effet que de son vivant, Charles Nodier est perçu comme un grand lexicographe, l'Académie s'en remet à lui et, bien que publié en 1828, l'*Examen critique des dictionnaires*, en fait presque achevé dès 1812, annonce déjà le nouvel esprit qui s'installera dans la dynamique de la linguistique historique et comparative. Sa connaissance des répertoires de toutes les époques forçait l'admiration et, comme le rappelle judicieusement Henri de Vaulchier, « de la *Janua* de Comenius jusqu'au dernier Landais, son intérêt pour tous les types d'ouvrages – dictionnaires biographiques, monolingues, bilingues, historiques, étymologiques, ontologiques, dictionnaires de prononciation, dictionnaires de fautes – sa curiosité insatiable pour les réalisations étrangères à travers Vodnick, Johnson ou Lemprière, Adelung, La Crusca et les travaux de Balbi ou Manzoni, Trapany et Rosily, font de ses écrits le panorama lexicographique de son époque. »

3. Un auteur de dictionnaires très actif

Charles Nodier, de tempérament romantique, vivifié dès l'enfance par la tourmente révolutionnaire propice au rêve utopique d'une unification des idiomes, incarne à la fois la tradition et le renouveau. Ainsi le *Dictionnaire (raisonné) des onomatopées françoises* (1e éd. en 1808, 2e éd. en 1829) reflète-t-il les conceptions sociolinguistiques propres à l'idéal révolutionnaire de confraternité universelle. Quant au *Dictionnaire universel de la langue française* de Boiste (1834) – dictionnaire augmenté, révisé par C. Nodier et précédé d'une préface de poids – et au *Dictionnaire historique de l'Académie* française, dont les travaux commencent en 1836, ils s'inscrivent dans une sorte de tradition novatrice, associant la philologie bien contrôlée à l'intuition créatrice.

On n'oubliera pas, par exemple, que ce *Dictionnaire historique de la langue française*, œuvre pionnière de l'Académie française à laquelle Nodier donna toute sa foi de philologue, fait partie des grands dictionnaires méconnus de l'Académie, parce qu'il fut abandonné en 1894 avec le quatrième volume qui, hélas, s'achevait sur la lettre A. Or, l'ouvrage était d'orientation novatrice, riche dans ses adresses et ses datations, il dépassait de loin les travaux précédents, ceux de Louis Dochez par exemple, et il préfigurait les travaux propres au *Trésor de la langue française* (1971-1994) et le *Dictionnaire historique de la langue française* (*Le Robert*, 1994) qui en reprend et le titre et l'idée.

Les dictionnaires auxquels a collaboré C. Nodier sont innombrables, signalons par exemple le *Dictionnaire néologique* de B. Reigny (1801), le *Dictionnaire critique des difficultés de la langue française* par Croft (1802-1809), le *Dictionnaire universel* de Chaudon et Delandine (1809), le *Dictionnaire historique* (1825) du Général Beauvais (dont il fait la *Préface*), le *Nouveau Dictionnaire français-espagnol et espagnol-français*, sans oublier celui de l'Académie française et de nombreux articles philologiques (donnés au *Temps* en 1834, ou publiés dans le *Bulletin du bibliophile*, à partir de 1834) ainsi que divers prospectus, celui du *Dictionnaire universel de la langue française* (1824) de Verger, par exemple.

4. Une préface à ne pas oublier

Aussi, faut-il d'abord lire avec la plus grande attention la préface du dictionnaire que j'ai entre les main : le *Vocabulaire de la langue française*, extrait de la sixième et dernière édition du *Dictionnnaire de l'Académie*, ouvrage rédigé avec M. Ackermann et publié en 1836 chez Firmin Didot Frères, Libraires et donc préfacé par Charles Nodier. Ce dernier y fait en effet œuvre de linguiste avisé et incarne parfaitement l'esprit d'une époque. Ensuite, il faut prendre conscience que cet ouvrage est tiré de la sixième édition du *Dictionnaire de l'Académie* (1835), qui passe pour l'une des meilleures. Or, ce dictionnaire qui en est l'abrégé en un volume n'est pas sans résonance fondamentale sur les contemporains. Il fut en effet très consulté, et bien des écrivains ont dû vérifier çà et là, au cours de leur formation, tel ou tel sens, bénéficiant alors pleinement de la sûreté et de l'élégance des définitions de l'Académie.

De fait, le succès de ce dictionnaire en un volume se mesure à un simple constat : en 1883, au moment où vient de paraître la septième édition du *Dictionnaire de l'Académie* (1878), un nouvel *Abrégé du Dictionnaire de l'Académie française* est publié. Quel en est le sous-titre ? « Ancien *Vocabulaire Nodier*, entièrement refondu et suivi d'un appendice comprenant tous les mots en usage non encore admis par l'Académie et d'un *Dictionnaire de géographie ancienne et moderne* ». Un tel appendice est déjà dans la mouvance des dictionnaires encyclopédiques dont le *Petit Larousse illustré* sera, dès 1905, le plus beau fleuron.

Mais l'essentiel est dit : le *Vocabulaire Nodier* est cité comme une référence que l'on avance pour vendre le nouveau produit. C'est cette référence, une préface qui fait autorité et le corps d'un dictionnaire patrimonial, que je voulais évoquer pour mon ami Salah Mejri.

Homme de culture, que j'ai si souvent vu lire romans et poèmes, dans ces aéroports avant de s'embarquer pour tel ou tel colloque, Salah Mejri est indéniablement sous le signe de Nodier : rassembleur et chaleureux, trait d'union entre la tradition et l'innovation, ami sincère et profond, fondamentalement rassérénant.

chapitre 18
Les énoncés paraproverbiaux

Charlotte SCHAPIRA

1. Introduction

L'étude des proverbes a connu en France plusieurs étapes, inspirées par les défis que posaient quelques-unes des questions les plus fondamentales les concernant : la recherche des traits définitoires permettant la formalisation du modèle, puis celle d'une définition plus ou moins compréhensive de la parémie, la sémantique de la formule et son fonctionnement en discours. En étudiant le proverbe, les parémiologues ont inévitablement touché aussi aux formes proches, apparentées, dont les contours se sont profilés, au cours du temps, avec une plus grande netteté. Le classement des divers types d'énoncés que l'on s'accorde pour rattacher à la parémie, les éléments en vertu desquels il semblerait possible de les distinguer les uns des autres, ainsi que bon nombre de moyens stylistiques et rhétoriques qui y figurent ont été, en effet, abondamment investigués. J.-C. Anscombre, notamment (2003, 2006), propose une analyse taxinomique très minutieuse des diverses formes parémiques, des critères de classement et de leurs caractéristiques différentielles.

Considéré d'abord sous son aspect de catégorie reconnaissable au moyen de structures caractéristiques (binaire, quadripartite), d'un style prédominant (rythme, rime, rimes intérieures, répétition, allitération) et au fonctionnement généralement métaphorique[1], le proverbe se révèle pourtant, à travers la pléthore de ces travaux, comme un phénomène bien plus complexe et plus hétérogène. Acquièrent droit de cité, par exemple, à l'intérieur de la classe, les proverbes qui ne s'appliquent pas métaphoriquement au discours : les proverbes « littéraux » (Tamba 2009, Kleiber 2010) ou ceux qui ne correspondent pas à la forme canonique considérée jusqu'il y a peu comme l'une des constantes de la classe (Schapira 2012). Grâce à ce nouvel éclairage, la zone d'ombre, entre chien et loup, des occurrences incertaines, acceptées par les uns, niées par les autres en tant que proverbes, se trouve maintenant considérablement rétrécie.

Reste cependant à considérer une quantité d'énoncés lexicalisés qui se situent justement dans cette zone limitrophe et dont l'appartenance à la classe est susceptible de prêter à discussion. À l'examen, certains présentent des traits communs assez nombreux et assez importants pour qu'on puisse les réunir en une catégorie à part, apparentée certes aux proverbes et que l'on ressent pourtant, même intuitivement, comme distincte d'eux. Il s'agit d'une sous-classe non négligeable, absente de la classification d'Anscombre, comme d'ailleurs de toutes les autres classifications des énoncés parémiques. Je l'avais déjà signalée dans des travaux antérieurs (Schapira 1999, 2012), en remarquant qu'elle n'a pas encore été étudiée séparément. J'appelle cette sous-classe « paraproverbiale »[2], parce qu'elle comporte des phrases qui, tout en s'apparentant aux proverbes, ne sont pourtant pas des proverbes. Le but de la présente étude est de tenter de le démontrer.

Les exemples sont nombreux :
    Les grands / beaux esprits se rencontrent.
    Comparaison n'est pas raison.
    L'enfer est pavé de bonnes intentions.
    La fonction crée l'organe.
    L'exception confirme la règle.
    L'intention vaut le fait.
    Le moi est haïssable.
    Les contraires s'attirent.
    Les extrêmes se rejoignent / se touchent.
    Les absents ont toujours tort.
    L'union fait la force.

---

1. Cf. en effet Arnaud (1991 : 22) : « […] un proverbe prototypique est un proverbe métaphorique, poétiquement chargé, à syntaxe anormale, ancien et didactique. »

2. Je forge ce terme à partir de l'élément grec *para-*, « à côté de ».

On ne peut pas être et avoir été.
La plus belle fille du monde ne peut donner que ce qu'elle a.
Des goûts et des couleurs on ne peut disputer.
L'argent attire l'argent.
Le temps c'est de l'argent.
Si jeunesse savait, si vieillesse pouvait...
Toutes les heures blessent, la dernière tue.
Impossible n'est pas français.
L'exactitude est la politesse des rois.
Noblesse oblige.
Les amis de nos amis sont nos amis.
Partir c'est mourir un peu.
Etc.

Je le répète : intuitivement, on ressent ces phrases, ou du moins certaines d'entre elles (il y a un facteur personnel qui joue, comme d'habitude, dans l'intuition) comme différentes des proverbes ; et pourtant, les similarités avec, du moins, certains types parémiques, sont si frappantes, que quelques-unes de ces formules sont en effet considérées comme des proverbes non seulement par de nombreux usagers de la langue[3] mais aussi par certains linguistes.

Où donc et comment tracer la frontière entre les « vrais » proverbes et les membres de cette classe qui, malgré sa grande hétérogénéité, présente quand même des constantes sémantiques et formelles permettant de la définir comme une catégorie parémique à part entière ? En quoi leurs caractéristiques et leur fonctionnement diffèrent de ceux des autres parémies ? Voici les questions auxquelles je m'efforcerai de répondre dans ce qui suit.

2. Les caractéristiques de la classe

Il convient tout d'abord de dégager les traits communs définissant la classe des paraproverbiaux ; ces énoncés :

- consistent en des phrases brèves, autonomes du point de vue grammatical et référentiel ;
- sont des phrases génériques, exprimant des opinions présentées sous forme d'assertions catégoriques ;

---

3. La perplexité des locuteurs quant au statut de ces énoncés est flagrante sur le web, où ils sont désignés tantôt comme des proverbes, tantôt comme des adages, comme des « locutions » ou des « locutions phrastiques ».

- ne dérivent pas de moules productifs et ne présentent par conséquent pas de structures spécifiques ;
- le sens en est généralement littéral et toujours compositionnel ;
- s'appliquent au discours de manière littérale bien que, rarement, ils puissent signifier métaphoriquement (*L'enfer est pavé de bonnes intentions*).

3. Entre proverbe et maxime

3.1. Où l'on explique pourquoi ces énoncés ne sont pas des maximes

Le terme *paroimia* (proverbe) désignait en grec un énoncé anonyme considéré comme un héritage collectif et différant en cela de la *gnômé* (sentence ou maxime), qui était, selon Aristote, « la réflexion et la composition d'un homme sage »[4]. Malgré cette distinction, la maxime partage avec le proverbe au moins deux traits définitoires : l'autonomie grammaticale et référentielle et la généricité, cette dernière imprimant à la proposition l'apparence d'une vérité intemporelle. Les énoncés paraproverbiaux se conforment eux aussi à ces deux conditions obligatoires, se plaçant de ce fait parmi les énoncés parémiques. Par bien des côtés, à la fois du point de vue fonctionnel et du point de vue de leur forme – notamment en ce qui concerne le manque de moules spécifiques – ils se rapprochent de la maxime : comme la maxime, ils expriment des réflexions sur l'homme et la condition humaine dans un style plutôt élevé. Ils s'en distinguent cependant clairement, dès l'abord, par le fait d'être anonymes. Pourtant, un grand nombre de ces énoncés ont été, initialement, des phrases à paternité connue – des maximes, de saillies de personnages illustres, des devises ou même des proverbes anciens, grecs ou latins, traduits en français. Pour certains, l'origine, perdue au cours du temps, peut encore être retracée avec plus ou moins de précision, mais elle reste inconnue pour la plupart des usagers de la langue. En voici quelques exemples :

---

4. *Rhétorique*, II, 21, 1394a 24.

Impossible n'est pas français aurait été relevé dans une lettre de Napoléon Bonaparte[5].

Si *L'exactitude est la politesse des rois* est attribué à Louis XVIII, on ne s'accorde pas sur l'origine de *L'enfer est pavé de bonnes intentions*, que l'on prête tantôt à Bernard de Clairvaux, tantôt à Samuel Johnson.

Si Dieu n'existait pas il faudrait l'inventer et *Les beaux esprits se rencontrent* remontent à Voltaire (*Épître sur « Les trois imposteurs »* et *Dictionnaire philosophique*, entrée « Bacchus », respectivement).

La phrase *La fonction crée l'organe* résume la théorie du transformisme généralisé de Lamarck.

L'homme propose, Dieu dispose date du XVe siècle (Philippe de Commynes, *Mém.*, III, IX, cité par le *TLF*).

Des maximes de Chamfort sont aussi entrées dans l'usage général (*La plus belle fille du monde ne peut donner que ce qu'elle a. On ne peut pas être et avoir été.*), tout comme certaines devises : *L'union fait la force*[6]. *Honni soit qui mal y pense*[7].

Certains énoncés de ce type ont été à l'origine des adages juridiques : *l'exception confirme la règle*[8] par exemple, et aussi, peut-être, *les absents ont toujours tort*[9] ; d'autres étaient déjà des proverbes en grec et / ou en latin mais leurs versions françaises ne se fondent pas facilement dans le corps parémique de la langue, à cause, précisément, de leur tendance philosophique, du registre lexical plus soutenu et de l'absence des marques stylistiques réputées proverbiales :

L'art est long, la vie est courte (gr. : *Ho bios brakhus, hê de tekhnê makra*; lat. : *Ars longa, vita brevis*) ; *L'habitude est une seconde nature.* (*Consuetudo est secunda natura*[10]) ; *Des goûts et des couleurs on ne peut disputer.* (*De gustibus et coloribus non disputandum*).

Par leur contenu et parfois par le style, ces énoncés rappellent encore leur origine gnomique. Cependant, leur paternité incon-

---

5. Lettre du 9 juillet 1813 au général Jean Le Marois, cité en français dans *Famous Sayings and Their Authors* par Edward Latham.
6. Devise de la Belgique et de la Bulgarie.
7. Devise, en français, du plus ancien ordre de chevalerie anglais : l'ordre de la Jarretière ; sous la forme *Honi* (avec un seul n) *soit qui mal y pense*, elle figure aussi sur l'armoirie de la maison royale britannique.
8. De la sentence du droit latin : *Exceptio probat regulam in casibus non exceptis* : (lit.) L'exception prouve la règle dans les cas non exclus.
9. Cf, en effet, dans le droit latin : *Absens hæres non erit*.
10. Cité par Pascal en français dans les *Pensées* (VII, 126, [93]) : *La coutume est une seconde nature*.

nue ou désormais oubliée semble jouer un rôle prépondérant dans leur appréhension par le locuteur contemporain. Certes, l'écho de leur énonciation première ne s'est peut-être pas totalement éteint mais, comme les proverbes, ces énoncés se sont lexicalisés et sont entrés dans l'usage et, de ce fait, leur message stéréotypé a perdu l'éclat intellectuel et stylistique qui constitue l'apanage de la maxime. Les paraproverbiaux ne sont pas des maximes.

3.2. Où l'on voit que les énoncés paraproverbiaux ne sont pas des proverbes

L'énoncé paraproverbial serait-il, pour autant, devenu un proverbe ? La réponse serait aisée si l'on disposait d'une définition claire et tranchée du proverbe ; pourtant, malgré les grands progrès enregistrés dans le domaine de la parémie, cette définition prête encore à discussion. Quoi qu'il en soit, il est certain que la perte de la référence d'un énoncé constitue un grand pas en avant sur la voie de la proverbialisation.

On a déjà vu les traits définitoires obligatoires communs au proverbe et à la maxime ; reste maintenant à examiner ce qui les sépare et, en premier lieu, les traits distinctifs du proverbe.

Le proverbe est considéré comme une création anonyme, populaire et collective : anonyme parce qu'on ne peut pas remonter à son énonciation première ; collective parce que la formule, transmise de génération en génération au cours des siècles, a connu des changements formels et parfois diverses variantes avant de se fixer dans l'usage sous sa ou ses forme(s) actuelle(s)[11] ; populaire, parce qu'elle traite de sujets pratiques, au moyen d'images tirés du quotidien et souvent d'un quotidien révolu.

Dans ce contexte, l'origine populaire semble être la clé pour l'identification des proverbes ; c'est l'origine populaire qui dicte les sujets traités, l'enseignement à en tirer, le choix des images qui l'exemplifient et le registre stylistique des formules. Sous sa forme achevée, le proverbe est à la fois une unité de discours et une création littéraire populaire, avec une poétique en propre[12], qui englobe aussi d'autres formes littéraires populaires brèves, telles

---

11. Comme on sait, plusieurs variantes d'un même proverbe peuvent coexister dans l'usage :
    Quand on parle du loup, il sort du bois / on en voit la queue.
    Chaque marmite trouve son couvercle. / À chaque marmite son couvercle.

12. Cf. Anscombre (2000).

que la chanson, la comptine, la devinette, etc. Tous les éléments qui concourent à donner du sens au proverbe sont liés au caractère populaire de l'énoncé :

> – son rôle prescriptif[13] : la mise en garde contre la fausseté des apparences, la précipitation dans l'action et le jugement, la trop grande crédulité, le danger que comportent l'ignorance et le manque de sérieux ou, au contraire, la mise en valeur de la détermination, de la patience, de la persévérance, etc. ;
>
> – la métaphoricité, illustrant ces idées au moyen d'exemples tirés de l'aire d'activité de la vie quotidienne et de l'expérience populaire : l'apprentissage du forgeron, le boulanger, le moine, le four et le moulin d'une part, et d'autre part les animaux familiers, domestiques ou sauvages (chien, chat, loup ou hirondelle), avec leurs caractéristiques stéréotypées enracinées dans la *doxa* ;
>
> – un vocabulaire simple et imagé plutôt qu'intellectuel et abstrait.

Bien qu'ils soient souvent déclarés proverbes[14], les paraproverbiaux s'en distinguent nettement par le fait même qu'ils ne présentent aucune de ces caractéristiques permettant d'identifier la classe. Ils s'individualisent, au contraire, par un sémantisme littéral, un contenu généralement philosophique, une morale qui transcende les soucis quotidiens et qui, par conséquent, fait appel à un registre de langue décidément distinct de celui des proverbes. Il est intéressant, à ce propos, de comparer, par exemple :

> *La fonction crée l'organe*

avec :

> *L'occasion fait le larron.*

Les deux phrases sont équivalentes du point de vue syntaxique et transmettent même, du point de vue sémantique, le même type de message. La différence tient à la sphère des idées qui y sont exprimées et au choix du vocabulaire : *organe* et *fonction* dans l'énoncé d'origine scientifique ; dans le second, *larron*, vieilli et populaire et *faire*, terme familier signifiant (comme d'ailleurs dans

---

13. « Didactique », selon Arnaud (cf. note 1)
14. Cf. en effet les listes de proverbes sur le web.

bien d'autres « vrais » proverbes) *créer* ou *engendrer*[15], avec rime intérieure *occasion / larron*.

Certes, des structures hétérogènes, dépourvues d'éléments poétiques, peuvent être relevées aussi dans les proverbes – les proverbes suivants, à sens formulaire (cf. Tamba 2009[16]) compositionnel et littéral :

La nuit porte conseil.

Qui cherche, trouve.

Aide-toi, Dieu t'aidera.

Ou ceux qui, tout en signifiant par métaphore, ne présentent aucun des aspects du style caractéristique proverbial :

Il n'y pas de rose sans épines.

On ne peut pas faire d'omelette sans casser les œufs.

Il faut qu'une porte soit ouverte ou fermée.

La nuit tous les chats sont gris.

Et pourtant, il n'y a qu'à comparer ces proverbes avec la liste des énoncés paraproverbiaux cités plus haut, pour constater des différences difficiles à ignorer. On pourrait arguer que les « nouveaux proverbes », formules récemment adoptées par l'usage, sont, eux aussi, pour la plupart, stylistiquement non marqués :

On ne change pas une équipe qui gagne.

On ne tire pas sur une ambulance.

Un train peut en cacher un autre ;

mais, d'autre part, la vitalité du modèle proverbial canonique est au contraire incontestablement prouvée, actuellement, par ces « créations » de la RATP coulées, de toute évidence, dans le moule parémique :

Qui a validé, voyage l'esprit léger.

Qui saute par dessus un tourniquet peut tomber sur un contrôle à quai.[17]

---

15. *Une hirondelle ne fait pas le printemps.*
L'habit ne fait pas le moine.
L'argent ne fait pas le bonheur.
Les petits ruisseaux font les grandes rivières. etc.

16. Tamba (2009 : 114-115) distingue le sens global, formulaire, du proverbe, de son sens littéral, compositionnel.

17. Elles sont affichées dans les autobus, le métro et les trains ; je remercie J.-F. Sablayrolles de m'avoir signalé ces exemples.

Formules lexicalisées ou pseudo-proverbes affectant un caractère populaire et s'adressant au « peuple », ces énoncés se veulent, eux aussi, l'expression d'une « sagesse » puisée dans la réalité actuelle, au moyen d'un vocabulaire très simple : au lieu de la charrue et des bœufs, du four et du moulin, il y a maintenant le train, l'ambulance et le quai du métro. Le proverbe a beau se déplacer vers les grandes villes, suivant la migration de la population et s'adaptant à la réalité de la vie moderne, il n'y perd pas ses attributs essentiels.

4. Où l'on s'interroge pourquoi, en quoi et jusqu'à quel point les énoncés paraproverbiaux se sont proverbialisés

Si les énoncés paraproverbiaux se rapprochent tant des proverbes c'est parce qu'à l'usage, au cours du temps, ils ont atteint un stade plus ou moins avancé de proverbialisation.

« Se proverbialiser » signifie « acquérir la valeur de proverbe », « devenir proverbe » ; mais quel est le parcours qu'un énoncé doit suivre afin de devenir un stéréotype proverbial ?

Je reprendrai ici les conditions nécessaires à la proverbialisation, que j'avais proposées dans Schapira (2000) :

a) l'énoncé doit être anonyme en synchronie ;

b) il doit avoir atteint une notoriété (quasi) générale ;

c) il doit nécessairement être concis ;

d) il doit atteindre une forme fixe (quitte à connaître plusieurs variantes simultanées en usage[18]).

Comme il a été montré dans la section précédente, les énoncés paraproverbiaux satisfont aussi bien à la première qu'à la seconde de ces conditions : le locuteur contemporain n'en connaît généralement pas l'origine, même si elle est vérifiable ; quant aux phrases à paternité obscure, on peut parfois en découvrir des attestations anciennes, sans avoir, toutefois, la possibilité de prouver qu'il s'agit de la première énonciation ou d'une citation ; mais la phrase

---

18. Cf. *Les beaux/grands esprits se rencontrent. Les extrêmes s'attirent / se touchent / se rejoignent.*

est connue de la plupart des locuteurs de la langue et identifiée comme une locution usuelle.

Quant au critère de la concision, il suffit de regarder les exemples pour s'assurer qu'ils consistent tous en une seule proposition, courte, voire très courte, en une principale avec une subordonnée, elles aussi simples, plus rarement en deux propositions simples construites en parataxe. On remarquera, à ce propos, que les maximes proverbialisées ne sont pas nombreuses. La maxime est censée exprimer une pensée individuelle, celle d'un auteur ; quand on la cite, c'est des opinions de cet auteur qu'on se prévaut ; or, ces opinions sont souvent trop subtiles et exprimées par des phrases trop sinueuses. Une maxime telle que :

> La constance des sages n'est que l'art de renfermer leur agitation dans le cœur (La Rochefoucauld, *Maximes*, 20),

par exemple, aurait peu de chances de se proverbialiser sous cette forme. Rappelons que *la fonction crée l'organe* est l'expression la plus simple résumant la théorie du transformisme et que *l'homme est un roseau pensant*, connu de la plupart des locuteurs du français[19] est la simplification du texte original de Pascal dans les *Pensées*[20], aussi bien formellement que du point de vue du contenu. La maxime ne se proverbialise que sous une forme condensée véhiculant un message parfaitement clair. Une fois entrée dans l'usage, la forme se stabilise, voire se fige.

Le processus de la proverbialisation est un phénomène scalaire : il suit le parcours indiqué plus haut jusqu'à culminer avec l'obtention de la forme proverbiale prototypique. Pour la plupart des énoncés paraproverbiaux, toutefois, le processus s'est arrêté au stade de l'anonymat et de la notoriété :

> *L'exception confirme la règle.*
>
> *L'intention vaut le fait.*

D'autres ont franchi une ou plusieurs étapes supplémentaires sur la voie de la proverbialisation. Ainsi, on relève :

---

[19]. À témoin son détournement plaisant, accusant lui aussi une grande notoriété : *La femme est un roseau dépensant*.

[20]. « L'homme n'est qu'un roseau, le plus faible de la nature ; mais c'est un roseau pensant ». (*Disproportion de l'homme*, 200)

— des phrases ayant perdu graduellement, à divers degrés, la signification spécifique de certaines de leurs composantes. Le phénomène est bien illustré, par exemple, par les énoncés dans lesquels figure le vocable *Rome* ;

alors que *Tous les chemins mènent à Rome,* joue encore métaphoriquement sur les connotations du toponyme, dans :

> *Rome ne s'est pas construite en un jour,*
>
> *À Rome il faut se conduire comme les Romains,*

en revanche, *Rome* perd sensiblement sa valeur de centre historique et religieux et se laisse facilement interpréter comme « une (grande) ville », sans que le sens de la locution en soit altéré. Un phénomène du même type peut être constaté à propos de la phrase :

> *Le cœur a ses raisons que la raison ne connaît point,*

très largement connue mais employée à contresens de nos jours, ayant perdu la signification religieuse mystique que lui donnait Pascal dans les *Pensées*[21].

— des phrases binaires avec une relative sans antécédent sujet, archaïque, en « qui » :

> *Qui s'aime se taquine.*
>
> *Qui ne dit mot consent*[22].

Si ces phrases sont considérées presque unanimement comme des proverbes, malgré les verbes *taquiner* et *consentir* peu compatibles avec le registre stylistique proverbial, cela est dû surtout au fait qu'elles sont construites sur un modèle parémique par excellence (structure binaire avec relative sans antécédent sujet) ; et pourtant, il suffit de les comparer à :

> *Qui se ressemble s'assemble,*

ou

> *Qui va à la chasse perd sa place,*

pour que les différences de ton et de vocabulaire soient immédiatement perceptibles. De plus, la relative sans antécédent en *qui*

---

21. *Des divers moyens de croire : la raison et le cœur*, [5].

22. Cette formule, qui provient probablement de la déformation d'un adage juridique, n'a en réalité aucun fondement légal : dans le droit des obligations, qui ne dit mot ne consent pas.

est un archaïsme et les archaïsmes sont relativement rares dans les paraproverbiaux.

On relève, cependant *Comparaison n'est pas raison* et *Noblesse oblige*.[23]

– enfin, un degré supérieur de proverbialisation, consistant en des phrases binaires, présentant la forme parémique canonique :

> *L'homme propose, Dieu dispose*[24].
>
> *Si jeunesse savait, si vieillesse pouvait…*

Afin de se faire une idée plus claire de la manière dont le degré de proverbialisation est perçu par l'usager de la langue, il sera utile de recourir au test bien connu de la combinaison avec la séquence « comme dit le proverbe » ; or, pratiquement aucune des phrases citées comme paraproverbiales, ni même celles de cette dernière catégorie, ne s'insérerait naturellement en discours de cette manière :

> (?) *L'homme propose, Dieu dispose*, comme dit le proverbe.
>
> **Si jeunesse savait, si vieillesse pouvait…* comme dit le proverbe.
>
> **Impossible n'est pas français*, comme dit le proverbe.
>
> **L'exactitude est la politesse des rois*, comme dit le proverbe.

Même des phrases qui, sur le web par exemple, sont fréquemment indiquées comme proverbes, susciteraient l'hésitation quant à l'introduction en discours par cette formule :

> (?) *Comme dit le proverbe, comparaison n'est pas raison.*
>
> (?) *Comme dit le proverbe, les contraires s'attirent.*

On pourrait multiplier les exemples ; mais allons plus loin et considérons la séquence d'évidentialité « comme on dit » qui, elle,

---

23. L'origine de la formule n'est pas connue. Elle figure cependant trois fois dans *Le Lys dans la vallée* de Balzac (1835), citée comme « un vieux mot », ce qui montre qu'elle était déjà lexicalisée à cette date. Le manque de déterminant à *noblesse* atteste effectivement une origine plus ancienne.

24. Il est intéressant de suivre l'évolution de cette phrase du Moyen-Âge au xve siècle. Ayant d'abord connu, au xiiie et au xive siècles, les variantes : *Fol devise et dex part / Hom pense et Diex dispose / Homme propose et Diex ordene*, elle s'est fixée, depuis le xve, sous sa forme actuelle (Cf. Klein 2007 : 21). La formule équivalente est en usage dans bien des langues européennes (espagnol, italien, portugais, allemand) où le lexique offre la possibilité de conserver la rime intérieure ; l'allemand et le néerlandais ont d'ailleurs retenu comme premier volet de la phrase « L'homme pense » pour garder, précisément, le rythme et la rime intérieure, donc la forme proverbiale de l'énoncé (*Der Mensch denkt, Gott lenkt; De mens wikt , maar God beschikt.*).

n'est pas réservée exclusivement aux proverbes[25]. C'est surtout ce mode introductoire qui permet de situer les énoncés sur l'échelle de la proverbialisation :

> *L'intention vaut le fait, comme on dit.*
>
> *Comme on dit, à Rome il faut se conduire comme les Romains.*

On s'aperçoit par ailleurs que certains énoncés, peut-être moins compatibles avec « comme on dit », indiquent quand-même un degré de proverbialisation en acceptant l'introduction par « comme on sait » :

> *L'enfer est pavé de bonnes intentions* (? comme on dit ; comme on sait).
>
> *Les absents ont toujours tort* (? comme on dit ; comme on sait).
>
> *Le client a toujours raison* (? comme on dit ; comme on sait).

En définitive, c'est le rapport entre la teneur du message véhiculé par la formule et sa forme linguistique et stylistique qui décide de la manière dont elle sera classée par le locuteur. Or, ce classement a aussi une importance autre que théorique : on ne prononce pas nécessairement des proverbes et des énoncés paraproverbiaux dans les mêmes circonstances de la locution. Vu leurs velléités philosophiques, l'emploi de ces derniers pourrait parfois s'interpréter comme un signe d'affectation dans un discours où, au contraire, un proverbe serait ressenti comme totalement naturel ; car, à la différence des proverbes, totalement intégrés au lexique et appris par conséquent au fur et à mesure de l'acquisition de la langue, la disponibilité des énoncés paraproverbiaux dans le vocabulaire individuel va généralement de pair avec un certain degré de culture. Leur emploi en discours pourrait donc s'interpréter, du moins pour certains d'entre eux, comme un étalage de culture.

D'ailleurs ce n'est pas un hasard si ces énoncés, qui proviennent parfois de devises, redeviennent avec le temps, et dans d'autres contextes, devises et slogans[26].

---

25. Elle est compatible par exemple avec les lieux communs. Cf. 5 *infra*.
26. Cf. en effet, *L'union fait la force*, employé souvent comme slogan politique et *Noblesse oblige*, devenu devise de la National Honor Society (NHS) aux États-Unis, du Calasanctius College en Irlande et du Colvin Taluqdars » College en Inde. *Impossible n'est pas français* est le slogan publicitaire de Renault. *Le client a toujours raison* est souvent employé dans des textes publicitaires.

5. Énoncé paraproverbial et lieu commun

Il existe, dans la classification des énoncés sentencieux, une autre catégorie qui doit être prise en compte ici, parce que, ayant toutes les autres propriétés parémiques requises, elle se rapproche peut-être le plus des paraproverbiaux à la fois par la forme et par son sens exclusivement littéral. Il s'agit des lieux communs du type :

Il faut de tout pour faire un monde.

On en apprend tous les jours.

Il y a un commencement à tout.

On ne peut se fier à personne.

On ne peut pas tout avoir.

Quelques-uns de ces énoncés dérivent même parfois, eux aussi, de moules proverbiaux :

À chacun sa vérité.

À chacun ses opinions.

À chacun ses goûts.

À quoi donc perçoit-on la différence ?

Les lieux communs sont en réalité des truismes : ils consistent en des stéréotypes de pensée exprimés par des phrases convenues et véhiculant des évidences, des remarques banales sur les hommes et sur la vie ou tout simplement des tautologies :

Un sou est un sou.

Ce qui est dit est dit.

Trop c'est trop.

Les affaires sont les affaires.

Et c'est précisément en tant que clichés et platitudes que les lieux communs se distinguent des paraproverbiaux qui, même stéréotypés, gardent encore un reflet de l'éclat de leur énonciation première : ils expriment une opinion et apportent par conséquent une contribution réelle à l'interlocution. Les lieux communs, eux, ne sont, par contre, que des réflexes conversationnels ne faisant nullement avancer l'échange d'idées et d'opinions ; destinés uniquement à ne pas laisser mourir la conversation, ils ne servent qu'à la faire tourner à vide.

6. Conclusion

Comparaison n'est pas raison, dit-on ; mais la comparaison peut se révéler un outil précieux pour l'analyse des phénomènes étudiés, précisément parce qu'elle est susceptible de révéler les différences et de mettre en lumière des distinctions souvent subtiles. C'est leur affinité avec les proverbes littéraux dépourvus des marques stylistiques proverbiales qui fait qu'on puisse prendre certains énoncés paraproverbiaux pour des proverbes ; mais à l'examen, nous l'avons vu, ils se révèlent, en réalité, plus proches de la maxime par le contenu et très semblables au lieu commun par la forme.

Les frontières entre les diverses catégories parémiques comporteront toujours des zones d'incertitude ; mais à force d'analyse et de comparaison, surtout entre les énoncés sémantiquement et formellement les plus proches, on peut espérer de poser, ne serait-ce qu'une borne de plus, entre ces aires parémiques qui se côtoient et quelquefois s'interpénètrent.

Bibliographie

ANSCOMBRE, J.-C., (2000), « Parole proverbiale et structures métriques », in *Langages* n° 139, pp. 6-26, Paris, Larousse.

ANSCOMBRE, J.-C., (2003), « Les tautologies en langue : pour une analyse stéréotypique de leur fonctionnement », in *Recherches en Linguistique et Psychologie cognitive* n° 20, pp. 93-122, *Les langues romanes d'un point de vue contrastif*, Éditions et Presses Universitaires de Reims.

ANSCOMBRE, J.-C., (2006), « Las tautologías: características lingüísticas y funcionamiento », in Casado Velarde M., Gonzales Ruiz R., Romero Gualda Ma V., (eds), *Análisis del discurso : lengua, cultura, valores*, pp. 1-13, Arco Libros S.L. Madrid.

ARNAUD, P., (1991), « Réflexions sur le proverbe », in *Cahiers de Lexicologie* n° 59, pp. 5-27, Paris, Garnier.

DUPRIEZ, B., (1977), « Où sont les arguments ? », in *Études françaises* vol. 13, n° 1-2, pp. 35-52.

GREIMAS ALGIRDAS, J., (1970), « Les proverbes et les dictons », *Du sens*, pp. 309-314, Paris, Seuil.

KLEIBER, G., (1999), « Les Proverbes. Des dénominations d'un type très, très spécial », in *Langue française* n° 123, pp. 52-69, Paris, Larousse.

KLEIBER, G., (2010), « La métaphore dans les proverbes : un trait définitoire ou non ? », in *(Pré) publications* n°196, pp. 41-62.

KLEIN, J.-R., (2007), « La phraséologie (et en particulier les proverbes) dans le *Trésor de la langue française informatisé* », *in* : Buchi É. (ed), *Actes du Séminaire de méthodologie en étymologie et histoire du lexique* Nancy, ATILF (CNRS/Université Nancy 2/UHP), publication électronique. (http://www.atilf.fr/atilf/seminaires/Seminaire_Klein_2006-05.pdf), 29 pages.

MEJRI, S., (2011), « Figement, collocations et combinatoire libre », in Anscombre J.-C., Mejri S. (eds), *Études sur le figement. La Parole entravée*, pp. 62-76, Paris, Honoré Champion.

PERLMAN, C., OLBRECHT-TYTECA, L., (1970), *Traité de l'argumentation. La Nouvelle rhétorique*, Éditions de l'Université de Bruxelles.

SCHAPIRA, C., (1997), *La maxime et le discours d'autorité,* coll. « Les Livres et les Hommes », Paris, SEDES.

SCHAPIRA, C., (1999), *Les Stéréotypes en français. Proverbes et autres formules*, coll. « L'Essentiel français », Paris, Ophrys.

SCHAPIRA, C., (2000), « Proverbe, proverbialisation et déproverbialisation », in *Langages* n° 139, pp. 81-97, Paris, Larousse.

SCHAPIRA, C., (2012), « La tautologie dans l'énoncé parémique », in Anscombre J.-C., Darbord B., Oddo A., (eds), *La Parole exemplaire. Introduction à une étude linguistique des proverbes*, coll. « Recherches », Paris, Armand Colin.

TAMBA, I., (2011), « Figement sémantique : sens compositionnel et sens idiomatique », in Anscombre J.-C., Mejri S. (eds), *Études sur le figement. La Parole entravée*, pp. 108-125, Paris, Honoré Champion.

TAMBA, I., (2012), « Quand la métaphore passe en proverbe », in Anscombre J.-C., Darbord B., Oddo A., (eds), *La Parole exemplaire. Introduction à une étude linguistique des proverbes*, coll. « Recherches », Paris, Armand Colin.

chapitre 19
Stéréotypie et phraséologie dans le *Dictionnaire des idées reçues* de Gustave Flaubert

Inès SFAR

1. Introduction

La phraséologie, prise dans son sens le plus large, est l'une des expressions les plus répandues du phénomène de la stéréotypie dans sa dimension linguistique défini comme un ensemble de croyances partagées par la communauté linguistique fixées dans le lexique. Les phraséologismes sont, entre autres, la réalisation de schèmes de pensée fixés dans la langue et dans le discours qui leur servent de support. L'une des représentations de cette relation entre phraséologie et stéréotypie sont les idées reçues, considérées d'un point de vue culturel comme le support de l'opinion commune, de ce qui est partagé dans le monde, de ce qui structure les représentations sociales. Très souvent associées à une connotation péjorative, les idées reçues, en tant que stéréotypes, peuvent revêtir une forme plus ou moins figée, qui permet une mémorisation et une identification rapide et qui n'exclut pas la variation. C'est Gustave Flaubert qui a largement contribué, après 1850, à donner à cette notion son sens critique actuel, grâce notamment à son *Dictionnaire des idées reçues*. Les idées reçues sont donc les idées dominantes, celles qui s'imposent à nous.

Après un bref rappel de quelques notions, nous essayerons de montrer que les idées reçues, telles qu'elles se présentent dans le recueil de Flaubert sont à la croisée de la stéréotypie et de la phraséologie : elles permettent de fixer les stéréotypes culturels en langue grâce au processus de figement. Les idées reçues citées prennent alors la forme de phraséologismes.

2. Quelques précisions définitionnelles et méthodologiques

2.1. La stéréotypie : quelle définition ?

Le mot *stéréotype* s'emploie en typographie pour désigner un cliché métallique en relief destiné au tirage et employé par les imprimeurs ; dans la critique littéraire, il est synonyme de lieu commun ou cliché stylistique. Dans le domaine linguistique, les acceptions divergent selon les théories.

Dans la théorie du stéréotype lexical par exemple, on le considère non pas comme une information extérieure à la langue, mais comme un contenu qui s'inscrit à l'intérieur des unités linguistiques et participe à la structuration du lexique. Anscombre le définit ainsi : « le stéréotype d'un terme est une suite ouverte de phrases attachées à ce terme, et en définissant la signification (…). Le stéréotype d'un terme (…) est une liste ouverte. Par ailleurs, quand nous parlons, nous parlons en tant que membres d'une communauté linguistique, et cette communauté peut varier selon les circonstances. Il pourra donc se faire qu'à l'intérieur du stéréotype d'un terme certaines phrases stéréotypiques puissent être antinomiques : ce fait n'est pas gênant tant qu'il n'y a pas possibilité de les utiliser simultanément dans une même énonciation » (2001 : 60-61).

On peut donc attribuer au stéréotype trois fonctions essentielles :

> – Il permet d'expliquer les ressemblances et les différences de deux groupes sociaux. Il s'agit d'un processus de catégorisation de la ressemblance et de la différence ;

- Il favorise l'économie du système puisqu'il permet l'abstraction au niveau de la caractérisation de chaque individu ;

- Il permet de partager une croyance collective basée sur la norme en donnant une conscience d'appartenance à un groupe, d'avoir une identité. D'où les exemples suivants :

Les femmes sont plus romantiques que les hommes.

Les scientifiques sont plus ennuyeux que les artistes.

Plus la fréquence de l'exemple est attestée, plus il a de chance de devenir stéréotypique en langue. La stéréotypie en tant que fixation des représentations collectives stables et communément partagées s'inscrit à travers certains traits sémantiques. Elle concerne de la même manière les items lexicaux simples et les séquences polylexicales figées.

2.2. Les idées reçues : un stéréotype ?

Pour définir la notion d'*idée reçue*, absente des dictionnaires de linguistique, nous avons examiné les définitions lexicographiques disponibles dans les dictionnaires de langue suivants :

Le Petit Robert mentionne ainsi à l'article **Idée** : « Façon particulière de se représenter le réel, de voir les choses. V. Opinion. Idée reçue. V. Préjugé ». Il cite *Le Dictionnaire des idées reçues* de Flaubert ;

Le Grand Larousse de la langue française dans l'article **Idée** signale également « idée reçue », mais donne comme synonyme : « poncif, cliché, automatisme de la pensée et des mots » ;

Le *TLFi* est le plus complet. Il ajoute un élément de plus aux synonymes de « reçu » : « Qui est communément admis, établi. – En parlant d'une formule : Synon. de consacré – Souvent péj. Qui constitue un lieu commun. [...] ». Nous retrouvons les syntagmes *Idée[s] reçue[s]* et *Idée[s] toute[s] faite[s]*, avec une citation d'une lettre de Flaubert, relevée dans la préface d'une édition du *Dictionnaire des idées reçues*.

Souvent assimilée à celle de cliché, préjugé ou maxime, la notion d' « idée reçue » ne dispose pas d'un contenu défini. Elle peut avoir les deux nuances péjoratives et neutres et aucun indice ne permet de distinguer les deux valeurs. Seule la combinatoire du syntagme « idée reçue » permet de lever cette ambiguïté. Dans des emplois comme *[contredire, choquer, contrarier, attaquer, renverser] des idées reçues*, on comprend parfaitement qu'il s'agit d'une valeur dépréciative. Le sens d'idée admise, consacrée se retrouve davantage dans des syntagmes comme *suivre, cultiver des idées reçues* et *se conformer ou se soumettre à des idées reçues*.

Selon Amossy qui a tenté d'opérer des distinctions entre divers termes apparentés, « le *poncif* est limité au thème purement littéraire ou poétique, le *cliché* désigne un fait de style ou une figure rhétorique usée, le *lieu commun* se réfère à une opinion partagée et couramment énoncée par le vulgaire. Ainsi le thème du réveil printanier de la nature est un poncif, l'expression « le printemps de la vie » un cliché, et l'idée que le printemps est la saison des amours un lieu commun ou une idée reçue » (1991 : 33). Nous adopterons, pour les besoins de notre analyse, cette dernière distinction et nous ajouterons que les idées reçues, considérées d'un point de vue culturel comme le support de l'opinion commune, de ce qui est partagé dans le monde, de ce qui structure les représentations sociales, se définissent comme des stéréotypes, qu'ils soient culturels ou linguistiques.

2.3. La phraséologie

Le deuxième terme de cette analyse concerne le phénomène phraséologique. Nous ne reviendrons pas dans ce qui suit sur les problèmes terminologiques et théoriques qui caractérisent ce concept mis en relation avec d'autres notions afférentes comme le figement, la parémie ou la parémiologie, l'idiomaticité, etc.[1]. Pour définir la phraséologie, nous empruntons à F. Neveu la définition suivante extraite de son *Dictionnaire des sciences du langage* (2004) : « La phraséologie est l'ensemble des unités complexes du lexique, qui présentent des degrés variables de figement, qui sont construites dans des contextes spécifiques, et qui sont tenues à cet égard pour caractéristiques d'un type de discours ». Elle est particulièrement présente dans les textes spécialisés et représente un de ses éléments définitoires. Cependant, l'intérêt que nous portons dans ce travail à la notion de phraséologie est de tout autre nature pour deux raisons : la première est que nous l'utilisons pour décrire un type particulier de discours lexicographique, et la seconde est qu'elle nous servira d'indice pour marquer la fixation du stéréotype en langue.

---

1. Pour plus de détails, voir Mejri (2006, 2011).

Pour ce faire, nous dresserons une typologie des phraséologismes en nous basant sur la définition fournie par S. Mejri (2011 : 127), selon laquelle un « phraséologisme est une formation polylexicale plus ou moins figée correspondant soit à un emploi approprié soit à une dénomination fixe, dont l'usage relève dans tous les cas de l'idiomaticité d'une langue ».

Nous distinguons trois types de phraséologismes :

• Les combinaisons libres appropriées ;

• Les séquences semi-figées ;

• Les séquences figées.

Nous ne nous attarderons pas sur les spécificités linguistiques de chaque type de phraséologismes. Cette typologie nous servira de point de départ pour l'analyse qui suit, même si le statut phraséologique de ce qu'on appelle « idée reçue » demeure flou. Si l'on s'en tient à la définition proposée par A. Rey et S. Chantreau (1989), selon laquelle une idée reçue est une « opinion généralement admise, préjugée », le caractère figé est clairement explicité surtout que les auteurs donnent l'exemple du *Dictionnaire des idées reçues* de Flaubert qui constitue à leur avis « un répertoire de lieux communs bourgeois, souvent formés d'associations de mots, syntagmes et locutions ».

Notre objectif est de montrer qu'il existe donc un rapport étroit entre phraséologie et idées reçues, mais que ces deux notions ne doivent pas être confondues. Toutes les unités phraséologiques sont stéréotypiques mais toutes les idées reçues ne sont pas forcément phraséologiques ; c'est ce que nous montrerons à travers l'analyse du corpus.

2.4. Idées reçues, dictionnaires et norme

Le dernier élément concerne le type de support : le *Dictionnaire des idées reçues* de Flaubert, un produit lexicographique qui n'en est pas un. Pour s'en convaincre, nous citons Flaubert quand il décrit en 1852 pour Louise Colet son œuvre future en disant :

> T'aperçois-tu que je deviens moraliste ! Est-ce un signe de vieillesse ? mais je tourne certainement à la haute comédie. J'ai quelquefois des prurits atroces d'engueuler les humains et je le ferai à quelque jour, dans dix ans d'ici, dans quelque roman à cadre large ;

en attendant, une vieille idée m'est revenue, à savoir celle de mon Dictionnaire des idées reçues (sais-tu ce que c'est ?). La préface surtout m'excite fort, et de la manière dont je la conçois (ce serait tout un livre), aucune loi ne pourrait me mordre quoique j'y attaquerais tout. Ce serait la glorification historique de tout ce qu'on approuve. J'y démontrerais que les majorités ont toujours eu raison, les minorités toujours tort. [...] On y trouverait donc, par ordre alphabétique, sur tous les sujets possibles, tout ce qu'il faut dire en société pour être convenable et aimable. [...] On pourrait d'ailleurs, en quelques lignes, faire des types et montrer non seulement ce qu'il faut dire, mais ce qu'il faut paraître (G. Flaubert, *Correspondance*, Pléiade, t.II, 1980, pp. 208-209).

Livre, société, aimable, convenable, dire, paraître, etc., sont les termes clés de cette présentation. On est donc loin du dictionnaire de langue, défini essentiellement par la recherche du recensement exhaustif des unités lexicales de la langue, où l'on est amené à ne sacrifier aucun aspect de la réalité linguistique, à enregistrer les mots appartenant à tous les niveaux de langue, à la langue littéraire comme à la langue familière ou populaire, à accueillir avec libéralité les néologismes, à ne pas refuser les mots d'origine étrangère, un dictionnaire qui tend à présenter le lexique comme l'expression du système de la langue.

Selon Herschberg-Pierrot, Flaubert pousse à l'extrême la mention du discours social : l'énonciation de son *Dictionnaire* vise à présenter systématiquement les jugements et les clichés comme l'écho des conversations (1994 : 106).

Étant donné que les idées reçues sont rattachées aux valeurs dominantes de la société et qu'elles sont opposées à la thématique de la singularité, le *Dictionnaire des idées reçues* de Flaubert représente un type particulier de dictionnaire, dont le discours est associé particulièrement aux « lois générales », aux « préjugés admis », aux « convenances adoptées » par « la masse », aux « règles de la société », etc. Il ne correspond pas au discours lexicographique défini comme étant un discours « sémantiquement complexe », hétérogène, démonstratif, idéologique-culturel, didactique et passablement pervers « dans lequel les énoncés discursifs sont restitués dans un contexte spécifique, selon des stratégies propres, une production 'exemplifiante' » (Rey 1995 : 95). Il prend davantage la forme de citations et a les mêmes fonctions qu'elles, à savoir présenter :

- une formule percutante, profonde, ayant du panache ;
- une forme de morale rassurante, à la manière d'un proverbe (idée forte partagée, ayant presque force de loi morale) ;
- un conseil, formulé indirectement ;
- une phrase, un vers célèbre qui fait partie du patrimoine culturel, des formules (Pruvost, Préface, *Dictionnaire des Citations*, Bordas, 2008).

Le dictionnaire apparaît dès lors comme un représentant de la norme, une autorité morale. Nous essayerons de montrer dans ce qui suit les différentes expressions de cette norme.

3. Croisement de la stéréotypie et de la phraséologie à travers les « idées reçues »

Selon Anscombre (2001), certaines manifestations de la stéréotypie lexicale reposent sur un trait sémantique stéréotypique qui figure dans une prédication de phrases génériques typifiantes. Par exemple, le stéréotype de *l'avocat* repose sur la prédication « *L'avocat est malhonnête* ». L'interprétation appropriée se fait toujours sur la base d'une inférence. L'inférence est tenue pour vraie si elle correspond au même univers de croyance de celui qui la sous-entend : autant de stéréotypes, autant d'inférences. Cette idée qu'il y a un pont entre la stéréotypie des expressions linguistiques et les représentations sociales et culturelles se heurte cependant à la dichotomie parfois établie entre stéréotypie de pensée et stéréotypie de langue. Les stéréotypes de pensée « fixent dans une communauté donnée, des croyances, des convictions, des idées reçues, des préjugés, voire des superstitions : *les Écossais sont réputés avares, les Polonais boivent beaucoup, il fait beau à la St Jean, après l'Ascension le temps se gâte, qui est heureux au jeu est malheureux en amour* (…) » (Schapira, 1999 : 2).

Les stéréotypes de langue, s'ils se fondent évidemment sur des stéréotypes de pensée, auraient comme caractéristiques d'avoir toujours une expression linguistique spécifique (expression figée ou semi figée, métaphore lexicalisée, etc.), ce qui ne serait pas toujours le cas des stéréotypes de pensée. Par exemple, selon Schapira (*ibidem* : 2), il y a un préjugé courant selon lequel les Écossais sont avares. Or, il n'y a pas d'expression figée du type

« avare comme un Écossais », alors que l'expression figée « saoul comme un Polonais » est répertoriée par les dictionnaires. Mais cette distinction paraît cependant peu solide. On peut remarquer que s'il n'existe pas d'expression figée, il y a bien une connotation attachée au lexème 'Écossais' qui fait que dans certains contextes, on peut interpréter Écossais comme « être avare ». Prenons un autre exemple, peut-être plus clair. Il y a des stéréotypes associés au lexème « fonctionnaire » : gratte-papier, borné, et surtout l'idée qu'un fonctionnaire s'en va dès que l'heure de la fin de son travail est arrivée, même s'il y a encore des choses urgentes à faire. Cependant, il est vrai que l'on n'a pas affaire à une expression figée, ou à une locution, du type « paresseux comme un fonctionnaire ». C'est le sémantisme du nom qui porte alors le stéréotype. On remarque par exemple que le sens stéréotypé de « fonctionnaire » permet l'utilisation de l'adjectif *fonctionnaire* dans le sens du stéréotype : *il s'en va dès qu'il a fini son travail, il est très fonctionnaire.*

La distinction ne se situe donc pas entre « stéréotypes de pensée » et « stéréotypes de langue », puisque la « pensée » s'incarne toujours d'une manière ou d'une autre dans la langue, mais entre des stéréotypes qui s'incarnent ou non dans des expressions plus ou moins figées. Nous distinguerons dès lors deux types de phraséologismes :

- ceux qui, comme tous les mots d'une langue, ont des significations structurées par les stéréotypes qui peuvent être considérés comme des schèmes que l'esprit humain applique sur le monde pour mieux l'investir. Ils varient infiniment selon les époques, les cultures, les milieux (Mejri 2003) ;

- ceux qui, ne sont pas « stéréotypiques » au sens social du terme.

Si l'on veut établir un pont entre la conception sociale de la stéréotypie et son incarnation linguistique, il faut que l'expression plus ou moins figée incarne un lieu commun, une idée reçue.

3.1. Stéréotypie linguistique et culturelle

Nous nous baserons sur la distinction opérée par R. Martin (1976 : 37) entre inférence de langue et inférence situationnelle pour classer les idées reçues. De ce point de vue, l'inférence de langue est « étroitement dépendante, non pas de la situation, mais des contenus de langue (…), la vérité de (p' q') est une vérité invariablement imposée par les structures sémantiques de la langue ».

Par exemple : *p' = Pierre a dénoncé son camarade.*
q'= Le camarade de Pierre a commis une faute.

La deuxième, dépendante de la situation, « se trouve étroitement liée aux données d'univers, en un certain temps et en un certain lieu ».

Par exemple : *Si ma montre retarde, alors Pierre aura certainement son train.*

Cette distinction nous servira de base pour expliciter l'inférence qui sous-tend les phraséologismes issus des idées reçues dans une approche monolinguale.

3.2. Idées reçues et stéréotypie linguistique

Le jeu des inférences est au cœur de toute expression linguistique. Il se traduit par la notion de norme qui régit l'usage des mots et l'application systématique des règles. Toute transgression des usages normatifs implique un écart par rapport à l'inférence inhérente à la langue. Il s'agit, selon les termes de S. Mejri (2008 : 72), d'une fixité de nature strictement linguistique qui se vérifie à tous les niveaux de l'analyse linguistique : phonologique, morphologique, syntaxique, sémantique et énonciatif. Nous l'examinerons à travers les quatre types de phraséologismes suivants : les expressions en *comme*, les collocations, les dénominations figées et les séquences figées.

*a) **Les expressions en* comme**

La comparaison représente l'un des divers mécanismes analogiques. Selon R. Martin (1992 : 207), « en disant que l'homme est comme un loup, qu'il est semblable au loup, comparable au loup sous tel ou tel aspect, par sa férocité ou par autre chose, on produit un énoncé qui s'apprécie en termes de vrai ou de faux. [...] La comparaison fait apparaître une implication commune [...], par exemple : être *loup* → *être féroce* et *être homme* → *être féroce* ». Cette définition fait ressortir deux propriétés distinctives et définitoires du fonctionnement de la comparaison en général, nous en retiendrons celle qui concerne notre propos à savoir que la comparaison repose sur une « *implication commune* » : pour reprendre l'exemple développé par Martin R. « en disant que l'homme est féroce comme le loup, je présuppose que le loup est féroce et je pose que l'homme l'est de la même manière ou *au même degré* que le loup » (1992 : 208).

Dans les exemples suivants, empruntés au dictionnaire de Flaubert, les comparants sont lexicalement et sémantiquement contraints :

> FORT : Comme un Turc, un bœuf, un cheval, comme Hercule (…)
>
> DÉRATÉ : Courir comme un dératé (…)
>
> DUR : Ajouter invariablement comme du fer. Il y a bien dur comme la pierre, mais c'est moins énergique.
>
> ÉPÉE : (…) « Brave comme son épée. » Quelquefois elle n'a jamais servi.
>
> FERME *(ADJ.)* : Toujours suivi de « comme un roc ».

Ainsi, pour signifier par exemple la force, on emploie les comparants *Turc, bœuf, cheval, Hercule*. La sélection des comparants se fait dans plusieurs domaines. Elle se traduit par la présence notamment de noms propres, certains d'entre eux désignent des personnes ou des personnages mythologiques (*Hercule*), d'adjectifs dits « géo-ethniques » qui attestent néanmoins d'une origine spatiale (*Turc*), etc. On constate également un type particulier de définition qui se fait sur une sélection métalinguistique : le jeu de défigement dans « quelquefois elle n'a jamais servi » pour l'*épée* par exemple, ou « il y a bien dur comme pierre… » en relation avec la définition de l'adjectif *dur*.

b) *Les combinaisons libres appropriées*

Elles relèvent de la combinatoire libre puisqu'elles n'ont rien de figé : il est possible d'effectuer des substitutions paradigmatiques, d'insérer des éléments entre les constituants, de coordonner des constituants, etc. Nous retenons les exemples construits sur les différents emplois du verbe *employer*, comme « *doit s'employer* », « *ne s'emploie que* », « *s'emploie avec* » :

> EXTIRPER : Ce verbe ne s'emploie que pour les hérésies et les cors aux pieds.
>
> EXTINCTION : Ne s'emploie qu'avec paupérisme.
>
> FLAGRANT DÉLIT : Prononcer flagrante delicto. Ne s'emploie que pour les cas d'adultère.

IVOIRE : Ne s'emploie qu'en parlant des dents.

DRÔLE : Doit s'employer à tous propos : « C'est drôle ».

(Attention : il s'agit de commentaires métalinguistiques en rapport avec les emplois appropriés : dent d'ivoire, extraire un cors de pied…) Il vaut mieux insister sur la manière dont cela est décrit : la congruence soit dans l'emploi situationnel (pour drôle et flagrant délit) soit dans la syntagmatique (dent d'ivoire).

c) Les collocations

Quand la langue lexicalise les idées reçues, ces dernières peuvent prendre différentes formes. On remarque dans les exemples suivants que nous avons affaire à des collocations :

NAVIGATEUR : toujours « hardi ».

SALUTATIONS : toujours « empressées ».

Cette lexicalisation se fait moyennant différentes structures syntaxiques. Nous en citons quelques unes :

X suivi de Y : (X et Y représentent les deux constituants de la collocation).

CACHET : Toujours suivi de « tout particulier » → cachet tout particulier.

ESPRIT : Toujours suivi d'étincelant → esprit étincelant.

FLEGME : Toujours suivi de imperturbable → flegme imperturbable.

JALOUSIE : Toujours suivie d'effrénée → jalousie effrénée.

NOIR : Toujours suivi d'ébène → noir d'ébène.

X précédé de Y : (X et Y représentent les deux constituants de la collocation).

AMBITION : Toujours précédé de folle quand elle n'est pas noble.

FERMÉ : Toujours précédé de hermétiquement.

GOURMÉ : Toujours précédé de raide.

HISTRION : Toujours précédé de vil.

IVRESSE : Toujours précédée de folle.

d) Les dénominations figées

Il arrive que les définitions des idées reçues prennent la forme de désignations figées comme dans les exemples suivants :

CHAT : Les chats sont traîtres. Les appeler tigres de salon.

ÉCREVISSE : Toujours appeler les réactionnaires des écrevisses.

HIRONDELLES : Ne jamais les appeler autrement que messagères du printemps.

LA FONTAINE : Soutenir qu'on n'a jamais lu ses contes. L'appeler le Bonhomme, l'immortel fabuliste.

e) Les séquences comportant des références religieuses, historiques, littéraires et autres

La dimension culturelle que recèlent ces séquences stéréotypées réside dans la présence d'un ensemble de caractéristiques ayant trait à tout ce qui relève d'une forme d'ancrage historique, spatial, littéraire, religieux, etc. :

ANDROCLÈS : Citer le lion d'Androclès à propos de dompteurs.

PUCELLE : Ne s'emploie que pour Jeanne d'Arc, et avec « d'Orléans ».

ILIADE : Toujours suivie de l'Odyssée.

ALLEMAGNE : Toujours précédé de blonde, rêveuse. Mais quelle organisation militaire !

3.3. Idées reçues et stéréotypie culturelle

Nous constatons à travers notre corpus que la dimension culturelle de la stéréotypie est très présente. Les stéréotypes culturels sont tellement nombreux et diversifiés dans leurs formes qu'ils constituent un vrai patrimoine auquel fait référence Flaubert dans chacun de ces exemples et chacune de ces citations. Les entrées du dictionnaire se transforment alors en des citations ayant les fonctions que nous avons déjà présentées et que nous reprenons afin de classer les différents exemples :

- Une formule percutante, profonde, ayant du panache :

ABSALON : S'il eût porté perruque Joab n'aurait pu le tuer.

Actrices : Sont d'une lubricité effrayante, se livrent à des orgies, avalent des millions, finissent à l'hôpital.

- Une forme de morale rassurante, à la manière d'un proverbe (idée forte partagée, ayant presque force de loi morale) :

> AIL : Tue les vers intestinaux et dispose aux combats de l'amour.
>
> IMBÉCILE : Tous ceux qui ne pensent pas comme vous.
>
> GOÛT : Ce qui est simple est toujours de bon goût.

- Un conseil, formulé indirectement :

> BÂILLEMENT : Il faut dire : « Excusez-moi, ça ne vient pas d'ennui, mais de l'estomac ».
>
> BAISER : Dire embrasser, plus décent.

- Une phrase, un vers célèbre qui fait partie du patrimoine culturel, des formules :

> MONTRE : n'est bonne que si elle vient de Genève.
>
> OUVRIER : toujours honnête quand il ne fait pas d'émeute.

La stéréotypie culturelle se base sur une conformité par rapport à un univers de croyance partagé, déterminé par une situation d'énonciation spécifique. Pour l'exprimer, Flaubert fait usage de l'adverbe toujours :

- Toujours + Adjectif :

> BANDITS : Toujours féroces.
>
> BASILIQUE : Synonyme pompeux d'église. Est toujours imposante.
>
> BATAILLE : Toujours sanglante.
>
> CACHOT : Toujours affreux.

- Toujours + Verbe :

> CHEMINÉE : Fume toujours. Sujet de discussion à propos du chauffage.

- Toujours + Syntagme prépositionnel :

> BOURREAU : Toujours de père en fils.
>
> DIDEROT : Toujours suivi de d'Alembert.
>
> DOCUMENT : Toujours de la plus haute importance.

La dimension culturelle et conservatoire des stéréotypes ne doit pas masquer non plus le fait qu'il y a toujours aussi la possibilité de créer de nouvelles associations, en fonction de nouvelles expériences sociales, ou en fonction de schémas mentaux qui permettent de voir le monde autrement, notamment grâce à la création littéraire. Il conviendrait de séparer nettement la perspective rhétorique, qui permet de considérer les stéréotypes comme des formes fossilisées, peu inventives et la perspective linguistique, qui s'intéresse à toutes les expressions lexicalisées, quel que soit le point de vue qu'on peut adopter par ailleurs lorsqu'on se place du point de vue stylistique. Nous laisserons donc de côté les termes de « cliché », « lieu commun », etc., pour tenter de mieux discerner le fonctionnement sémantique et syntaxique des expressions figées ou semi-figées. Si l'on se place comme nous dans une perspective d'application lexicographique, il n'en convient pas moins de signaler les différents « effets » stylistiques produits par leur emploi.

4. Conclusion

Nous avons tenté de croiser les deux concepts de stéréotypie et de phraséologie, comme étant deux phénomènes linguistiques dont l'expression est principalement lexicale, dans l'analyse d'un type particulier de discours lexicographique. Nos interrogations sur des notions connexes comme celle de *poncif*, *cliché*, *lieux communs*, *idées reçues*, etc. dans *le Dictionnaire des idées reçues* de Gustave Flaubert sous un double angle culturel et linguistique nous ont permis de dégager plusieurs types de phraséologismes. Cette typologie exploite les séquences figées et défigées, même si le défigement de nature métalinguistique, dans ce cas, demeure moins présent, mais se présente comme une des possibilités offertes par la langue.

Bibliographie

AMOSSY, R., (1997), *Stéréotypes et clichés*, Paris, Nathan Université.

ANSCOMBRE, J.-C., (2001), « Le rôle du lexique dans la théorie des stéréotypes », in *Langages* n° 142, pp. 57-76, Paris, Larousse.

ANSCOMBRE, J.-C., MEJRI, S., 2011, *Le Figement linguistique : la parole entravée*, Paris, Honoré Champion.

FLAUBERT, G., (2002), *Le Dictionnaire des Idées reçues* de, Éditions Boucher, disponible à cette adresse :
http://www.leboucher.com/pdf/flaubert/b_fla_di.pdf

HERSCHBERG-PIERROT, A., (1994), « Histoire d' « idées reçues » », *Romantisme* n° 86, pp. 101-120.

Le Grand Larousse de la langue française, en ligne, disponible à l'adresse suivante : http://gallica.bnf.fr/ark:/12148/bpt6k1200535k/f11.image

MARTIN, R., (1976), *Inférence, antonymie et paraphrase*, Paris, Klincksieck.

MARTIN, R., (1992), *Pour une logique du sens*, Paris, PUF.

MEJRI, S., 2003, « La stéréotypie du corps dans la phraséologie. Approche contrastive », in Burger, H., Häcki Buhofer, A. et G. Gréciano, *Phraseologie und Parömiologie*, pp. 203-217, Band 14, Flut von Texten-vielfalt der Kulturen, Essen, Schneider Verlag Hohengehren GmbH.

MEJRI, S., (2006), « Phraséologie et traduction des textes spécialisés », disponible à l'adresse suivante : http://www.rechercheisidore.fr/search/resource/?uri=10670/1.vs3nh5

MEJRI, S., (2008), « Figement, défigement et traduction. Problématique théorique », in Mejri S., Mogorron Huerta P. (eds), *Figement, défigement et traduction*, pp. 153-163, Université d'Alicante.

MEJRI, S., (2011), « Phraséologie et traduction des textes spécialisés », in Mogorron Huerta P., Gonzalez C., (eds), *Estudios y análisis de fraseología contrastiva : lexicografía, traducción y análisis de corpus*, pp. 125-137, Université d'Alicante.

NEVEU, F., (2004), *Dictionnaire des sciences du langage*, Paris, Armand Colin.

PRUVOST, J., (2008), « Préface », *Dictionnaire des Citations*, Bordas.

REY, A., CHANTREAU, S., (1989), *Dictionnaire des expressions et locutions*, Le Robert.

Trésor de la langue française (informatisé), disponible à l'adresse suivante : http://atilf.atilf.fr/tlf.htm

PALMA, S., (2008), « Le rôle des stéréotypes lexicaux dans les éléments figés de la langue », in Leeman D., (ed), *Des topoï à la théorie des stéréotypes en passant par la polyphonie et l'argumentation dans la langue*, Hommage à J.-C. Anscombre, pp. 277-286, Presses de l'Université de Savoie.

SCHAPIRA, C., (1999), *Les stéréotypes en français*, Paris, Ophrys.

chapitre 20
Le verbe *faire* et la théorie guillaumienne de la subduction

Olivier Soutet

Notre contribution se situe dans la continuité de nos réflexions remontant pour l'essentiel à Soutet 2005, tournant toutes, ou presque, autour du schème bitensif guillaumien, de ses supports théoriques et de ses diverses applications.

Il n'est sans doute pas inutile de rappeler la double hypothèse fondatrice, au soubassement du schème bitensif, en tant qu'il visualise la cinétique de l'esprit en action de langage, telle que la conçoit Guillaume :

(1) un rapport permanent entre deux mouvements, entre largeur et étroitesse :

> « On partira, à cet effet, de l'idée, évidemment fondée, que la pensée tient sa puissance de ce qu'elle est habile à particulariser et à généraliser. Privée de cette double aptitude – qui constitue un entier (un entier intérieurement binaire) – que la pensée humaine serait sans force et inopérante.
>
> Or si, de ces deux opérations – particularisation et généralisation – desquelles la pensée tient sa puissance, on ne retient abstractivement que ce qu'elles comportent de mécanique, elles se réduisent à deux mouvements de pensée, l'un allant du large à l'étroit (inhérent à la particularisation), l'autre allant de l'étroit au large (inhérent à la généralisation). Une réduction abstractive infléchie selon la pente arithmétique ramènerait la particularisa-

tion à un mouvement allant du plus au moins, et la généralisation à un mouvement allant du moins au plus.

Le mécanisme de puissance de la pensée, c'est l'addition sans récurrence, sans retour en arrière, de deux tensions : une tension I fermante, progressant du large à l'étroit, et une tension II ouvrante ad infinitum, progressant de l'étroit au large. Soit figurativement :

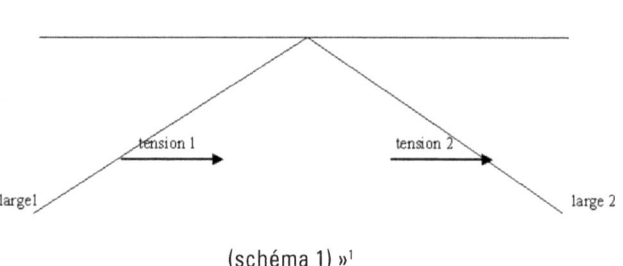

(schéma 1) »[1]

(2) l'inscription de ce mouvement dans une durée, dite opérative, sur la nature de laquelle nous ne reviendrons pas, nous bornant à rappeler que son caractère problématique nourrit à la fois une critique de fond, externe, à l'endroit de la psychomécanique guillaumienne et un débat interne au courant guillaumien.[2]

On ne s'étendra pas ici sur les contraintes épistémologiques que, progressivement, Guillaume imposera à l'usage du tenseur double[3]. On se bornera ici à en rappeler les grands usages en psychomécanique :

(1) figuration des « moments » de l'acte de langage :

---

1. Guillaume (1973a : 201).
2. Voir Soutet (2010).
3. Ils s'articulent autour de trois principes : (1) le principe d'intégrité, qui s'énonce ainsi : « [...] un rapport structural institué entre deux termes, A et B, ne satisfait à la condition d'entier que s'il est parcouru successivement dans les deux sens : de A en B et, en réplique, de B en A » ; (2) le principe de non-récurrence, qui s'énonce ainsi : « [...] le mouvement bi-tensif dont le tenseur radical est une configuration emporte avec soi l'interdiction de tout retour au déjà opéré. La successivité ici régnante est celle inhérente au temps qui en fait, sinon en pensée, ne se laisse pas remonter » ; (3) le principe de la dissimilitude des isomorphes terminaux, qui s'énonce ainsi : « dans le tenseur binaire radical, la parité des extrêmes, si approchée soit-elle, est déficiente, la relation du terme final et du terme initial étant celle d'une égalité sous tous les rapports, moins un excepté ; le retour au dépassé est, nonobstant l'accession à l'isomorphie, une impossibilité. C'est en vertu de ce principe que, dans le tenseur binaire radical, non seulement est respectée, ainsi qu'on l'a dit plus haut, la relation fondamentale [A1 → B1 / B2 → A2], mais que, de surcroît, s'y trouve a minima satisfaite la condition [A1≠A2]. Les trois citations sont reprises de Guillaume (2003 : 92-93).

Le rapport entre langue et discours fait l'objet d'une figuration sous l'aspect d'un tenseur angulaire, articulant la langue en tant que représenté et le discours en tant qu'exprimé :

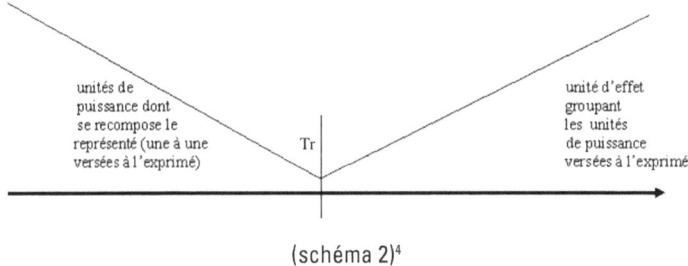

(schéma 2)[4]

Schéma ainsi commenté par Guillaume :

> « Le schème, ci-dessus reproduit, de ce qu'est le rapport du représenté et de l'exprimé au moment où s'engage l'acte d'expression aurait sa pleine utilité explicative dans une étude dont l'objet serait une analyse de ce qui s'accomplit tandis que le discours se développe, lequel, aussi longtemps qu'il dure, est un dévidement d'instants individuellement délimités livrant chacun à l'exprimé, dans un ordre qui sera celui des mots dans la phrase, l'une des unités de puissance dont celle-ci est un assemblage singulier, éphémère, et homogène en sa courte durée ».[5]

(2) figuration des « moments » de la genèse du signe (mot ou morphème) :

L'ontogénèse du signe a fait l'objet de nombreuses représentations linéaires chez Guillaume et chez un de ses interprètes les plus scrupuleux, Gérard Moignet. Ainsi trouve-t-on dans Moignet (1981 : 11) cette représentation de l'ontogénèse du mot :

---

4. Dans Guillaume (2003 : 78). L'abréviation Tr. signifie : « transition individuelle des unités de puissance du représenté où elles sont prises à l'exprimé auquel, pour constitution de la phrase, elles sont versées ».

5. Guillaume (2003 : 78).

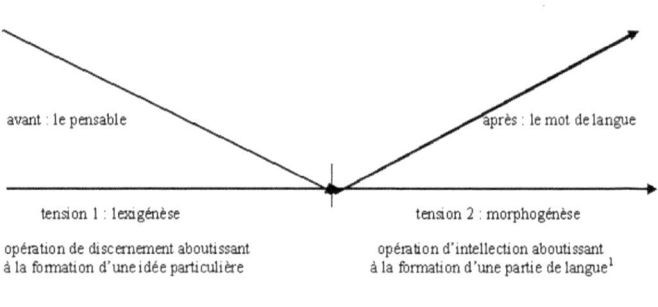

(schéma 3)

(3) figuration de l'articulation de signes faisant microsystème :
On songe ici bien évidemment au microsystème de l'article, représenté un nombre considérable de fois chez Guillaume et les guillaumiens :

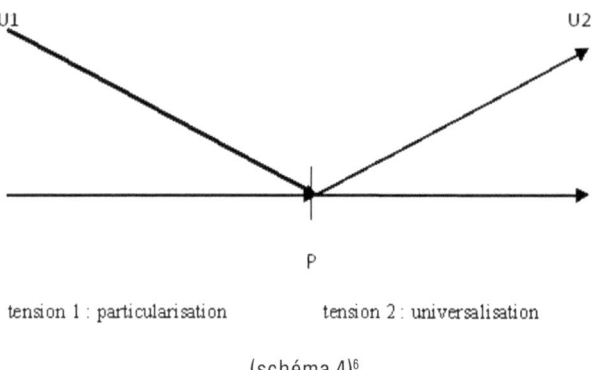

(schéma 4)[6]

On pourrait y ajouter maints microsystèmes onoma-sémasiologiques, identifiés soit onomasiologiquement (microsystèmes du nombre, du cas, du verbe, de la négation, notamment), soit sémasiologiquement (microsystèmes *a/de*, *oui/non/si*, *si/que*, *que/quoi*, etc.)
(4) figuration du parcours sémantique d'un seul signe :
On en trouve des tentatives dans nos propositions de description de morphèmes tels que *un* ou *que*[7].

---

6. Dans le schéma, P signifie « particulier ».
7. Voir, par exemple, Soutet (2006).

C'est dans ce cadre qu'il y a lieu d'inscrire le mécanisme, central dans l'analyse guillaumienne, de la subduction, auquel Guillaume consacra, dès 1938, un important article, « Théorie des auxiliaires et examen des faits connexes ».

Guillaume aborde la question de la subduction à partir de la catégorie verbale en distinguant deux formes de subduction, l'exotérique et l'ésotérique :

> « La subduction sémantique du verbe a l'allure typique des grands procès mentaux qui président à la construction des langues. C'est une opération de pensée itérative qui se répète indéfiniment à partir de ses propres résultats.
>
> Deux moments caractéristiques se laissent distinguer dans cette progression.
>
> Au début, la subduction du verbe n'est sensible que par rapport aux autres verbes. Ainsi, être, qui ne peut avoir alors que le sens plein d'« exister », apparaît subductif, idéellement antécédent, par rapport au reste de la matière verbale. Ne faut-il pas d'abord être pour pouvoir ensuite se mouvoir, aller, venir, marcher, manger […] ? La subduction, aussi longtemps qu'elle ne dépasse pas ce degré, laisse au verbe qui en fait l'objet, la plénitude de sa signification. Ainsi limitée, nous la nommerons subduction exotérique […]
>
> Plus avant, dans sa propre marche, la subduction a d'autres conséquences. Elle conduit le verbe non plus seulement au-dessous des autres verbes, mais au-dessous des sens moins subductifs qu'il a, dans le procès même de sa subduction, occupés antérieurement. Autrement dit, elle le fait subductif intérieurement. D'ésotérique qu'elle était initialement, la subduction en s'amplifiant, devient ésotérique […] »[8]

Si, en première approche, Guillaume explicite le rapport entre subduction exotérique et subduction ésotérique en faisant appel à l'hypothèse d'un processus mémoriel :

> « Un verbe subductif par rapport à un autre ou à plusieurs autres l'est plus ou moins, avec des différences fugaces, en continuelle variation dans les deux sens, auxquelles l'esprit n'est pas insensible. Il les réfère les unes aux autres, et tout haut degré de subduction que le verbe atteint le fait apparaître, dans la mémoire, subductif par rapport au souvenir qu'il a laissé de lui-même sous une subduction moindre. Autrement dit, étant donnés un verbe ou un ensemble de verbes V et un verbe v subductif par rapport à

---

8. Guillaume (1973b : 74-75).

V, il arrive, la subduction du verbe v oscillant entre s et $s + q$, que v_{s+q} se réfère à v_s et non plus à V. La subduction esotérique est, dès lors, instituée »⁹,

dans un second temps, il l'intègre à sa conception génétique de la langue en reprenant l'exemple du verbe être :

> « Que le verbe *être* en fasse l'objet, il n'aura plus le sens aisément fixable d'exister, que maintenait en lui la subduction simplement exotérique, mais il prendra dans la subduction simplement exotérique, mais il prendra dans la subduction plus ou moins profonde de l'idée d'existence un sens moins pénétrable, aussi facile à manier que difficile à fixer. Le contraste, frappant, tient à ce que la subduction esotérique ramène le mot en deçà de la pensée – d'où difficulté proportionnelle d'en fixer le sens – et l'engage pour autant dans la pensée pensante – d'où facilité proportionnelle du maniement.
>
> La valeur du verbe *être*, sous ce traitement, est celle d'un auxiliaire *(être sorti)* ou d'une copule *(être riche)* ; plus généralement d'un sémantème obéissant à une sorte de genèse inverse qui le ramène par degrés du domaine de la pensée pensée, où tout est clair et pénétrable, au domaine de la pensée pensante, où les idées en genèse ne sont encore que les mystérieuses impulsions créatrices de l'esprit. »¹⁰

L'idée que nous développerons est que la sémantèse globale d'un verbe à potentialité subductrice se laisse décrire suivant un double mouvement, la première tension permettant d'élaborer le sens non subduit, plein, la seconde d'opérer la genèse inverse, dont parle Guillaume. Le verbe *faire* nous servira de base de réflexion interprétative.

Cette réflexion passe, comme il est usuel dans le cadre de la sémantique guillaumienne, par une hypothèse sur l'orientation de chacune des deux tensions. Une première piste s'offre à nous, qui combinerait subduction exotérique et subduction ésotérique, celle-là sous-tendue par la tension fermante et celle-ci par la tension ouvrante. Si l'on voit, au moins globalement, comment peut s'organiser celle-ci, les choses sont moins claires pour celle-là. Plus exactement, identifier tension fermante et subduction exotérique revient à faire de cette tension le support d'organisation de l'entier

---

9. Guillaume (1973b : 75).

10. Guillaume (1973b : 75).

des lexèmes verbaux du moins subduit au plus subduit, *faire* n'étant qu'un moment de ce mécanisme de subduction progressive, postérieure en temporalité opérative à l'entier des verbes impliquant un tant soit peu de « faire », mais antérieure à des verbes plus subduits comme *avoir* et *être*. En figure :

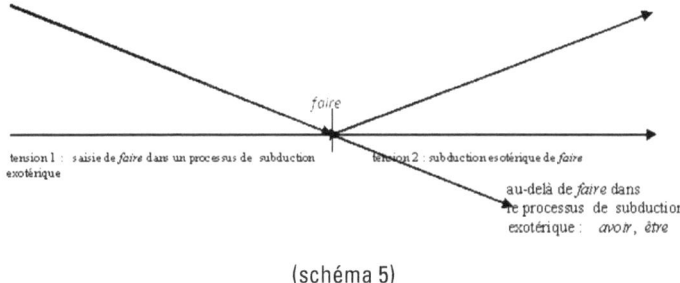

(schéma 5)

Cette première piste, qui a l'avantage d'offrir une visualisation claire et tranchée du rapport entre subduction exotérique et subduction ésotérique, présente néanmoins deux difficultés : (a) elle implique que l'axe de la tension fermante « absorbe » potentiellement la totalité des verbes du lexique important avec eux l'idée de « faire », ce qui, en soi, n'est, du reste, pas gênant – une tension étant par nature extensible – mais impose en toute rigueur, idéalement en tout cas, que ceux-ci soient ordonnés sur l'axe en question ; le problème se pose, à la fois, en amont de *faire* (y a-t-il un sens à essayer de classer *manger* par rapport à *boire, rire, dormir,* etc. ?) et en aval de *faire* (notre schéma 5 y place *avoir* et *être*, en suggérant que celui-ci est un après de celui-là, mais où placer les verbes modaux, par exemple, *devoir, pouvoir, vouloir* ?) ; (b) elle requiert que l'on identifie nettement l'orientation des deux tensions successives : si le terme de la première est constitué par *faire*, entendu dans son sens plein et son emploi absolu[11], cela signifie que le mouvement porteur de cette première tension est un mouvement du particulier au général ; ce qui entraîne, si l'on ne veut pas renoncer au principe de dissimilitude des isomorphes terminaux, que le mouvement de la seconde tension, ouvrante, doit ramener à une certaine forme de particularité. Or, au moins à ce stade de notre

---

11. Voir infra.

réflexion, nous ne voyons pas comment pourraient s'organiser sur un axe général/particulier les composantes du spectre sémantique de *faire*.

C'est pourquoi nous pensons préférable de nous engager sur une seconde piste, qui ne prend pas en compte le mécanisme de subduction exotérique, mais le seul mécanisme de subduction esotérique, distribué sur les deux tensions constitutives du microsystème de *faire*. Encore faut-il proposer une conjecture quant à l'orientation des tensions en question. Au moins à titre provisoire, nous suggérons de les rapporter à une double dialectique du positif et du négatif, d'une part, du matériel et du formel, d'autre part.

La tension fermante, de gauche, serait porteuse des emplois de *faire*, en tant qu'il renvoie, référentiellement, à un acte de production/création. Dans la logique de l'analyse guillaumienne, la saisie sémantique de cet acte est de nature opérative. On doit le penser à partir de ce dont il se distingue jusqu'à ce qu'il est en sa plus grande profondeur. Il nous semble donc pertinent d'ordonner cette première tension du « non-faire » au « faire absolu » en passant par le « faire saisi à travers le fait ». En figure

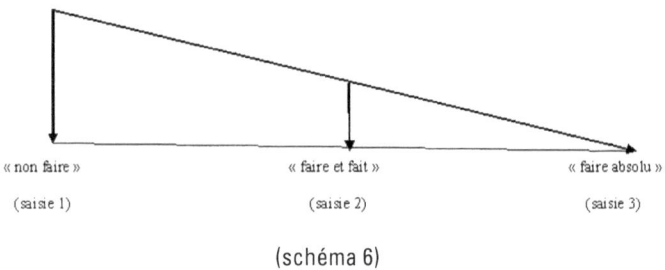

(schéma 6)

Se placeraient :

(1) sous saisie 1, les emplois du type *faire beau, faire jour, faire nuit* ;

(2) sous saisie 2, les emplois, eux-mêmes très diversifiés, où *faire*, passivable, accepte des paraphrases multiples en fonction des objets régis (*faire un gâteau, faire une statue*, etc.), avec, du reste, des ambiguïtés hors contexte (*faire la cuisine* : (a) « préparer le repas » ; (b) « nettoyer la cuisine » ; (c) « aménager/repeindre la cuisine ») ;

(3) sous saisie 3, les emplois où *faire* n'est assorti d'aucune suite, fait syntagme verbal à soi seul. Sans doute faut-il rapporter à cette saisie *faire* au sens de « déféquer » et les emplois où *faire*, très posi-

tivement connoté (« agir »), s'oppose aux verbes de la non-action (interprétée comme manifestation de faiblesse ou d'incapacité), *être* (au sens de « simplement être là, sans plus ») et *dire* (quand dire revient à ne rien faire).

Ce point atteint, s'amorce la seconde tension, orientée vers un autre « non-faire », celui qu'on observe dans les contextes où *faire* ne sert pas à renvoyer à un « agir », un « produire » ou même un « être » (si modeste soit-il) mais à donner à un verbe la forme, sans laquelle il ne serait pas verbe. C'est le *faire* de locutions telles que *faire peur, faire profession, faire montre*, etc., locutions parfois sémantiquement très proches de verbes synthétiques : *faire montre de courage* est ainsi très proche de *montrer du courage*. En figure :

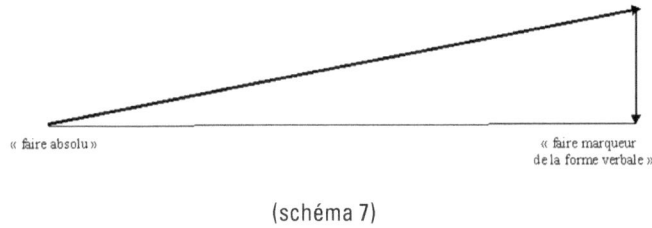

(schéma 7)

Il semble pertinent de placer entre ces deux saisies celle du *faire* de vicariance, dont on trouve une description – très détaillée et présentée, dans le cadre et les termes de la théorie guillaumienne – dans Moignet (1974). En voici un extrait :

> « On peut poser qu'en français moderne, le suppléant, ce n'est pas *faire*, mais le syntagme *le faire*. « cf. *Tous ceux qui écrivaient* le faisaient *dans cette langue* (A. Meillet, *Esquisse d'une histoire de la langue latine*, p. 230 ; cité par K. Sandfeld, *Synt.fr. cont.*, II, p. 447) ». Que signifie cela ? Que le verbe à suppléer – ici écrire – est analysé en ses deux éléments constitutifs : la *notion* dont il est porteur et la *forme* verbale qui est la sienne. La notion est représentée par le pronom *le*, la forme verbale par le verbe *faire*, qui exprime sémantiquement l'activité dans son caractère le plus général. »[12]

Même si *faire* en emploi vicariant est, matériellement, porteur de l'idée d'« activité dans son caractère le plus général », il s'agit d'une matière résiduelle (à penser, opérativement, en éloignement du point d'inversion entre les deux tensions, « faire

---

12. Moignet (1974 : 19).

absolu »), sa dimension formelle prévaut très largement. En figure, on aurait ceci :

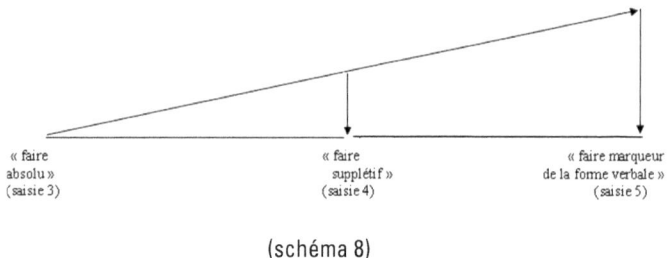

(schéma 8)

L'entier du système de *faire* serait donc le suivant :

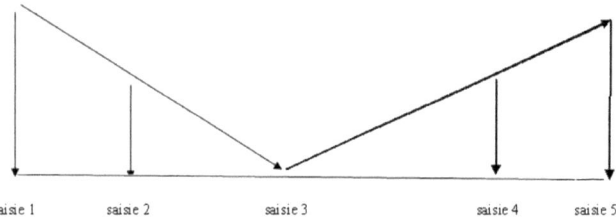

On se gardera évidemment de considérer que ce schéma fournit une représentation complète et définitive du sémantisme de *faire* dans l'esprit même de la psychomécanique guillaumienne. D'abord, bien entendu, l'opérativité étant un processus continu, les saisies, comme il est d'usage, se bornent à visualiser quelques étapes majeures d'une série potentiellement illimitée, ce qui signifie qu'il ne faut être dupe ni du nombre de saisies proposé, ni de leur très (trop) symétrique organisation. D'une part, rien n'indique, par exemple, à propos de la saisie 2 (« faire saisi à travers le fait »), qu'il ne faille pas opérer des distinctions entre les emplois de *faire* « arranger », de *faire* « produire », de *faire* « créer », d'autre part – et surtout – il est manifeste que le schéma ne fait pas droit à certains emplois. Nous songeons à deux en particulier : l'emploi factitif *(manger/faire manger)* et l'emploi que je qualifierais volontiers de « simulatif » *(faire l'âne pour avoir du son)*. Dans notre cadre méthodologique, le problème que posent ces emplois est celui de savoir s'ils doivent être rapportés à la tension fermante ou à la tension ouvrante du schéma, c'est-à-dire à du « faire » en croissance ou à du « faire » en décroissance.

    La réponse nous semble pouvoir être la suivante. À travers l'emploi factitif, *faire* accroît, on le sait, la valence[13] du verbe *principal* : ainsi *manger*, divalent (x *mange* y), devient, associé à *faire*, trivalent (x *fait manger* y à z). Cela signifie, notamment, que, par la médiation de *faire*, le procès désigné par le verbe principal (quel que soit son contenu sémantique) voit s'accroître la puissance d'effection de l'instance de laquelle procède cette effection. Dans x *fait manger* y à z, x et z coopèrent à l'effection de *manger*, z comme actant prioritaire et x comme actant secondaire. Aussi nous paraît-il légitime de placer l'emploi factitif de *faire* sur l'axe de la tension fermante, à gauche de la saisie 2. On peut parler pour lui de saisie 2-. Quant à l'emploi « simulatif », il implique pour *faire* un signifié incluant, par définition, le trait /NON EFFECTION/ : quand on fait l'âne, on fait comme un âne mais sans le devenir. On est, référentiellement parlant, dans l'apparence du « faire », autrement dit dans un « faire » matériellement nul, de pure forme si l'on veut. Partant de là, il nous paraît fondé de situer l'emploi « simulatif » sur l'axe de la tension ouvrante : le formel qui s'attache à cet emploi est un formel référentiel, qui se distingue du formel linguistique (celui des saisies 4 et 5), mais qui le prépare opérativement parlant. On parlera ici de saisie 4-.

---

13. Voir Tesnière (1966 : 260-262).

Il nous paraît donc, au stade de notre réflexion, acceptable de proposer le schéma provisoirement conclusif suivant :

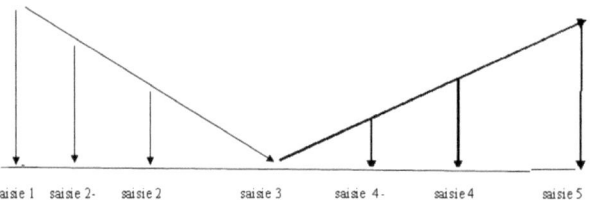

Sans doute faut-il, pour terminer, revenir à notre point de départ signalé dans le titre de notre contribution, à savoir la nature de ce qu'est la subduction, plus précisément la subduction ésotérique.

On se souvient que Guillaume, tout en proposant une interprétation cognitive du phénomène de subduction[14], en suggère une formalisation, plus exactement une linéarisation, à partir de l'idée de genèse inverse, qui serait comme une genèse d'approfondissement de la sémantèse du signe considéré. Cette genèse inverse est une genèse qui inverse ; or, elle ne peut, par nature, inverser qu'une genèse qui la précède. C'est la raison pour laquelle, d'emblée, nous avons postulé comme cohérente l'insertion de cette genèse inverse dans un mécanisme bitensif.

Cela, toutefois, pose deux problèmes : (a) si l'on réserve les termes de *subduction/subduit* aux saisies/emplois de la tension droite, quelle dénomination retenir pour celles/ceux de la tension gauche antérieur(e)s à la saisie/emploi plein(e), dans le cas de *faire*, la saisie/emploi de « faire absolu » ? (b) au-delà, ce qui est peut-être en cause, c'est la pertinence même des termes *subduction/subduit* : empruntés, on le sait, à la géologie, ils suggèrent que les saisies/emplois subduits « descendent au-dessous » du sens plein tout comme une plaque tectonique peut descendre sous une autre. Or, cette métaphore géologique entre en évidente opposition avec la visualisation canonique du tenseur binaire radical, à moins qu'on ne lui préfère celle que proposait Guillaume dans son *Essai de mécanique intuitionnelle* et qui apparaît à travers le schéma 1.[15]

---

14. Voir *supra* la citation référencée dans la note 9.

15. Voir note 1.

Bibliographie

GUILLAUME, G., (1973a), *Principes de linguistique théorique*, éd. R. Valin, Québec-Paris, Laval-Klincksieck.

GUILLAUME, G., (1973b), *Langage et science du langage*, Paris-Québec, Nizet-Laval.

GUILLAUME, G., (1993) [1e éd. 1929], *Temps et verbe. Théorie des aspects, des modes et des temps* suivi de *L'architectonique du temps dans les langues classiques*, Paris, Champion.

GUILLAUME, G., (2003), *Prolégomènes à la linguistique structurale*, Québec, Presses de l'Université de Laval.

MOIGNET, G., (1974), *Études de psychosystématique française*, Paris, Klincksieck.

PONCHON, T., (1994), *Sémantique lexicale et sémantique grammaticale : le verbe* faire *en français médiéval*, Droz.

SOUTET, O., (2006), « Structure bitensive de l'idéogénèse de *que* : soubassements théoriques et implications sémantico-syntaxiques », in *Cahiers de linguistique analogique* n° 2, pp. 275-294.

SOUTET, O., (2010), « Réflexions d'un guillaumien, cinquante ans après la mort de Gustave Guillaume (1883-1960) », *Zeitschrift für französische Sprache und Literatur* n° 120-2, pp. 133-152.

TESNIÈRE, L., 1966 [1re éd. 1959], *Éléments de syntaxe structurale*, Paris, Klincksieck.

chapitre 21
L'impact du système d'écriture sur l'analyse du mot en français et en japonais

Irène TAMBA

1. Introduction

Pour rendre un hommage lexical autant qu'amical à Salah Mejri à l'occasion de son soixantième anniversaire, j'ai choisi la question du *mot*. Elle évoque, en effet, nos discussions passionnées dans des cadres variés : grisaille académique de Paris, rumeurs et parfums de Tunis, chaleur moite de Tokyo, et surtout une certaine terrasse d'El Kantaoui, face à la Méditerranée, qui relevait nos débats linguistiques *cum grano salis*. Par ailleurs, le mot est au centre des travaux de Salah Mejri sur la polylexicalité, le figement, les dictionnaires électroniques, etc.

C'est sous l'angle inhabituel de l'écriture que je me propose ici d'aborder le mot, d'un point de vue linguistique. Dans un premier temps, je reviendrai sur son traitement paradoxal. En théorie, les linguistes sont unanimes à ne reconnaître que le mot oral. Mais, en pratique, ils se basent sur sa forme graphique, en partant du présupposé tacite ou explicite, que celle-ci n'est qu'une notation, plus ou moins fidèle, de sa forme phonique. Ils partagent par là le point de vue du profane et de la plupart des spécialistes, enseignants, historiens, anthropologues, psychologues et neuro-scientifiques.

Dans un second temps, je montrerai que les rapports entre mot écrit et mot prononcé sont loin d'aller de soi et que tout système d'écriture interpose un biais qui contribue à découper les unités signifiantes d'une langue. À cet effet, j'examinerai un cas exemplaire : la double analyse que l'on peut faire des formes verbales en japonais, selon que l'on utilise le système syllabo-sémantique de l'écriture japonaise ou une transcription en alphabet latin.

2. Le statut conflictuel du mot oral et du mot écrit en linguistique

Il suffit de parcourir la littérature linguistique qui a cours aujourd'hui pour constater la suprématie théorique absolue du *mot oral*[1]. Cette suprématie se manifeste notamment au niveau descriptif par l'absence d'un domaine graphique aux côtés de ceux, classiques, de la phonétique/phonologie, de la morphologie, de la syntaxe, du lexique ou de la sémantique. Par exemple, la théorie saussurienne du signe linguistique – unité abstraite de la langue dont le mot fournit « une idée approximative » concrète – associe un *signifié* ou *idée* à un *signifiant* ou *image acoustique*, notée par une transcription phonétique. Seule est prise en compte la relation « pensée-son », sans mention d'une relation « pensée-graphie » dans la lecture silencieuse, ni des rapports entre « image graphique » et « image acoustique » d'un mot. Et dans le *Cours de linguistique générale* (*CLG*), Saussure dénonce avec vigueur l'illusion qui assure la suprématie du « mot écrit » sur le « mot oral » :

> Langue et écriture sont deux systèmes de signes distincts : l'unique raison d'être du second est de représenter le premier ; l'objet linguistique n'est pas défini par la combinaison du mot écrit et du mot parlé ; ce dernier constitue à lui seul cet objet. Mais le mot écrit se mêle si étroitement au mot parlé dont il est l'image, qu'il finit par usurper le rôle principal ; on en vient à donner autant et

---

1. Le terme *mot oral* renvoie à la fois au *mot prononcé* et au *mot perçu*, tout comme *mot écrit* le fait au *mot lu* et au *mot écrit*, en neutralisant des distinctions importantes, mais non pertinentes pour mon propos. Il serait bon aussi de poser la question du rapport entre *mot signé* et *mot écrit* chez les malentendants et entre mot *phonique* et mot tactile écrit en braille chez les malvoyants. Les abréviations et la sténo sont des notations secondaires, qui relèvent d'une autre problématique.

plus d'importance à la représentation du signe vocal qu'à ce signe lui-même . (*CLG* : 45)[2]

De leur côté, les différentes théories linguistiques contemporaines ne prennent en compte que la dimension phonologique des langues. Ainsi, la grammaire générative transformationnelle de Chomsky ignore toute *composante graphique* et ne retient qu'une *composante phonologique*, associée à une *composante sémantique*, qui sert à interpréter la *composante syntaxique* de base. Ou encore, le Modèle Sens-Texte [= MST] de Mel'čuk qui sous-tend son *Dictionnaire Explicatif et Combinatoire* (DEC), postule une relation d'implication réciproque entre des « objets symboliques formels appelés *Représentations Phoniques* [=Rphon] » et des « objets symboliques formels appelés *Représentations sémantiques* [= RSém] », mais ignore la représentation graphique des mots. En conséquence, un article du DEC « se compose de trois zones majeures » :

1) zone phonologique (= le signifiant de la lexie vedette L[3])

2) zone sémantique (= le signifié de L)

3) zone de combinatoire (= le syntactique de L) (Mel'čuk *et alii*, 1995[4])

I. Mel'čuk justifie l'absence d'une « zone graphique » en précisant : la langue existe oralement, et c'est comme telle qu'il faut la décrire. Dans un modèle linguistique d'une langue comme le français ou le russe, il faut, bien entendu, inclure un sous-module orthographique[5].

---

2. Goody (1977) critique cette conception saussurienne partagée par la plupart des linguistes. Selon lui, en effet, l'écriture n'est pas qu'une « technique d'enregistrement » du « mode de communication orale », mais introduit un mode distinct de communication, qui a « des effets dans le domaine sémantique et cognitif » : « le présupposé généralement admis, à savoir que l'écriture reproduit la parole, appelle une rectification importante, car l'écriture transforme nettement et de plusieurs manières la nature même de la pratique du langage (p. 145). (....) L'écriture n'est pas simplement juxtaposée à la parole, elle n'en est pas une seconde dimension, elle modifie la nature même de la communication orale » (p.146). Mais il s'intéresse plutôt aux formes propres à l'écrit, comme *la liste* qu'aux relations entre « mot écrit » et « mot oral ».

3. « la RPhon est écrite en utilisant une transcription phonétique quelconque », est-il spécifié dans Mel'čuk (1997 : 13).

4. Je remercie vivement I. Mel'čuk pour toute la documentation qu'il m'a si aimablement envoyée et en particulier de l'envoi d'une version manuscrite (non paginée) de son ouvrage (ILEC) aujourd'hui épuisé, dont cette citation est tirée. Merci aussi pour toutes les réponses à mes questions.

5. Communication personnelle (e-mail du 31/07/2012).

Une des principales raisons de l'ostracisme frappant le mot écrit tient à un *a priori* plus ou moins inconscient qui fait du mot graphique une notation du mot phonique. D'où la réhabilitation du mot graphique dont Maurice Gross se fait l'avocat :

> Traditionnellement, le mot est une unité minimale de discours qui s'obtient par observation de récurrences dans des textes. L'objet de la linguistique étant la langue parlée, les découpages devraient être effectués sur des formes phoniques. Toutefois, [...] l'acoustique physique [...] ne permet pas d'obtenir un découpage du son qui ressemblerait même de loin à un découpage en mots. Il n'existe donc pas d'autre possibilité que de définir le mot à partir de la forme écrite de la langue.

Car, argumente-t-il, la forme écrite est une transcription invariante qui fixe une forme phonique instable :

> Cette position peut sembler paradoxale, mais elle est justifiée par le fait que la forme écrite est une représentation de la forme phonique et les formes écrites sont les seules conventionnellement bien définies, puisque l'alphabet et son usage sont normés. (cité dans Petiot et Reboul-Touré, 2009 : 6[6]).

De fait, la plupart des linguistes lui emboîtent le pas, sans en avoir vraiment conscience. Ils étudient les « mots » sous leur forme écrite plutôt qu'orale, qu'il s'agisse de citation d'exemples, de traitement automatique des langues (TAL) ou de statistiques. Par exemple, Cartier et Isaac (2009 : 145) remarquent que *la notion préscientifique de mot*, bien que souvent critiquée et concurrencée par d'autres unités techniques est l'une des notions « qui a le mieux résisté au travail linguistique » et reste centrale dans le TAL :

L'analyse automatique d'un texte se décompose traditionnellement en étapes successives : le découpage (ou segmentation) de la chaîne graphique ou orale, l'analyse morphologique, l'analyse syntaxique et l'analyse sémantique.

Aucune différence n'est faite ici pour le français entre chaîne parlée et chaîne écrite, alors même que les blancs typographiques et la ponctuation introduisent un découpage lexical ou fonctionnel, différent de la prononciation syllabique et prosodique de l'énoncé oral. Découpage qui résulte de l'introduction de conventions graphiques visibles mais non audibles, qui peu à peu détachent l'écri-

---

6. Extrait d'Ibrahim (1989 : 58) qui rapporte la réponse de Maurice Gross à la question : « qu'est-ce qu'un mot ? ».

ture et la lecture silencieuse de l'oralité, en mobilisant des réseaux cérébraux distincts[7]. Désormais le mot se définit à travers une image graphique stable, ou *figura*, qui fixe tout autant qu'elle transcrit son image phonique ou *dictio*[8].

Rien d'étonnant, dès lors, à ce que les linguistes étudient de préférence les mots orthographiés de façon conventionnelle plutôt que les mots prononcés de façon variable dans la langue parlée. D'autant que le français écrit standard, le seul à faire l'objet d'un enseignement scolaire, est mieux connu que le français parlé dont la description linguistique a commencé seulement à partir des années 1970[9].

Mais n'est-ce pas oublier que la forme écrite du mot n'est pas une simple transposition de sa forme phonétique ? Comme le rappelle S. Dehaene dans *Les neurones de la lecture* (2007) :

> Un texte écrit n'est pas un disque de haute fidélité. Il ne vise pas à restituer la parole telle que nous la prononçons, mais plutôt à la coder à un niveau plus abstrait afin que nous puissions facilement en recouvrer les mots et le sens.

---

7. Il s'agit de contraintes cérébrales qui sous-tendent la mémoire et la perception visuelle de l'espèce humaine, comme le souligne Dehaene (2007 : 164-165) : « l'imagerie cérébrale indique que, s'il existe bien des différences entre lecteurs de l'italien, de l'anglais ou du japonais, ces différences ne conduisent qu'à des modulations des mêmes circuits universels. » D'où il conclut que : « Les réseaux cérébraux de la lecture constituent un invariant anthropologique qui fait partie intégrante de la nature humaine. Par-delà la diversité des règles particulières de transcription des sons, tous les lecteurs font appel au même réseau anatomique de régions cérébrales. »

8. S'y ajoutent des facteurs historiques et socio-culturels. J'en donnerai deux exemples. Le premier est emprunté à Saenger. Ce paléographe insiste sur le profond changement de mentalité que marque, entre XIe et XIIIe siècles, le passage à la *lecture silencieuse* en rupture avec les pratiques d'une écriture continue indissociable d'une *lecture orale*. Je traduis sa conclusion : « au cours des neuf siècles qui ont suivi la chute de Rome (410 après J.-C.), la tâche de scander (séparer) un texte écrit devint la tâche du scribe, alors qu'elle avait été une activité cognitive à la charge du lecteur pendant un demi-millénaire » (Saenger 1997 : 13). Et, précise-t-il, ce sont les scribes médiévaux Irlandais ou des régions anglo-normandes, qui maîtrisaient moins bien le latin classique, qui ont été les premiers à recourir à des marques d'espacement qui diminuent l'ambiguïté de la *scriptura continua* et facilitent l'accès au lexique en distinguant les mots de suites syllabiques. Il montre notamment comment certains signes de ponctuation orale (le point, le trait d'union) sont détournés de leur fonction prosodique (vitesse du débit, rythme, phrasé mélodique) pour devenir une ponctuation au service d'un découpage syntaxique. Mon second exemple est tiré de Chervel (2008), qui retrace la mise en place de l'orthographe française, à travers les différentes politiques et méthodologies de l'enseignement scolaire de l'écriture et de la lecture à partir du XVIIIe siècle.

9. Ce n'est que dans les années 1970, que les linguistes C. Blanche-Benveniste et M-A. Morel ont lancé l'étude du français oral, dont l'essor des nouvelles technologies a assuré le développement en permettant le traitement de larges corpus électroniques à l'aide de logiciels performants.

Ce que S. Dehaene illustre par un exemple : l'enchaînement à la finale du mot précédent que déclenche l'initiale vocalique du mot *an* :

> Devrions-nous écrire : « un nan, trois zan, vingt tan ?[10] » (…).
> Il n'est donc pas possible d'adopter une transcription servile des sons en lettres. Bien souvent la régularité de la transcription phonétique doit être sacrifiée au profit de la notation des mots. (Dehaene 2007 : 62-63)

La prégnance de l'écriture est telle qu'elle supplante souvent le déroulement temporel de la parole dans la description d'un énoncé oral. Bon nombre de linguistes ne parlent-ils du mot de droite ou de gauche pour désigner un mot qui vient avant ou après un autre ? Et pour comble, toute étude de la langue parlée passe par des enregistrements qu'il faut transcrire. Ce qui représente une tâche difficile, avec des conventions qui varient suivant l'objectif de la recherche et ne peut, en aucun cas, se réduire à une simple transcription phonétique de mots, dont la perception est loin d'être toujours claire. C. Blanche-Benveniste (1997 : 29), par exemple, plaide pour une transcription orthographique :

> La forme graphique des mots est celle des dictionnaires, y compris pour les majuscules sur les noms propres et les onomatopées […] Aucun trucage de l'orthographe n'est admis, même pas le procédé très répandu qui consiste à mettre une apostrophe pour signaler qu'une voyelle ou une consonne graphique, habituellement prononcée est absente[11].

D'où la conclusion à laquelle parviennent, entre autres, les auteurs de la *Grammaire d'aujourd'hui* :

> Il n'est possible de donner une définition à la fois simple et rigoureuse du mot qu'au niveau de la manifestation graphique, où le mot est le segment de discours compris entre deux espaces blancs. (Arrivé *et alii*. 1986 : 393)

L'écriture impose donc le mot comme une unité signifiante prédécoupée que des espaces typographiques distinguent de ses voisins dans un texte ou qui s'écrit comme un bloc fixe,

---

10. Ou même, en suivant le découpage oral CV+CV : « in nan, troi zan, vin tan ».

11. Cf. Cappeau, Gadet (2009) pour une revue d'ensemble des enjeux de la transcription de corpus oraux enregistrés. Pour un autre modèle de la langue parlée, voir Morel, Danon-Boileau (1998).

par exemple, dans une liste. La nomenclature alphabétique des dictionnaires en donne une bonne illustration. Les entrées qui la composent sont en effet des formes orthographiques régulières de mots. C'est ainsi que le mot graphique trouve tout de même une place dans la nomenclature alphabétique du DEC, alors même qu'I. Mel'čuk ne prévoit qu'une zone phonétique dans le patron régulier de l'article de son dictionnaire.

Ce rapide survol met au jour une double contradiction. D'un côté, la pratique linguistique contredit l'orthodoxie théorique. Les linguistes sont unanimes à proclamer en théorie la seule existence du mot oral. Mais, en pratique, ils se rabattent régulièrement sur le mot écrit, considéré comme une transcription normée plus commode que son correspondant phonique instable. Saenger (1997 : 253) va même jusqu'à affirmer :

> Les langues qui n'existent que sous une forme orale n'ont pas de mot pour « mot » (*word*) parce qu'elles n'ont aucune conception de l'unité linguistique que constitue un mot. (ma traduction).

D'un autre, côté l'adoption généralisée du mot écrit comme notation du mot oral va à l'encontre de la déclaration maintes fois répétée que :

> le mot orthographique ne peut en aucun cas être confondu avec le mot oral. (Mejri 2009 : 80)

On se trouve de la sorte face à deux options antinomiques : soit les linguistes font fausse route en prenant le mot graphique comme substitut du mot phonique ; soit il existe une équivalence entre le mot orthographique et le mot oral qui l'emporte sur leurs divergences. La façon la plus simple de résoudre ce dilemme est, me semble-t-il, de comparer les propriétés définitoires respectives du mot phonique et du mot graphique. Par commodité, je me limiterai à un examen de ces deux formes des mots en français.

3. Correspondances et divergences entre le mot oral et écrit en français

Les linguistes qui reconnaissent le mot comme une unité lexicale[12] le définissent par un ensemble de propriétés sémantiques, phono-morphologiques et syntaxiques.

Prenons par exemple le mot « téléphone ». Sa transcription phonétique <telefɔn> montre que le mot se prononce comme une suite de trois syllabes, les deux premières ouvertes, <té+lé> (CV+ CV) et la dernière fermée, <fɔn> CV-N, où le N entraîne l'ouverture de la voyelle <ɔ> et non sa nasalisation en <ɔ̃>. La correspondance orthographique en français entre phonèmes et graphèmes ferait donc attendre la forme écrite *téléfone. Mais c'est une orthographe à fondement étymologique qui a prévalu. La forme visuelle graphique <téléphone > livre donc un découpage trisyllabique conforme à celui de la forme phonique du mot. Mais, le choix d'une graphie /ph/ au lieu de la graphie française régulière /f/ surimpose à la forme phonique <telefɔn> une image étymologique, qui donne à voir (et non à entendre) un nom savant, composé de deux éléments tirés du grec ancien : *télé+phonè* (« loin+voix »).

Il existe donc bien, en français, deux logiques graphiques distinctes : l'une à fondement phonétique, l'autre à base morpho-sémantique. Leur concurrence rend compte des décalages entre l'orthographe et la prononciation des mots. Ces deux logiques ne sont pas propres à l'écriture du français mais se retrouvent dans l'ensemble des langues écrites et parlées documentées. Comme l'indique Dehaene (2007 : 68) :

> Tous les systèmes d'écriture oscillent entre l'écriture des sens et celle des sons. Cette distinction se reflète directement dans le cerveau du lecteur. La plupart des modèles de la lecture postulent que deux voies de traitement de l'information coexistent et se complètent[13].

---

12. Plusieurs articles du numéro du *Français moderne* 77-1, 2009, coordonné par S. Mejri sur *La problématique du mot*, passent en revue les définitions du mot et présentent les critiques, voire le rejet de cette unité par différents linguistes. Cf. également Kocourek (2001), pour un tour d'horizon critique des définitions linguistiques du mot.

13. Comme le précise Dehaene (2007 : 68), quand il s'agit de mots rares, nouveaux ou inventés, dont l'orthographe est régulière, on les lit en passant par « une voie phonologique, qui décrypte les lettres, en déduit une prononciation possible, puis tente d'accéder au sens. Inversement, lorsque nous sommes confrontés à des mots fréquents ou irréguliers, notre

Mais cette différence, pour importante qu'elle soit, ne concerne que les formes perceptibles du mot, comme nous allons le voir en examinant, à présent, les autres propriétés définitoires du mot.

Il est facile de vérifier empiriquement que les formes graphique et phonique d'un mot comme *téléphone* n'ont aucune incidence sur :

- son sens lexical ou son interprétation dans un contexte donné,
- sa catégorie grammaticale et sa combinatoire syntaxique,
- sur son régime de collocations ou ses emplois idiomatiques.

Considérons les trois exemples suivants :

(1) le téléphone sonne

(2) le téléphone arabe

(3) je te téléphone demain

Le fait qu'ils soient prononcés, entendus, lus ou écrits, modifie certes leur mode d'expression mais laisse inchangée leur constitution linguistique. Par exemple, à l'oral comme à l'écrit, l'énoncé (1) comporte les mêmes constituants lexicaux intégrés dans une même construction syntaxique, présente le même ordre linéaire et donne lieu aux mêmes gloses paraphrastiques ou aux mêmes traductions. Comme on peut le constater, la catégorie grammaticale des mots ne change pas à l'oral et à l'écrit. *Le téléphone* reste un nom masculin singulier en (1) et (2) qu'il soit prononcé ou écrit, et une forme personnelle du verbe *téléphoner* en (3).

Il apparaît ainsi que les divergences manifestes entre les formes phoniques et graphiques des mots vont de pair avec des propriétés communes qui assurent l'équivalence fonctionnelle et sémantique des mots à l'écrit et à l'oral[14]. On comprend alors que les lin-

---

lecture emprunte une voie directe, qui récupère d'abord le mot et son sens, puis utilise ces informations pour en recouvrer la prononciation. » La pathologie confirme la coexistence de ces deux voies de lecture. Suite à un accident cérébral, certains patients n'arrivent plus à prononcer les mots rares ou les néologismes à graphie régulière, mais « conservent une bonne compréhension des mots fréquents et parviennent généralement à prononcer même les plus irréguliers d'entre eux, comme 'femme' ou 'monsieur' ».

14. Ces propriétés trouvent un corrélat dans le traitement neuro-cérébral des mots lus ou écrits que proposent, notamment Pulvermüller (2002), *The Neuroscience of Language* et Dehaene (2007), *Les neurones de la lecture*. L'imagerie cérébrale confirme l'existence de deux voies d'entrée distinctes, auditive ou visuelle, dans le cortex et leur rapide convergence. Comme le résume Dehaene (2007 : 147), « moins d'un quart de seconde après l'apparition du mot sur la rétine, les régions activées n'ont plus rien de spécifique à la lecture. Toutes s'activent aussi bien lorsque nous lisons que lorsque nous entendons des mots parlés. Ainsi la région occipito-temporale apparaît comme la dernière à être impliquée dans les étapes strictement visuelles de la lecture. Tout ce qui suit participe à la mise en liaison du mot écrit

guistes, soucieux de dégager la structure morphologique, la combinatoire syntaxique et les valeurs sémantiques des mots, fassent abstraction des différences qui interviennent au niveau de leurs formes phonique et graphique. Sauf qu'ils passent alors à côté d'un paramètre important : le découpage des mots. Il est bien connu que les systèmes d'écriture notent des unités graphiques de format différent, du phonème au mot en passant par la syllabe. On sait également que ces unités grapho-visuelles ne coïncident pas forcément avec les unités phono-acoustiques de la chaîne parlée. L'espacement ou *blanc typographique* entre les mots répond à des conventions de découpage lexical et grammatical pour l'œil sans corrélat oral. S. Mejri (2009 : 73) en fournit notamment un exemple en comparant « le traitement à l'écrit des pronoms dits clitiques en français et en arabe », dans des énoncés sémantiquement équivalents :

Fr : Tu me l'as donnée (cinq mots)

Ar : أعطيتنيها (un seul mot) [ʔaʕtajtini:ha:][15]

Les trois pronoms sont en français disjoints orthographiquement ; en arabe, ils sont complètement conjoints : toute la phrase est réduite à un seul mot.

Mais on est moins conscient de l'impact des unités graphiques propres à chaque système d'écriture sur l'analyse grammaticale ou linguistique des mots en fonction de leur structure phono-morphologique. C'est ce point aveugle que je voudrais aborder à présent en comparant l'impact de l'écriture japonaise sur la séparation entre radical et suffixes verbaux à celui que permet une écriture alphabétique.

---

avec des représentations du son et du sens qui ne sont pas propre à la lecture, mais sont également utilisées pour la production et la compréhension de la parole. » Ce qui plaide en faveur d'une étroite association entre la forme orale et écrite d'un mot chez les locuteurs-scripteurs d'une langue.

15. Le découpage morphématique se fait comme suit : ʔaʕtajti = as donné-tu ; *ni* = me, à moi ; *ha* = la. Merci à mes informateurs, chez qui j'ai observé un certain flottement sur la frontière entre le radical du verbe et le pronom sujet de seconde personne postposé. Les uns proposent ʔaʕtajT +I, les autres : ʔaʕtaj +TI. Leur hésitation même est une preuve indirecte de l'impact des conventions graphiques et du type d'écriture sur l'analyse en morphèmes.

4. Systèmes d'écriture et analyse morphologique du verbe en japonais

4.1. L'écriture mixte phono-sémantique du japonais : rappel sommaire

Les Japonais ont découvert l'écriture chinoise au début de notre ère. Entre les IIe et VIe siècles, ils ont appris à lire les livres classiques et à écrire le chinois, sous la direction de lettrés et de moines coréens émigrés au Japon, puis par des contacts directs entre savants, à travers des missions sino-japonaises. Et, à partir du VIIe siècle, les Japonais ont entrepris d'adapter cette écriture à la transcription de leur propre langue, au prix de tâtonnements laborieux, tant le chinois et le japonais ont des structures linguistiques différentes[16]. Leur principale stratégie a consisté à utiliser les caractères chinois de deux manières, soit comme signes sémantiques soit comme signes phonétiques. Dans le premier cas, un mot japonais, quelle que soit sa structure (mono ou polysyllabique) se transcrit à l'aide d'un logogramme chinois ou *kanzi*[17] (漢字) qui en fournit un équivalent graphique de traduction, dans la mesure où il sert à écrire un mot chinois de même sens, (monosyllabe à ton fixe). Dans le second cas, on a emprunté la seule prononciation des caractères chinois indépendamment de leur sens pour noter les sons syllabiques des mots japonais, composés de syllabes vocaliques ou de syllabes ouvertes (consonne+voyelle). Ont été ainsi élaborés deux syllabaires *hiragana* (issus d'un style d'écriture cursif) et *katakana* (issus d'une simplification graphique des caractères) qui servent aujourd'hui à noter un ensemble de 46 sons syllabiques[18].

---

16. Cf. Garnier (2001), qui retrace les différentes étapes et dégage les grands axes du développement de l'écriture japonaise. Il était, en effet, impossible d'adopter telle quelle l'écriture chinoise conçue pour noter une langue analytique, composée de mots majoritairement monosyllabiques et caractérisés par un système de tons discriminatifs. Et, c'est en retenant tantôt le son tantôt le sens des caractères chinois que les Japonais sont parvenus à transcrire leur langue à morphologie agglutinante, dont les mots souvent polysyllabiques sont pourvus d'un accent prosodique de hauteur et non de tons à valeur sémantique (Cf. Labrune 2001 : 106-109).

17. Également écrit *kanji* suivant un autre code de transcription que la romanisation officielle au Japon.

18. Ces syllabaires ont d'abord comporté cinquante signes, d'où leur nom encore en usage aujourd'hui de *table des cinquante sons*, qui fixe l'ordre syllabique des dictionnaires et des flexions verbales (cf. *infra* note 20). Les *man'yougana* atteste une étape intermédiaire dans la mise en place d'une notation mixte encore fluctuante. Les caractères chinois servent à

Une des clés de l'écriture japonaise réside dans l'inscription des *kana* ou des *kanji* (de forme simple ou composée) dans un même carré de format fixe. Ce gabarit unique permet la coexistence de deux systèmes d'écriture hétérogènes, en assignant le même statut d'unité graphique à tout caractère occupant une case, quelles que soient sa valeur sémiotique ou sa forme graphique[19]. Ces quelques indications devraient suffire pour montrer comment l'écriture mixte japonaise visualise la flexion verbale de la langue moderne.

4.2. Analyse autochtone des paradigmes verbaux du japonais contemporain

Les philologues japonais du XVIIIe siècle ont exploité les ressources des deux systèmes d'écriture, phono-graphique et logo-graphique, pour transcrire les formes verbales fléchies du japonais ancien et actuel, en les décomposant en deux parties : le radical invariant et les suffixes variables. Le radical est transcrit à l'aide d'un caractère chinois ou *kanzi* (漢字) à valeur sémantique, tandis que les suffixes grammaticaux qui s'y s'adjoignent sont notés pho-

---

transcrire tantôt un ou deux sons syllabiques, tantôt un synonyme japonais du mot chinois. Plusieurs caractères peuvent servir à noter une même syllabe ou un même mot japonais polysémique, selon son sens en contexte.

19. Il serait intéressant d'étudier de manière systématique les contraintes inhérentes aux écritures lexicographiques, phono-syllabiques et alphabétiques, qui en orientent l'évolution et l'adaptation à des langues diverses. Par exemple, l'ordre de succession des lettres dans un alphabet a pu être corrélé à la suite des nombres et servir à noter les chiffres. Chose impossible avec les écritures logographiqes ou syllabiques. Par contre, l'inscription de l'unité graphique dans une case carrée de format fixe est commune à l'écriture logographique chinoise, à l'écriture mixte, lexicale et syllabique du japonais, et à l'écriture alphabétique du coréen (*hangul*) créée au XVe siècle. Ce cadre, en isolant un caractère graphique, en permet l'alignement horizontal de gauche à droite ou de droite à gauche, ainsi que l'alignement vertical (de haut en bas). Il guide également l'analyse interne de l'unité graphique par division du carré en plusieurs parties constitutives, selon leur position respective : haut, bas, gauche, droite ou pourtour. Cette disposition sert aussi bien à l'analyse graphique des caractères sino-japonais qu'à celle d'une syllabe coréenne. Ainsi, de nombreux idéogrammes se décomposent en une clé sémantique muette, donnant leur catégorisation sémantique et une partie phonique indiquant leur prononciation. La clé, identifiée d'après sa position à l'intérieur du carré, est souvent dérivée d'un caractère isolé. Par exemple, le caractère 木 composé de quatre traits est la graphie du mot japonais *ki* « arbre », quand il occupe à lui seul un carré. Mais, en tant que clé, le caractère a un format réduit et une position fixe à gauche d'un caractère plus complexe. Il devient un indice catégoriel « muet », indiquant que le mot qu'il sert à écrire est une sorte d'arbre, comme 桜 qui se lit *sakura*, nom japonais du cerisier ou 梅, *ume*, « prunier ». De manière analogue, l'alphabet coréen ne note pas linéairement les lettres d'une syllabe, mais les dispose dans un carré, en modifiant leur forme pour les superposer ou les ordonner verticalement. Par exemple, le mot sino-coréen /k.a.k/ (角), « angle, coin » s'écrit 각 en trois lettres qui occupent une seule case graphique comme le logogramme chinois lu à la coréenne. Le tracé graphique de la lettre k est également modifié pour s'adapter à sa position initiale à gauche de /a/ ou en position finale, souscrite à k+a.

nétiquement en *kana*. Par exemple, aujourd'hui, le verbe *lire, yomu*, む読 associe le caractère chinois 読 signifiant « lecture/lire », qui note son radical lexical japonais constant, prononcé /YO/, au signe む /mu/ du syllabaire *hiragana*, qui note sa terminaison grammaticale variable[20]. Cette écriture mixte différencie donc clairement d'un côté, la tête lexicale d'un verbe transcrite par un caractère sino-japonais à valeur sémantique et de l'autre, des affixes grammaticaux notés en caractères phono-syllabiques de type V ou CV[21].

Mais la combinaison *kanzi* + *kana* impose une segmentation graphique interne au mot verbal, entre la partie lexicale invariable et la dernière syllabe variable du radical verbal. On note de la sorte deux informations : l'une sémantique, donnée par le sens du caractère chinois qui sert à transcrire la tête du lexème YO- ; et l'autre, phonétique qui transcrit la finale variable du lexème : *ma/ mi/ mu/ me/ mo* en suivant l'ordre des cinq degrés vocaliques du syllabaire (*a, i, u, e, o*) pour chaque syllabe ouverte (C+V) finale d'un verbe. On a ainsi réduit toutes les flexions verbales, à l'exception de quelques verbes irréguliers, à trois paradigmes généraux :

1) les verbes *quintigrades*, comme *yo-mu*, dont la dernière syllabe varie suivant les *cinq degrés vocaliques*[22]

2) les verbes *unigrades* subdivisés en deux catégories :

---

[20]. Rappelons que le Ministère de l'Éducation Nationale a peu à peu réduit la liste de caractères sino-japonais usuels et a unifié leur lecture en japonais. Pendant longtemps, on recourait à des graphies distinctes pour mettre en évidence telle ou telle valeur sémantique de mots japonais polysémiques. Par exemple, quand *yomu* signifiait « réciter un poème à haute voix », on l'écrivait む詠. Par ailleurs, à côté de leur lecture japonaise régulière, les *kanzi* conservent une ou plusieurs lectures sino-japonaises, correspondant à différentes prononciations et sens du logogramme chinois au cours du temps. Ainsi, le sinogramme 読 se lit *doku* dans la plupart des composés sino-japonais (bisyllabiques en fonction du ton du monosyllabe chinois). Par exemple, on appelle *kun.doku*, 訓読, « lecture kun », la lecture du caractère par son équivalent lexical japonais soit, *yo.mu, yo.mi*. On l'oppose à *on.doku*, 音読, ou lecture d'après le son du caractère chinois. Mais on peut aussi former des composés hybrides, synonymes non techniques des premiers : み訓読*kun.yomi* et み音読*on.yomi* qui mêlent les deux types d'écriture et associe un premier élément sino-japonais à un second élément japonais, la forme nominale *yomi* du verbe *yomu*. Pour une description plus détaillée, cf. Tamba (1986 et 2006).

[21]. Il convient d'ajouter aux signes syllabiques, divers signes diacritiques servant, notamment, à différencier les occlusives sonores et sourdes, la composition d'un yod avec une consonne qu'il palatalise, et des signes moraïques, qui notent des sons infra-syllabiques, appelés *haku*拍 « frappe » en japonais, qui correspondent à une *more* (mora), comme la nasale -n (ん), l'allongement vocalique ou l'attaque d'une consonne géminée (っ) (Cf. Labrune 2001b : 103-105).

[22]. Ces dénominations transposent la terminologie grammaticale japonaise standard actuelle : 五段活用*godan katuyou* (5-degré+flexion) : 上一段活用*kami itidan katuyou* (dessus+1-degré flexion) ; *simo itidan katuyou* (dessous+1-degré+flexion). Pour comprendre ces termes, il faut se reporter à la disposition des *kana* d'après la *table des cinquante sons* (五十音図, *gozyuu. on.zu*), qui fixe l'ordre de succession verticale des voyelles, dans une colonne orientée de haut en bas. Ainsi *a, i, u, e, o*, correspondent aux cinq degrés de variation de la flexion ver-

2a) les verbes unigrades dont le radical se termine par une syllabe invariable du *degré supérieur* /i/, comme *oki-ru*, « se lever »,

2b) les verbes unigrades dont le radical se termine par une syllabe invariable du *degré inférieur* /e/, comme *tabe-ru*, « manger ».

On analyse bien la dernière syllabe variable d'un verbe, comme faisant partie du verbe, en identifiant cinq formes ou bases radicales verbales. Mais, en même temps, on dissocie la partie fixe du radical, notée par un caractère sino-japonais à valeur sémantique, et sa terminaison variable, transcrite par un *kana* phono-syllabique. Ce qui tend à lier plus étroitement la forme finale du radical aux suffixes grammaticaux qui s'y enchaînent dans une même transcription en *kana* phono-syllabiques. Pour prendre un exemple concret, la *base indéterminée* ou *mizen-kei* (未然形) est la forme radicale de degré /a/ à laquelle se soudent trois catégories de suffixes : l'auxiliaire négatif – nai : YO-ma+nai (読ま₊ない) « ne pas lire », le causatif : YO-ma+seru, « faire lire » et le passif *(*YO-ma+reru, « être lu »).

Vovin (2003 : 165) dénonce la complexité inutile de ces paradigmes morphologiques et y voit une conséquence directe du découpage qu'impose l'écriture phono-syllabique du japonais :

> L'inadéquation du système traditionnel tient principalement au fait que les philologues japonais étaient prisonniers de la nature syllabique de l'écriture japonaise. (…) L'incapacité de l'approche classique à reconnaître des unités plus petites que la syllabe et en conséquence son inaptitude à tracer une frontière morphématique à l'intérieur d'une syllabe, a conduit à une situation telle que le système traditionnel complique la description de la grammaire du japonais classique. (ma traduction)

Il propose donc une analyse plus simple, fondée sur une segmentation alphabétique. Curieusement cette description alternative, volontiers adoptée par les japonologues américains dans le sillage de Bloch (1946), n'a pas réussi à supplanter la description traditionnelle du système verbal au Japon, dans l'enseignement scolaire comme dans la plupart des études linguistiques[23].

---

bale du premier paradigme. Les verbes à un seul degré vocalique en /i/ et en /e/ se situent respectivement au-dessus ou au-dessous l'un de l'autre, par rapport au repère central /u/.

23. Certains linguistes japonais du XXe siècle, comme YAMADA Yoshio dès 1908 ont eu recours à des transcriptions phono-alphabétiques pour décrire les paradigmes verbaux (Cf. Shibatani 1990 : 225-226). Mais c'est l'analyse traditionnelle des philologues du XVIIIe siècle qui est de règle dans l'enseignement scolaire. De leur côté les dictionnaires et la plupart des approches linguistiques du système verbal japonais se réfèrent à la classification autochtone.

4.3. Réanalyse à fondement alphabétique des paradigmes verbaux japonais

Si l'on part d'une transcription alphabétique des formes verbales en japonais, on peut les classer de manière plus économique en procédant à une analyse phonématique de leur syllabe finale. En effet, la transcription alphabétique (*romaji*) est le seul moyen de mettre en évidence la consonne finale d'un radical (*kik-u*, *mi-ru*) qu'une lecture autochtone en syllabe ouverte fond dans l'indice flexionnel (聞く : *ki / ku* ; 見る : *mi /ru*) (Suzuki, 2009 : 306)

Il devient alors possible de distinguer deux grandes classes de verbes, selon que leur radical se termine par une consonne ou par une voyelle :

1) *les verbes consonantiques,* qui correspondent aux verbes quintigrades des grammaires du japonais moderne du type YO-MU, suite à un nouveau découpage alphabétique en YOM-U, YOM-A, YOM-i, YOM-e, YOM-o

2) *les verbes vocaliques*, dont le radical se termine par la voyelle /i/ ou /e/, dont le découpage recoupe celui des verbes unigrades supérieurs ou inférieurs du type OKI-ru ou TABE-ru.

Bien que l'on puisse établir une correspondance entre le découpage syllabique de la tradition grammaticale autochtone et, celui, alphabétique, que privilégient les linguistes occidentaux, chacun donne lieu à une analyse morphologique différente, qui se répercute notamment sur la séparation entre radical et suffixes verbaux. L'écriture mixte japonaise divise le radical lexical du verbe, ou *goki* 語基, en deux parties : la racine du mot, ou *gokan* 語幹, (c'est-à-dire la partie lexicale invariable qui demeure quand on enlève la syllabe finale variable) et la désinence syllabique ou « queue du mot », *gobi* (語尾). Cette écriture vise à cumuler deux types d'information : l'une, sémantique, empruntée à l'écriture lexicale chinoise ; l'autre, grammaticale, notant des variations morpholo-

---

Une preuve parmi d'autres : Les articles *verbe* (*dousi* 動詞) et *conjugaison/flexion* (*katuyou* 活用) du *Dictionnaire de linguistique japonaise* (*kokugo gaku jiten*) ne mentionnent pas la classification en verbes consonantiques et vocaliques, mais seulement celles en *godan/itidan* "cinq degrés/un degré" pour les verbes réguliers en langue moderne ou *yodan/nidan* "quatre degrés/ deux degrés" pour ceux de la langue classique. Et, comme me le confirme Laurence Labrune (que je remercie pour ces informations), « il n'est pas question de verbes vocaliques *versus* consonantiques, aux mêmes articles de deux dictionnaires plus récents : *Kokugo gaku daijiten*, *Grand dictionnaire de linguistique japonaise* (1980) et *Nihongo Bunpou Daijiten* (2001) (*Grand dictionnaire grammatical du japonais*), qui ne retiennent que de la classification traditionnelle en degrés vocaliques. »

giques importantes en japonais mais inexistantes dans la langue chinoise. Pour reprendre le verbe *yomu*, il est scindé en une racine : YO, dont le sens est noté par le synonyme logographique chinois 読 et une terminaison syllabique : *ma/mi/mu/me/mo* transcrite par un *kana* qui correspond aux cinq bases de ce verbe ou *-kei* (形). La frontière interne du mot passe donc entre les syllabes : YO et *mu, mi, ma*, etc. Par exemple, la forme négative du verbe *yomu*, se décomposera en une base verbale comprenant deux parties (radicale et finale) et un suffixe négatif *-nai* :

1. YO-*ma*+*nai*

La base en *-ma* est analysée par certains comme une forme *couverte*, c'est-à-dire qui doit obligatoirement s'associer à un suffixe verbal[24]. Elle tire d'ailleurs son nom de *base indéterminée* (*mizenkei* 未然形) du suffixe de négation, le plus représentatif des affixes qui s'y attachent régulièrement[25]. Par contre, l'écriture alphabétique de *yomu* découpe un radical – c'est-à-dire un segment phonographique commun à toutes les formes fléchies du verbe – qui se termine par la consonne /M/ : *yom-*. À ce radical s'adjoignent différents suffixes auxiliaires selon un ordre d'enchaînement fixe, mais dont le découpage est problématique. Ainsi la forme négative *yomanai* donne lieu à deux analyses concurrentes :

2. YOM+*A*+nai
3. YOM+anai

Dans les deux cas, on identifie un même radical consonantique invariant suivi d'un affixe porteur de la même fonction grammaticale de négation. Mais c'est sur la segmentation du suffixe qu'il y a désaccord. Pour les uns, l'auxiliaire de négation est *-nai* et le /a/ est une voyelle épenthétique qui n'appartient ni au radical ni au suffixe mais s'intercale entre eux en tant que *voyelle de liaison* (Maës 1976). Ainsi, M. Suzuki (2009 : 306) admet qu'une voyelle

---

24. On distingue deux types de bases : celles dites *nues* ou *découvertes* (*rosyutu* 露出), qui sont des formes indépendantes, pouvant exercer une fonction syntaxique et celles dites *couvertes* (*hifuku* 被覆), qui sont obligatoirement suivies de suffixes auxiliaires (Cf. Labrune 1996 : 147). Cette dichotomie conduit à dénommer les bases couvertes par le principal suffixe qui s'y soude, et les bases *découvertes* par leur fonction syntaxique. Leur dénomination est donc moins *aléatoire* que ne le dit M. Suzuki (2009 : 307), en remarquant que « dans certains cas, elle est censée enregistrer le sens du suffixe (...) que reçoit la base ; dans d'autres cas, elle exprime une fonction typique de la forme ».

25. C'est sur cette base que les grammaires japonaises construisent régulièrement les formes dites de passif YO-ma+reru, « être lu, être lisible ») et de factitif YO-ma+seru, « faire lire ».

tampon, sans valeur sémantique, articule le radical au support fonctionnel attenant.

Pour les autres, la voyelle appartient à l'initiale du suffixe -*anai*. C'est la solution qu'adopte notamment A. Vovin (2003 : 170) pour les verbes consonantiques du japonais classique, assortie d'une règle « morphonologique », qui prévoit la chute de la voyelle initiale du suffixe, après ce qu'il appelle « un verbe vocalique fort » : *tabe-(a) n.ai*. Le découpage adopté est sans conséquence majeure sur l'analyse des formes verbales en synchronie. Mais il joue un rôle non négligeable dans l'approche diachronique et typologique des morphèmes grammaticaux, où il conduit à des reconstructions étymologiques et à des principes d'évolution phonétique divergents[26].

5. Pour conclure provisoirement

Selon Saenger (1997 : 2) : les conventions de transcription des langues sont quasi-indépendantes de leur structure. Des langues, qui ont des liens linguistiques étroits, ont été transcrites par des formes de notations radicalement disparates. On en a de nombreux exemples aujourd'hui (chinois, tibeto-birman, vietnamien).

Ce constat ne doit pas éclipser l'impact rétroactif de l'écriture sur les langues et notamment leur analyse des unités linguistiques. C'est ce que j'ai essayé de montrer en me limitant aux rapports entre le mot écrit et oral en français et les formes verbales du verbe japonais. Il apparaît que l'écriture remplit une double fonction dans la définition du mot :

1) délimiter une unité graphique qui respecte les frontières et la forme phonique linéaire du mot prononcé, en indiquant ses syllabes ou lettres initiales et finales ;

---

26. Le débat autour de la délimitation des affixes de *passif* et de *factitif* que la tradition japonaise rattache également à la base *mizen* en fournit une autre illustration éloquente. Ainsi les formes de passif et de factitif sont expliquées par certains (Cf. Vovin 2003) comme issues d'un suffixe unique dont l'initiale /r/ et /s/ tombent régulièrement en s'enchaînant à un verbe à finale consonantique mais se maintiennent derrière un verbe vocalique : YOM+*rareru*/ YOM+*aseru* donnent donc régulièrement YOM-*areru*, YOM-*aseru* face à TABE-*rareru*, TABE-*saseru*. D'autres proposent un affixe à initiale vocalique –*areru*, –*aseru*. Ce suffixe s'accole directement aux verbes consonantiques, YOM+ *areru*, YOM+*aseru*, mais intercale un /r/ ou /s/ de liaison, tiré de la consonne R ou S du suffixe : TABE-r-aReru, TABE-s-aSeru. (cf. Labrune 1996).

2) permettre une décomposition morphématique des éléments internes des mots, en dissociant la partie lexicale stable à valeur sémantique de la partie variable à valeur fonctionnelle.

Le décalage entre l'analyse que surimpose chaque système graphique tient à la différence entre leurs unités minimales respectives : la lettre/phonème dans le cas de l'alphabet latin, la syllabe dans le cas du syllabaire japonais, le mot dans le cas du logogramme sino-japonais.

Il s'agit ici seulement d'une ébauche de comparaison entre le mot graphique et le mot phonique, dont les relations souvent négligées par les linguistes demanderaient à être étudiées de manière approfondie. Il faudrait, dans cette perspective, croiser des paramètres linguistiques (structure phonologique, morphologique des unités lexicales), des contraintes cognitives (traitement neurocérébral des sons signifiants et de leur notation graphique) et tenir compte des facteurs historiques, socio-culturels et technologiques, qui ont contribué à la création, l'adaptation et la diffusion des différents systèmes d'écriture. Tout un chantier en friche qui n'attend que la poursuite d'une collaboration amicale avec Salah Mejri autour des mots.

Bibliographie

ARRIVÉ, M., GADET, F., GALMICHE, M., (1986), *La grammaire d'aujourd'hui*, Paris, Flammarion.

BLANCHE-BENVENISTE, C., (1997), *Approches de la langue parlée en français*, Paris, Ophrys.

BLOCH, B., (1946), « Studies in Colloquial Japanese I, Inflection », in *Journal of the AMerian Oriental Society* n° 66, pp. 97-130.

BLOCH, B., (1946), « Syntax », in *Language* n° 22, pp. 200-248.

CAPPEAU, P., GADET F., (2009), « Transcrire, ponctuer, découper l'oral : bien plus que de simples choix techniques », in *Cahiers de linguistique* n° 35-1, pp. 187-202, L'Harmattan.

CHERVEL, A., (2008), *Histoire de l'enseignement du français du XVIIe au XXe siècle*, Paris, Retz.

DEHAENE, S., (2007), *Les neurones de la lecture,* Paris, Odile Jacob.

IBRAHIM, A.-H., (1989), *Le français dans le monde, Lexiques,* Paris, Hachette.

GARNIER, C., (2001), « Histoire de l'écriture au Japon. Points de repère », in *Faits de langue* n° 17, pp. 31-42, Frankfurt, Peter Lang.

GOODY, J., (1979), *La raison graphique*, Paris, Minuit.

KOCOUREK R., (2001), *Essais de linguistique française et anglaise*, Louvain-Paris, Peeters.

LABRUNE, L., (1996), « La formation des désinences verbales en japonais ancien », in *Cipango, Cahiers d'Études Japonaises* n° 5, pp. 141-171, Lille, Presses de l'Inalco.

LABRUNE, L., (2001a), « Phonologie du japonais », in *Faits de langue* n° 17, pp. 89-110, Frankfurt, Peter Lang.

LABRUNE, L., (2001b), « Structure de la syllabe japonaise», in *Faits de langue* n° 17, pp. 111-122, Frankfurt, Peter Lang.

MAËS, H., (1976), « Présentation syntaxique du japonais standard » *Travaux du Groupe de Linguistique Japonaise*, vol. III, Université Paris VII.

MEL'čUK, I., CLAS, A., POLGUÈRE, A., (1995), *Introduction à la lexicologie explicative et combinatoire*, Louvain-la-Neuve, Duculot.

MEJRI, S., (2009), *Le français moderne* n° 77-1, *La problématique du mot*, Paris, CILF.

MOREL, M.-A., DANON-BOILEAU, L., (1998), *Grammaire de l'intonation. L'exemple du français*, Paris, Ophrys.

PETIOT, G., REBOUL-TOURÉ, S., (2009), « Peut-on définir le 'mot'? », in *Le français moderne* n° 77-1, pp. 5-16, Paris, CILF.

PULVERMÜLLER, F., (2002), *The Neuroscience of Language, (On brain circuits of Words and Serial Order)*, Cambridge University Press.

SAENGER, P., (1989), « Physiologie de la lecture et séparation des mots », *Annales ESC* n° 44-4, pp. 939-952.

SAENGER, P., (1997), *Space Between Words, The origin of Silent Reading*, Standford University Press.

SAUSSURE, F. de, (1975), *Cours de Linguistique générale*, éd. De Mauro, Paris, Payot.

SHIBATANI, M., (1990), *The Languages of Japan*, Cambridge University Press.

SUZUKI, M., (2001), « La prédication en japonais », *Faits de langue* n° 17, *Coréen-japonais*, pp. 303-312, Frankfurt, Peter Lang.

TAMBA, I., (1986), « Approche du 'signe' et du 'sens' linguistique à travers les systèmes d'écriture japonaise », in *Langages* n° 82, pp. 83-100, Paris, Larousse.

TAMBA, I., (2006), « À la recherche des systèmes d'écriture et de lecture japonais : à partir des graphies du verbe *yomu*, 'lire' », in Galan C., Fijalkow J. (eds), *Langue, lecture et école au Japon*, pp. 55-71, Arles, Philippe Picquier.

YAMADA, Y., (1908), *Nihon bunpou ron*, Tokyo, Houbunkan.

VOVIN A., (2003), *A Reference Grammar of Classical Japanese Prose*, London, RoutledgeCurzon.

Présentation des auteurs

Christian BALLIU est Professeur à la faculté des Lettres, Traduction et Communication de l'Université Libre de Bruxelles (ULB). Il a aussi été professeur invité de plusieurs universités étrangères. Membre du comité scientifique de plusieurs revues internationales de traductologie, il est l'auteur de nombreuses publications relatives à l'histoire et à l'enseignement de la traduction, ainsi qu'à la traduction médicale. Il a notamment publié l'ouvrage *Les Traducteurs transparents* (Éd. du Hazard, 2002) portant sur l'histoire de la traduction en France à l'âge classique, et a dirigé le numéro spécial du cinquantième anniversaire de *META* (2005, vol. 50, n° 1) sur l'enseignement de la traduction dans le monde.

Xavier BLANCO est Professeur à l'Université Autonome de Barcelone où il enseigne la lexicologie et l'histoire de la langue. Il dirige le Laboratoire Phonétique, Lexicologie et Sémantique (SGR 442) et coordonne le programme de doctorat en langues et cultures romanes. Il est l'auteur de nombreuses publications, dont une *Introduction à l'histoire de la langue française* (2014, UAB), et a coordonné des numéros de *Langages*, *Lingvisticae Investigationes* et *Cahiers de Linguistique* entre autres.

Peter BLUMENTHAL est Professeur émérite à l'Université de Cologne. Il a publié plusieurs articles et ouvrages dont : *Wortprofil im Französischen* (Tübingen, 2006), *Wörterbuch der italienischen Verben. Konstruktionen. Bedeutungen, Übersetzungen*, (avec G. Rovere, Nürnberg, 2016, 2ᵉ éd.), *Les émotions dans le discours* (avec I. Novakova et D. Siepmann, Francfort, 2014).

Bernard Bosredon est Professeur émérite à l'Université Sorbonne Paris Cité (Paris 3) au Département de linguistique et de littérature françaises et latines et membre de l'équipe de recherche CLESTHIA. Ses thématiques de recherche sont la dénomination, la référence et le discours. Il a notamment exploré les relations textes / images (problématique de l'« étiquetage »), produit de nombreux articles sur l'analyse linguistique des titres et notamment sur l'intitulation picturale (*Les titres de tableaux*, 1997). Parallèlement à ses recherches sur l'intitulation, il a consacré ses recherches récentes aux différents usages de la nomination monoréférentielle dans le cadre d'une onomastique pragmatique (Peter Lang et *Langue française* 2012). Il appartient aux comités de rédaction de l'*Information Grammaticale* et de la revue *RUA* (Université Unicamp, Brésil).

Pierre-André Buvet est maître de conférences HDR à l'Université Sorbonne Paris Cité (Paris 13) et membre du laboratoire Lexiques, Dictionnaires et Informatique (UMR 7187). Il est spécialiste de sémantique et d'ingénierie linguistique. Il a publié plusieurs articles et ouvrages dont *La dimension lexicale de la détermination en français* chez Champion (Paris) en 2013.

André Clas est Professeur émérite de l'Université de Montréal, Dr HC de l'Université d'Alicante, membre de la Société Royale du Canada, membre Honoraire de l'Ordre des traducteurs du Québec, membre Honoraire del Colegio de Traductores del Peru, ancien Directeur de la revue *META* (Université de Montréal) et fondateur du Réesau LTT. Parmi ses publications : *Sons et langage*, (Sodilis éditeur, Montréal, 1983).

André Dugas est né en 1935 au Québec, en terre acadienne. De 1964 à 1966, il a poursuivi des études doctorales à l'Institut de Mathématiques Appliquées de Grenoble. Au Québec, il y a une vingtaine d'universités ; il a enseigné dans la plupart d'entre elles, dont 3 ans à l'Université de Montréal et 27 ans à l'Université du Québec à Montréal (forte de 52 000 étudiants). Il a également enseigné dans plusieurs universités africaines et françaises. Il a publié de nombreux articles et ouvrages dont l'un, *Look, Listen and Learn*, a été distribué à un demi-million d'exemplaires.

Actuellement, il est professeur associé au laboratoire Lexiques, Dictionnaires, Informatique de l'Université Paris 13.

Gertrud Gréciano est Professeur émerite à l'Université Marc Bloch Strasbourg. Elle a publié plusieurs articles et ouvrages dont : *Signification et dénotation en allemand : la sémantique des expressions idiomatiques* (Klincksieck, 1983), *Micro- et macrolexèmes et leur figement discursif* (Louvain : Peeters, 2000), *Glossaire multilingue de la gestion du risque : français, allemand, anglais, espagnol, roumain, finnois, hongrois, russe* (avec Gerhard Budin, Danielle Candel, [et al.] / Strasbourg, 2010).

Gaston Gross est Professeur émérite de l'Université Paris 13. Il travaille actuellement sur la notion d'emploi, qui réunit en une description unifiée les notions de lexique, de sémantique et de syntaxe, qui ne constituent pas des niveaux indépendants de l'analyse linguistique. Il prépare actuellement un livre sur les verbes supports et l'actualisation des prédicats nominaux. Parmi ses publications récentes : « Traitement automatique de la polysémie », dans *Revista de Lexicografia* n° 29, (Universidade de Coruña pp. 39-57, 2015), « Statut de la sémantique », dans *La sémantique et ses interfaces*, (Lambert-Lucas, Limoges, pp. 88-111, 2015) et « La linguistique comme science expérimentale » (à paraître, *Astre*, Rome 3 : Orizonte, confini, contatti. Novita e sfide in alcune scienze moderne).

Jean-René Ladmiral enseigne la philosophie allemande, l'allemand philosophique ainsi que la traductologie à l'Université de Paris-X-Nanterre, où il dirige aussi le CERT (Centre d'études et de recherches en traduction). Il enseigne aussi la traduction et la traductologie à l'ISIT (Institut de management et communication interculturels) à Paris. Il est également traducteur, notamment de philosophes allemands. Outre ses travaux sur la philosophie allemande et en didactique des langues à l'usage des étudiants en philosophie, ses recherches ont porté principalement sur la traduction. Il a publié de nombreux articles ainsi que des monographies : *Traduire : théorèmes pour la traduction*, Paris, Gallimard, 1994, réédité en 2003 (coll. Tel, 246) et dirigé plusieurs numéros de revues

(*Langages* n. 28, 116, *Langue française* n. 51, *Revue d'esthétique* n. 12) sur la traduction.

Suzana Alice Marcelino Cardoso est Professeur émérite à l'Université Fédérale de Bahia (Brésil). Elle dirige des thèses de doctorat et préside le Projet de l'Atlas Linguistique du Brésil. Elle a publié plusieurs ouvrages dont *Atlas linguístico de Sergipe* (Salvador : EDUFBA, 1987), *A Dialetologia no Brasil* (São Paulo : Contexto, 1994), *O léxico rural. Glossário. Comentários* (2000), *Atlas linguístico de Sergipe-II* (Salvador : EDUFBA, 2005), *Geolinguística. Tradição e modernidade* (São Paulo : Parábola, 2010), *Atlas linguístico do Brasil. Vol 1, Vol 2* (Londrina : EDUEL, 2014).

Robert Martin, membre de l'Institut, est un linguiste et un médiéviste français. Ses ouvrages portent essentiellement sur l'histoire de la langue française, la grammaire, lexicologie et lexicographie du moyen français, et la théorie linguistique (en particulier les liens unissant le fonctionnement du langage et les orientations diverses de la logique). Historien de la langue (il a notamment dirigé, avec Gérald Antoine, deux volumes qui prolongent l'*Histoire de la langue française* de Ferdinand Brunot), médiéviste (il est l'auteur, avec Marc Wilmet, d'une *Syntaxe du Moyen Français*), il est l'initiateur et le maître d'œuvre du *Dictionnaire du Moyen Français* 1330-1500, DMF.

Pedro Mogorron Huerta est enseignant-chercheur à l'Université d'Alicante dans le Département de Traduction et Interprétation. Il a reçu l'habilitation en tant que professeur en 2014. Il est actuellement Directeur du Département depuis 2009, coordinateur du doctorat de Traductologie interuniversitaire avec l'université de Valladolid (Soria). Il est spécialisé en traduction audiovisuelle et en phraséologie, notamment dans les Bases de données multilingues phraséologiques.

Claude Muller est Professeur émérite à l'Université Bordeaux Montaigne. Il est spécialiste de grammaire française et de syntaxe générale. Il a publié plusieurs articles et ouvrages dont : *La négation en français*, (Droz, Genève, 1991), *La subordination en français*, (Armand Colin, Paris, 1996), *Les bases de la syntaxe* (Presses

Universitaires de Bordeaux, 2002 et 2008), *Dépendance et intégration syntaxique* (Niemeyer, 1996). Il participe également au Comité fondateur de la revue *Langue française*, Larousse.

Franck Neveu Professeur à l'Université Paris-Sorbonne, et Directeur de l'Institut de Linguistique française (CNRS). Il est spécialiste de questions relatives au détachement et à la discontinuité syntaxique et énonciative en français, ainsi que de questions relatives à la terminologie linguistique et à l'histoire de la grammaire. Il est notamment l'auteur de : *Études sur l'apposition* (Champion, 1998) *Dictionnaire de Sciences du langage* (A. Colin, 2004, 2011), du *Lexique des notions linguistiques* (2000, 2009, 2017), ainsi que directeur d'un grand nombre d'ouvrages collectifs et auteur d'une centaine d'articles.

Antonio Pamies Bertran est Professeur des Universités au Département de Linguistique Générale de l'Université de Grenade en Espagne, où il a comencé à travailler il y a bientôt 30 ans. Il est aussi professeur invité de plusieurs universités étrangères : Université Linguistique de Moscou, Université Taras Shevchenko de Kiev et Université Paris-Diderot en France. Il est Membre honoraire de l'Académie des Sciences de l'Éducation Supériure d'Ukraine et Membre correspondant de l'Académie de la Langue Espganole d'Amérique du Nord. Il est auteur d'une centaine de publications, parmi lesquelles : « Sémantique grammaticale de la possession dans les langues d'Europe », dans E.Castagne, (ed.) : *Modélisation de l'apprentissage simultané de plusieurs langues apparentées* (Nice : Université Sophia-Antipolis, 2002, pp. 67-98), « A metáfora gramatical e as fronteiras (internas e externas) da fraseologia », dans *Revista de Letras*, 33/1 (Fortaleza, Brésil, 2014, pp. 51-77).

Alain Polguère est Professeur des universités à l'Université de Lorraine et au laboratoire ATILF CNRS de Nancy. Il est membre sénior de l'Institut Universitaire de France. Parmi ses publications, on peut mentionner : *Lexicologie et sémantique lexicale. Notions fondamentales*, originellement publié en 2003 et dont une troisième édition est parue en 2016 ; *Lexique actif du français*, coécrit avec Igor Mel'čuk et publié en 2007.

Jean Pruvost, Professeur émérite, dirige les Éditions Honoré Champion. Prix international de linguistique Logos avec *Dictionnaires et nouvelles technologies* (PUF) en 2000, Prix de l'Académie française, en 2006 avec *Les Dictionnaires français* (Ophrys), il est l'auteur de plus de 520 publications dont deux Que sais-je ?, le *Dico des dictionnaires* (Lattès) et une quinzaine de Champion *Les mots*. Il organise chaque année *la Journée des dictionnaires* et tient quotidiennement trois chroniques langagières radiophoniques (Doc Dico, les mots du rap, sur Mouv' ; Au nom des lieux sur France Bleu, Un mot, un jour, sur RCF).

Charlotte Schapira est Professeur de linguistique française et Linguistique Romane au Technion – Institute of Technology, à Haïfa, en Israël. Elle est l'auteur de *La Maxime et le discours d'autorité* (SEDES, 1997) et *Les Stéréotypes en français. Proverbes et autres formules* (Ophrys, 1999), ainsi que de nombreux articles de linguistique, notamment dans le domaine de la phraséologie et de la parémiologie.

Inès Sfar est maître de conférences à l'Université Paris Sorbonne où elle enseigne la linguistique et le français langue étrangère. Elle s'intéresse à l'apport de la linguistique théorique, avec ses différents domaines (morphologie, syntaxe, sémantique et pragmatique) aux méthodes d'appropriation de la langue française. Elle a co-dirigé plusieurs ouvrages et numéros de revues dont : *L'unité en Sciences du langage* (avec M. Van Campenhoudt et S. Mejri, 2014, Paris : Archives contemporaines*), Le français dans le monde : Recherches et applications. La grammaire en FLE / FLS - Quels savoirs pour quels enseignements ?,* (CLÉ International, n° 57, 2015, avec J. Goes), et publié plusieurs articles notamment : « Figement et incorporation », (dans *META*, 55/1, 2010, pp. 158-167), « Mot et racine prédicative : aux carrefours de la syntaxe et de la sémantique », (dans *Le français moderne*, n° 1-2009, pp. 55-67).

Olivier Soutet est Professeur à la Sorbonne. Il est Correspondant de l'Institut, historien du français et spécialiste de psychomécanique du langage. Ses principales publications sont : *La concession en français des origines au XVIe siècle. Problèmes généraux. Les tours prépositionnels,* (Genève, Droz, 1990), *La concession dans la* *phrase complexe en français des origines au* XVI*ᵉ siècle,* (Genève, Droz, 1992), *Le subjonctif,* (Ophrys, 2000), *Linguistique,* (Paris, PUF, dernière édition en 2011).

Irène TAMBA est Directeur d'études à l'École des Hautes Études en Sciences Sociales (EHESS) et au Centre de Recherches Linguistiques de l'Asie Orientale (CRLAO) à Paris. Ses recherches portent essentiellement sur la sémantique contrastive du japonais et du français, sur les catégories linguistiques, la typologie des langues, la traduction. Elle est membre du comité de rédaction de plusieurs revues linguistiques françaises, comme les *Cahiers de Linguistique de l'Asie Orientale* (CLAO), *Faits de langues, L'information grammaticale.* Elle a publié plus d'une centaine d'articles dans différentes revues, dirigé des numéros thématiques des revues *Langages* et *Langue française,* et signé plusieurs ouvrages, dont *La Sémantique* (1988), dans la collection « Que sais-je ? » des PUF.

Table des matières

Préface 5
Robert MARTIN

Traduire un texte médical, une tension
entre mots et termes 9
Christian BALLIU

De la langue à la culture par les classes
d'objets et les domaines 21
Xavier BLANCO

La part de la stéréotypie dans trois corpus
francophones – hexagonal, maghrébin
et subsaharien 39
Peter BLUMENTHAL

Regards croisés sur deux onomastiques
situées 61
Bernard BOSREDON

Les noms d'artefact en français 75
Pierre-André BUVET

Nos langues sont des livres d'images !
Étude comparative de phrasèmes zoologiques
en anglais et en français 93
André Cʟᴀs

Les suffixes nominaux de l'argot 109
André Dᴜɢᴀs

L'actualité du figement linguistique 117
Gertrud Gʀéᴄɪᴀɴᴏ

Le figement dans l'expression
de la temporalité 127
Gaston Gʀᴏss

Crayons 143
Jean-René Lᴀᴅᴍɪʀᴀʟ

Zoomorphisme et lexique rural brésilien 155
Suzana Alice Mᴀʀᴄᴇʟɪɴᴏ Cᴀʀᴅᴏsᴏ

Compétence phraséologique
en langue française 167
Pedro Mogorrón Hᴜᴇʀᴛᴀ

Conjonctions complexes du français,
figement, et analyse syntaxique 189
Claude Mᴜʟʟᴇʀ

Les parenthèses nominales en français :
études de cas 203
Franck Nᴇᴠᴇᴜ

Aux limites du limitrophe : à propos
des catégories phraséologiques 221
Antonio Pamies BERTRAN

Traitement lexicographique des collocations
à collocatif actanciel 265
Alain POLGUÈRE

Charles Nodier, un lexicographe hors norme
et pionnier digne de Salah Mejri qui rime
avec L.D.I. 289
Jean PRUVOST

Les énoncés paraproverbiaux 297
Charlotte SCHAPIRA

Stéréotypie et phraséologie dans
le *Dictionnaire des idées reçues*
de Gustave Flaubert 313
Inès SFAR

Le verbe *faire* et la théorie guillaumienne
de la subduction 329
Olivier SOUTET

L'impact du système d'écriture sur l'analyse
du mot en français et en japonais 343
Irène TAMBA

Présentation des auteurs 363